사회의 질 연구(II)

위험사회, 위험정치

서울대학교 사회발전연구총서 27

사회의 질 연구(II)

위험사회, 위험정치

펴낸곳 서울대학교출판문화원
펴낸이 이장무
지은이 정진성 이재열 조병희 구혜란 안정옥 장덕진 고형면 장상철

초판 1쇄 인쇄 2010년 2월 20일
초판 1쇄 발행 2010년 2월 25일
출판등록 제15-3호

주소 서울 관악구 관악로 599 우편번호 151-742
대표전화 02-880-5252 **팩스** 02-888-4148
마케팅홍보부(주문상담) 02-889-4424, 02-880-7995
이메일 snubook@snu.ac.kr
홈페이지 www.snupress.com
영문홈페이지 eng.snupress.com

ISBN 978-89-521-1076-3 94300
세트 978-89-521-1017-6

이 연구는 한국연구재단의 중점연구소 지원사업(2007-411-J01601, 2007-411-J01602)의 제2차년도 연구성과의 일부임

서울대학교 사회발전연구총서 27

사회의 질 연구(II)

위험사회, 위험정치

정진성, 이재열, 조병희, 구혜란, 안정옥, 장덕진, 고형면, 장상철

서울대학교출판문화원

Risk Society, Risk Politics

Chin-Sung Chung, Jaeyeol Yee, Byong-Hee Cho, Hearan Koo,
Jung-Ok Ahn, Dukjin Chang, Hyung-Myun Koh, Sangchul Jang

Seoul National University Press

머리말

꼭 1년 전 2008년 가을, 한국은 미국에서 발발하여 전 세계를 강타한 금융위기에 가장 처참하게 휩쓸려 휘청거리며 발전의 허상을 손가락질 받던 상황에 있었다. 그 상황을 미리 예고라고 하듯, 그보다 몇 달 전부터 한국은 미국산 쇠고기 수입문제로 온 사회가 들끓고 있었다. 이 책의 서문을 쓰고 있는 지금, 한국은 다시 전 세계에서 금융위기의 터널에서 가장 빠르게 탈출한 나라로 찬사를 받고 있다. 엄청난 속도감을 보여주고 있는 것이 한국사회 변화의 특징인 것이다. 빨리 위기를 회복했다고 자족하고 있을 수만은 없다. 그 속도만큼 사회의 안정감도 덜할 수밖에 없기 때문이다. 사회적 격차는 심하고 사람들은 불안하며 서로 신뢰하지 못한다. 제대로 대우받고 있다고 생각하지 않는다. 경제적 성장으로 생활수준이 높아졌지만, 이러한 사회문제들이 존재하는 한 질이 높은 사회라고 말할 수 없다. 이렇게 경제발전과 민주화를 넘어서, 보다 포괄적인 사회발전의 관념과 정책이 필요한 시점에 한국사회는 도달해 있는 것이다.

서울대학교 사회발전연구소는 한국사회의 여러 문제들을 정확히 진단하고 그에 대한 과학적 대안을 수립하기 위해 만들어졌다. 1960년대부터 경제발전을 위하여, 그리고 경제발전에 수반되는 인구문제, 양극화문제, 통일문제 등을 적극적으로 연구하고 대안을 제시해왔다. 2007년에 이르러 외환위기 10년을 돌아보며, 이제는 총체적인 '사회의 질(Social Quality)'을 높이는 방안을 국제적인 비교분석과 협력연구를 통해 도전해볼 때가 되었다고 판단했다. 2007년 12월에는 한국학술진흥재단(2009년에 한국연구재단으로 통합됨)으로부터 향후 9년간 사회의 질 연구를 시행할 중점연구소로 선정되어 지원을 받게 되었으며, 때마침 비슷한 주제로 연구를 진행하고 있는 타이완, 홍콩, 중국, 일본, 영국, 태국 등의 사회과학자들과 네트워크를 구축하게 되었다.

첫 단계로 전반적인 의식조사를 시행했고, 우리 사회가 경제발전과 정치적 민주화에도 불구하고 심각하게 불신사회의 양상을 보이고 있다는 것을 파악하게 되었다. 양극화와 고령화, 외국인 노동자와 국제결혼, 북한에 대한 태도를 포함한 여러 사회적 난제들을 풀어야 하는데, 사람들은 정부기관과 시민단체에까지, 또 상호 간에 신뢰를 갖지 못하니 큰일인 것이다. 투명하고 책임 있는 정치와 시민사회 형성이 중대한 과제로 놓여 있는 것이다. 이 조사결과의 분석은 사회발전연구소의 첫 번째 '사회의 질 연구총서'(사회발전연구총서 26)로 출판되었다. 같은 설문지로 타이완대학교 사회정책연구소가 타이완 전국 조사를 실시하였으며, 현재 한국-타이완의 비교분석이 진행 중에 있다.

2008년 사회발전연구소는 이러한 불신사회의 저변에는 사람들이 안정감을 갖지 못하게 하는 위험요소들이 존재한다고 생각하고, 무엇이 사람들을 불안하게 하는가를 집중적으로 조사할 것을 결정했다. 때마침 미국산 쇠고기의 수입을 둘러싼 정치적 갈등과 조류인플루엔자의 확산, 숭례문 화재, 이천 냉동창고 화재 등으로 위험과 관련한 논쟁이 정치화하는 가운데, 안전에 관한 기술적 측면뿐 아니라 사회적·심리적·인지적 차원에 대한 학계와 정책입안자, 그리고 국민들의 관심이 어느 때보다도 고조된 시기였다. 위험과 위험인지, 그리고 위험의 사회적 증폭과정에 대한 경험적 데이터를 수집하고 분석하여 위험 인식의 시대적 변화와 국가 간 차이를 검토할 필요성을 느끼고, 전국 설문조사를 계획했다.

그동안 사회발전연구소에서 시행했던 다양한 조사들과 사회적 위험에 관한 여러 연구들을 광범하게 검토한 후 '위험에 관한 국민의식조사' 설문지를 개발했으며, 한국갤럽이 실사를 맡아 2008년 8월 12일부터 24일까지 전국에서 지역별 인구수에 비례하여 층화무작위로 추출된 만 19세 이상 성인남녀 1,002명에 대하여 면대면 조사를 시행했다. 설문지는 대체로 다음과 같은 질문들을 구조화한 것이다. (구체적인 내용은 부록으로 첨부된 설문지를 참조)

• 국민들이 물질주의 혹은 탈물질주의 가치관을 얼마나 가지고 있나.

- 객관적 위험과 문화적으로 인지되는 위험, 그리고 사회적으로 증폭되는 위험은 어떤 차이가 있나.
- 시대별로 인지되는 위험의 형태는 어떻게 변화했나.
- 국가간 비교에서 위험에 대한 인지유형과 정도는 어떻게 차이가 나는가.
- 음식문화와 식품안전 간에는 어떤 관계가 있나.
- 먹을거리 안전과 관련하여 국제적 기준에 비추어 우리의 안전의식은 어느 수준인가.
- 광우병에 대한 한국인의 우려는 국제적 기준에 비추어 어떤 수준인가.
- 향후 10년간 국민들이 우려하는 위험의 유형은 무엇이며, 정부의 대책을 기대하는 것은 어떤 것들인가.
- 국민들은 왜 광우병에 대해 불안해하였나. 그리고 어떤 요인들이 광우병에 대한 불안감을 증폭시켰나.
- 광우병 쇠고기의 수입을 둘러싼 집단행동, 특히 촛불시위에 어떤 사람들이 어떤 방식으로 참여하였나.
- 위험의 정치화는 기존의 정치균열과 어떻게 연결되어 나타났나.
- 위험 인식과 인권의식 간에는 어떤 관련이 있나.
- 한국인이 경험하는 사회적 위험의 유형과 정도는 어떠한가, 그리고 외국과 비교해볼 때 그 수준은 어느 정도인가.

이 조사결과의 분석이 이 책으로 출판하게 된 것이다. 이 책에 실린 글들은 각각 다음과 같은 내용들을 담고 있다. 1부에 실린 글들은 주로 위험에 관한 심리학이나 문화적 해석, 혹은 사회적 구성과 관련된 분석들을 담고 있다. 먼저 본격적인 자료 분석에 들어가기에 앞서, 위험의 사회적 구성에 관한 이론적 논의를 서론 격으로 실었다. 현대사회에서 위험이란 사회적 발전의 한 부분으로 같이 자라서 언제든 폭발할 태세를 갖추고 있는데, 바로 이러한 위험을 인지하고 그 심각성을 판단하는 것은 사회적으로 구성되는 것이며, 위험을 예방하고 그 취약성을 극복할 복원력이야말로 그 사회의 질적 수준을 나타내는 것이라고 이재열은 정의한다.

2장 안정옥의 글 '위험 인식의 구성과 위험 경험의 구조'는 객관적 위험이 높음에도 불구하고 자신이 겪을 위험의 가능성은 낮다고 보는 이중성을 어떻게 해석할 것인가 하는 질문에서 출발하여 한국인의 위험 인식은 오랜 기간에 걸쳐 위험을 감수하며 살아가는 생활을 내면화한 결과 운명론적 위험관의 비중이 매우 높아졌다는 점을 지적한다. 아울러 안정옥은 사회적 위험에 대한 경험의 정도를 측정한 후, 이를 계층별이나 직업지위별로 비교하여 하층으로 갈수록 사회적 위험의 경험빈도도 증가하고, 또한 일상적 연결망이나 경제적 연결망 등에서 고립되는 정도도 심하며, 그에 따른 불안감도 체계적으로 높아진다는 사실을 보여준다.

3장 구혜란의 글 '위험 인식의 집단 간 차이'는 향후 10년간 어떤 위험이 증가할 것인지에 대한 응답을 기준으로 하여 급격하게 위험이 증가할 것으로 예측된 고위험군과 상대적으로 증가율이 낮은 저위험군으로 구분하고, 각 위험군별 특성을 살펴보고, 또한 다양한 인구학적 특성에 따라 각 위험군에 대한 반응의 민감성이 어떻게 차이가 나는지를 살펴보고 있다. 또한 사회의 질을 구성하는 사회경제적 안전성, 사회적 응집성, 사회적 포용성, 그리고 역능성 등에 대한 주관적 만족도가 위험에 대한 민감도에 어떤 영향을 미치는지에 대해 검토하고 있다.

4장 조병희의 글 '광우병 인식의 사회적 구성'은 질병위험에 대한 포괄적인 비교분석을 통해 광우병에 대한 인식이 가지는 독특한 특성에 대해 분석하고 있다. 특히 객관적인 광우병 발생의 확률은 매우 낮았음에도 불구하고 광우병이 발병하고, 사망자의 대부분이 발생한 영국이나 기타 유럽국가에 비해 훨씬 격렬한 위험의 정치화가 가능했던 질병 인식의 특성에 대해 분석을 시도하고 있다.

5장 정진성의 연구에서는 사회적 위험과 인권의식 간의 긴장관계에 주목한다. 그는 미시적인 생활조건들에 기초하여 체계적 위험의 구조와 관계를 파악하는 것이 가진 한계를 지적하고, 거시적인 수준에서 위험에 대한 인식이 차별과 소외에 대한 감수성과 맥을 같이 하며, 이러한 탈물질적인 안전에 대한 희구가 곧 인권에 대한 감수성과 통한다는 점을 논증하고 있다. 특히 낮은 사회의 질, 즉 사회경제적 위험이나 사회적 배제의 대상이 되는 다양한 집단들에 대한 관심이 곧 인권의식과 통한다는 점, 그리고 인권 개념의 확장을 통해 사회의 질을 높일 수 있다는 점을 보여주고 있다. 또한 인권과 국가안보 간, 혹은 인권과 경제발전 간의 흥정에서 성장이나 안보보다 인권에 대한 강조가 더 두드러진다는 점에서 인권의식은 진보적 성향의 새로운 구현방식이 될 것이며, 인권 개념의 확장을 통해 탈물질주의적인 사회적 발전을 추구하는 돌파구가 될 것이라고 주장한다.

제2부에 실린 글들은 주로 2008년의 촛불시위를 둘러싼 위험의 정치화를 어떻게 이해할 것인지, 그리고 그와 관련된 집합행위나 정치세력화를 어떻게 설명할 것인지에 초점을 맞추고 있다. 6장 장덕진의 글 '2008년 촛불집회에 나타난 위험의 정치화'는 2008년의 촛불시위에 대한 분석을 담고 있다. 그는 광우병이라는 소재가 가진 위험사회적 특성과 위험지위의 차별적 배분이 만들어낸 계층적 차이가 탈물질주의적 가치관의 상징적 동원과 맞물리면서 쇠고기수입을 둘러싼 이명박 정부의 정책들을 신자유주의로 프레이밍하면서 격렬한 정치적 균열과 저항을 끌어내게 된 과정을 설문자료의 분석을 통해 설명하고 있다. 특히 국회와 정부, 검찰, 대기업

등이 불신받는 한국사회의 불신의 구조가 인터넷과 각종 매체의 창발성과 맞물려 마치 티핑 포인트의 형성처럼 돌발적이고 자발적인 참여를 촉진시킨 과정에 대해 분석하고 있다. 또한 이러한 정치적 격발요인들이 기존의 한국정치가 대표하지 못하는 냉소층을 어떻게 동원하는 데 성공했는지에 대해서도 설명한다.

7장 고형면의 글 '위험과 한국의 사회적 응집'은 2008년 촛불시위를 사례로 하여, 위험의 불균등분포와 기존의 사회적 불평등구조가 교차할 때 선택적으로 정치화한다는 가설 하에, 정치적 동원을 새로운 사회적 응집의 에너지로 포착하고자 한다. 즉, 사회응집은 신뢰와 호혜성, 그리고 다양성에도 불구하고 자발적이고 조화로운 결집을 이루는 능력이라 정의한 후, 촛불시위에 대한 참여가 이러한 새로운 응집의 가능성을 보여준 '기존 권위와 권력에 대한 직접적이고 평화적인 도전'이라고 평가한다. 일상의 안전과 삶의 질에 대한 관심이 민주주의를 위협하는 정치적 권력행사에 대한 저항적 응집을 가져왔다는 주장이다.

8장 장상철의 글 '진보정당 지지자들의 정당지지 결정요인과 위험 인식'은 촛불시위의 정당성에 대한 지지율이 특히 높았던 진보정당 지지자들의 가치지향에 대해 해부하고 있다. 특히 과거 진보가 부의 분배를 둘러싼 평등의 가치를 중시했다면, 새로운 진보는 탈물질주의와 인권 등을 주된 가치로 하게 될 것이라는 예견을 하고 있다.

이러한 분석은 공통된 자료에 대한 분석에서 출발했지만, 연구자의 관심이나 이념적 지향, 그리고 분석의 수준에 따라 매우 다양한 주장과 결론을 이끌어내고 있다. 그럼에도 불구하고 이 연구의 결과들은 대체로 다음과 같은 공통의 발견들을 담고 있다.

첫째, 경제성장이나 인플레의 억제, 그리고 강력한 국토방위와 사회질서의 유지를 중시하는 물질주의자의 비중이 여전히 높지만, 젊은 층과 고학력층, 그리고 고소득층을 중심으로 하여 다양한 집단의 사회적 발언권과 환경보호, 그리고 관용성과 참여 등을 강조하는 탈물질주의자들이 일정한 비율을 차지하고 있고, 이들의 활발한 현실참여가 위험의 정치화에 중요한 기여를 했다는 점이다.

둘째, 객관적 위험보다 문화적으로 인지되고, 사회적으로 증폭되는 불안감이 중요한 역할을 하는 위험정치가 2008년의 촛불시위를 계기로 한국에서 본격적으로 그 첫 모습을 보였다는 점이다. 역사적으로 볼 때 가난은 불평등하나 스모그는 평등하며, 이러한 유형의 위험은 경제적으로는 이해를 달리하는 다양한 사회계층을 한데 묶는 강력한 동원기제로 작동할 수 있는데, 그러한 전조의 하나로서 위험정치가 본격적으로 시작되었다는 데 많은 연구들은 의견을 함께하고 있다.

셋째, 국민들이 인지하는 중요한 위험의 형태는 역사적으로 변화해왔다는 점이다. 과거에는 주로 대형사고나 재난을 위험으로 인지했다면, 현재는 다양한 사회경제적 위험에 민감한 반면, 미래에는 에너지, 환경오염, 자원고갈 등 생태적 위험이 중요해질 것이라고 예상한다.

넷째, 나라마다 혹은 사회마다 위험에 대한 인식의 방향과 정도가 다르게 나타나는데, 그것은 객관적 위험과는 무관하게 나타나는 경향이 있다. 특히 한국의 경우에는 환경오염의 피해가 매우 높음에도 불구하고 환경오염에 따른 피해가능성은 매우 낮게 평가하는 경향이 있다. 또한 광우병의 발병 및 피해의 정도도 국제적 비교를 통해 보면 광우병에 대한 우려와 일치하지 않는 경향이 강하다.

다섯째, 미국산 쇠고기의 수입을 둘러싼 집단행동은 객관적 감염률이 높아서 발생했다기보다는, 알려지지 않은 치명적 위험에 대한 공포감이 기존의 다양한 정부부처에 대한 불신과 결합하여 누그러지지 않았고, 거기에 정치적인 반대집단의 동원이 결합하여 이루어졌다는 점에서 위험의 정치화를 전형적으로 보여주는 사례였다. 특히 이 과정에서 진보성향의 자주파일수록 위험에 더 민감하게 반응하였다는 점에서, 단순한 정치적 충돌을 넘어서 기업가형 위험문화를 드러낸 초기의 이명박 정부 통상정책과, 낮은 격자성과 높은 집단성을 보인 집합주의적 탈물질주의 가치로 무장한 집단주의형 활동가들 간의 '문화적 충돌'의 양상을 보였다.

여섯째, 위험에 대한 민감성과 인권의식 간에는 밀접한 상호연관성이 나타났다. 특히 국가의 적극적 사회정책에 대한 요구는 사회경제적 약자들에 대한 인권보호로 표출되는 경향이 나타났다.

일곱째, 지난 20여년 간의 각 기관별 신뢰도의 변화를 살펴보면, 국회나 중앙정부, 대기업, 지자체, 검찰, 경찰 등에 대한 신뢰도가 매우 낮았고, 대신 과학자 집단이나 방송, 군대, 시민단체, 신문 등에 대한 신뢰는 상대적으로 높았다. 이러한 신뢰의 적자현상은 위험을 둘러싼 갈등이나 정치화 과정을 제어하지 못하는 결과를 낳았기 때문에 불필요한 갈등이나 위험의 정치화를 촉발하고 거대한 사회적 혼란을 초래하는 결과를 낳았다. 이러한 신뢰 결핍의 문제는 향후 한국사회에서도 위험을 둘러싼 갈등의 잠재력이 여전히 매우 높다는 것을 의미한다.

여덟 번째로 한국인은 국제적 비교에 근거해보아도 고립도가 매우 높다는 점에서 전통적인 연줄사회의 비공식적 안전망의 도움도, 그리고 체계적인 국가적인 복지안전망의 도움도 받지 못하는 매우 취약하고 불안정한 사회적 관계를 유지하고 있는 나라가 되었다. 이러한 점에서 사회적 관계의 질은 매우 낮은 수준에 머물고 있다.

마지막 결론 장에서는 이재열과 정진성이 공동으로 이 분석결과들을 사회의 질 연구틀과 연관지어 정리하고 있다. 위험을 인지하고 그것이 정치화되는 과정은 그 사회의 신뢰도, 사회적 배제의 정도, 계층별 차이 등과 관련이 깊은 것으로, 사회의 질 분석틀에서 제시하고 있는 조건들, 즉 취약성에 대응할 자원(사회경제적 안전성), 자원에 대한 접근의 정도(포용성), 공동으로 위협에 대처할 수 있는 연대감(응집성), 그리고 위험을 완화할 수 있는 능력(역능성) 등이 높은 사람들일수록 동일한 객관적 위험에 대해서도 느끼는 불안감은 경감될 수 있다고 해석할 수 있다. 따라서 위험을 경감시키고 안전한 사회를 만들기 위해서, 물질적인 성장에 더해서 사회의 질을 높이는 발전을 추구해야 한다는 가치지향의 전환이 출발점이 될 수 있는데, 우리 사회에서 이미 탈물질주의 가치관이 자라나고 있는 점은 매우 긍정적이다. 지금까지 우리가 만들어낸 근대성의 여러 가지 어두운 부분들에 대한 성찰로부터 안전하고 안심할 수 있는 사회를 만들어가는 단초를 찾을 수 있고, 그 지름길은 돌아가는 여유로움, 그리고 신뢰할 수 있는 조직과 관행을 만들어가는 문화적 혁신뿐이라고 필자들은 주장한다.

서울대학교 사회발전연구소가 '사회의 질' 연구총서 제1집으로 『한국사회의 트렌드를 읽는다』를 출간한 지 일년 남짓 되어, 다시 2집으로 『위험

사회, 위험정치』를 출간하게 된 것을 기쁘게 생각한다. 연구에 참여한 여러 교수, 박사들께 고마움을 표하며, 분석에서 회의준비에 이르는 온갖 지원을 성실히 수행하고 있는 조교들에게 감사하고, 특히 이 책의 원고수집과 교정 책임을 맡아준 김선민, 김정환 조교의 노고에 감사한다.

전반적인 연구를 지원해주고 있는 한국연구재단과 전국조사 경비를 지원해준 서울대학교 연구처와 중앙대학교 차세대에너지안전연구단(단장: 윤기봉 교수)에게도 감사드리며, 항상 사회발전연구소의 연구에 신뢰를 가지고 출판을 결정해주고 있는 서울대학교출판문화원에도 머리 숙여 감사드린다.

이 책이 한국사회의 위험을 진단하고 처방하는 데 중요한 기여를 할 수 있기를 바란다. 많은 분들이 이 책을 읽어줄 것을 기대하며 여러분들의 질책과 성원을 기다린다. 아울러 본 연구소의 연구성과를 함께 토론하고 기획하여 저녁종합뉴스에서 〈한국사회 '위험' 진단〉이라는 특별연속기획(2008년 11월 2-6일)으로 다룬 SBS와, 3일간에 걸쳐 지면을 할애하여 〈위험한 사회 대한민국〉이라는 특별기획(2008년 11월 3-5일)으로 소개한 중앙일보에도 감사를 표한다.

2010년 2월

정진성

차례

제2부 위험정치와 촛불집회

제6장 2008년 촛불집회에 나타난 위험의 정치화 _ 장덕진

제7장 위험과 한국의 사회적 응집: 2008년 촛불집회를 사례로 _ 고형면

제8장 진보정당 지지자들의 정당지지 결정요인과 위험 인식 _ 장상철

표 차례

그림 차례

제1장

이론적 배경: 위험사회와 위험의 사회적 구성

이재열

1. 현대사회와 위험

2007년과 2008년 한국사회를 뒤흔들었던 두 개의 주요 사건은 태안반도에서 발생한 허베이 스피리트 호의 기름유출사고와 미국산 쇠고기 수입을 둘러싼 광우병 논란이었다. 2008년 처음으로 한국을 방문한 위험사회론의 주창자인 울리히 벡(U. Beck)은 한 일간신문과의 인터뷰에서 '한국은 아주 특별하게 위험한 사회'라고 언급한 바 있다. 도처에 잠복해 있다가 불쑥불쑥 튀어나오는 위험과 이로 이한 불안이 현대사회를 다른 시대와 구별하는 특징인데 한국이야말로 그런 특징이 가장 잘 드러나는 사회라는 것이다.

이처럼 '위험'은 현대성을 구현하는 주요 개념이 되었으며, '위험사회'는 현대사회의 구조와 원리를 새롭게 조망하는 해석적 틀로 등장하고 있다. 위험은 미시적인 개인생활에서부터 문명론적인 변화까지 다양한 수준을 포괄하며, 동시에 자연현상, 기술, 사회조직, 국가정책, 기업 활동 등 광범위한 영역에서 발생한다.

이 연구는 한 사회의 질(質)을 개인들의 삶의 질과 구별되는 것으로 이해하는 데서 출발한다. 지난 40여 년간 급격하게 진행된 압축적이고 돌진적인 산업화의 과정에서 우리가 이룩한 근대성은 그 자체로 위험의 요소들을 내포한 것이며, 현재 우리가 경험하고 있는 정보사회의 미래도 다양한 형태의 위험에서 자유로울 수 없다는 점에서, 위험은 사회발전과 분리할 수 없는, 그 안에 구조화된 요소다. 그래서 사회적인 삶에 내재한 다양한 위험요소들에 대한 분석을 통해 사회의 발전이 어떻게 변화해왔는지, 그리고 위험이 전통적인 계층이나 계급간 갈등을 넘어서, 혹은 이와 결합하여 어떻게 새롭게 정리화했는지 주목하고, 위험에 대한 인식이 어떤 영향을 미쳤는지 살펴보고자 한다.

이 글에서는 위험에 관한 다양한 논의를 정리한 후, 한국사회에서 위험이 어떻게 사회적으로 구성되고 정치화되는지에 대해 경험적 자료를 통해 살펴본 후 논리적이고 이론적인 해석을 제시하는 것을 목적으로 한다. 다양한 위험은 개인의 운이나 실수로 돌리기 어려운 사회적 성격을 띠고 있다. 그래서 위험은 그 사회의 성격을 취약성이라는 관점에서 잘 드러낸다. 따라서 위험에 맞서서 취약성을 극복할 수 있는 복원력(resilience)이란 그 사회의 발전수준을 가늠하는 또 다른 척도라고도 할 수 있다.

1) 위험의 정의

위험(risk)이라는 단어는 원래 원양 진출을 목적으로 한 모험적인 여행을 의미했다. 17세기에 접어들면서 독일어나 영어에서 사용되기 시작한 이 단어는 처음부터 미래의 불확실성을 통제함으로써 합리적 행동의 영역을 확장하려는 시도와 떼어서 생각할 수 없다.

위험에 대한 정의는 학자마다, 그리고 기관마다 매우 다양하게 이루어지고 있다. 영국왕립협회(Royal Society)에 따르면 위험(risk)은 일정 기간 내에 혹은 어떤 자극에 의해 어떤 사건이 발생할 확률을 의미한다. 이 때 위험은 통계적 의미의 확률이므로 확률에 관한 여러 가지 공식적인 법칙을 따른다고 본다. 피해(detriment)는 어떤 사건이 가져올 예견되는 손해나 손실의 수량적인 척도로서 일반적으로 위험(risk)이라는 확률에 사건이 발생했을 때 예상되는 손실(harm)을 곱한 값이며, 생명의 손실 년도, 생산성의 손실 등의 화폐가치로 표현되며, 비용-편익분석이나 위험-편익분석의 토대로 사용된다(Adams, 1995: 8), 또한 영국왕립협회는 객관적 위험과 인지된 위험의 구분을 중요하게 생각한다. 객관적(objective) 위험이란 전문가가 알고 있는 위험을 의미하며, 인지된(perceived) 위험은 보통사람들이 예견하는 위험을 의미하는데, 많은 경우 객관적 위험과 인지된 위험이 비례하지 않기 때문에 위험소통(risk communication)이 중요해진다.

피해(detriment) = 위험(risk) × 사건 발생시 예상되는 손실(harm)

국제위험통제협회(International Risk Governance Council, IRGC)에서도 위험을 '확률'과 '결과의 심각성'이 결합한 것으로 정의한다(IRGC, 2008). 국제위험통제협회에서는 위험(risk)과 위해(hazard)를 구분하여 정의한다. 위해는 위험인자와 관련된 과정의 내적인 속성(inherent properties of the risk agent and related processes)을 의미한다. 그러나 위해요소는 노력 여하에 따라 구체화되지 않을 수도 있다. 접종을 통해 전염병을 예방하면 질병이 현실화되지 않는 것이 그 예다. 반면에 위험은 이러한 위해요소가 구체적인 목표물(건물, 생태계, 인간 등)에 미치게 될 잠재적인 영향력(potential effects)을 의미한다. 따라서 위험(risk)은 위해의 발생가능성과 위해의 결과가 보여줄 심각성으로 구성된다는 점에서 영국왕립협회의 정의와 내용상으로 일치한다.

위험(risk) = 위해(harm)의 발생 가능성 × 위해(harm)의 결과(심각성)

이때 사용된 개념 중 위해(harm)란, 건강, 재산 혹은 환경에 미치는 물리적 상해나 피해를 의미하며 위해요인(hazard)은 위해의 잠재적 근원을, 그리고 위험(risk)은 위해의 발생 가능성과 심각성의 조합을 의미한다.

위험은 기관이나 학자마다 주목한 위험의 속성에 따라 조금씩 다르게 정의되어 왔다. 전통적인 사회보장의 대상인 "빈곤"을 "사회위험" 개념으로 확장시킨 세계은행(World Bank)의 정의나 자연재해에 내장된 "사회적 취약성" 차원에 주목한 호주 정부의 모델 등에서 찾을 수 있다. 세계은행의 주된 관심은 빈곤을 퇴치하고 지속가능한 사회경제적 발전을 이루기 위해서는 개인, 가구, 지역사회가 겪는 다양한 위험을 관리하는 프로그램이 필요하다는 인식에 기반하고 있다(Holzmann, Sherburne-Bent and Tesline, 2006). 예를 들면 2000년대 초에 발간된 세계발전보고서(World Development Report 2000/01)에서는 사후적인 지원(ex-post support) 외에도 사전적인 취약성의 감소(exante vulnerability reduction)가 필요하다고 주장하는데, 이러한 논리의 배경에는 1) 빈곤층은 자연재해나 인위재난, 건강위험이나 정치적 위험에도 가장 전형적으로 노출되는 층이며, 2) 빈곤층은 위험에 대처할 수단이 가장 적은 층이라는 전제가 깔려 있다. 아울러 기존의 사회보장의 대상자인 빈곤층은 가장 큰 복지의 수혜자인데도, 높은 취약성 때문에 고위험-고수익 활동에 참여하지 못하거나 꺼림으로 해서 빈곤의 악순환에서 벗어나지 못했다는 진단도 포함되어 있다.

위험의 사회적 측면을 가장 적합하게 포착하여 정부정책에 직접 활용하고 있는 것은 호주 정부의 사회적 취약성 모델이다. 이 모델은 위험(risk)을 3차원의 피라미드로 정의한다. 다시 말하면, 위험을 사건의 결과, 혹은 피해를 입을 확률로 이해하되, 이는 다시 위해요인(hazard), 취약성(vulnerability), 노출(exposure)로 구성된다고 본다. 그리고 이 세 가지 요소 중 한

가지라도 증가하거나 감소하면 위험의 확률이 변화하는 것으로 정의한다(Dwyer, Zoppou, Nielsen, Day, & Roberts, 2004: 2).[1]

위험(risk) = 위해(hazard) × 노출(elements exposed) × 취약성(vulnerability)

위험의 피라미드는 위험의 세 차원의 요소들을 드러내며, 피라미드의 각 변은 위해, 취약성, 노출요소 등에 비례한다. 따라서 부피는 한 개인이나 가구가 가진 총 위험량을 나타낸다. 이처럼 호주 정부의 모델은 위험의 사회적 측면을 "취약성"이라는 개념으로 포착하여 구체화한다는 점에서 시사적이다. 즉, 실업이나 빈곤뿐 아니라 자연재해까지도 위해요인으로 확대하고, 외적인 노출의 정도와 내적인 취약성의 차원을 모두 고려하여 사회위험을 재구성하는 논리와 방법을 제공하고 있다.

사회위험에 대한 이상의 논의를 살펴볼 때 세계은행의 정의는 지나치게 빈곤 위주의 개념이라는 것을 알 수 있다. 이처럼 협의로 정의할 경우에 사회위험은 빈곤, 질병, 실업 등에 국한된다. 혹은 사기·절도·방화·폭력 등 순수하게 인간행동으로 인해 비롯되는 사건들만 사회적 위험으로 정의하기도 한다(Jones, 1993: 161-165)

그러나 광의로 생각하면 모든 위험은 사회적인 성격을 지닌다(Cutter, 1993). 그래서 위험 개념도 그것을 품고 있는 사회적 차원을 포괄하는 정의로 확장할 필요가 있다. 위험의 발생원인, 위험의 현실화 과정, 그리고

1. 여기서 노출요소(elements exposed)란 구체적인 위해의 영향을 받는 대상으로서 사람·건물·도로·경제·자연환경 등을 모두 포괄하는데, 대표적인 것이 사람과 재산이다. 취약성(vulnerability)이란 재난의 영향력에 노출된 요소의 저항 능력을 의미하는데 자연재난에 노출된 취약성이란, 도로·건물·사람·경제 등이 재난의 피해로부터 견뎌내고 회복할 수 있는 능력을 의미한다. 아울러 사회적 취약성(social vulnerability)은 1) 개인이나 가구(개인적 속성과 관련), 2) 공동체(주변환경), 3) 지역/지리(각종 서비스로부터의 거리), 4) 행정/제도(다양한 구호기금 및 방재연구) 등 네 수준에서 측정이 가능하다.

그 피해 등의 여러 차원에서 사회적 측면과 결합한 것을 사회위험이라고 정의할 수 있다. 예를 들자면, 인간이 살지 않는 극지나 오지에서 발생하는 산사태나 지진은 자연현상에 불과하지만, 다양한 계층의 많은 인구가 모여 사는 도시의 지하에서 발생한 지진은 매우 심각한 사회적 파급효과를 가진다는 점에서 사회적 위험이라고 할 수 있다는 것이다. 마찬가지로 기술적 요인들에 의한 위험은 장치나 시스템의 실패로 끝나는 것이 아니라, 그러한 기술의 사용을 규제하는 정치, 사회, 경제 시스템의 문제와 긴밀히 연결되어 있고, 인간적인 실수와도 떼려야 뗄 수 없는 관계를 맺고 있다는 점에서 사회적 위험의 속성을 갖는다.

그러므로 이 책에서는 "그 원인이나 전개 과정, 혹은 그 피해의 결과가 사회적 성격을 띠며, 국민의 생활이나 사회의 존립기반에 부정적인 영향과 피해를 초래할 수 있는 요인이나 현상"을 위험이라고 정의하고자 한다.

2) 위험의 유형

위험에 대한 정의와 마찬가지로 위험의 유형도 연구자나 연구집단의 시각을 반영하기 마련이다. 위험을 관리하기 위해서는 어떤 종류의 위험인지를 분류하는 것이 매우 중요하기 때문이다. 위험은 그 원인에 따라 자연현상에서 비롯된 위험과 인위적으로 만들어진 위험으로 구분할 수도 있고, 한 개인에 국한된 것인지 혹은 여러 사람들 사이에 얽혀 있는 것인지로 나눌 수도 있으며, 국지적인 것인지 다른 위험으로 파급되는 것인지로 구분할 수도 있다. 또한 위험의 빈도나 격렬성에 따라 파국적 위험과 그렇지 않은 위험으로 구분할 수도 있다. 위험의 효과에 따른 분류도 가능하다. 일시적인 효과를 미치는 위험이 있는가 하면, 개인에게 평생 영향을 미치는 위험도 있고, 여러 세대에 걸쳐 영향을 미치는 매우 장기적인 위험도 있다. 위험을 관리하는 시각에서 보면, 누구에게 영향을 미치는 위험인가를 구분하는 것도 중요하다. 보편적 위험은 모든 사람들에게 골고루 미치는 위험이고, 생애주기형 위험은 특정 연령이나 생애단계에 있는 사람에게만 미치는 위험이며, 범주적 위험은 특정 집단에만 영향을 미치는 위험이다.

세계경제포럼은 와튼스쿨의 디볼드(Diebold) 교수가 개발한 '알려진(known, K)', '알려지지 않은(unknown, u)', 그리고 '알 수 없는(unknowable, U)' 위험의 3분법을 사용한다. 이는 KuU 프레임웍이라고도 한다.[2] '알려진 위험'의 대표적인 예는 자연재난이다. 그 원인이나 발생확률, 그리고 예상되는 피해 등은 비록 정확한 추정은 어렵지만 비교적 원인과 메커니즘이 잘 알려져 있고, 또 체계적으로 정의되어 있으며, 측정가능하므로 관리도 가능하다. '알려지지 않은 위험'의 경우 위험의 사례는 잘 정의되어 있지만, 그 발생확률은 미리 정하기 어렵다. 테러나 세계적인 금융위기 등이 그 사례인데, 이러한 위험에 대처하기 위해서는 정부나 기업이 스스로 비상계획, 비축, 여유자원 확보, 핵심자원의 다변화 등의 대응모델을 가져야 한다. '알 수 없는 위험'이란 아직 현실화되지 않았고, 우리의 이해수준도 아직 초보적인 것을 뜻한다. 많은 위험요소들과 취약성이 상호 결합할 경우 감당하기 힘든 커다란 재난으로 변화할 수도 있다는 점에서 막연한 공포의 대상이 되며, 또한 쉽게 정치화할 수 있는 위험이다. 광우병 쇠고기에 대한 공포도 이와 같은 미지의 위험이 가져온 사회적 파장이라는 측면이 매우 강하다.

위험의 원인에 따라 유형을 나누는 대표적인 사례는 국제위험통제협회(IRGC)의 분류에서 찾을 수 있다. 이들은 위험요인을 1) 물리적 요인, 2) 화학적 요인, 3) 생물학적 요인, 4) 자연적 요인, 5) 사회적 요인, 6) 복합적 요인 등으로 나눈다(IRGC, 2008). 세계은행은 위험의 영역과 수준을 교차한 분류방법을 제안한다. 위험의 영역으로는 1) 자연재해위험, 2) 건강

---

2. WEF global risks 2006 보고서, p.6

위험, 3) 생애위험, 4) 사회위험, 5) 경제적 위험, 6) 정책/정치위험, 7) 환경위험 등으로 나누고, 수준별로는 1) 미시적, 2) 중범위적, 3) 거시적 위험으로 나누고 있다(Holzmann, and Jorgensen, 2000). 세계은행의 유형론은 생애사와 같은 개인위험부터 전쟁과 같은 거시적 문제까지 포괄하며, 자연위험부터 기술위험, 사회적 위험을 모두 포괄한다는 점에서 가장 일반적인 분류틀이다. 서울대 사회발전연구소는 위험을 영역에 따라 1) 지구적 생태위험, 2) 자연재해위험, 3) 국가적 안보위험, 4) 건강의 위험, 5) 경제적 생계위험, 6) 기술적 재난위험, 7) 사회적 해체위험 등으로 나누고 있다(서울대 사회발전연구소, 한국안전학회, 2005).

각 분류체계는 나름대로의 필요와 논리를 가지고 있다. IRGC의 위험분류는 지나치게 기술 중심으로 되어 있어서, 위험의 발생확률 및 위험과 불확실성 간의 관계에 주된 초점이 맞추어져 있는 반면 사회적 요소와의 상관성에 대한 고려가 취약하다. 세계은행의 유형론은 영역과 수준을 교차하여 2차원의 공간에 다양한 위험들을 배치함으로써 단순한 구분을 넘고 있으나, 대체로 개발도상국이나 저발전국의 빈곤과 그와 연관된 문제들에 국한된 유형론이어서 현대 한국사회의 사회적 위험을 분류해 내는 데는 적합하지 못하다. 서울대 사회발전연구소의 유형은 외국의 유형론을 극복하기 위해 국가적 안보위험과 같은 한국적 특성에도 주목하고 있지만, 사회위험을 구분하기에는 지나치게 포괄적이다. 이처럼 새롭게 등장하는 상호연관된 위험들에 대응하기 위해서는 새로운 분류체계와 전략이 필요하다. 다양한 위험원에 대한 자료들이 지리적으로나 기능적으로 공통의 분석틀 속에서 통합되어야 한다는 점에서 바람직하다. 체계적 위험을 다루기 위해서는 위해원 파악과 위험평가, 민감성분석, 수용성에 대한 판단 등을 위해 전체적 접근(holistic approach)이 필요하다. 체계적 위험에 대한 탐구는 통상적인 위험원-결과에 대한 분석을 넘어서 위험군들 사이의 상호 연관성과 파급효과(spill-overs)에 주목해야 한다.

2. 위험사회와 위험의 사회적 구성

1) 근대성과 위험, 그리고 사회의 질

근대를 정의하는 방식은 여러 가지가 있다. 그중에 한 가지 시각은 근대성을 자본주의의 확장과 기술의 진보로 얻어진 놀라운 효율성과 풍요에도 불구하고 새롭게 등장한 다양한 사회적 위험에 대한 극복과정이었다고 보는 관점이다. 복지국가의 이념은 편차가 커진 개인수준에서 발생하는 삶의 질의 불평등을 극복하기 위해 사회의 질을 높이고자 하는 국민국가의 노력이었다고 이해할 수 있다. 개인에게는 치명적인 영향을 미치지만, 사회체계의 수준에서 통계적으로 그 발생확률을 묘사할 수 있고, 예측할 수 있다면, 개인들의 개별적 대응을 넘어서는 회피와 보상의 메커니즘을 갖게 되는 것이다. 따라서 '계산 가능한 위험'의 중요성이 급격히 증대되었다는 점에서 우리는 근대사회의 새로운 면모를 찾을 수 있을 것이다. 위험을 운명이나 운과 같은 초월적 이유 때문이라는 생각에서 벗어나게 된 것이 곧 '근대성'의 지표가 된 것이다(Giddens, 1991).

이러한 이념을 가장 구체적으로 표상한 것은 19세기말 서유럽에서 태동하기 시작한 복지국가다. 복지국가는 사회구성원들의 사회적 안전과 위험을 방치하지 않고 이에 적극적으로 개입하여, 빈곤, 질병, 실업 등의 현상들을 최소화하는 기능을 수행해야 한다는 이념에 기초하였다. 1930년대 이 대공황으로 발생한 대량실업을 해결하기 위해 등장한 케인즈주의는 사회적·경제적 위험의 요소를 국가가 적극적으로 관리해야 한다고 주장했다는 점에서 '사회의 질'을 정책으로 구현한 가장 최초의 체계적인 위험관리체계라고 할 수 있다.

위험에 대한 국가의 관리에는 확률과 통계가 필수적이다. 현재 우리가 통계학이라 부르는 학문이 사실은 국가학(statistics, Staatskunde)으로 출발했다는 것은 위험을 확률의 분포로 이해하고, 이를 토대로 계산가능한 정책 개입의 도구로 삼은 것이 근대국가의 본질이었음을 잘 보여준다. 통계학은 불확실성을 전제하며, 정상성의 범위를 벗어나는 위험을 분산 개념으로 구체화한다. 불확실성과 무질서를 체계적인 관리의 대상으로 삼는다는 점에서, 그리고 그 목적이 구성원의 안전과 복리를 기하는 것이라는 점에서 근대복지국가의 목표는 사회의 질을 높이고자 하는 역사적 노력의 산물이었다고 할 수 있다.

이러한 연유로 근대사회에 들어서 위험은 국가의 체계적 관리 대상이 되어버렸다. 자연재난이나 사회적 · 경제적 위기를 행정체계나 예산관리를 통해서 통제한다는 점에서 근대국가는 전근대국가와 구별된다. 특히 2차 세계대전 이후로 빈곤, 질병, 실업 등 산업화가 초래한 문제들을 국가가 최선을 다해 대응하는 것이 바람직하다고 보는 개입 국가적 인식이 널리 퍼지게 되었다는 사실은 근대국가의 형성과 위험관리가 서로 연관되어 있음을 잘 드러내는 일이다.

바꾸어 말하면, 위험의 성격과 위험에 대한 인식의 변화는 서구에서 근대성이 형성되는 과정과 분리해 이해할 수 없는데, 그 이유는 어느 시대나 어느 사회를 막론하고 물리적 재난, 사고, 위해는 존재했지만, 이에 대하여 가장 적극적이고 합리적인 대처의 가능성을 모색한 것이 바로 근대성의 핵심적 차원을 구성했기 때문이다. 그리고 그 요지는 위험에 대한 개인적 대처를 뛰어넘는 사회적 대응시스템의 구축 과정이며, 그 핵심에 국가의 다양한 사회정책이 자리잡았다고 할 수 있다.

2) 근대성의 한계와 위험사회론

그러나 근대성의 심화는 위험통제에 대한 낙관적 전망을 불가능하게 하는 새로운 유형의 위험들을 탄생시켰다. '근대에서 탈근대로의 이행'은 '통제할 수 없는 위험'의 등장을 의미한다. 그 현상의 배후에는 인류가 과학기술과 합리성이라는 이름으로 만들어내고 인위적으로 개입한 자연에 가한 변형이 가져온 의도하지 않은 복잡성이 작용한다. 본래 위험이라는 개념은 물리적이고 직접적인 손실을 의미하는 위해(danger)와는 달리 통제가능성 그리고 계산가능성에 기초한 것이다. 그러나 우리가 탈근대사회에서 경험하는 것은 '통제할 수 없는 위험'인데 이 말은 일종의 형용모순이라고 할 수 있다. 그리고 그러한 점에서 전혀 새로운 형태의 위험이라고 할 수 있다.

1990년대를 전후하여 서구 사회학계에서 루만, 기든스, 벡 등을 중심으로 논의하기 시작한 위험사회론은 이러한 인식에서 출발한다. 즉 신종 전염병의 증대와 에이즈의 확산, 오존층 파괴와 체르노빌 원자력 사고로 대표되는 원자력 재난 등은 서구사회 전체에서 근대성의 성취물이 가져온 충격과 불안을 반영하는 것이다.

근대성의 위험을 가장 잘 드러내는 것은 기든스이다. 그는 근대성을 구성하는 제도의 분석을 통해 시간과 공간의 압축이 가져오는 위험에 대해 논의한다. 세계화는 시공간의 압축을 가장 잘 드러내는 사례다. 내부적으로 모순된 과정이 고삐 풀린 듯 펼쳐지면서 예측이나 통제하기 힘든 결과를 낳기 때문이다. 그래서 과거의 위험은 원인과 결과가 분명한 것이지만, 새로운 위험은 기원을 알 수 없고 결과도 불확실하다고 본다. 현재의 위험은 자연에 인간의 지식과 기술을 적용해 '만들어진 결과'다. 환경위험이나 지구온난화와 같은 것이 대표적인 사례다. 그 외에도 오존층의 파괴, 화학물질에 의한 환경변화, 대규모 살충제와 제초제의 사용에 따른 먹을거리위험, 유전자 변형식품 논란, 광우병 파동 등은 위험요소의 복잡화와 불확실화를 잘 드러내는 사례들이다.

따라서 위험사회는 단순한 '위험 정도의 증가'를 의미하지 않는다. 그것은 과거에 볼 수 없었던 새로운 형태의 위험이 대두했음을 의미한다. 그동안 발전과 문명을 가져온 합리성과 계산가능성의 '개가'라고 불렀던 것들이 어느 날 갑자기 인류의 생존을 심각하게 위협하는 위험의 원천이 되었다는 당혹감이 자리잡고 있는 것이다.

이에 대한 기든스의 처방은 성찰성이다. 복잡성의 확대로 특징지어지는 일상을 이해하지 못할 경우에 우리의 삶은 일상에서의 단순화와 상징화를 통한 이탈을 추구하게 된다. 우리 경험의 진정성과 현실의 정합성을 높이기 위해서는 끊임없는 성찰성의 구현을 통해 사회구성원의 합의와 신뢰를 이끌어나가야 하는 문명사적인 어려움에 직면하게 된다.

같은 맥락에서 벡은 새로운 형태의 위험들은 전통적인 경계의 소멸(de-bounding)의 결과이며, 이러한 과정은 공간적·시간적·사회적 차원에서 모두 진행된 것으로 파악한다(Beck, 1999).

공간적 경계 소멸은 국민국가의 경계소멸을 의미한다. 환경오염, 지구적 차원의 기후변동, 자연재해(쯔나미), 오존층 파괴, 원자력발전소 폭발로 인한 방사성 낙진의 피해, 유조선 침몰에 의한 해양 오염 등에서 보듯이 개별 국가의 범위를 벗어나는 위험들의 증가는 위험에 대한 대비와 대책의 마련이라는 차원에서 단일 국가의 노력만으로는 해결되지 않는 새로운 위험지도를 탄생시키고 있다. 벡은 이를 '문명위험의 지구화'라고 표현한다(Beck, 1992). 기존의 공간적 경계로는 포착하기도 어렵고 대처하기도 힘든 이러한 새로운 유형의 위험은 크게 생태적 갈등, 경제위기 그리고 테러네트워크의 형성 등을 포괄한다.

생태적 갈등은 근대적 국민국가의 경계가 소멸 혹은 희박해짐으로써 발생하는 것이며, 경제위기도 경제적 하부구조와 산업, 금융 구조의 빠른 지구화 현상과 긴밀히 연관되어 있다. 냉전 이후에 급속도로 확산되는 테러문제도 미국의 정치·외교·경제·군사적 패권의 세계적 확산과 이에 대하여 근본주의적 세계관을 무기로 맞서는 반근대주의적 경향 간의 충돌로 이해할 수 있다(Borradori, 2003).

시간적 경계의 소멸이 의미하는 것은 위험의 원인과 그 효과 사이에 존재하는 시차의 증가를 의미한다. 과거 전통적인 위험의 발생경로를 보면 일반적으로 그 인과관계가 비교적 단순하여, 원인으로부터 결과로 진행하는 경로가 선형적이거나 즉각적인 경우가 많았다. 그러나 위험사회에서는 상당한 잠복기를 갖는 위험들이 대부분이다. 일정 기간 체내에 누적되어 있다가 그 한계점을 넘었을 때 표면화되는 각종의 중금속 오염질병, 유전자 변형식품에 의한 오염, 혹은 아예 세대를 뛰어넘어 격세적으로 나타나는 위험들은 당대가 아닌 후대, 후손들의 삶까지 고려해야 하는 의무를 부과한다. 이처럼 공간적 탈경계화가 국가적 차이를 넘어서는 것이라면, 시간적 탈경계화는 당대와 미래의 경계를 지우는 효과를 가져온다. 그래서 위험의식은 현재와 과거보다는 미래로 빠르게 투사된다.

사회적 경계의 소멸은 위험사회의 또 다른 증상이다. 고도로 분화된 분업체계로 매우 복잡해진 현대사회는 발생한 위험의 책임소재를 명확하게 가리기 어렵게 만든다. 예를 들면, 환경오염이 심각하게 발생했을 경우, 당연히 사회는 그 책임의 소재를 묻지만, 한 가지 원인으로 귀속되지 않고 다양한 행위자들에게 그 책임이 분산되어 결과적으로 책임을 가리기 어려운 경우가 많다. 사회적 상호작용의 관계망이 복잡해지면서, 특정한 결과가 발생하기 위해서는 다양한 수준에서 다양한 주체들의 행위가 복합적으로 결합되기 때문이다. 말하자면 위험사회에서는 "모든 사람이 원인제공자이자 피해자"가 되는 것이다. 예를 들어 중금속에 오염된 논밭에서 재배된 농산물이 식탁에 올랐을 때, 이를 책임져야 하는 것은 농부인가, 유통업자인가, 인근의 공장인가, 정부인가, 아니면 소비자 자신인가? 이러한 문제에 대해서 해답이 쉽사리 내려지지 않는 이유는 바로, 위험의 생산, 소비와 유통이 기존의 사회적 경계들을 넘어서고 있기 때문이다.

위험의 문제를 사회학적 연구대상으로 끌어들인 벡의 연구는 근대성의 심화가 가져온, 위험통제에 대한 낙관적 견해를 불가능하게 만드는 새로운 유형의 위험들을 향해 있다(Beck, 1992). 위험사회는 고전적인 산업사회와 여러 차원에서 대비가 된다. 그중 스코트(Scott)가 제시한 산업사회와의 비교는 위험사회의 사회적 문제에 대한 감수성을 높이는 데 유용한 준거가 되고 있다.

위험사회는 산업사회와 여러 가지 측면에서 대비되는데, 재화의 분배를 둘러싼 계급적 지위다툼이 불평등의 핵심의제가 되었던 산업사회와 달리 위험사회에서는 위험요소의 불평등한 분배를 둘러싼 공포감이 사회적 위험지위를 결정하고, 또한 정치적 과정의 중심이 된다는 주장을 편다. 여기서 사회위험지위(social risk positions)란 위험을 회피할 수 있는 능력에 따라 정의되는 지위를 의미한다. 특히 이러한 능력은 개인의 정보접근능력에 따라 크게 달라지는 것으로 이해된다. 대부분의 제조된 위험(manufactured risk)의 경우에 보통사람들이 인지하고 이해하기 어려운 과정과 절차를 거치기 때문에, 위험에 관한 정보를 많이 가지고 있는 전문가들과의 지식연계망을 잘 갖춘 사람들일수록 회피하기가 쉬워진다는 것이다.

산업사회에서 재화(goods)가 생산되고 분배되는 구조와는 매우 다른 방식으로 분배되는 위험사회의 위험(bads)은 기존의 계급적 구분선 또한 '일정 정도' 와해하는 효과를 가진다. 그래서 위험사회의 핵심적인 문제는 지금까지 서술했던 '통제할 수 없는 위험의 양태들을 어떻게 통제할 수 있는가'라는 문제로 집약된다. 위험이 '통제할 수 없는 것'으로 나타나는 근거는 바로 다양한 차원의 경계들이 소멸하는 위험의 지구화 경향이며, 이는 결국 위험들이 야기시킬 고통의 지구화로 귀결되기 때문이다. 하지만 다양한 사회집단이 절대적인 안전지대가 없는 상태로 위험에 노출되어 있을 때, 여기에서 발생하는 위험에 대한 인식과 불안의 결과로 안전(safety)을 희구하는 공동체가 사회적 경계를 초월하며 태동하게 된다. 자국(自國)의 국경을 넘어서는 감시망과 활동범위를 갖고 있는 국제적 환경단체들의 운동은 이러한 현상의 보다 가시적인 징후이며, 대규모 위난에 대한 방송매체적 재현을 통해서 상상적으로 형성되는 세계, 혹은 지구에의 소속감을

〈표 1-1〉 산업사회와 위험사회의 비교

경제적	산업사회	위험사회
사회조직원리	집단화(가족, 계급, 기업, 신분집단 등) + 전통	개인화 + 성찰성
불평등의 형태	사회적 계급지위	사회적 위험지위
핵심갈등 이슈/ 정의와 공정성의 핵심쟁점	희귀재화의 분배	위험과 위해요소의 분배
개인의 극단적 경험	기아	공포
집단의식의 잠재적 경험	계급의식	위험의식
유토피아적 추구의 대상	결핍의 제거	위험의 제거

자료 : Scott(2000: 35).

본질로 하는 '지구인'이라는 연대감이 창출되는 것은 역설적으로 지구적 위험의 확대와 함께 나타나는 현상들이다. 이처럼 위험의 지구화는 위험 공동체의 형성을 촉발하게 될 것으로 기대된다.

그러나 위험의 지구화와 위험공동체의 태동이 자동적으로 위험의 지구적 동질화와 등치될 수는 없다. 위험 지위의 지구적 평등화 현상은 위험 배분과 위험 체험의 불평등을 수반하기 때문이다. 전 지구적 위험에 내포된 불평등의 문제와 탈경계적 지구화 현상 사이에는 변증법적 긴장이 존재한다. 그리고 여전히 지구의 주변부는 중심이 체험할 수 없는 위험에서 안전하지 않으며, 또한 중심이 스스로의 안전을 확보하기 위해서 주변으로 위험워인들을 이식하는 현상도 존재하게 된다. 사회적으로 중심에 위치한 계급들은 나름의 방법을 동원하여 위험을 통제하는 사적 장치들을 동원하는 데 반해서 그렇지 못한 계급들은 상대적으로 사회적 위험에 크게 노출되어 있다. 통제할 수 없는 위험을 통제한다는 이 역설적 가능성의 모색이 바로 위험사회론이 진단하는 후기근대(기든스) 혹은 성찰적 근대(벡)의 핵심적인 문제다(Giddens, Beck, and Scott, 1994).

3. 위험객관주의와 위험의 사회적 기준

1) 위험객관주의

그동안 위험에 대한 연구를 주도해 온 두 가지 패러다임은 객관주의와 구성주의로 대별된다. 위험객관주의는 서구의 합리적 근대성의 형성에 크게 기여한 과학기술의 발달과 떼어서 생각할 수 없다. 그러나 객관주의적 접근만으로는 위험의 사회적 구성과정을 제대로 설명하지 못한다.

서구적 근대의 형성은 재난에 대한 합리적이고 과학적인 대응과 궤를 같이한다. 위험을 예측하고 통제하려는 노력은 과학기술과 의술의 발전뿐 아니라 보험산업의 성장과 복지국가적 위험관리체계로 구현되었다. 이때 토대가 된 것은 위험에 대한 객관적 확률계산이다.

위험에는 여러 형태가 있다. 가장 먼저 우리가 떠올리는 위험에는 건물 붕괴, 화산 폭발, 테러에 의한 건물 파괴, 원자력발전소에서의 방사선유출, 수많은 인명이 부상당하거나 사망하는 재난 등이 있다. 이러한 객관적 위험은 현재 잠재적으로 혹은 실제적으로 현실 속에 존재하는 위험의 발생과 진행의 물리적 총체이며, 따라서 그것을 정확하게 인식하거나 인식하지 못하거나 하는 인식의 차이와는 무관하게 측정 가능한 형태로 존재한다. 이처럼 객관적 위험을 중시하는 입장을 위험객관주의(Risk-objectivism)라 할 수 있다.

위험객관주의는 위험사건을 측정할 수 있는 보편타당한 위험척도를 개발하여, 상이한 사건들을 유형화함으로써 위험의 수용 가능한 범위(acceptable risk criteria)에 대한 합리적인 해명을 추구한다. 위험객관주의적 시각에서는, 위험의 유형을 분류하기 위해서 보험학에서 빌려온 위험공식을 활용하여 이를 산술적으로 산정(R = 사고확률×피해규모)하고, 방법론적 개인주의에 기초한 결정이론의 '피해기대'에 따라서 위험을 정의한다. 따라서 특정 개인이 사고의 확률에 대한 정보를 갖고 있다면, 이에 기초하여 각각의 유형화된 위험에 대한 수용가능성(acceptability)을 객관적으로 계산할 수 있다고 믿는다.

산업화가 가장 오래된 영국에서 합리적인 경험주의 전통과 결합하여 위험객관주의는 꽃을 피웠다. 그리고 그 전통은 영연방국가로 확대되었다. 호주의 뉴사우스웨일즈 지역의 자료를 토대로 한 연구에 따르면, 사람들이 흔쾌히 수용하는 위험은 연간 백만 명당 한 명꼴로 사망자가 발생하는 위험이라고 한다. 예를 들면 별똥별에 맞아 사망할 확률은 백만 명당 0.001명꼴이며, 벼락에 맞아 죽을 확률은 백만 명당 0.1명꼴이다. 태풍과 홍수에 의해 사망할 확률은 0.2명이며, 매년 감전에 의해 죽는 사람은 백만 명당 3명씩이다. 그런데 이와 같이 낮은 확률로 존재하는 위험들은 심각한 사회문제가 되지는 않는다.

그러나 연간 사망자가 백만 명당 10명을 넘는 위험은 사회적 논란을 낳고 제도적 대비책 마련을 위해 고민하게 만든다. 위험에 대해 현실적으로 체감할 기회가 많아지며, 예방을 위한 비용투자도 민감한 사안이 되는 것이다. 다시 호주의 경우를 예를 들어 보기로 하자. 호주 인구 백만 명당 화재로 인한 사망자 수는 매년 10명에 해당한다. 이 정도면 사회적으로 민감한 이슈가 된다. 따라서 사망자 숫자가 백만 명당 100명을 넘게 되면 사회적으로 감당하기 어렵고, 정치적으로도 민감한 이슈가 되어 버린다. 뜨거운 이슈가 된 위험의 대표적인 예는 흡연이다. 매일 20개비씩 담배를 피우는 사람은 그 부작용으로 사망할 확률이 백만 명당 5천 명 수준이다. 그 다음이 암으로 인한 사망률로 1,800명 수준이며, 음주로 인한 사망률은 380명이다. 반면에 자동차를 이용한 여행에서 사망할 확률은 50명이다. 이 자료에서 음주는 교통사고보다 7배 위험하고, 흡연은 교통사고보다 100배 더 위험하다.

위험수준은 국가의 문화, 과학, 기술능력, 시민의식 등의 차이에 의해 다양하게 인식된다. 비록 수준은 국가별로 약간의 차이가 있을 수 있으나

〈표 1-2〉 위험의 유형별 사망확률(호주 뉴사우스웨일즈의 경우)

위험의 유형	사망률(백만 명당)
자발적 위험	
흡연(매일 20개비)	
모든 부작용	5,000
모든 종류의 암	2,000
폐암	1,000
음주	
모든 부작용	380
알콜중독	115
수영	50
럭비풋볼운동	30
무기 소지	30
교통-운송의 위험	
자동차를 이용한 여행	50
기차를 이용한 여행	30
비행기를 이용한 여행	10
전체 인구 대상 평균위험	
암	
전체	1,800
폐암	380
화력발전을 위한 석탄연소에 따른 공기오염	0.07-300
가정 내에서의 사고	110
추락사	60
보행자가 차에 치여 사망	35
살인	20
독극물	
전체	18
독사나 독초	0.1
화재	10
감전	3
추락물에 의한 사고	3
약물오남용	2
태풍과 홍수	0.2
낙뢰	0.1
운석에 의한 사망	0.001

자료 : http://www.r2a.com.au/publications/5th_Edition/06_criteria.html

국가별로 위험 요인별 위험수준을 파악하고 그 정도를 관리해 나감으로써 체계적이고 정량화된 위험관리를 하는 것이 근대적인 위험관리체계다.

호주 정부에서는 인구 백만 명당 연간 100명 이상이 사망할 가능성, 즉 그 확률이 만분의 일에 해당하는 위험은 사회적으로 용인하기 어려운 위험이라고 정의한다. 이 정도의 위험에 대해서는 그것을 줄이기 위해 사회적으로 많은 공론화가 이루어져야 하고, 광범한 정책개발과 토론이 요청된다고 보는 것이다. 인구 백만 명당 연간 사망자 수가 10～100명 되는 위험은 '바람직하지 않은 위험'으로 분류된다. 이 분류는 아무리 투자를 하더라도 사망자를 감소시키기 어렵거나, 개선효과에 비해 비용이 과다하게 들어가는 경우라고 할 수 있다. 따라서 투입비용 대비 개선효과에 대해 저울질하는 위험이라고 볼 수 있다. 인구 백만 명당 사망자 수가 10명 이하인 위험의 경우에는 많은 비용을 들이더라도 추가적으로 줄일 수 있는 피해의 크기가 많지 않기 때문에 '참을만한 위험'으로 분류한다. 인구 백만 명당 사망자 수가 1명 이하인 경우는 '무시할 수준의 위험'으로서 사회

〈표 1-3〉 허용가능한 개인위험의 범위(호주의 사례)

위험의 분류	성격	인구 백만 명당 사망자 수
1. 견딜 수 없는 위험	예외적인 상황을 제외하고는 정당화하기 어려운 위험	100명 이상
2. 바람직하지 않은 위험	사망자를 감소시키기 어렵거나, 혹은 개선효과보다 비용이 너무 많이 들어가는 경우	10～100명
3. 참을만한 위험	많은 비용을 들이더라도 한계위험감소의 크기가 크지 않은 경우	1～10명
4. 대체로 용인되는 위험	무시할 수준의 위험	0.1～1명
5. 용인되는 위험	사소한 위험	0.1명 이하

자료 : *Risk and Reliability, An Introductory Text*, 4th Ed., Risk & Reliability Associates Pty Ltd.

전반적인 반응을 요하지 않는 위험에 해당한다. 백만 명당 0.1명 수준의 사망자를 내는 위험의 대표적인 예는 벼락에 맞아 사망하는 확률인데, 이러한 수준의 위험에 대해서는 사회적으로 용인하는 경향이 강하다.

2) 개인적 위험과 사회적 위험

근대적 위험관리체계는 사고로부터 절대적으로 안전한 상황을 추구하기 위해 모든 문명을 포기하고 원시생활로 돌아가는 것이 불가능하며, 그런 노력도 의미가 없다고 본다. 산업화가 주는 혜택, 인류의 무한한 문명 추구의 욕구를 고려해 볼 때, 산업화에 따르는 위험(risk)을 적절한 방법으로 관리하고 안전하게 유지하여 문명의 혜택을 인류에게 베푸는 것이 올바른 판단일 것이다.

정량적 위험평가기법으로 도출된 위험의 정도가 어느 정도 크기인지, 타 위험과 비교하여 어느 수준이 되는지, 해당시설의 위험 정도가 수용가능한지 등을 결정할 때 위험기준(risk criteria)은 그 사회의 문화・경제・정책・국민의 수준 등에 따라 다르게 나타난다. 기준보다 위험성이 낮은 경우 적합(acceptable), 높은 경우 부적합(tolerable), 적절한 위험성을 가지고 있으면서 관리가 필요한 경우 조건부적합(justifiable)으로 나누어 관리한다.

개인이 위험시설에서 어떤 작업을 수행할 경우, 그 시설에서의 사고로 인한 사망의 확률을 나타낸 것을 개인적 위험(individual risk)이라 한다. 이 개인적 위험의 기준은 FAR(Fatal Accident Rate)로 표시되며 108시간 동안 위험에 노출되었을 때 사망확률을 나타낸 것이며, 108시간은 1,000명의 작업자가 평생에 발생할 수 있는 확률이다.

$$\text{FAR} = \frac{\text{Fatalities} \times 10^8}{\text{Person Hours Exposed}} \quad (\fallingdotseq 1{,}000 \text{ Working Life time})$$

〈표 1-4〉 선진국과 선진기업이 채용하고 있는 개인적 위험의 기준

기관과 기준	최대 수용가능위험(연간)	무시할 만한 위험(연간)
영국 보건안전청(HSE)	10^{-4}	10^{-5}
영국 HSE New Nuclear	10^{-5}	10^{-5}
쉘(SHELL)	10^{-3}	10^{-5}
브리티시 페트롤(BP)	10^{-3}	10^{-5}
Norsk Hydro	10^{-3}	
ICI	3.3×10^{-5}	
Statoil	8.8×10^{-5}	
VROM(Netherland)	10^{-6}	
홍콩	10^{-5}	
호주 뉴 사우스웨일즈주	10^{-6}	
호주 웨스턴 오스트랄리아주	10^{-6}	
미국 캘리포니아주	10^{-5}	10^{-7}

자료: the Western Australia EPA, "Guidance for the Assessment of Environmental Factors, Risk Assessment and Management: Offsite Individual Risk from Hazardous Industrial Plants, No. 2(Interim July 1998)".

영국 보건안전청(Health & Safety Executive, HSE) 등 선진국과 선진기업이 채용하고 있는 개인적 위험의 기준은 산업별로 차이가 있지만, 연간 최대 허용 가능한 작업자의 위험은 10^{-4}이다. 이보다 더한 위험은 심각하게 그 확률을 낮추도록 노력해야 할 대상으로 인식되는 것이다. 한편 일반인(public)의 개인적 위험 허용기준은 작업자(worker)보다 1/10 정도 낮게 설정되는 것이 보통이다. 그리고 일반인에 대한 무시 가능한 위험은 연간 10^{-7}로 점차 강화되는 추세에 있다.

"사회적 위험(societal risk)"은 위험시설 주변의 인구가 어느 정도의 위험에 노출되는 것까지 허용할 수 있는지를 결정할 수 있는 척도로 사용되어 왔다. 인구밀도가 낮은 지역에서 작업자가 적은 시설은 상대적으로 허용될 수 있는 위험시설이 많아진다. 반대로 인구밀도가 높은 지역에서 많은 작업자를 고용하는 시설은 위험도를 낮추기 위하여 보다 넓은 부지(완충지

〈그림 1-1〉 허용 가능한 사회적 위험의 범위

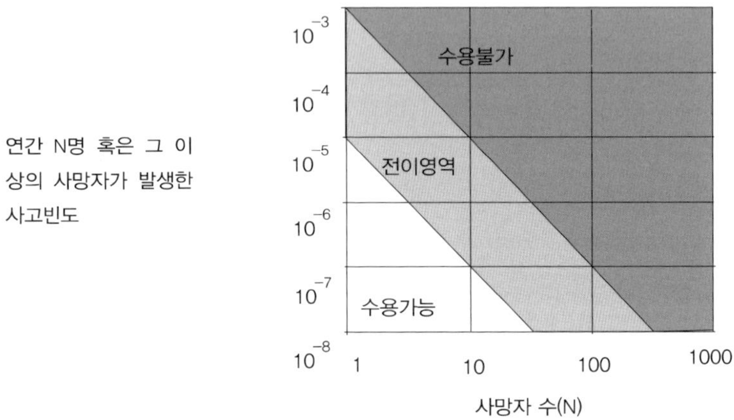

자료 : 'Risk: Improving government's capabilities to handle risk and uncertainty,' p.50, UK Cabinet Office, 2002; The NSW Department of Planning, Australia, "Risk Criteria for Land Use Safety Planning"(June 1992).

역)가 필요하며 때때로 위험수준이 높아 허용되지 않기도 한다.

영국에서는 종업원과 공공의 안전을 확보하기 위해 사업자는 작업자(주로 종업원)의 작업을 통제하는 법적 책임을 부여하고 있다. 영국의 보건안전법(Heath and Safety at Work Act)에 의해 보건안전청(HSE)에서는 기업이 합리적으로 수행할 수 있는(reasonably practicable) 위험 감소 조치를 하도록 강제하고 있다.

사회적 위험을 나타내기 위해서는 F-N 플롯을 이용한다. 즉 사고에 대한 빈도분석과 사고피해 영향평가에서 얻은 값을 토대로 하여 F-N 플롯의 세로축에는 사고의 연간 발생확률(Fr/yr)을, 가로축에는 사망자수(No. of fatality)를 표시하는 방법이다.

한꺼번에 많은 사망자가 발생하는 사고는 정치적으로 감당하기 어려운 사회적 불안을 야기하게 된다. 그래서 위험의 사회적 범주는 F-N 플롯과 같은 멱함수의 분포를 한다. 〈그림 1-1〉이 의미하는 바는 사망자수를 기준으로 사고율을 백분의 일로 줄이는 것과, 사고에서의 사망자수가 10배

증가하는 것이 맞먹는다는 점이다.

F-N 플롯상에 두 개의 빗겨진 평행선은 위험 판단기준을 나타낸다. 이 두 평행선에 의해 확률의 평면은 모두 세 개의 영역으로 구분된다. 가장 위에 존재하는 영역은 수용하기 어려운 위험을 나타낸다. 양 선의 가운데 부분은 '합리적으로 실행 가능한 낮은 수치(As Low As Reasonably Practicable, ALARP)' 영역으로 시설의 위험성이 이 구역 안에 들어오게 되면 시설의 설치는 가능하나, 위험을 하위사선 아래로 낮추기 위해 합리적인 방법으로 안전조치를 강구하여 규제기관과 협의하여 안전관리 활동을 수행해야 한다. 두 선 사이의 공간은 수용 가능하지만, 위험을 감소하려는 최소한의 노력이 투여되어서 실질적으로 위험을 줄일 수 있다면 어떤 형태로든 개입과 통제가 필요하다고 느끼는 부분이다. 마지막으로 흰색 부분은 수용 가능한 위험을 의미한다.

사고의 심각성이 증가하면 위험에 대한 두려움도 커진다. 만일 단일사고의 사망자 수가 특정한 임계점을 넘어서면 공동체는 심각한 위기감을 느끼게 된다. 위긴스(Wiggins)가 미국 의회에서 승인한 예산을 검토한 결과, 구조된 사람 1인당 비용으로 따질 때 교통사고로부터 생명을 구하는데 들이는 예산보다 광산사고나 비행기 충돌사고에 대한 예방으로 쓴 예산이 훨씬 많다고 한다. 100명 이상이 사망하는 사고는 일어날 확률이 천만분의 1이라 하더라도 사회적으로 커다란 논란이 되기 때문이다. 〈그림 1-1〉은 그 효과가 10명 이상이 사망하는 사고가 일어날 확률이 10만분의 1인 것과 유사하다는 것이다. 10만 명당 1명꼴로 사망하는 개별적 사고는 수용이 가능하지만, 한꺼번에 10명이 사망하는 사고는 그 사고 확률을 100분의 1로 줄여야 수용이 가능하다는 논리가 된다.

삼풍백화점 붕괴와 대구지하철 화재사고는 좋은 사례가 될 것이다. 삼풍백화점 사고의 경우에는 한 번의 사고에서 500명 이상의 사망자를 냈는데, 이러한 대형사고는 정치적으로도 매우 민감한 쟁점이 되며, 법체계나 행정조직 등을 개편하는 등의 적극적인 대응책을 만들지 못하는 경우 집권세력에 커다란 정치적 부담이 된다. 2003년 대구지하철 화재가 200여 명의 사망자를 낸 대형사고로 귀결된 후, 소방방재청을 설립하는 계기가 되었다는 것도 주목해 볼 사실이다.

3) 한국사회의 객관적 위험

지난 20여 년간 한국사회의 위험요인별 사망자 수는 어떠할까? 인구 10만 명당 1명의 사망자가 나는 위험이 사회적으로 논란이 되기 시작하는 것이 서구의 일반적인 경향임을 고려할 때 한국사회에서도 10만 명당 10인 이상의 사망자가 나올 확률이라면 사회적으로 충분히 논란거리가 되는 위험이라고 할 수 있을 것이다.

〈표 1-5〉는 교통사고, 대형 참사와 같은 사건・사고를 비롯한 질병 외 사망원인이 한국사회 구성원들의 생존에 대해 얼마나 큰 위험요인으로 작용하고 있는지를 보여준다. 가장 눈에 띄는 위험은 운수사고다. 특히 1983년 3,275명이 사망, 인구 10만 명당 8.2명의 사망률을 보였던 운수사고는 도로가 확충되고 자동차 보급이 활발하고, 철도, 비행기 등 운송수단 이용에 대한 수요가 증가함에 따라 1995년에는 무려 16,266명으로 증가하였다. 이는 인구 10만 명당 35.9명의 사망률에 해당하는 것이다. 하인리히의 법칙을 적용해 본다면 심각한 부상자는 10만 명당 1,041명, 그리고 경미한 사고피해자는 10,770명으로 추산할 수 있다.[3] 매년 전체 인구의 1/10 이상이 교통사고의 크고 작은 피해를 입는다는 것은 교통사고의 위

---

3. 하인리히 법칙이란 1931년 미국의 한 보험회사의 감독자였던 하인리히(H. W. Heinrich)가 다양한 사고를 분석하여 발견한 법칙으로서, 한번의 대형 사고가 발생했을 경우 이미 그 전에 유사한 29번의 경미한 사고가 있었고, 그 이면에는 300번의 이상 징후가 감지됐었다는 것이다. 그래서 이를 1대 29대 300의 법칙이라 부르기도 한다. 드러난 사고는 빙산의 일각이며, 그 아래는 보고되지 않은 많은 사건들이 존재한다는 것이다.

〈표 1-5〉 위험요인별 질병 외 사망자 수 (단위: 명)

연도	총인구	총사망자	질병이외 사망	운수 사고	추락	익사	연기불 꽃질식	중독 노출	자살	타살	기타
1983	39,910,403	198,205	16,825	3,275	2,045	1,449	334	2,906	3,137	246	3,433
1984	40,405,956	203,573	18,799	4,380	2,096	1,671	445	3,011	3,306	335	3,555
1985	40,805,744	188,225	19,863	5,435	2,035	1,470	385	2,916	3,655	335	3,632
1986	41,213,674	180,996	19,883	5,628	2,207	1,346	464	2,822	3,431	357	3,628
1987	41,621,690	184,230	22,181	6,965	2,564	1,651	435	2,811	3,259	397	4,099
1988	42,031,247	181,462	22,795	7,053	2,737	1,339	552	2,335	2,921	394	5,464
1989	42,449,038	180,963	24,848	9,587	1,505	1,290	609	1,969	2,987	541	6,360
1990	42,869,283	183,667	26,403	12,309	1,153	946	505	1,636	3,117	598	6,139
1991	43,295,704	192,612	28,357	12,512	1,011	1,310	468	1,578	3,024	575	7,879
1992	43,747,962	201,214	29,183	12,328	1,296	1,437	663	1,678	3,484	520	7,777
1993	44,194,628	210,413	29,386	12,678	1,630	1,506	779	1,638	4,076	642	6,437
1994	44,641,540	224,009	29,233	14,089	2,074	1,737	695	1,426	4,155	665	4,392
1995	45,092,991	231,929	31,470	16,195	2,236	1,310	753	1,281	4,782	763	4,150
1996	45,524,681	230,367	31,894	16,266	2,172	1,396	721	1,066	5,777	826	3,670
1997	45,953,580	233,530	30,380	14,393	2,261	1,318	693	1,036	5,957	907	3,815
1998	46,286,503	235,797	30,175	11,152	2,177	1,512	535	1,114	8,496	889	4,300
1999	46,616,677	240,935	28,310	11,661	2,466	1,280	575	832	7,014	738	3,744
2000	47,008,111	241,682	27,353	11,345	2,585	1,328	559	391	6,430	745	3,970
2001	47,357,362	237,233	27,361	9,416	2,630	1,071	536	393	6,899	691	5,725
2002	47,622,179	241,500	27,503	8,607	3,011	750	502	287	8,599	717	5,030
2003	47,859,311	241,323	30,431	8,727	3,411	762	628	248	10,899	759	4,997
2004	48,039,415	241,659	29,548	7,957	3,270	781	330	249	11,481	796	4,684
2005	48,138,077	241,968	30,080	7,617	3,088	705	425	272	12,006	786	5,181

자료 : 통계청, 사망원인별 사망자 수 103항목. 1983-2005.

험이 상상을 초월하는 매우 심각한 것임을 말하는 것이다.

다행히 운수사고는 1995년을 고비로 점차 줄어들고 있다. 지속적인 캠페인으로 교통안전에 대한 인식이 확산되고 신속한 응급조치 등을 한 결과 2005년에는 7,617명으로 운수 사망자수가 감소하였고 사망률도 인구 10만 명당 15.8명으로 크게 낮아졌다. 지난 10년간 절반 이하의 수준으로

〈그림 1-2〉 위험요인별 10만 명당 사망자 수의 추이(1983~2005)

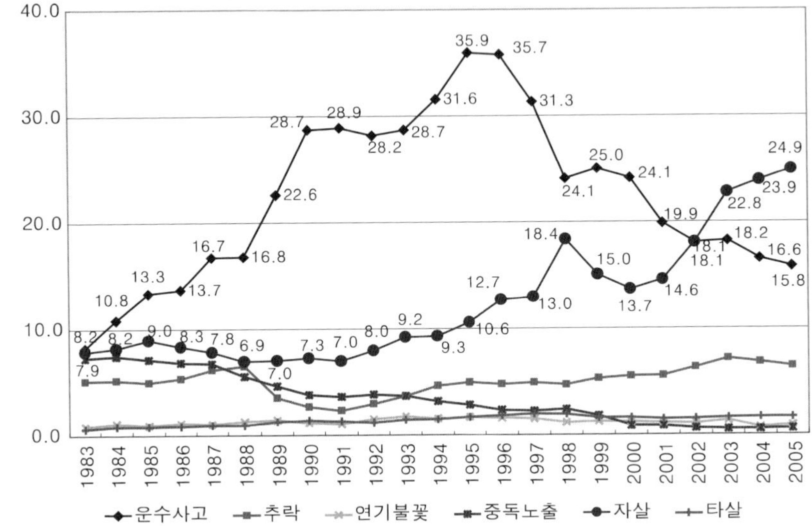

자료 : 통계청, 사망원인별 사망자 수 103항목, 1983~2005.

운수사고사망자 수가 감소하여 OECD 국가에서 가장 교통사고율이 높다는 오명을 벗게 되었다.

한편 자살은 최근 들어 급격하게 늘어난 위험요인이다. 1983년에 3,137명이었던 자살자 수는 2005년에는 12,006명으로 4배 가까이 증가하였다. 인구 10만 명당 기준으로 하면 7.8명 수준에서 24.9명 수준까지 증가한 것이다. 자살의 증가 패턴은 전반적으로 관찰되지만, 외환위기를 겪은 1998년에 피크를 이루고 잠시 감소했다가 2002년 이후에 다시 급증하고 있다. 구체적인 원인을 파악하기 위해서는 보다 심층적인 검토가 필요하겠지만, 현재까지의 경향성에서 추론할 때 경제위기나 빈곤의 심화가 자살률의 변화에 심각한 영향을 미쳤다고 할 수 있다.

한편 구조물과 아파트, 고층건물 등 다양한 인위적 환경들이 도시에 밀집함에 따라 추락사고도 빈발하고 있으며, 그 숫자도 줄지 않고 있다.

1983년에 2,045명이던 추락사고 사망자는 1990년을 전후로 1,000명 전후로 줄었다가 2005년에는 다시 3,088명으로 증가하였다.

익사사고는 1983년 2,560명에서 2005년 705명으로 꾸준히 줄고 있다. 이는 안전장치가 제대로 설치되지 않은 강이나 바다와 같은 자연적 환경보다 수영장과 같은 안전한 인위적 시설들이 널리 보급된 효과로 해석된다. 전반적으로 지난 20여 년간 위험이 대폭 감소한 것은 유독물질에 의한 중독이나 노출사고다. 1983년에는 연간 2,906명이 희생되었으나 지속적으로 감소하여 2005년에는 그 1/10 수준인 272명까지 떨어졌다. 이러한 중독사고의 감소는 광범하게 보급되었던 연탄아궁이가 줄어들고 기름이나 가스 보일러가 보편화된 사회적 변화를 반영하는 것으로 보인다.

국가별로 비교해 보면, 한국의 총 사망률은 일본이나 미국, 영국, 독일 등의 선진국에 비해 매우 낮다. 이는 한국이 아직 본격적인 고령사회에 진입하기 이전의 단계이기 때문인 것으로 생각된다. 고령사회에서는 암이나 당뇨, 순환기계 질환, 고혈압성 질환 등 노인성 질환으로 인한 사망률이 매우 높게 나타난다. 예를 들면 암으로 인한 사망률은 한국 139.6, 싱가포르 97.5, 멕시코 57.2에 불과한 데 비해, 일본은 250.7, 캐나다는 208.2, 독일은 253.7, 영국은 261.3에 이른다. 이는 암이 고령화한 선진국형 위험이라는 것을 잘 보여준다.

반면에 사고사와 교통사고, 그리고 자살의 경우에는 한국이 가장 높은 사망률을 보여주고 있어서 한국사회의 역동성과 돌발성을 비교적 잘 드러낸다. 사고사로 인한 한국인의 사망률은 63.0으로 비교대상 국가들과 비교해 가장 높았으며, 특히 싱가포르보다는 6배 가량 높은 수준을 나타냈다. 교통사고 사망률도 17.2로서 싱가포르의 5.3, 영국의 5.9, 독일의 7.4, 일본의 8.3 등에 비해 매우 높았다. 자살률은 25.2로서 가장 낮은 멕시코(3.8)의 7배 수준에 달했다.

그러나 위험을 단순히 객관적인 수치로만 비교하기는 곤란하다. 동일한

〈표 1-6〉 국가별 위험의 비교(10만 명당 사망자 수)

	한국	일본	싱가포르	캐나다	멕시코	미국	독일	영국	호주
시기	2004	2003	2003	2002	2002	2002	2004	2003	2002
총사망률	506.9	804.9	377.0	715.0	448.9	839.5	991.5	1031.5	680.8
감염성 및 기생충성질환	10.7	16.9	5.9	10.5	20.1	22.0	13.4	9.4	9.1
호흡기결핵	5.7	1.7	1.9	0.3	2.6	0.2	0.4	0.6	0.1
모든 암	139.6	250.7	97.5	208.2	57.2	191.5	253.7	261.3	191.7
위암	23.2	39.6	7.7	6.1	5.0	4.2	13.9	10.2	6.2
간암	22.6	27.0	6.5	4.6	4.4	4.8	7.4	4.4	4.3
폐암	27.5	46.9	21.7	55.0	6.5	54.2	48.3	56.5	37.1
유방암	3.1	8.3	7.1	16.0	3.8	14.4	21.5	21.5	13.8
당뇨병	24.3	9.9	8.8	25.2	53.8	25.2	28.7	12.2	16.9
순환기계질환	120.4	243.3	134.7	238.6	101.9	317.3	446.5	393.4	255.7
고혈압성질환	10.4	4.5	12.6	6.2	10.5	17.1	31.3	6.9	6.9
허혈성심질환	26.3	55.8	72.7	129.9	47.4	169.9	185.0	192.5	132.4
뇌혈관질환	70.3	101.0	36.6	49.4	26.0	55.9	83.0	111.1	63.7
호흡기계질환	29.4	116.8	70.4	56.8	38.3	80.6	63.6	142.9	59.6
폐렴	7.2	74.8	55.0	14.4	11.4	22.3	23.0	64.6	15.4
소화기계질환	25.0	31.5	9.0	27.0	43.4	29.8	51.2	48.5	22.9
간질환	19.1	12.4	2.7	9.0	27.9	12.3	20.7	14.1	7.0
사고사	63.0	57.5	10.2	41.2	50.7	56.4	40.4	33.0	39.8
교통사고	17.2	8.3	5.3	10.0	14.7	16.4	7.4	5.9	9.7
자살	25.2	23.7	8.1	11.7	3.8	10.9	13.0	6.7	11.9

주 : 사망률은 각 남녀 사망률의 평균.

자료 : 통계청 『사망원인통계』, 2004; WHO, "Mortality Database(www3.who.int/whosis)," 2006; 일본, 『인구동태통계』, 2004.

객관적 위험에 대해서도 사람들은 다르게 인지하거나 상이한 느낌을 가질 수 있기 때문이다. 〈표 1-6〉에서 객관적으로 가장 위험한 것은 심장병이며, 자동차사고는 덜 위험한 것으로 나타난다. 그러나 실제로 어떤 사람들은 심장병이 더 위험하다고 인지하고, 어떤 사람들은 자동차사고를 더 위험하다고 인지한다. 건강한 사람이라면 심장병에 대한 불안보다 일상적인 교통사고에 대한 불안이 더 클 것이며, 더욱이 교통환경이 위협적인 사회에서는 더욱 그러할 것이다. 이처럼 주관적으로 위험을 인지하는 양식은 개인별로 다를 수 있으며, 이러한 위험인지가 객관적 위험도와 반드시 일치하는 것은 아니다.

광우병 쇠고기의 수입을 둘러싸고 전국을 혼란과 갈등의 소용돌이로 몰고간 2008년의 광우병 촛불정국도 따지고 보면 객관적 위험과는 무관한 위험의 사회적 구성과정을 거친 것으로 보아야 한다. 그러한 점에서 위험에 대한 인식이 문화유형에 따라 어떻게 달라지는지, 그리고 어떤 과정을 거쳐 사회적으로 구성되는지에 대해 관심을 가져야 한다.

4. 위험 문화와 위험의 사회적 구성

1) 문화유형에 따른 위험 인식

근대성의 확장이 위험을 통제할 수 있으리라는 낙관론은 이제 더 이상 설득력을 갖지 않는다. 그 이유 중 하나는 앞에서 언급한 '근대성의 패러독스' 때문이다. 즉 위험을 통제하는 문명 자체가 가져온 위험성에 대한 탈근대적 자각이 중요한 계기가 된 것이다. 그러나 그 이면에는 객관적 위험과 구별되는 위험 인식의 문화적이고 해석적인 맥락이 존재한다.

앞장에서 살펴본 바와 같이 위험은 분명 확률적으로 객관화할 수 있다.

그러나 어디 위험이 객관적 확률대로만 인지되는가? 벼락에 맞아 죽을 확률은 천만분의 일에 불과하지만 그러한 가능성에 전전긍긍하는 사람도 있고, 교통사고의 확률은 그보다 수만 배 높지만 사람들이 전혀 위험으로 인식하지 않기도 한다. 옛날 중국 기나라 사람들이 '하늘이 무너지면 어디로 피하면 좋을지 침식을 잊고 걱정했다'는 데서 나온 군걱정을 기우(杞憂)라고 부르듯 시대와 문화에 따라 위험에 대한 인식은 많은 차이를 보일 수 있다.

위험을 구성하는 요소들과 위험의 발생 확률, 그리고 예측되는 피해 등에 대해 주목하는 입장을 위험객관주의(risk objectivism)라고 한다면, 위험이 개인의 주관에 의해 인지적·심리적 차원에서 구성되는 점에 주목하는 접근을 위험주관주의(risk subjectivism)라고 할 수 있다. 특정 사회에서 어떠한 요소에 의해 위험에 대한 특정 견해가 지배적이 되는지를 주목하여 위험이 사회의 중요 의제로 선택되는 소통과정의 문화적 특성에 주목하는 접근을 위험구성주의(risk constructivism)라고 할 수 있다.

위험구성주의를 대표하는 논의는 메리 더글러스가 『순수와 위험(*Purity and Danger*)』에서 제시한 격자성(grid)/집단성(group) 분석이다(Douglas, 1966; Douglas, & Wildavsky, 1982). 이 연구는 다양한 객관적 위험에 대해 개인이 느끼는 위험감은 문화적 신념의 패턴에 의해서 사회적으로 결정된다는 입장을 취한다. 집단성 변수는 개인이 사회적 단위에 소속되어 통합된 정도를 가리키며, 격자성 변수는 사회적 집단의 구성원들에게 부가되는, 특정 유형에 의한(위계·친족·인종·성별·나이 등) 구속의 정도를 가리킨다.

집단성 변수가 약한 사회에서는 사회적 연결의 양상이 개방적이 되지만 구성원들이 자기 자신을 우선시하는 태도를 강하게 갖게 되기 때문에 경쟁적이 된다. 반대로 집단성 변수가 강해지면 구성원들 간의 상호의존도가 높고 연대우선의 가치를 강조하게 되므로 경쟁의식은 줄어들게 된다. 격자성 변수가 강해지면 개인의 속성에 따른 내생적인 능력의 차이를 존중하는 경향이 높아진다. 예를 들면 나이가 많은 사람을 존중해야 한다거나, 윗사람을 잘 모셔야 된다고 생각하는 경향이 그것이다. 반면에 격자성 변수가 약해지면 개인의 여러 특성이나 유형과 무관하게 사회생활은 평등한 것이라는 가치를 가지게 된다. 따라서 격자성 변수가 강하다는 것은 권위주의와 연결될 가능성이 높다는 것을 의미할 수 있다(Rayner, 1992: 87).

집단성과 격자성을 교차시키면 네 가지의 새로운 범주가 도출되는데, 톰슨은 핵에너지에 관한 서독인의 위험 인식과 히말라야에 거주하는 셰르파 불교도들의 위험 인식을 연구하기 위해서 위험과 연관된 문화적 유형을 〈표 1-7〉과 같이 제시한 바 있다(Thompson, 1982).

'원자화된 운명론자형'은 격자성이 높은 대신에 집단성이 약한 유형이다. 위험과 연관해서 이러한 유형은 삶을 하나의 복권처럼 파악하고, 위험을 통제 불가능한 무엇으로 보며, 따라서 안전이란 일종의 행운이라는 관점을 갖는다. '관료형'은 격자성과 집단성이 모두 높은 유형으로서, 제도가 위험을 통제할 수 있는 한에서 위험은 허용가능하다는 입장을 취한다. '기업가형'은 격자성과 집단성이 모두 낮은 유형이다. 위험을 하나의 기회로 파악하기 때문에 이득과 교환될 수 있다면 위험을 수용하고자 하는 태도를 보여준다. '평등주의자형'은 격자성은 낮지만 집단성은 높은 유형으로, 공공선을 포호하기 위해서 불가피한 경우가 아니라면 위험은 회피되어야 한다는 입장을 취한다. 톰슨은 이 네 가지 유형의 한가운데에 '자율적 개인'이라는 새로운 유형을 첨가하는데 이들은 '자기중심적인 은둔자' 혹은 단기간의 위험평가자들로 제시된다. 이들은 종종 위험갈등이 발생했을 때 분쟁의 매개자로 기능한다.

그동안 한국사회의 중요한 갈등의 축이 되었던 부안 방폐장 사건이나 여수산업단지를 둘러싼 환경갈등의 예를 들어보면, 이러한 문화적 지향의 차이가 근본적인 갈등의 원인이라는 것이 잘 드러난다. 예를 들자면, 지역의 경제인들이나 기업의 경영진들은 개인주의적인 지향을 가진 기업가 유

〈표 1-7〉 문화적 유형에 따른 집단별 모험추구의 특성

<table>
<tr><td colspan="2" rowspan="2"></td><td colspan="2">집단성(group)</td></tr>
<tr><td>낮음</td><td>높음</td></tr>
<tr><td rowspan="2">격자성
(grid)</td><td>높음</td><td>원자화된 운명론자형
(Atomized fatalists)
· 위험은 통제 밖의 일이며 안전은 운일 따름이라고 생각
· 집단적 소속감 결여
· 운명론적 태도
· 무력감</td><td>관료형(Bureaucrats)
· 위험을 통제할 수 있는 제도가 있다면 기꺼이 받아들이는 태도
· 권위를 존중
· 위험 관련 집단규범을 준수
· 기존의 조직을 신뢰</td></tr>
<tr><td>낮음</td><td>기업가형(Entrepreneurs)
· 위험은 기회이며 이득과 교환되는 것이라 생각
· 개인주의적, 기업가적 태도
· 위험에 관련한 자기관리 선호
· 외부의 개입을 혐오</td><td>평등주의자형(Egalitarian)
· 위험은 공공의 이익을 위한 것이 아니면 피해야만 한다고 생각
· 강한 내부 결속, 외부를 비난
· 외부에서 주어진 불평등을 거부
· 위험관련 정보공개와 참여확대 주장</td></tr>
</table>

자료 : Renn(1992: 74).

형이 많으며, 환경운동단체의 지도자들은 평등주의적 성향을 강하게 띤다. 반면에 지역주민들은 운명론적 태도를 가진 원자화된 개인으로서 외부의 주도에 따라 동원되는 경향이 강하였고, 정부관료나 지방자치단체의 공무원들은 위계적 문화를 존중하는 경향이 강했다. 결국 갈등은 이익의 갈등이라기보다는 세계관이나 문화의 충돌과 유사한 양상으로 발전하는 계기가 되곤 했다.

미국산 쇠고기 수입을 둘러싼 광우병 파동의 경우에도 이러한 문화적 지향성의 차이가 적나라하게 드러난다. 쇠고기 수입을 둘러싼 농림부의 논리는 객관적 위험의 크기에 대해 주목하되, 동시에 전문가의 분석을 존

중하는 관료적 문화지향이 두드러졌다. 반면에 미국산 쇠고기 수입을 반대한 집단의 주된 정서는 위험이 인지되는 과정에서 보통사람들의 우려와 불안의 진정성이 더 중요하다고 하는 평등주의적 문화지향을 적나라하게 드러내고 있다.

역사적으로 볼 때 위험사회로의 도래는 과거 기업가형과 관료형만이 존재하던 사회에서 평등주의자형 집단이 크게 성장하게 된 배경과도 떼어서 생각할 수 없다. 다양한 환경단체, 탈물질주의적인 가치의 확대, 그리고 환경과 지속가능성에 대한 관심의 증대 등이 모두 이러한 변화와 긴밀하게 연결되어 있다.

심리학자인 리슨(J. Reason)은 어느 사회나 상이한 문화의 배경 속에서도 위험에 대한 상이한 방식의 적응이 이루어진다고 주장한다. 어느 사회나 최초에는 기술적 위험에 대한 관심에서 출발하여 문제를 해결하려 하지만, 곧 부닥치게 되는 것은 위험은 사회적인 것이며, 위험을 관리하고 통제하는 조직적이고 정책적인 방법이 기술적인 대응책 못지않게 중요하다는 인식을 하게 된다는 것이다. 그러나 궁극적으로는 위험과 관련된 문화적 요인들의 중요성을 깨닫는 단계에 이른다고 주장한다. 이런 과정에 입각하여 본다면 한국에서는 아직 위험에 대한 처방이 주로 기술적 위험의 수준에 머물고 있고, 조직적 위험이나 위험문화에 대한 관심은 제대로 발전하지 않은 상태라고 할 수 있다. 그런데 그 와중에 발생한 광우병 파동

〈표 1-8〉 기술적 위험에서 위험문화로의 전이

	1단계	2단계	3단계
키워드	위해 (hazard)	취약성 (vulnerability)	병리요소 (pathogene)
관심대상	기술적 위험 (technological risks)	조직적 위험 (business risks)	위험문화 (risk culture)

자료 : Reason(1997).

은 한국사회가 제대로 준비하지 못한 채 위험에 관한 문화적 지향이 매우 중요한 위험의 정치화 단계로 깊이 진입하게 되었다는 사실을 깨닫게 하는 계기가 되었다.

이러한 위험에 대한 인지의 전이과정에서 리슨은 세 가지 유형의 위험 문화가 있다고 한다. 즉, 병리적 문화, 관료적 문화, 그리고 생성적 문화다. 병리적 문화가 자리잡은 사회에서는 위험의 원인에 대해서 알려고 하지 않고, 위험을 알리는 자는 처벌받으며, 서로 책임을 지려 하지 않는다. 실패는 처벌의 대상이기 때문에 가능한 새로운 시도를 하려 하지 않고 서로 회피하기에 바쁘다.

단기적인 해결책은 관료화가 진행된 사회에서 찾을 수 있다. 관료적 문화가 자리잡은 사회에서는 위험의 원인을 찾지 못한다. 위험을 알리는 메신저에 대해서는 경청하려 하지만, 새로운 아이디어는 새로운 문제를 야기하는 것으로 인식되기 때문에 책임은 분절되고, 실패는 부분적 보완으로만 이어지는 경향이 나타난다.

가장 바람직한 것은 생성적 문화가 작동하는 사회다. 생성적 문화 속에서는 적극적으로 실패의 원인을 찾으려 하고, 메신저는 적극적으로 양성되고 보상을 받으며, 실패를 계기로 대대적 개혁이 이루어지며, 실패의 책임은 다수가 공유하는 경향이 나타난다.

이처럼 위험에 대한 태도는 특정 사회의 특정한 문화적 태도와 무관하지 않으며, 이 문화적 태도의 차이가 동일한 위험에 대한 상이한 평가와 해석을 유발하는 것이다. 객관적 위험은 실재하는 위험이고 구성된 위험은 문화에 의해서 매개된 위험이다. 객관적 위험은 사건의 형식으로 발생하는 위험이며 구성된 위험은 인식과 지식에 의해서 표상, 상상, 지각되는 위험이다. 따라서 위험에 대한 접근에서 어느 한 쪽만을 선택하는 것은 사태의 전부를 파악하지 못하는 것이며, 양자를 동시에 고려한 다층적이고 복합적인 접근이 요구된다. 이러한 위험의 이중성에 대한 인식에서 위

〈표 1-9〉 세 가지 위험의 문화

병리적 문화 (Pathological Culture)	관료적 문화 (Bureaucratic Culture)	생성적 문화 (Generative Culture)
원인에 대해 알려고 하지 않음	원인을 찾지 못함	적극적으로 찾아나섬
위험을 알리는 메신저는 처벌받음	메신저가 도착하면 경청함	메신저를 적극적으로 양성하고 보상함
책임은 회피됨	책임은 분절됨	책임은 공유됨
실패는 처벌받음	실패는 부분적 보완으로 이어짐	실패는 대대적 개혁으로 이어짐
새로운 아이디어는 적극적으로 저지됨	새로운 아이디어는 새로운 문제를 야기시키는 경향	새로운 아이디어는 적극적으로 환영받음

자료 : Reason(1997).

험감에 대한 관심이 촉발된다. 한 사회의 심성구조, 세계관, 가치관에 의해서 규정되는 위험감은 객관적 위험을 문화적으로 구성함으로써 위험에 대한 인식과 판단에 커다란 영향을 끼치는 중요한 차원이라고 할 수 있다.

2) 위험의 사회적 구성

위험이 사회적으로 구성되고 때로는 정치적인 쟁점이 되는 이유는 위험을 둘러싼 인식에 있어서 전문가와 일반인의 기준이 크게 차이가 나며, 또한 위험에 대한 객관적이고 과학적인 인식과 위험에 대한 우려의 진정성 간에 큰 간격이 존재하기 때문이다.

위험 중에 특히 복잡하거나 불확실한 위험인 경우에 국민들은 전문가나 정부의 평가와 판단에 예민하게 반응한다. 그러나 전문가들이 제시하는 수치나 해석과 국민들이 일상에서 부여하는 의미의 차이가 클 경우에는 '신뢰의 위기(crisis in confidence)'가 발생한다. 특히 전문가들 간에도 의견 차이가 많을 경우 국민들은 신뢰의 위기를 강하게 경험하는 경향이 있다. 위험이 정치화되는 가장 근본적인 이유는 "사회적 민감성(public concern)" 때문이다. 객관적 위험의 확률이 같다 하더라도 사회적으로 훨씬 민감한 위험들이 존재하기 때문이다. 그동안의 연구에 따르면 일반인의 위험 인식에 영향을 미치는 요인으로는 1) 위험의 직접 경험 여부나 친밀성, 2) 위험을 일으키는 인과관계에 대한 이해의 정도, 3) 결과의 형평성, 4) 후유증의 크기, 5) 위험에 대한 통제가능성, 6) 위험통제기구에 대한 신뢰 등이 중요하다고 한다.

일반인들은 직접 경험해 본 적이 있는 잘 알고 있는 위험에 대해서는 덜 민감하게 반응하는 반면, 직접 경험하지 못한 위험에 대해서는 훨씬 민감하게 반응한다. 예를 들면 자동차사고에 대해서는 일상적으로 목격하기도 하고, 자신이 직접 경험하기도 하므로 덜 민감하게 반응한다. 그러다 보니 우리나라는 OECD에서 교통사고 사망률이 가장 높은 나라 중 하나라는 오명을 얻었지만, 교통사고에 대한 감수성은 여전히 매우 낮다. 반면에 광우병에 걸린 사람은 전혀 없지만, '미지의 위험'이라는 점에서 공포의 대상이 되었다. 일반인과 전문가는 위험을 인지하는 방식에서 큰 차이를 보이는데, 특히 정보의 양이나 위험의 성격에 대해 서로 상이한 이해를 하고 있으며, 위험에 대한 정의나 수용성에서도 다르다. 일반국민들은 기술적인 전문성은 없다 할지라도 '우려의 진정성'을 가지고 있기 때문에 이들을 정책결정 과정에서 배제시킬 경우 정책의 정당성에 심각한 문제가 되는 경우가 종종 발생한다.

5. 맺음말

한국사회는 다양한 위험의 특성을 보여주는 역사성을 담고 있다. 특히 한국사회가 빠른 속도로 급속히 근대화되는 과정에서 겪게 된 고도성장의 양지에 못지않게 길게 드리운 그림자의 하나였다. 우리가 만들어낸 압축적이고 돌진적인 근대성 자체가 담고 있는 위험의 요소들이 우리를 위협해 왔던 것이다. 우리는 가장 빠른 기간에 저렴한 비용으로 경부고속도로를 건설하였다. 한국의 건설기술은 세계적 수준이고 세계적 건축물을 만들어냈지만, 같은 기술이 국내의 감리제도와 결합해서는 대형사고들을 만들어냈다. 성수대교 붕괴나 삼풍백화점의 붕괴, 대구지하철 화재사고 등 대규모의 인명피해를 낸 사고들이 이같은 '과거청산형' 위험 등이 대표적인 예들이다. 그러나 이외에도 오존층의 파괴나 중국의 사막화에 따른 황사현상의 심화, 기상이변 등 지구적 차원에서의 생태적 위험이 있는가 하면, 유조선의 침몰과 낙동강 페놀사건 등과 같은 지역적인 생태파괴의 위험도 있으며, 아울러 매년 태풍과 폭설, 산불 등으로 많은 피해를 경험해 왔다. 또한 우리는 한국전쟁 이후 냉전적 권위주의체제 하에서 정치적 억압이 일상화되는 경험도 했고, 고도성장 과정에서는 빈번한 산업재해와 교통사고로 많은 목숨과 재산을 잃기도 했다. 더구나 외환위기 이후에는 극심한 경제난으로 가정이 해체되고 자살이 증가하는 심적인 고통을 겪기도 하였다. 특히 학교폭력과 일진회 등은 학교 울타리 안에서 벌어지는 심각한 위험을 드러낸다.

체르노빌 원자력발전소의 사고, 지구온난화, 광우병의 확산, 조류독감의 위협, 인간지놈에 대한 논쟁, 아시아의 금융위기, 9·11테러 등 일견 무관해 보이는 현상들이지만 전 지구적으로 확대된 위험성의 다양한 차원과 동학을 보여준다는 점에서는 공통적이다. 문명이 곧 위험이 되는 탈현대시대로 돌입하고 있는 것이다. 결국 서구의 위험사회가 갖는 여러 특성에 부가해 한국사회는 압축적이고 돌진적인 근대화로 인해 파생된 '한국적' 위험사회를 추가적으로 경험해 왔다. 앞으로 우리가 미래를 내다보고 현명하게 대비하기 위해서는 위험성의 확대와 구조화, 그리고 위험성의 한국적인 특성을 밝히는 일이 매우 중요한 과제가 되었다. 그리고 그 핵심에는 위험을 둘러싼 객관적 변화와, 사회적 인식을 통한 재구성과 정치화라는 새로운 지평에 대해 천착할 필요성이 절실해졌다. 이 글은 바로 이러한 위험의 특성에 대해 천착하여 우리의 사회구조와 생활세계를 잘 이해하고자 하는 새로운 시도다.

제1부
위험사회와 위험 인식

제2장

위험 인식의 구성과 위험 경험의 구조: "권리를 가질 권리"

안정옥

1. 머리말

사회는 위험한 편이라고 생각하면서도 나는 안전한 편이라고 여기고 있다(제2절과 특히 제3절)면 그것이 의미하는 바는 무엇인가? 이러한 간극은 어떻게 설명되어야 하는가? 이 연구는 2008년도 조사결과를 바탕으로 한국인의 위험 인식이 어떻게 구성되어 있는지를 살피면서, 이러한 인식의 부정합성이 위험이 생산되고 분배되고 경험되는 구조와 역사 속에서 이해되고 또 해결되어야 한다고 본다. 이러한 노력은 위험으로부터의 안전을 보장하기 위한 구조의 변화 그리고 권리의 제도화에 필수적이다.

사회가 위험한 편이라면 내가 위험을 경험할 가능성이 나의 의지와는 무관하게 객관적으로 높은 기회상태 속에 있다는 것이다. 그럼에도 이러한 사회에서 내가 위험을 겪을 가능성이 높지 않다고 보는 것은 어떠한 의미일까? 위험을 회피/방지하려는 나의 '개인적 노력'이 위험한 상황을 벗어나는 데 필요한 조건을 상당부분 충족한다고 보거나, 내 '운이 좋은 편'이라는 믿음이 없다면 설명하기 쉽지 않을 것이다. 이런 경우라면, 개인 위험에 빠지는 것은 개인의 노력이 부족한 탓이거나 당사자의 운이 나쁜 탓으로 치부되기 십상일 수밖에 없다.

이러한 인식들에는 위험에 대한 관념들, 즉 위험관이 자리를 잡고 있다. 사회가 위험하다고 보면서도 개인이 위험에 빠진 까닭을 개인의 위험 회피 노력이 부족한 탓으로 돌린다면 위험의 원인을 개인화하는 위험관이 작동하고 있는 것이다. 운 탓이라고 보는 인식 또한 당사자의 운이 나쁘기 때문이라고 보는 것이라는 점에서 위험의 원인을 개인에게 귀속시키는 것과 크게 다른 것은 아니다. 그렇지만 운명론적인 위험관은 개인적 노력의 여부나 정도를 넘어서 내 운 때문에 내가 위험에 빠지거나 빠지지 않는 것이라고 보는 것이다.[1]

'사회는 위험한 편이지만, 나는 안전한 편'이라는 위험 인식에 존재하는 부정합성은, 위험에 대한 구조적 인식이 위험에 대한 개인의 불안 또는 위험이 비껴가기를 바라는 소망 앞에서 멈칫거리며 개인의 위험 인식에 온전히 통합되지 못하고 있다는 것을 뜻한다. 이러한 위험 인식의 부정합성, 즉 현재의 위험 인식에 내재된 구성적 모순은 위험 발생 가능성이 구조적·객관적으로 높은 상태가 지양되기보다는 되풀이되는 데 기여할 수 있다.

위험 인식의 구성과 함께 위험 경험의 구조적 차원에 주목하는 것은 이 때문이다. 나/개인과 사회/전체를 연결/매개하는 구조가 그것이다. 구조 속에 있는 나, 즉 사회적 개인으로서 나, 구조적 제약 속에서 특정한 위치(위험 지위)를 차지하고 있는 나에 대한 인식은 현재하는 위험 인식의 부정합성을 개선함으로써 위험 인식과 현실적 위험 사이의 간극을 좁히는 데

---

1. 여기서 위험 인식은 risk perception에 대응하는 말이다. perception은 감각적 경험에 매개되며, 외부의 자극에 대해 쾌/불쾌, 호/불호, 안심/불안 등의 신체적·심리적 반응을 내포하는 지각(知覺)을 가리킨다. 이 점에서 엄밀하게 보자면 지각은 인식(recognition)과 동일하지 않다. 인식의 본질은 개념적·이론적 사유이기 때문이다. 여기에서는 위험 지각이라는 말이 어색하기 때문에 인식을 지각을 포함하는 넓은 의미로 쓴다.

기여할 수 있다. 이러한 위험 인식에 내재하는 부정합의 개선은 위험이 발생(생산), 분포(분배), 경험(개인화)되는 구조를 개선하기 위한 노력을 사회적으로 이끌어내는 데도 필수적이다.

이 연구는 이러한 문제의식에서 다음과 같은 구성을 취하여 2008년도 조사 자료를 분석한다. 먼저, 제2절에서는 '내게 위험이 발생할 가능성'에 대한 인식을 국제비교와 계층별 비교를 통해 살펴본다. 이러한 분석으로 한국인의 위험 인식의 특징을 살펴보면서 제3절에서는 위험 인식의 구성을 '위험사회, 나 그리고 구조적 위험 지위' 사이의 부정합성이라는 견지에서 다룬다. 제4절은 한국사회의 위험 인식을 위험 인식의 역사(과거, 현재, 미래) 속에서 다루면서 위험 인식의 구성이 위험의 역사 및 그 경험에 의해 매개되고 있다는 점을 밝힌다. 제5절에서는 위험이 경험되는 구조를 분석함으로써 위험에 대한 구조적 접근이 유효하고 또 필요하다는 점을 밝힌다. 제6절에서는 위험의 구조를 전환하고 이를 제도적으로 뒷받침하기 위해 필요한 시각을 경험적인 분석을 통해 뒷받침하고자 한다. 이를 위하여 위험 경험, 사회적 배제·주변화와 인권 침해 사이에 밀접한 관련이 있다는 점을 밝힌다. 위험사회(Beck, 2006)에서 벗어나는 구조적 전환의 노력은 위험으로부터의 안전을 시민권의 형태로 제도화하고, 이러한 권리(들)에 대한 접근－"권리를 가질 권리(Arendt, 1976: 290-302)"－을 보장하기 위한 노력과 결합될 필요가 있다. 맺음말에서는 이상의 분석을 종합하고 연구의 함의를 구한다.

2. 내게 위험이 발생할 가능성: 국내외 비교

한 사회에서 위험이 발생할 가능성은 그 사회가 얼마나 안전한가, 그렇지 않은가를 보여주는 지표 가운데 하나가 될 수 있다. 위험 발생가능성이 높다고 인식한다면 해당 개인이나 사회가 느끼는 불안의 정도가 높다고 추정할 수 있다. 〈표 2-1〉은 눈여겨볼 결과를 보여주고 있다. 다섯 개 지표에서 한국인이 유럽인보다 안전하다고 생각하는 경향이 있는 것으로 나타나기 때문이다. 〈표 2-1〉로만 판단하면, 한국은 유럽 평균보다는 안전한 편에 속한다.

〈표 2-1〉은 응답자 개인에게 위험이 발생할 가능성에 대해 물어본 것, 즉 개개인의 주관적인 예측을 집계한 자료다. 개개인에게 위험이 발생할 수 있는 객관적인 기회 상태에 관한 자료라고 할 수는 없다. 따라서 해석에 주의가 필요한데, 그렇다고 유럽인들의 응답 경향을 보면 꼭 주관적이라고 볼 수 없는 양상이 드러나고 있다.

밑줄 부분은 한국을 포함해 표에 있는 나라 가운데 각각의 위험이 발생할 가능성에 대한 응답이 가장 높게 나온 세 나라를 표시한 것이다. 그 결과 프랑스를 제외하면, 동유럽과 이탈리아가 위험 발생 가능성이 가장 높은 곳으로 나타나고 있다. 이들 나라는 대체로 북유럽이나 서유럽에 비해 발전 정도가 낮은 반주변부 국가(동유럽)이거나 중심부 국가일지라도 가장 하위권(이탈리아, G7국 가장 최하위)에 해당하는 나라에 속한다. 대체로 정치적・사회적・경제적 발전 정도에 비추어 수긍할만한 결과다.

특징적인 것은 한국과 프랑스인데 프랑스는 예상에 비하여 위험 발생가능성이 매우 높다고 대답하고 있고, 한국은 오히려 유럽의 선진국들보다 안전하다고 생각하는 경향이 나타나고 있다. 프랑스인들은 위험에 대해 민감한 반응을 보이고, 한국인들은 둔감한 것 아닌가 하는 의문을 지울 수 없다. 실제 한국은 자동차 사고 발생률이 세계에서 가장 높은 나라에 속하는데 〈표 2-1-1〉의 비교 대상 국가 가운데 인구 10만 명당 교통사고 사망자 수가 17.2명으로 가장 많고, 사고사하는 비중도 10만 명당 63명으로 가장 많다. 〈표 2-1-2〉의 환경지속성 지수(한국 122위)에서도 한국은 세계 최하위권이다. 사회제도적 역량 자체는 2005년 기준으로 146개 국가

〈표 2-1〉 내게 위험이 발생할 가능성: 높다고 응답한 비율의 국제 비교 (단위: %)

구분	한국	유럽 평균	북유럽			서유럽		영국	남유럽		동유럽		
			스웨덴	덴마크	네덜란드	프랑스	독일		스페인	이탈리아	폴란드	헝가리	체코
범죄 피해자	33.0	35.7	**23.7**	**31.7**	**29.0**	**25.5**	**17.4**	54.0	39.4	21.3	52.7	**20.7**	43.9
심각한 질병	28.7	58.9	54.3	61.0	48.8	72.0	42.8	51.8	45.0	57.7	73.4	49.5	62.8
음식물 피해	32.6	40.9	**27.6**	**28.1**	**25.6**	48.7	38.8	39.7	**29.1**	63.8	51.5	54.1	**29.7**
자동차 사고	35.7	55.6	50.2	49.6	40.9	74.9	42.2	46.4	48.3	62.9	57.1	**33.2**	67.0
오염 피해	42.3	62.6	60.5	54.5	59.2	83.0	48.2	56.0	47.1	86.5	60.5	74.5	51.3

질문 : “귀하는 다음 각각의 잠재적인 위험이 귀하에게 일어날 가능성이 얼마나 높다고 생각하십니까? 아니면 낮다고 생각하십니까?”(응답범주: 매우 높다, 높은 편이다, 낮은 편이다, 매우 낮다, 모르겠다).

주 : 굵은 글자는 한국보다 위험 노출에 대한 불안이 낮게 나타난 나라이고, 밑줄은 가장 높은 세 나라다. 유럽 평균은 표에 제시된 나라들의 평균이다. 유럽은 Eurobarometer(2006).[2]

〈표 2-1-1〉 인구 10만 명당 교통사고와 사고사 건수 국제 비교 (단위: 10만 명당 사망자 수)

	한국	일본	싱가포르	캐나다	멕시코	미국	독일	영국	호주
시기	2004	2003	2003	2002	2002	2002	2004	2003	2002
사고사	63.0	57.5	10.2	41.2	50.7	56.4	40.4	33.0	39.8
교통사고	17.2	8.3	5.3	10.0	14.7	16.4	7.4	5.9	9.7

자료 : 이재열(이 책의 1장 〈표 1-6〉)에서 부분 인용.

중 18위인데, 환경 그 자체와 관련된 지표만 따로 살펴보면 환경의 질 지표는 137위, 환경부하 지표는 146위다.

이렇게 보자면, 한국인의 위험에 대한 감수성이 높다고는 할 수 없다. 그렇지만 한국인의 위험 인식이 단순히 오도되어 있다는 것을 뜻하지는

2. Eurobarometer 자료의 활용에는 김선민과 송수연의 도움이 있었다.

〈표 2-1-2〉 환경지속성 지수 국제 비교

구분	한국	유럽 평균	북유럽			서유럽		영국	남유럽		동유럽		
			스웨덴	덴마크	네덜란드	프랑스	독일		스페인	이탈리아	폴란드	헝가리	체코
순위	122	-	4	26	41	36	31	66	76	69	102	54	92

자료 : World Economic Forum(2005), *Environmental Sustainability Index*.
환경운동연합(http://www.kfem.or.kr)에서 인용.

〈표 2-1-3〉 환경지속성 지수 중 환경의 질과 환경부하 국제 비교(한국의 순위)

구성요소	지표	2005년 순위 (146개국 중)	2002년 순위 (142개국 중)
환경의 질 (Environmental System) 2005년 137위	대기질	79	54
	수량	133	121
	수질	7	42
	종다양성	142	139
	토양보전	135	129
환경부하 (Reducing Environmental Stresses) 2005년 146위	대기환경부하	142	139
	수질환경부하	140	139
	생태계부하	144	139
	폐기물과 소비	38	109
	인구부하	19	29
	자연자원관리	145	-

자료 : World Economic Forum(2005), *Environmental Sustainability Index*.
환경운동연합(http://www.kfem.or.kr)에서 인용.

않는다. 국제비교에서 위험에 대한 낮은 감수성(sensibility)은 위험을 감수(taking)하며 살아가야 하는 정도가 높은 한국사회의 상황에 대한 내면화의 결과일 수 있다. 각종 유형의 위험과 관련된 지식과 정보가 선진국과 비교하여 얼마나 제대로 수집되고, 공유(교육, 정보 제공 등)되느냐의 문제도 존재한다.

국제비교에서 나타난 위험과 관련된 인식의 양상이 국내에서도 그대로 반복되는 것은 아니다. 위험을 감수하는 정도가 높을 것이라고 예상되는 하층일수록 개인적으로 위험을 경험할 잠재적인 가능성이 높다는 응답 결과를 보이고 있기 때문이다 이와 관련된 분석 결과가 〈표 2-2〉에 제시되어 있다. 〈표 2-2〉는 〈표 2-1〉에 제시된 각각의 위험 발생 가능성에 대한 응답을 점수화(매우 낮다 1점, 낮은 편 2점, 높은 편 3점, 매우 높다 4점)하여 집단별 평균을 비교한 것이다. 다섯 개의 문항에 대해 모두 '매우 낮다'고 응답했으면 총점이 5점이고, 모두 '매우 높다'고 응답했으면 총점은 20점이다. '모르겠다'고 응답한 경우(65명)는 시스템 결측값으로 처리하였다. 〈표 2-2〉는 잠재적 위험에 대한 계층별 불안감을 측정하는 지표라고 할 수 있다.

집단별 평균을 비교한 결과에 따르면, 위험을 경험할 가능성에 대한 인식, 즉 잠재적인 위험에 대한 불안감은 계층별로 불평등하게 분포되어 있다.

중간층 이상에서는 평균(11.08점)보다 낮은 점수를 보이고 있고, 하위계층으로 갈수록 위험을 경험할 잠재적인 가능성에 대한 불안감이 높은 것으로 해석할 수 있다. 〈표 2-2〉의 계층 분류는 계층을 10개 층으로 나누어 응답자에 어디에 속하는지를 묻고 대답한 결과에 따라서 이루어진 것이다. 하위 1, 2번째 층은 최하위층, 3, 4번째 층은 하위층, 5, 6번째 층은 중간층, 그 이상은 숫자가 많지 않아 모두 중간층 이상으로 분류하였다.[3]

잠재적인 위험 발생 가능성에 대한 인식의 국제적인 차이와 국내적인 차이 가운데 어느 것이 더 큰지를 확인하는 것이 이 연구의 과제는 아니다. 그렇지만 계층별 차이에 대한 비교 결과를 보면, 잠재적인 위험 발생

---

3. 중산층 귀속감을 묻는 문항(중산층 이하, 중산층, 중산층 이상)과 비교한 결과 최하위층과 하위층은 중산층 이하, 중간층은 중산층, 중간층 이상은 중산층 이상과 대체로 일치하는 것으로 나타났다. 중산층 이하라고 응답한 사람의 비율(64.4%)이 매우 높은데 세분하기 위해 중산층 귀속감 여부를 묻는 문항 46번 대신 10개 층으로 구성된 계층 귀속감을 묻는 문항 45번을 사용하였다. 참고로 중산층이라고 응답한 사람의 비율은 31.8%, 중산층 이상이라고 응답한 사람의 비율은 3.8%이다.

〈표 2-2〉 위험의 잠재적 발생 가능성에 대한 인식: 계층별 분포

(점수범위: 최하 5점~최고 20점)

계층	잠재적 위험 발생 가능성	
최하위계층	평균	11.73
	N	102
	표준편차	3.26
하위계층	평균	11.21
	N	279
	표준편차	3.17
중간층	평균	10.98
	N	395
	표준편차	3.31
중간층 이상	평균	9.92
	N	61
	표준편차	2.87
합계	평균	11.08
	N	837
	표준편차	3.25

주: p〈.001

가능성에 대한 인식이 실재하는 위험의 집단별 분포 또는 위험 경험의 실재하는 불평등과 무관하지 않으리라는 추정이 가능하다. 그렇다면 한국사회에서 위험 인식은 어떤 특성을 보이고, 어떻게 변해왔으며(제3절, 제4절), 위험 경험의 실제(제5절)는 또 어떠한 특징을 보이는가?

3. 위험 인식의 구성: 위험사회와 나, 그리고 구조적 위험지위

한국사회의 안전성에 대한 응답 결과(〈표 2-3〉)는 앞의 조사 결과(〈표 2-1〉), 즉 '내게 잠재적으로 위험을 경험할 가능성'에 대한 응답 결과와 비

〈표 2-3〉 한국사회의 안전성에 대한 인식 (범위: 매우 위험 -5, 매우 안전 +5)

	N	최솟값	최댓값	평균	표준편차
위험사회/안전사회	1002	-5	5	-.65	2.100

교해서 매우 흥미로운 결과를 보여준다. 최솟값을 -5점, 최댓값을 +5점으로 하여 한국사회가 얼마나 위험한 사회인지 또는 안전한 사회인지를 물어보았다. -5는 아주 위험한 사회이고, 0은 그다지 위험하지도 안전하지도 않는 사회이며, +5는 아주 안전한 사회다. 조사 결과 평균값은 -0.65로 나타났다. 한국사회는 안전한 사회라기보다는 위험한 사회라고 응답한 셈이다. 잠재적인 위험 발생 가능성에 대한 인식의 국제비교에서 한국이 비교적 안전하게 나타나고 있는 것과 대비되는 결과라고 할 수 있다.

〈표 2-3〉에 해당하는 문항의 국제비교 결과가 아직 없기 때문에 이러한 결과를 해석하기는 쉽지 않다. 하지만 〈표 2-1〉의 문항은 '개인'이 위험을 잠재적으로 경험할 가능성을 묻고 있고, 〈표 2-3〉의 문항이 '한국 사회'의 안전성을 묻는 질문이라는 차이를 떠올리면, 한국사회는 위험하다고 생각하면서도 막상 내게 위험이 발생할 가능성은 낮게 보는 것은 아닌가?

잠재적 위험이 발생할 가능성에 대한 분석 결과는 이러한 가정이 사실에 가깝다는 것을 보여준다. 〈표 2-4〉는 〈표 2-1〉과 〈표 2-2〉에 사용한 문항들에 대한 응답에 대하여 위험이 발생할 가능성이 매우 높다는 응답에 대해서는 -2점, 높다는 -1점, 낮다는 +1점, 매우 낮다는 +2점을 부여하여 평균을 구한 것이다. 그 결과 평균점수는 0.44점으로 내게 위험이 발생할 가능성이 낮다고 보는 편에 속한다. 즉 한국사회는 위험하지만, 내게 위험이 발생할 가능성은 낮다고 인식하는 편인 것이다.

이제까지의 분석 결과에 따르면, 평균적으로 한국인들은 한국사회는 위험한 편(〈표 2-3〉)이지만, 내게 위험이 발생할 잠재적인 가능성은 낮은 편(〈표 2-4〉)이라고 보고 있다. 위험이 많이 발생하지만 내가 그 위험을 경험

〈표 2-4〉 내게 위험이 발생할 가능성 (범위: 매우 높다 –2점~매우 낮다 +2점)

	평균	N	표준편차
합계	.4380	837	.99113

할 가능성이 낮을 객관적인 이유는 위험한 상황이나 장소에서 비교적 벗어나 있는 경우가 아니라면 존재하지 않는다. 이러한 경우는 내가 운이 좋은 경우이거나, 위험이 빈발하는 집단이나 공간에서 구조적으로 벗어나 있는 경우다. 한국사회가 위험한 사회라고 보는 것은 위험이 사회구조적으로 생산되고 있다는 인식에 다름 아니다. 그렇지만 이러한 구조적 인식은 내게 위험이 발생할 가능성이라는 문제에 이르면 약화되고 있다.

사회 전체적으로는 위험의 구조적 발생 가능성이 높은데 내가 위험을 겪지 않을 가능성은 행운이 따라서 위험이 내가 위험이 발생하는 장소에 있지 않는 상황이 지속적으로 반복될 때에만 가능한 것이다. 조사 결과를 보면 '운이 없는 사람이 사고를 당하기 마련'이라는 운명론적인 위험관을 가진 사람들이 적지 않은 비중을 차지하는 것으로 나타났다. '모르겠다'고 응답한 사람들을 제외하면 절반에 가까운 45.5%의 응답자가 이러한 견해를 가진 것으로 나타났다. 이러한 인식을 가질수록 내가 구조적으로 발생하는 위험과 맺는 관계, 즉 위험과 마주칠 가능성은 우연한 것('운이 나쁘기 때문에')으로 치부되기 십상이다.

그렇다면 이러한 인식을 가진 사람들이 위험을 경험할 잠재적인 가능성에 대해서는 어떤 생각을 가지고 있을까? 또 실제 얼마나 위험을 경험하고 있는가? 이와 관련하여 〈표 2-5〉는 매우 흥미로운 결과를 보여주고 있다. 집단 간 평균을 비교한 결과, 사고를 당하는 것은 운이 없기 때문이라고 생각하는 운명론적 위험관을 가진 사람들이 잠재적인 위험의 발생 가능성에 대해 더 불안해하고, 더욱이 실제로 위험을 경험한 정도도 더 높은 것으로 나타나고 있기 때문이다. 종속변수는 〈표 2-2〉에서 사용한 변수,

〈표 2-5〉 운명론적 위험관 여부와 위험 불안/위험 경험의 비교

(범위: 불안(5~20점/경험(0~10건))

운 없는 사람이 사고를 당하기 마련이다		위험에 대한 불안*	위험 경험**
동의하는 편	평균	11.29	1.04
	N	374	436
	표준편차	3.25	1.55
동의하지 않는 편	평균	10.90	.85
	N	440	523
	표준편차	3.26	1.41
합계	평균	11.08	.93
	N	814	959
	표준편차	3.26	1.47

주: * p<.001, ** p<.05.

즉 내게 ‘잠재적으로 위험이 발생할 가능성’과 실제로 경험한 위험의 빈도다. 위험 경험은 사회경제적 위험을 경험한 빈도(범위: 최저 0건~최고 10건, 문항 39)다.

이와 같은 조사 결과는 ‘운이 나쁜 사람이 사고를 당하기 마련’이라고 응답한 사람들의 운명론적인 위험관이 위험을 경험할 확률이 무작위적으로 분포되어 있고, 운이 없으면 사고를 당하게 된다는 의미에서의 운명론적인 위험관으로 온전히 환원되지 않는다는 것을 함축하는 것이다. 위험과 마주칠 가능성이 더 높고, 이에 대한 불안을 잠재적으로 더 많이 가지고 있지만, 막상 위험을 경험하면 이를 운 탓으로 돌릴 가능성이 높은 사람들에 속하는 것이다. 위험의 발생과 경험의 분포가 어느 정도 구조화되어 있고, 그러한 구조 내에서 차지하는 위치 때문에 위험한 상황과 마주칠 가능성이 더 높지만, 이를 운 탓으로 돌려 위험이 발생되고 불균등하게 경험되는 상태에 대해 수동적인 관계를 맺는 태도가 운명론적인 위험관을 강화하는 것은 아닐까, 하는 질문이 가능한 것이다.

〈표 2-6〉 운명론적 위험관의 계층별 차이 (주: 범위: 동의하는 편 1, 않는 편 0)

계층	평균	N	표준편차
최하위층	.57	114	.50
하위층	.48	325	.50
중간층	.43	452	.50
중간층 이상	.28	68	.45
합계	.45	959	.49

주 : $p<.000$.

그렇다면 '운이 나쁜 사람이 사고를 당하기 마련'이라고 대답할 때 '운'이 의미하는 바는 어느 정도는 '구조'－또는 구조적 위치가 부여하거나 구조적 위치에 의해 생산된 가능성과 현실성－의 다른 이름, 하지만 좀처럼 의미의 세계/체계로 부상하며 상징화되지(는) 않는 역설적인 이름일 수 있다. 위험이 사회적으로 불평등하게 구조화되어 있을 가능성이 높다는 점은 위험의 잠재적 발생 가능성의 계층별 분포(〈표 2-2〉)에서 잘 드러나는 것이다. 그럼에도 위험의 발생 구조와 구조적인 위험 지위는 막상 위험을 더 많이 경험할 가능성이 있는 사람들에 의해서 적극적으로 상징화되지 않는 역설이 나타나고 있는 것이다.

이러한 역설이 왜 일어나는가를 어느 정도 가늠하는 데 〈표 2-6〉은 의미 있는 단서를 제공하고 있다. 계층의 아래 사다리로 갈수록 '운이 없는 사람이 사고를 당하기 마련'이라는 응답 경향이 높아지는 것으로 나타나고 있기 때문이다. 거꾸로 계층 사다리의 위로 갈수록 이러한 관념을 가진 사람들의 비중이 줄어드는데 그렇다고 상층일수록 '운명론'적인 위험관 대신 구조적인 위험관을 가지고 있다고 판단할 수는 없다. 사고 경험을 운 대신 개인이 회피 노력을 하지 않은 탓으로 돌릴 가능성, 즉 위험의 발생 구조에 대한 부인이나 침묵의 결과가 이렇게 나타날 수도 있기 때문이다.

〈표 2-7〉 개인의 노력으로 사고를 줄일 수 있다

		빈도	퍼센트	유효 퍼센트	누적 퍼센트
유효	동의하는 편	874	87.2	89.7	89.7
	동의하지 않는 편	100	10.0	10.3	100.0
	합계	974	97.2	100.0	
결측	시스템 결측값 (모르겠다)	28	2.8		
합계		1,002	100.0		

〈표 2-7〉은 전체 응답자(1,002명)의 약 87%(유효 응답자의 약 90%)가 개인이 노력하면 사고 위험을 줄일 수 있다는 생각을 하고 있음을 보여준다. 이러한 결과는 운명론적인 위험관을 가지고 있을지라도 위험 회피를 위해 개인이 기울이는 노력의 중요성을 부인하는 것이라고 말할 수 없다는 것을 보여준다. 그렇지만 〈표 2-7〉과 〈표 2-6〉을 교차하면 흥미로운 결과가 나타나는데 상층일수록 운명론적 위험관을 받아들이지 않으면서 개인이 기울이는 노력의 중요성에 무게를 부여하는 경향이 뚜렷하다.

〈표 2-8〉은 개인의 노력으로 사고를 줄일 수 있다는 데 동의하는 응답자(조사대상의 87%)라는 점에 유의해야 한다. 그렇지만 운명론적인 위험관과 교차하면 계층별로 뚜렷한 응답경향이 차이가 나타난다. 최하층의 경우 개인의 노력으로 사고를 줄일 수 있다는 데 동의하면서도 약 58%가 운이 없기 때문에 사고를 당한다는 인식을 보이고 있는 반면에, 세층 사다리의 위로 올라갈수록 운명론적인 위험관에 동의하지 않는 비율이 늘어난다. 중간층 이상의 경우 운이 없기 때문에 사고를 당한다는 견해에 동의하지 않는 비율이 약 71%에 이른다. 그만큼 개인의 노력이 가지는 중요성을 강조하는 태도를 보인다고 해석할 수 있다.[4]

4. 상층의 이러한 개인주의적 위험관에 비추어보면, '운'의 의미도 하층의 경우와 다를 수 있는데

〈표 2-8〉 위험 인식(운 v. 노력)의 구조화: 계층별 비교

개인의 노력으로 사고 위험을 줄일 수 있다(A)				운이 없는 사람이 사고를 당하기 마련(B)		전체
				동의	동의 않음	
동의하는 편	계층 구분	최하위	빈도	57	41	98
			계층의 %	58.2%	41.8%	100.0%
			B의 %	14.5%	9.0%	11.5%
			전체 %	6.7%	4.8%	11.5%
		하위	빈도	148	151	299
			계층의 %	49.5%	50.5%	100.0%
			B의 %	37.7%	33.1%	35.2%
			전체 %	17.4%	17.8%	35.2%
		중간	빈도	170	220	390
			계층의 %	43.6%	56.4%	100.0%
			B의 %	43.3%	48.2%	45.9%
			전체 %	20.0%	25.9%	45.9%
		중간 이상	빈도	18	44	62
			계층의 %	29.0%	71.0%	100.0%
			B의 %	4.6%	9.6%	7.3%
			전체 %	2.1%	5.2%	7.3%
	전체		빈도	393	456	849
			계층의 %	46.3%	53.7%	100.0%
			B의 %	100.0%	100.0%	100.0%
			전체 %	46.3%	53.7%	100.0%

자료 : p〈.000.

운을 더 강조하는 하층의 위험 인식이나 이를 부인하고 개인의 노력에 더 비중을 두는 상층의 위험 인식 모두는 위험의 구조적 성격에 대한 사회적인 의미화/상징화와는 거리가 있는 것이다. 그렇지만 〈표 2-8〉에서

구조적 발생 가능성의 상징화되지 않은 다른 이름이라기보다는 무작위적으로 분포된 운의 개념에 가까울 수도 있다.

드러나고 있는 위험 인식의 계층적 차이는 이러한 인식이 사회적으로 상징화되지 않은 채 구조적으로 분포되어 있다는 것을 보여준다. 〈표 2-8〉이 위험에 대한 인식과 위험 발생 및 경험 사이에 직접적인 연계가 있다는 것을 보여주는 것은 아니다. 하지만 위험이 구조화되어 있다면, 위험의 구조적 성격에 대한 거리두기(운명화나 개인화)는 위험의 생산 또는 발생이나 경험의 구조적 문제에 대한 접근방식을 발전시키는 데에는 도움을 주지 못한다. 한국사회를 위험사회라고 인식하는 편이면서도 내가 위험을 경험할 가능성을 낮게 보는 이유는 위험에 대한 이러한 위험의 생산과 경험의 구조적 성격이나 나 또는 다른 사람의 구조화된 위험 지위에 관한 적합한 인식의 지체 상태를 반영하는 것일 수 있다.

4. 위험 인식의 추세: 과거, 현재, 미래

위험 연구의 성과는 위험 인식의 형성과 발전이 위험의 발생, 경험과 인식의 역사 속에서 다루어져야 한다는 것을 함축하고 있다. 한국사회에서 과거, 현재, 미래에 발생했거나 하고 있거나 할 것으로 예상되는 위험들에 대한 인식이 변하고 있는데 그것도 빠른 속도로 바뀌고 있기 때문이다. 이러한 변화는 위험에 대한 인식의 지체 상태가 빠르게 바뀔/바뀌고 있을 가능성 또한 내포하고 있는 것이다. 2005년도에 이루어진 조사 연구에 따르면, 한국사회의 위험 유형은 재난형(1995년경)에서 사회해체형(+신종질병, 2005년까지)으로 빠르게 옮아 왔으며, 신기술과 관련된 위험들(2015년, 신종질병, BT, IT, NT 관련 위험 등)이 확산될 것으로 예상되었다(〈표 2-9〉).[5]

5. 한국사회의 위험에 관한 국내의 본격적이고, 종합적 연구로는 임현진 · 이세용 · 장경섭 편(1998)과 임현진 외(2002), 한국사회의 위험에 대한 유형 분류와 위험의 추세에 대해서는 이재열 외(2005), 사이버 위험에 대해서는 김용학(2005)을 참고하시오.

대중의 기억 속에 1990년대 중반까지 한국사회를 특징지은 위험은 대형안전사고와 자연재해를 같은 재난(disaster)형 위험에 속한다. 건물 붕괴, 교량 붕괴, 대형가스폭발 사고나 대형선박사고와 같은 대형안전사고나 홍수와 태풍에 수반되는 자연재해 같은 것이 이러한 위험 유형에 속한다. 당시 대형안전사고는 소홀한 안전 진단과 관료적 관리 시스템의 병폐 등 조직된 무책임과 결부된 것이다. 이 점에서 우연한 사고는 아니었다.

하지만 우연하지 않은 사고의 해를 입은 사람들의 상당수는 대개 그날 그 시간에 그 장소에 우연히 있었다. 원인은 있지만 해를 입는 사람들의 분포는 무작위적인 것에 가깝다는 점에서 이러한 사고가 빈발하면 개인적인 위험 회피 노력이 무의미해진다. '운이 없으면 사고를 당하기 마련'이라는 관념이 쉽게 바뀌지 않는 것이다. 그렇지만 조직된 무책임에 대한 사회적 분노와 개선 요구는 위험의 원인과 관리에 대한 사고를 자극하며 진전시키는 계기가 된다. 자연재해의 증폭도 인위적인 요인과 결합되어 있다는 점이 주목받기 시작했다.

1997년 경제위기 이후, 대량 실업, 구조적 실업, 중산층의 감소와 빈곤 인구의 급속한 증가는 재난형 위험과는 다른 속성을 지니고 있다. 책임소재가 개인화되거나 운명 탓으로 돌릴 수 없으며, 위험이 계급 · 계층, 성과 지역에 따라 불평등하게 분배되어 위험 분포의 무작위성이 배제된다. 사회경제적 안전을 위협하는 위험 증가의 구조적 원인, 사회적 균열을 확대하는 불평등의 구조적 심화 또는 차별적으로 구조화된 위험 지위 문제가 핵심 쟁점이 되고 있는 것이다.

중추적인 국가기관과 사회기관에 대한 신뢰의 지속적인 저하는 1990년대 후반 이후 사회경제적인 위험을 생산하고 분배하는 구조와 제도의 전환이 이루어지지 않고 있는 상황과 궤를 같이 하고 있다. 위험사회로의 불균등한 전환과 그 차별적인 효과 속에서 한국사회는 운명공동체인가－'한 배를 타고 있는 것인가'－라는 질문이 떠오르고 있고, 이러한 기관들

〈표 2-9〉 주요 위험의 내용 변화 (단위: %)

순위	1995년		현재(2005년)		2015년	
1	건축물 붕괴	10.99	신종질병	7.19	사이버 범죄	8.16
2	태풍, 홍수, 호우	8.93	불안정고용과 취업난	6.47	신종질병	6.60
3	대형폭발사고	6.18	급격한 경기변동	5.31	생명윤리 침해	6.12
4	대형교통수단사고	5.68	빈부격차	5.01	빈부격차	5.88
5	한반도에서의 전쟁	4.24	테러	4.98	테러	5.85
6	자동차 교통사고	4.12	사이버 범죄	4.86	사회보장제도 미비	4.62
7	부정부패	3.91	먹을 거리의 안전사고	4.35	사생활 침해	3.84
8	강간, 유괴, 납치	3.67	북한 핵문제	4.06	대기오염	3.72
9	급격한 경기변동	3.47	태풍, 홍수, 호우	3.91	불안정한 고용과 취업난	3.63
10	북한 핵문제	3.05	사생활 침해	3.70	중국・일본의 군비확장	3.33

자료 : 서울대학교 사회발전연구소(2005), 〈국민의식조사〉; 이재열 외(2005)에서 인용.

이 이러한 질문에 답할 준비가 얼마나 되어 있는가, 라는 의문과 불신이 증가하고 있는 것이다. 여기서 운명공동체란 공동체가 나(개인)에 우선하는 공동체가 아니라, 너의 부정/파괴가 곧 나를 부정/파괴하는 것이기 때문에 시민으로 함께 살아가는 공동체를 뜻한다(van Gunsteren, 1998: 61-63).

〈표 2-10〉은 사회경제적인 위험이 증가하고 불평등하게 분배되는 구조의 효과를 요약하는 결과를 담고 있다. 한국사회는 '차별과 소외가 심한 사회인가 배려와 포용의 사회인가'라는 질문에 대해 매우 부정적인 응답 결과(-1.49)를 보이고 있으며, 한국사회는 '불신사회인가 신뢰사회인가'에 대한 질문에 대해서도 비슷하게 부정적으로 응답(-1.26)하는 결과가 나타났다. 한국사회는 안전하지도 않으며, 포용적이지도 않고, 또 서로 신뢰할

〈표 2-10〉 한국사회의 통합성에 대한 인식(2008년)

구분	N	최솟값	최댓값	평균	표준편차
차별사회/포용사회	1002	-5	5	-1.49	1.994
불신사회/신뢰사회	1002	-5	5	-1.26	2.033

〈표 2-11〉 2018년까지 향후 10년간 위험 증감 예측 (범위: 매우 증가 2~매우 감소 -2)

위험 유형		생태 에너지 위험	생태 위험	사이버 위험 및 각종폭력	환경 오염	사회 경제적 위험2	사회 경제적 위험1	성인병 전염병 먹을거리 중독	재난 사고 산재 직업병
N	유효	965	974	967	981	931	940	963	930
	결측	37	28	35	21	71	62	39	72
평균		1.14	1.11	1.03	0.95	0.88	0.80	0.55	0.39

주: · 생태에너지 위험: 기후변화, 자연재해, 물 부족, 에너지 자원 고갈과 고유가
· 생태위험: 생태에너지 위험–에너지 자원 고갈과 고유가
· 사이버 위험 및 폭력: 컴퓨터 바이러스, 사이버 범죄, 사생활 침해(CCTV, 도청, 몰카), 각종 폭력사건
· 환경오염: 수질, 대기, 해양 오염
· 사회경제적 위험 1: 실업 및 빈곤, 주택가격 불안정, 노후불안, 금융불안
· 사회경제적 위험 2: 사회경제적 위험 1+에너지 자원 고갈과 고유가
· 성인병 · 전염병 · 먹을거리 · 중독: 성인병, 전염병, 먹을거리위험(유전자변형식품/조류독감/광우병), 마약 및 알콜 중독
· 재난 · 산재 등: 인적재난(건축물 붕괴, 가스 폭발 등), 교통사고, 핵폐기물사고, 화생방사고, 산업재해 · 직업병 등

수도 없는 사회라는 응답 결과가 나온 것이다. 차별/소외/포용과 불신/신뢰의 정도는 한 사회의 통합성의 정도를 측정하는 지표가 된다. 이러한 결과는 기존의 사회통합원리들이 제대로 작동하지 않게 되고, 다수가 안전을 보장받지 못하며 사회가 통합성을 잃어가고 있다는 것을 뜻한다.

2008년도 조사에서 실업, 빈곤, 노후 불안, 금융 불안 등 사회경제적 안전과 관련된 위험은 생태(에너지)위험과 환경오염을 하나로 묶으면 향후 10년 동안 가장 빠르게 증가할 것 같은 위험군에서 세 번째 순위를 차지하였다(〈표 2-11〉). 매우 증가 2, 증가 1, 유지 0, 감소 -1, 매우 감소 -2의

점수를 부여한 평균값을 구한 것이다. 이 같은 조사 결과는 2008년 3/4분기 이후 미국발 금융위기의 세계적인 확산이 일어나기 전에 이루어진 조사라는 것을 고려해야 한다. 정부가 가장 역점을 두고 대책을 마련해야 할 위험 순위, 즉 긴급성에서는 사회경제적 위험군이 1위를 차지하였다.

2005년 조사와 비교해서 2008년 조사의 가장 큰 특징은 재난형 위험이 후순위로 떨어지고, 환경오염(수질, 대기, 해양 오염), 자연재해, 급속한 기후변화(온난화), 에너지 문제, 물 부족 등 생태 · 환경과 관련된 위험군이 가장 많이 증가할 것으로 예상되었다는 점이다. 그렇지만 유의할 것은 가장 순위가 낮은 재난형 위험(산업재해, 직업병, 교통사고, 화재, 핵폐기물 사고, 건축물 붕괴 등)조차 감소할 것으로 예상되지 않았다는 점이다. 2005년 조사 주요한 불안 대상이 되었던 조류독감 등 신종질병의 증가를 비롯하여 모든 종류의 위험군이 감소하기보다는 증가(0점 이상)할 것으로 예상되었다는 점은 특기할 만하다.

이상의 분석 결과를 요약하는 것이 〈그림 2-1〉이다. 한국사회는 안전하기보다는 위험하며, 포용적이기보다는 배제적이며, 서로 신뢰할 수 있기보다는 믿을 수 없다는 결과가 나오고 있는 것이다.

〈그림 2-1〉 한국사회의 질에 대한 인식

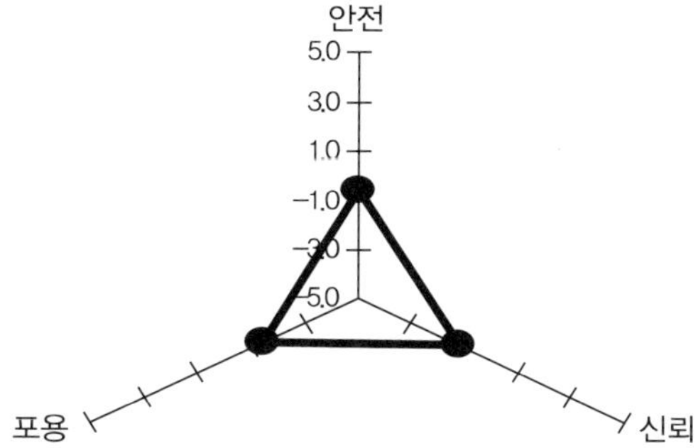

5. 위험 경험의 구조(화)와 사회적 고립: "권리를 가질 권리"

위험 인식에 대한 조사 결과 정부가 역점을 두고 대책을 마련해야 할 가장 우선적인 위험군은 사회경제적인 위험과 관련된 것이다. 사회경제적인 안전의 위협이 가장 시급한 현재의 문제로 인식되고 있기 때문이라고 볼 수 있다. 2008년도 조사는 위험 인식에 대한 조사와 함께 위험 경험, 그 가운데에서도 사회경제적인 위험의 경험과 관련된 조사를 진행하였다. 여기에서는 사회경제적인 위험 경험의 구조화 양상을 계층, 사회·경제적 지위, 사회적 고립/연계 정도와 관련하여 살펴보고, 끝으로 이러한 위험 경험과 인권 침해 경험 사이의 관계를 함께 분석하였다. 분석 결과 사회경제적 위험을 경험한 정도는 최하층 〉 중간층 〉 하층 〉 중간층 이상으로 나타났다. 또한 사회적으로 고립되어서 살수록 위험을 경험하는 정도가 높고, 위험 경험이 많은 사람이 인권 침해를 경험한 빈도도 높은 것으로 나타났다.

1) 사회경제적 변수로 본 위험 경험

(1) 계층별 위험 불평등

지난 1년(2007년 9월~2008년 8월) 사이에 사회경제적인 위험을 본인이나 가족이 경험한 빈도를 계층별로 비교한 결과, 최하층에 속하는 사람들이 위험을 경험한 빈도가 가장 많은 것으로 나타났다.

위험 인식 조사 결과, 즉 내게 잠재적인 위험이 발생할 가능성에 대한 인식과 비교할 때 차이는 중간층의 경우다. 하층보다는 중간층에서 사회경제적인 위험 경험의 빈도가 약간 더 높은 것으로 나타난다. 〈표 2-12〉에 제시된 위험의 종류 가운데 건강상의 이유로 사채를 빌려 쓰거나, 주거환경이 불량하거나, 일-가족 갈등(양육, 간호)으로 직장을 그만두거나, 산업재

〈표 2-12〉 지난 1년간 위험 경험(본인/가족)의 계층별 비교 (단위: 건수, 범위: 0~10건)

계층구분	평균	N	표준편차
최하위층(9, 10번째 층)	1.26	120	1.81
하위층(7, 8번째 층)	0.87	339	1.28
중간층(5, 6번째 층)	0.95	473	1.55
중간층 이상(1~4번째 층)	0.71	70	1.33
합계	0.94	1,002	1.49

주: p〈.05.
위험의 종류: 사채1(건강, 질병 문제), 사채2(학비부담), 주거환경불량1(물, 전기, 하수도, 화장실), 주거환경불량2(쓰레기, 공해 피해), 건강(장기 치료/간호대상), 일가족 갈등(양육, 간호 때문에 직장을 그만둠), 노동1(해고 경험), 노동2(산업재해), 노동3(1년 이상 장기실업), 노동4(자격/학력 미달로 취업 곤란 경험).

해를 겪거나 하는 등의 위험에서 중산층의 경험 빈도가 하층보다 조금 높기 때문인데, 주거환경 불량은 민감도의 문제일 수 있지만 차이가 나는 이유가 뚜렷한 것은 아니다.

〈표 2-12〉에서 전체적으로 가장 두드러진 특징은 최하층의 빈도가 큰 차이로 가장 높다는 점이다. 중간층과 중간층 이상 사이의 차이가 다른 집단 간의 차이보다 크고, 중간층과 하층의 차이가 작다는 점도 눈에 띈다. 한국사회의 중간층이 사회경제적인 위험에서 안전하지 않다는 추정이 가능하다.

(2) 고용형태, 고용기간과 혼인 형태에 따른 위험 경험

〈표 2-12〉에서 제시된 10개의 사회경제적 위험의 경험 빈도를 종속변수로 하고, 주로 사회경제적인 변수를 독립변수로 하여 집단 평균을 비교한 결과 고용형태(정규/비정규), 고용기간(상용/임시/일용), 혼인 상태에서 유의미한 차이를 보였다. 사용한 독립변수는 학력, 종사상 지위(사업주, 자영업자, 임금근로자/봉급생활자, 무급가족종사자), 고용형태, 고용기간, 성별(性別), 연령, 혼인상태, 성장지역(행정구역)과 지역 크기(대도시, 중소도시, 읍면부)다.

성별 차이가 유의미하지 않는 것은 사회경제적인 위험 경험을 한 묶음("본인이나 가족 중")으로 물어본 경우가 많았기 때문으로 보인다. 직업별 차이는 분석하지 않았다.

고용형태별로 사회경제적 위험 경험을 비교하면 비정규직(평균 1.39건)이 정규직(평균 0.93건)의 사회경제적 위험을 경험한 것으로 나타나고 있다(〈표 2-13〉). 비정규직의 위험 경험 건수는 앞서 제시한 최하층의 위험 경험 건수(평균 1.29건)보다 많다는 점에 유의할 필요가 있다. 사회경제적인 위험이 비정규직에 집중되고 있다는 점이 뚜렷해진다.

한국에서 고용형태는 대체로 고용기간과 일치하는데 상용직과 정규직, 임시직과 비정규직의 위험 경험 건수가 비슷하게 나타난다. 그렇지만 일용직의 경우 위험 경험이 급증하는 것으로 나타나고 있다. 일용직의 위험 경험 빈도(1.83건)는 분석한 모든 경우를 통틀어 가장 많은 것이다.

혼인상태 또한 사회경제적인 위험 경험의 차이를 설명하는 주요한 변수

〈표 2-13〉 고용형태별 위험 경험 비교 (단위: 건수, 범위: 0~10건)

고용형태	평균	N	표준편차
정규직	0.93	521	1.49
비정규직	1.39	125	1.77
합계	1.02	646	1.56

주: p<.01.

〈표 2-14〉 고용기간별 위험 경험 비교 (단위: 건수, 범위: 0~10건)

고용기간	평균	N	표준편차
상용직	0.95	547	1.50
임시직	1.24	70	1.82
일용직	1.83	29	1.73
합계	1.02	646	1.56

주: p<.01.

〈표 2-15〉 혼인상태별 위험 경험 비교 (단위: 건수, 범위: 0~10건)

혼인상태	평균	N	표준편차
미혼	0.93	243	1.44
기혼	0.86	680	1.42
이혼	1.73	22	1.52
사별 · 별거 · 동거[6]	1.58	57	2.10
합계	0.94	1002	1.49

주: p<.000.

가운데 하나로 나타났다. 기혼(0.88건)보다는 미혼(0.93건)이 경험빈도가 다소 높지만, 동거 상태에 놓인 경우가 평균 1.8건으로 사회경제적인 위험에 가장 취약한 것으로 드러난다. 그 다음이 이혼한 경우(1.73건)다. 사회경제적인 위기 속에서 이혼율이 급증하고 있고, 이혼한 뒤에도 매우 취약한 상태에 놓이고 있는 것이다. 전체적으로 보면, 이혼 〉 사별 · 별거 · 동거(하나로 묶었을 때) 〉 미혼 〉 기혼 순으로 사회경제적인 위험을 많이 경험하는 것으로 나타났다. 한국사회에서 사회경제적인 안전의 사적인 보루로서 가족의 기능이 약화되고 있지만, 사회경제적인 안전망의 결여로 그 역할을 맡지 않을 수 없는 상황 그리고 혼인 상태가 사회경제적 위험 지위와 연결되는 현상을 뚜렷하게 확인할 수 있다.

이상의 분석 결과를 단순화하면, 이혼/사별/별거/동거 상태에 있고, 비정규직, 임시직/일용직으로 일하는 (여성의) 경우 위험 지위 사다리의 가장 아래층에 있는 밑바닥 계층(under-class)을 이루고 있을 가능성이 매우 높다고 할 수 있다.

6. 참고로 사별의 평균은 1.56(50명), 별거는 1.50(2명), 동거는 1.80(5명)이다.

2) 사회적 고립(배제)과 위험 경험

다른 대안을 구할 수 없을 때, 개인적으로 맺고 있는 사회적 · 경제적인 지원 관계는 사회경제적인 위험을 덜 겪거나 덜 수 있는 자산이 된다. 거꾸로 사회경제적인 하강 이동은 기존의 사회적 관계를 단절시켜 더 많은 위험에 노출되게 하는 계기가 될 수도 있다. 사회경제적인 위기가 심화되면 개인이 노출되는 사회경제적인 위험의 정도는 개인과 가족 그리고 비공식적인 사회적인 연결망으로 대처할 수 있는 범위를 초과하기 쉬우며, 그럴수록 사회적으로 통합되지 못하고 고립되는 사람들이 늘어날 수 있다.

이처럼 사회적인 연계 또는 고립의 정도는 사회경제적인 위험에 노출되는 정도와 상호작용할 수 있는데, 분석에 따르면, 사회적인 하층일수록 사회적인 연계의 정도가 작은 것으로 나타나고 있다(〈표 2-16〉). 사회적 고립 또는 연계의 정도는 다음 세 가지 경우에 도움을 청할 사람이 있는가를 확인하는 방식으로 측정하였다. 각각의 경우에 도움을 청할 사람이 있으면 1점, 없으면 0점을 부여하고 합산하는 방식으로 사회적 고립 또는 연결성의 정도를 측정하였다.

· 일상적 연결망 : “감기가 심하게 걸려 식사 준비나 장보기 같은 집안

〈표 2-16〉 사회적 연결/고립 정도의 계층별 비교 (범위: 최솟값 0, 최댓값 3)

계층구분	평균	N	표준편차
최하위층	2.25	120	1.03
하위층	2.55	339	0.84
중간층	2.68	473	0.71
중간층 이상	2.73	70	0.66
합계	2.59	1,002	0.81

주 : $p<.000$.

일을 부탁해야 할 경우"

· 경제적 연결망 : "경제적인 갑자기 돈을 빌릴 일이 생길 경우"

· 친교적 연결망 : "우울하거나 스트레스를 받아 누군가와 이야기를 나누고 싶을 경우"

모든 계층에서 세 종류의 연결망 가운데 두 개 이상의 연결망을 가지고 있는 것으로 나타났지만, 최하층의 경우(2.25)는 그 가운데 어느 하나의 연결망이 제때에 작동하지 않을 가능성도 높게 나타나고 있다. 하층일수록 어려운 상황에 놓였을 때 다른 사람에게 도움을 청할 여지가 작은 것이다. 이와 같은 차이는 "있다"와 "없다"의 유무만을 측정한 것이다. 각각의 연결망에서 얼마나 많은 사람들이나 조직으로부터 도움을 받을 수 있는지를 확인한다면 계층별 차이는 더욱 커질 수도 있을 것이다.

그렇다면, 사회적 연결이나 고립의 정도는 사회경제적인 위험 경험의 빈도와 어떤 상관관계를 가지고 있을까? 조사 결과 도움을 전혀 받을 수 없는 경우(44명)도 있었는데, 도움을 받을 수 있는 사람이 0명에서 1명인 경우는 사회적 고립의 정도가 큰 편에 속한다고 할 수 있다. 분석 결과는 이렇게 사회적으로 고립되어 생활할수록 위험을 경험하는 정도가 크고, 또 자신에게 발생할 잠재적인 위험이 많을 것이라고 답변하는 경향을 보여 주었다. 연결망의 종류가 두 개 이하인 경우는 위험 경험 빈도와 잠재적 위험 불안 모두에서 평균 이상의 위험을 경험하고 또 미래에 발생할 위험에 대한 불안의 정도가 큰 것으로 나타났다.

계층별 비교에서 알 수 있듯이 도움을 청할 사람이 전혀 없거나 1~2명인 경우는 대개 최하층에 속하는 경우라고 할 수 있다. 사회적인 최하층 상태 자체가 사회적 배제의 결과라는 점을 고려하면 이 경우에 낮은 사회적 연계 정도는 사회적 고립과 배제의 대리 지표라고 할 수도 있을 것이다. 오늘날 사회적 고립과 배제의 지배적인 형태는 사회 외부로의 고립과

〈표 2-17〉 사회적 연계/고립의 정도, 위험 경험 및 잠재적 위험 불안

사회연계		위험 경험 빈도*	잠재적 위험 불안**
0개	평균	1.60	12.17
	N	44	36
	표준편차	2.17	3.99
1개	평균	1.28	12.24
	N	72	54
	표준편차	1.82	3.44
2개	평균	1.13	11.31
	N	135	114
	표준편차	1.60	3.02
3개	평균	0.83	10.88
	N	751	633
	표준편차	1.36	3.20
합계	평균	0.94	11.08
	N	1,002	837
	표준편차	1.49	3.25

주: * p<.000, ** p<.001. 위험경험 빈도: 0~10건, 잠재적 위험 불안: 5~20점.

배제－극단적으로는 추방－라기보다는 사회의 내부(핵심)로부터 고립되지만, 사회의 내적인 원리에 의해 이루어지며, 여전히 사회의 내부에 남겨지는 형태의 고립과 배제다. 이러한 점에서 현재 한국사회에서 주목해야 할 고립, 배제와 위험의 형태는 무엇보다도 내적인 배제와 이로부터 비롯되는 위험들이다.

3) 위험 경험과 "권리를 가질 권리"

추방과 같은 외부로의 배제, 즉 외적인 배제는 공동체의 동일성을 유지하는 방편으로 작동해온 역사가 있지만, 내적인 배제 속에서는 오히려 사

회적 차별과 소외가 깊어져 (상상된) 공동체가 (현실의) 공동체 자신과 일치하지 않는 정도(Nancy, 1991), 또는 앞에서 다루었듯이 사회적 해체의 위험이 커질 수 있다. 이러한 상태가 확산될수록 한 사회의 구성원이면서 구성원으로서 품위 있고 인간다운 삶을 누릴 수 없는 정도도 커진다. 인간다운 삶을 살 수 있는 권리를 단지 추상적인 선언이 아니라 구조와 제도의 전환을 통해 발전시켜야 할 이유는 위험사회가 될수록 더욱 커진다.

2008년도 조사에서는 인권과 관련된 문항이 추가되어 위험 경험과 인권 침해 사이의 관계를 분석할 수 있게 되었다. 사회적 연계와 위험 경험의 관계가 그러하듯이 위험 경험과 인권 침해 사이의 관계도 선후를 쉽게 단정할 수는 없다. 그렇지만 둘 사이에서 상호성이 확인되면, 위험구조의 전환을 위하여 문제를 바라보고 해결하는 데 필요한 핵심적 시각 또는 제도 변화의 핵심적 통로 가운데 하나, 즉 인간다운 삶을 살 수 있는 "권리를 가질 권리"를 확보하는 데 기여할 수 있다.

인권 침해 관련 문항은 크게 자유권, 신체안전,[7] 성차별, 노동권과 관련된 16개 문항으로 이루어져 조사되었다("지난 수년간 귀하나 귀하의 가족이 다음의 인권 침해를 경험해본 적이 있습니까?"). 그 결과 한 사람이 평균 0.79건의 인권 침해를 경험한 것으로 나타났다(〈표 2-18〉). 위험 경험과 인권 침해 경험 사이의 상관관계는 매우 뚜렷하게 확인된다. 위험 경험을 많이 하는 사람이 인권 침해 경험도 많은 것이다. 위험 경험이 2건을 넘어서면 인권 침해 경험은 평균(0.79건)을 훨씬 뛰어넘어 위험 경험 2건/인권 침해 경험 1.6건, 위험 경험 3건/인권 침해 1.9건, 위험 경험 4건 이상/인권 침해 경험 2.7건의 양상을 보이고 있다. 위험 경험과 인권 침해 경험의 Pearson 상관계수는 0.46($p < .05$)에 이른다. 이러한 결과는 응답자들이 위험 경험

---

7. 불법연행과 심문, 의료기관 진료 거부, 집단 따돌림 관련 문항들로 이루어졌다.

〈표 2-18〉 위험 경험 빈도에 따른 인권 침해 경험 빈도 (단위: 건수, 범위: 0~16건)

위험 경험	평균	N	표준편차
없음	.33	562	.90
1건	.73	215	1.38
2건	1.56	98	1.89
3건	1.93	59	2.32
4건 이상	2.71	68	2.87
합계	.79	1002	1.61

주: p<.000.

〈표 2-19〉 사회적 고립(배제)과 인권 침해 경험 (단위: 건수, 범위: 0~16건)

사회연계	인권 침해 경험(건)	N	표준편차
0개	1.20	44	2.39
1개	1.14	72	1.93
2개	.87	135	1.71
3개	.72	751	1.49
합계	.79	1002	1.61

주: p<.05.

을 일정하게 인권 침해 경험으로 여기고 있을 가능성도 높여준다.

사회적 연계/고립 정도와 인권 침해 경험 사이에서도 유의미한 관계가 확인되었다(〈표 2-19〉). 도움을 청할 사람이 많을수록 인권 침해 경험이 적었는데 일상적 연계망, 경제적 연결망, 친교적 연결망을 모두 가지고 있으면 평균 이하(0.72건)의 인권 침해 경험을 했다. 세 가지 연결망 가운데 어느 하나라도 부족하면 평균 이상의 인권 침해를 경험한 것으로 나타났고, 연결망이 전혀 없으면 평균(0.79건)보다 1.5배가 많은 1.2건의 인권 침해를 경험한 것으로 나타났다.

〈표 2-20〉 인권 침해 경험과 사회의 질에 대한 인식 (범위: 최솟값 –5점~최댓값 5점)

인권 침해 경험의 빈도		위험사회/안전사회	차별사회/포용사회	신뢰사회/불신사회
0건	평균	-.49	-1.05	-1.28
	N	677	677	677
	표준편차	2.10	1.97	1.93
1건	평균	-.70	-1.36	-1.53
	N	142	142	142
	표준편차	1.94	2.04	1.99
2건	평균	-.83	-1.70	-2.04
	N	81	81	81
	표준편차	2.26	2.21	2.23
3건 이상	평균	-1.57	-2.12	-2.35
	N	102	102	102
	표준편차	1.98	2.01	1.93
합계	평균	-.65	-1.26	-1.49
	N	1002	1002	1002
	표준편차	2.10	2.03	1.99

주: 집단 간 차이는 모두 p<.000 수준에서 유의.

사회적 연결망의 종류가 적은 사람이 위험 경험도 많고, 인권 침해 경험도 많다면, 인간다운 삶을 살 수 있는 권리(들)의 제도적 발전과 보장, 그리고 이에 대해 접근할 수 있는 권리들—"권리를 가질 권리"—의 발전은 사회적 고립 및 배제와 결합되어 있는 (종류의) 위험구조를 바꾸는 데 있어서 핵심적인 의제가 되어야 한다. 사회적으로 배제되고, 주변화되어 있는 집단의 경우 개인의 비공식적인 연결망으로는 이러한 위험구조에서 벗어나기 어렵다는 점이 분명하게 확인되기 때문이다.

인권 침해 경험이 높을수록 한국사회가 안전하기보다는 위험한 사회이고, 포용적이기보다는 차별과 소외가 심한 사회이고, 신뢰사회라기보다는 불신사회라고 대답하는 응답경향이 나타나고 있다(〈표 2-20〉). 본인이나 가족 가운데 지난 수년간 인권 침해를 한번 이상 경험했다고 응답한 사람은 전체 조사대상자 1,002명 가운데 3분의 1에 해당하는 325명(32.4%)에 이른다. 이러한 사실은 자유권, 신체안전권, 노동권, 여성권 등 시민권의 제도화와 발전을 통해 존재론적 안전(Giddens, 1991)의 보장 정도를 높이고, 인간다운 삶을 누릴 수 있는 권리들을 발전시키는 것이 한국사회의 질적인 발전에 대해 갖는 어떤 함의를 갖는가를 보여주기에 충분하다.

6. 맺음말

2008년도에 실시된 국민의식조사 결과는 위험사회에서 안전한 사회로의 전환에서 위험이 생산, 분배, 경험되는 구조를 바꾸고, 시민의 안전과 인간다운 삶을 위한 권리를 제도적으로 발전시키는 것이 필수적이라는 점을 보여주고 있다. 이 연구는 한국인의 위험 인식의 구성, 위험(인식)의 역사 그리고 위험 경험의 구조에 대한 분석을 통해 이러한 결론에 도달할 수 있었다. 분석 결과와 함의를 정리하면 다음과 같다.

위험 인식의 국내외 비교

위험의 객관적 발생빈도에서 한국사회는 선진국에 비해 위험한 편이다. 하지만 '내게 잠재적 위험이 발생할 가능성'에 대한 응답을 보면 유럽의 선진국보다 더 안전하다고 생각하는 경향을 보인다. 한국인이 위험에 대해 상대적으로 더 둔감한 것으로 나타나고 있는 것이다. 이러한 경향은 위험을 감수하며 살아가야 하는 정도가 높은 한국사회의 상황이 내면화된 결과일 수 있다. 각종 유형의 위험과 관련된 지식과 정보가 선진국과 비교하여 얼마나 제대로 수집되고, 공유(교육, 정보 제공 등)되느냐의 문제도 존재한다.

위험을 경험할 가능성이 더 높음에도 불구하고 ‘내개 위험이 발생할 가능성’이 낮다고 생각하는 경향이 국내 비교에서도 되풀이되는 것은 아니다. 계층별로 보면 위험을 경험할 가능성이 높다고 가정할 수 있는 하층일수록 ‘내게 위험이 발생할 가능성’이 높다고 생각하는 결과가 나타나고 있다. 잠재적인 위험에 대한 불안이 사회적인 하층에 더 집중적으로 분포되어 있는 것이다. 위험에 대한 불안이 구조적으로 불평등하게 분포되어 있는 것이다.

위험 인식의 구성과 부정합성

이러한 점에 착안하여, 이 연구는 위험 인식의 구성에 관한 분석을 실시하였다. 그 결과 위험 인식의 사회적 구성에서 사회, 개인(나)과 구조 사이의 관계에 대한 연구가 더욱 진전될 필요가 있다는 점을 확인하였다. 사회는 위험한 편이라고 보면서도 나는 안전한 편이라고 생각하는 경향이 나타났고, 사회와 개인을 연결하고 매개하는 구조에 대한 접근－여기에서는 위험에 대한 구조적 접근－방식을 발전시키는 것이 현재 위험 인식을 구성하고 있는 부정합성을 해소하는 데 기여할 수 있을 것으로 확인되었다.

위험 인식의 부정합성은 개인주의적 위험관과 운명론적인 위험관이 혼재되어 있는 상태에서도 확인할 수 있다. 개인의 노력이 위험을 줄일 수 있다는 사고에 대다수가 동의하면서도 운이 나빠 사고를 경험한다는 인식을 함께 가지고 있는 경우도 적지 않은 비중을 차지하기 때문이다. 그렇지만 상층일수록 개인주의적 위험관의 비중이 높아지고 하층일수록 운명론적인 위험관의 비중이 높아지는 경향이 뚜렷하게 확인되는데 이는 위험관이 계층적으로 구조화되어 있는 것이다.

흥미로운 것은 운명론적인 위험관을 가진 사람일수록 잠재적인 위험에 대한 불안과 위험을 경험한 빈도가 높다는 것이다. 사회의 하층일수록 이러한 위험관을 가지는 경향이 있다는 점을 염두에 두면, 하층에게 '운'은 위험을 경험할 가능성이 높은 구조적 상태를 내면화하는 수동적인 인식('내가 운이 나쁜 탓')에 다름 아닐 수 있다. 상층의 개인주의적 위험관도 위험의 구조적 성격에 대한 거리두기 효과를 낳을 수 있다.

위험 인식의 구성에서 나타나는 부정합성은 위험이 발생/생산, 분포/분배, 경험/개인화되는 구조에 대한 인식이 개인의 위험 인식에 온전히 통합되지 못하게 한다는 점에서 위험사회의 구조와 제도를 전환하기보다는 지속시키는 효과를 발휘할 수 있다. 위험 인식의 구성과 현재하는 위험 구조 사이의 간극이 지속적으로 재생산되기 때문이다. 그렇지만 이 연구는 이러한 부정합성이 위험 (인식)의 역사와 무관하지 않다는 것을 보여주고 있다.

위험 (인식)의 역사와 모델

1990년대 이후 한국에서 주로 발생하는 위험은 재난형 위험(1990년대 중반)에서 사회해체형 위험과 신기술 위험(2005년)으로 옮아왔으며, 조사 결과 앞으로는 기후변화 등 생태 · 에너지 위험이나 사이버 위험과 각종 폭력, 사회경제적 위험이 크게 늘어날 것으로 예측되고 있다. 주된 위험 유형의 변화는 위험 인식의 사회적 구성에도 영향을 줄 가능성이 높다.

건물이나 교량의 붕괴, 가스폭발사고나 교통참사 등 재난형 위험은 소홀한 안전 관리(조직화된 무책임)의 소산이지만 피해 대상이 무작위적으로 분포되는 경향을 띤다는 점에서 위험의 경험을 운 탓으로 돌리는 운명론적 위험관과 공존해 왔다. 그렇지만 1990년대 후반 이후 급증하고 있는 실업이나 빈곤 등 사회해체형 위험은 구조적인 현상이면서 특정 집단에게 위험이 몰리는 경향을 수반하고 있다. 이런 경우에 위험에 대한 인식이 운명론적인 위험관이나 개인주의적 위험관과 양립할 수 있는 가능성은 줄어든다. 기후 변화 등 새로운 위험에 대한 인식은 발생 원인과 대응에서 복잡계(비선형적 인과론)적 접근의 발전을 촉진하고 있다.

복잡계적 인식은 미시적 과정의 거시적 기초(구조)에 대한 이해의 발전을 요구하는 것이다(Foley, 1998). 비선형적인 인과성은 미시적 단위(개인, 가계, 기업 등)에서 모든 정보를 수집, 처리하고 그에 기초하여 판단하고 결정하는 것이 불가능하다는 것을 보여주는 것이기 때문이다. 그렇기 때문에 복잡계적 인식에 따르면, 미시적인 단위에 대한 단순한 통제보다는 하위체계(sub-system)의 자율성, 즉 자기조직화(self-organization)를 인정하고, 미시적 과정을 제약하는 거시적 기초 또는 구조의 불안정성에 주목하면서, 제도 변화를 포함하여 이러한 구조의 문제를 개선하는 노력을 경주하는 것은 미시적 과정의 안정성을 위해서도 더 효율적이면서, 사회적으로도 바람직한 결과를 낳는 방식이다.

위험 경험의 구조와 대안

이런 의미에서 위험의 생산, 분배되고 개인화(경험)되는 구조를 분석하는 것은 유의미한 것인데, 여기에서는 자료의 범위 내에서 사회경제적인 위험 경험이 어떻게 구조화－위험 분포/분배의 구조화－되고 있는가를 다루었다. 그 결과 하층일수록 위험 경험의 빈도가 높게 나타나고 있다는 점을 확인할 수 있었다. 위험 인식과 함께 위험 경험의 분포 또한 구조화되어 있는 것이다. 사회경제적 변수 가운데 사회경제적 위험 경험을 유의미하게 설명하는 것은 고용형태, 고용기간과 혼인상태인 것으로 나타났나. 비정규직, 임시직/일용직일수록, 이혼 또는 사별 · 별거 · 동거 상태일수록 사회경제적인 위험에 더 많이 노출되고 있었다. 사회경제적 위험 경험에서 노동(고용)과 가족(혼인)이 갖는 위상을 확인할 수 있다.

사회적 연계/고립의 정도와 위험 경험의 관계도 분석하였는데, 계층 사다리의 아래쪽에 있을수록 사회적 고립의 정도가 높았고, 고립되어 있을수록 위험 경험의 빈도와 미래의 잠재적인 위험에 대한 불안 또한 높았다.

이러한 결과는 사회적 고립이 구조적인 배제 · 주변화와 밀접한 관련이 있음을 보여주는 것이다. 오늘날 사회적 배제와 주변화는 추방과 같은 외적인 것이 아니라 내적인 배제의 형태를 띤다. 내적인 배제와 주변화의 정도가 커질수록 (상상된) 공동체가 (현실의) 공동체와 일치하지 않는 정도, 즉 사회적 균열과 해체의 위험이 커진다.

2008년도 조사 결과는 위험 경험 빈도가 높을수록, 사회적으로 배제되고 주변화되어 있을수록 인권 침해의 경험이 높다는 것을 확인시켜주고 있다. 또한 인권 침해 경험이 많을수록 한국사회가 안전하기보다는 위험하며, 포용적이기보다는 차별적이며, 신뢰할 수 있기보다는 믿을 수 없다는 반응을 보이고 있다. 위험과 인권, 배제와 인권, 인권과 사회의 질의 관계가 매우 높은 것이다. 존재론적 안전을 보장하고, 인간다운 삶을 살 수 있는 권리를 단지 추상적인 선언이 아니라 구조와 제도의 전환을 통해 발전시켜야 할 이유는 위험사회가 될수록 더욱 커진다.

제3장

위험 인식의 집단 간 차이

구혜란

1. 머리말

개인은 일상 속에서 다양한 위험과 직면하며 살아간다. 일상 속에서 직면하는 위험은 실재적이고 직접적이기도 하지만 때로 점진적으로 드러나기 때문에 그것이 위험하다는 것을 전혀 인식하지 못한다. 또는 위험을 인식하더라도 그 위험이 감수할 만하다는 판단 하에 무시해 버리는가 하면 일상에서는 거의 경험하지 못하는 위험에 대해서 막연하게 불안해하기도 한다.

위험에 대한 일반인의 인식구조, 또는 인식패턴은 근대 사회에서는 크게 주목을 받지 못했다. 왜냐하면 근대 사회에서 개개인의 위험 인식은 객관적인 위험수위를 직접적으로 반영하는 부수적인 것으로 생각되었기 때문이다. 근대 사회에서 위험은 관리의 대상이었으며 위험을 관리한다는 것은 곧 위험에 대한 과학적, 기술적 정보와 지식들을 축적하고 이를 근거로 위험발생의 가능성과 파급효과를 예측하여 위험상황을 통제하는 것을 의미하였다. 이러한 사고틀 안에서 위험 인식은 위험에 대한 지식과 정보에 근거하여 형성되는 합리적인 사고의 결과로 생각되었으며 실제적인 위험과 일반인의 주관적인 인식 간의 괴리는 일반인들이 위험에 대한 지식을 충분히 갖고 있지 못하거나 잘못된 정보를 가지게 됨으로써 발생하는 것으로 보았다. 따라서 그러한 괴리는 위험에 대한 과학적 지식의 교육과 정확한 정보전달을 통해 충분히 줄여나갈 수 있는 것으로 생각되었다. 그러나 핵폐기물처리장 건립, 광우병을 포함한 신종질병 발생, 유전자변형식품 등 위험을 둘러싼 사회적 갈등을 경험하면서 일반인의 위험 인식은 객관적 위험에 대한 지식뿐 아니라 다양한 사회적·문화적 요인에 의해서 구성되는 것이며 이에 대한 체계적인 연구가 필요하다는 인식이 확산되었다.

위험 인식은 위험에 대한 일반인의 주관적 판단과 평가를 포함한다. 일반인의 위험 인식이 학문적·사회적 관심의 대상이 되는 중요한 이유는 그것이 위험에 대한 태도와 위험 회피, 또는 위험 감수와 같은 위험에 대한 행동을 결정짓는 중요한 요인이기 때문이다. 위험을 둘러싼 갈등은 일차적으로는 위험 인식의 차이와 어느 정도면 위험을 감수할 수 있다는 판단에 대한 엇갈린 견해들 간의 충돌이라고 할 수 있다. 따라서 집단 간의 위험 인식의 형성과정과 그 차이를 초래하는 요인들이 무엇인가를 밝히는 것은 위험을 둘러싼 사회적 갈등을 해소할 수 있는 기초가 될 수 있다.

이 글은 이러한 문제의식 하에 다양한 위험에 대해서 서로 다른 특성을 가진 집단들 간에 어떠한 인식의 차이를 보이는지를 살펴보고자 한다. 이 글의 구성은 다음과 같다. 우선 2절에서는 위험 인식의 설명요인들에 대한 선행 연구들을 검토하고 위험 인식에 대한 보다 사회구조적 접근이 필요하다는 점을 지적한다. 3절에서는 집합적인 수준에서 다양한 위험요인에 대한 한국인의 위험 인식의 특징을 살펴본다. 4절에서는 개별적 수준에서 개인의 인구학적·사회경제적 특성에 따라 위험 인식이 어떻게 차이가 나며 다양한 위험요인별로 어떤 패턴이 나타나는지를 살펴본 후, 사회의 질에 대한 일반인의 평가를 중심으로 사회의 질과 위험 인식 간의 관계를 살펴본다. 마지막으로 분석결과를 요약하고 위험 인식에 대한 연구와 위험관리의 정책적 측면에서의 함의를 짚어본다.

2. 위험 인식의 설명요인

개인의 위험 인식을 설명하는 이론적 바탕은 크게 두 가지로 구분된다. 하나는 심리측정이론(psychometric theory)이고 다른 하나는 문화이론(cultural theory)이다. 심리측정이론에 토대를 둔 위험연구들은 위험 인식을 인지과정의 산물로써 간주하고 위험인지과정 자체와 그러한 인지과정에 영향을 주는 다양한 요인들을 밝혀내고자 한다. 심리측정이론은 왜 어떤 위험은 다른 위험에 비해 더 위험하다고 인식되는가에 초점이 맞추어져 있기 때문에 이들의 연구는 주로 개별 위험의 특성들을 분리해내고 이 중 어떤 특성들이 위험 인식과 보다 높은 연관성을 갖는지를 밝혀내고자 한다. 피쇼프(Fischhoff)와 그의 동료들 또한 자발성, 결과의 즉각성, 익숙함, 대참사, 공포, 결과의 심각성, 불확실성, 통제가능성, 새로운 위험 등 위험의 9가지 차원을 구분하고 이를 기준으로 흡연, 핵발전 등을 포함하는 다양한 위험요인들에 대한 의식을 측정하여 이들 간의 상관관계를 봄으로써 어떠한 위험 특성들에 대해 일반인들이 더 위험하다고 지각하는지를 보여주었다(Fischhoff et al., 1978). 슬로빅(Slovic)과 동료들은 요인분석을 이용하여 18개의 위험의 특성을 공포(dread), 미지(unknown), 그리고 노출(explosure) 등 3개의 요인으로 구분하고 공포와 미지의 위험인 경우 더 위험하다고 인식하는 경향이 있음을 밝혀내었다(Slovic et al., 1985). 이러한 접근방식은 본질적으로 위험 특성에 대한 인지과정의 보편성을 전제로 하고 있기 때문에 위험에 대한 개인들 간의 인식의 차이에 특별한 관심을 기울이지 않았다.

이들의 선도적인 연구 이후 다양한 집단, 또는 서로 다른 국가를 대상으로 하는 많은 연구들이 쏟아져 나왔다(예: Bronfman et al., 2003; Slovic, 1987; Englander et al., 1986 등). 이 연구결과들에서 위험을 인식하는 데 있어서 개인들 간에 유사성보다는 차이가 크다는 사실이 드러났다. 이에 따라 개인의 차별적 위험인지 과정에 영향을 주는 인지적·심리적 근거가 무엇인지에 대한 관심이 증가하였으며 위험 인식과 사회인구학적 변수, 국가변수, 또는 신뢰 등의 변수와의 상관관계를 분석함으로써 개인들 간의 위험 인식의 차이를 설명하고자 하였다(Rohrmann, 1994; Slovic, 1993, 1999 등). 이러한 시도들은 위험 인식과 관련이 있을 법한 여러 변수들을 찾아내고 이를 경험적으로 실증하는 데는 성공했으나 이들을 위험 인식과 포괄적으로 연결시킬 수 있는 개념적·이론적 근거들을 제시하는 데는 그리 성공적이지 못했다.

한편 문화이론에 토대를 둔 연구들은 위험 인식을 사회문화적 구성물로 간주하고 인지과정 자체보다는 위험 인식에 영향을 주는 사회문화적 요인들이 무엇인가를 밝혀내고자 하였다. 이들은 왜 사람들은 동일한 위험에 대해 서로 다른 위험 인식을 갖게 되는가, 왜 어떤 사람들은 특정 위험에 대해 다른 사람들보다 더 위험하다고 느끼는가에 관심을 갖는다. 더글라스(Douglas)와 윌다프스키(Wildavsky)는 개인은 서로 다른 문화적 편향(cultural bias), 또는 세계관을 가지며 이러한 문화적 편향은 개인이 위험을 인식하는 데 중요한 역할을 담당한다고 주장하였다(Douglas, and Wildavsky, 1982). 이들은 개인이 사회와 맺는 관계에 따라 개인주의, 위계주의, 평등주의, 운명주의 등 네 종류의 문화적 편향을 구분하고 개인이 어떠한 문화적 편향을 갖고 있는가에 따라 위험에 대해 서로 다른 태도와 인식을 보인다는 것을 보여주었다.

이후 문화이론적 연구들은 문화적 편향과 위험 인식 간의 상관관계를 경험적으로 실증하고자 하였다. 데이크(Dake)는 더글라스와 윌다프스키의 논의에 근거하여 네 종류의 문화적 편향을 분리해낼 수 있는 경험적인 척도를 개발하고 이를 이용하여 개인이 가지고 있는 세계관이 환경위험, 사회적 일탈, 시장의 붕괴와 같은 위험과 어떠한 상관관계가 있는지를 분석하였다(Dake, 1991). 그의 연구결과에 따르면 평등주의적 세계관을 가지는 사람들은 기술적·환경적인 위험을 더 위험하다고 느끼는 반면에 위계주의적 세계관을 가진 사람들은 사회적 일탈에 대해서, 개인주의적 세계관을 가진 사람들은 전쟁 등에 의한 시장의 붕괴에 대해서 더 위험하다고 인식하는 경향이 있다. 그러나 이러한 접근방식은 개인들의 세계관은 실제 분명한 경계를 가지고 구분된다기보다는 혼합되어 나타나는 경향이 있으며 문화적 편향을 구성하는 사회적 맥락에 따라, 그리고 위험요인이 무엇인지에 따라 그 관계가 서로 다르게 나타난다는 점, 그리고 개인의 문화적 편향이 분명한 경계를 가지고 있는 경우에도 위험 인식에 대한 설명력이 크지 않다는 점 때문에 그 유용성이 의문시되었다(Sjoberg, 1998, 2000; Marris et al., 1998).

이처럼 위험 인식에 대한 기존의 연구들은 대부분 개인적인 수준에서 위험을 인식하는 개인의 인지적·심리적·문화적 특성을 드러내는 데 초점을 맞추어왔다. 따라서 상대적으로 그러한 특성들을 제약하는 사회구조적 특성이 위험 인식에 어떠한 영향을 주는지에 대해서는 충분한 논의가 이루어지지 않은 것이 사실이다. 이는 부분적으로는 위험에 대한 사회학적 개념이나 이론틀을 기초로 하는 경험적인 연구가 부족했기 때문이다. 테일러 구비(Taylor-Gooby)와 진(Zinn)은 위험에 대한 통합적인 관점을 가지기 위해서는 위험연구들이 보다 사회구조적인 요인들에 관심을 갖고 이를 위험연구의 틀 속에 적절히 통합시킬 필요가 있음을 지적하고 있다(Taylor-Gooby, and Zinn, 2005).

이런 맥락에서 최근 재해관리 관련한 위험연구들을 중심으로 논의되고 있는 '사회적 취약성(social vulnerability)' 개념은 위험관리 측면에서뿐 아니라 위험 인식을 설명하는 데 있어서도 유용한 개념이 될 수 있다. 이는 위험 인식이 단순히 특정 위험 자체에 대한 평가뿐 아니라 위험이 발생하는 사회적·정치적·경제적 환경과 체제에 대한 총체적인 판단을 포함하고 있기 때문이다. 사회적 취약성이란 "위험을 대비하고 직면하며 저항할 수 있는 능력, 그리고 위험의 영향으로부터 회복할 수 있는 능력에 영향을 주는 개인의, 또는 집단의 특성이나 상황"(Wisner et al., 2004: 11)을 의미한다. 사회적 취약성은 단순히 물질적인 취약성만을 의미하는 것이 아니라 생태적, 사회구조적, 그리고 사회관계의 취약성을 포괄하는 다차원적 개념으로 사회구조 안에서의 개인의 삶의 조건 및 상태를 복합적으로 드러내는 개념이다.

개인의 삶의 조건과 상태는 개인적 차원에서의 삶의 질을 구성하는 요소들과 함께 사회적 차원에서 한 사회의 질적 수준과 밀접하게 연관되어 있다. 개인의 삶은 개인이 생활하는 사회구조의 제약을 받으며 그 사회구조와 맺는 관계에 따라 삶의 구체적인 양상이 다르게 나타나기 때문이다. 그렇기 때문에 사회적 취약성은 성, 연령, 사회경제적 지위와 사회적 자본, 일상생활의 물리적·지리적 공간구조, 건강상태 등의 요인뿐 아니라 사회의 질적 수준을 나타내는 요인들에 의해 적절히 파악될 수 있다.

사회의 질적 수준은 1) 사회경제적 안전(socioeconomic security), 2) 사회적 포용성(social inclusion), 3) 사회적 응집성(social cohesion), 4) 사회적 역능성(social empowerment) 등의 구성요소들 간의 조화로운 관계에 의해 평가될 수 있다(Beck et al., 2001).

사회경제적 지위는 위험을 통제하고 위험을 극복하는 데 필요한 사회적·물질적 자원의 크기와 질을 결정한다. 이는 곧 위험에 대한 특정 집단의 사회적 취약성의 차이로 나타나고(Wisner et al., 2004), 그러한 차이는 위험에 대한 인식과 태도에 직접, 간접적으로 반영된다. 다시 말해서 위험을 통제할 수 있는 사회경제적 자원을 어느 정도 가지고 있는지(사회경제적 안전), 또는 그러한 자원에 어느 정도 접근할 수 있는지(포용성)에 따라 위험에 대한 인식은 다르게 나타날 수 있다. 다른 한편으로 위험 인식은 위험을 공동으로 대처하고 극복할 수 있도록 하는 사회적 연대감(응집성)과 개인이 위험상황에 개입하여 위험을 완화하거나 피하도록 할 수 있는 능력, 그래서 위험에 대해 상대적인 안전성을 확보할 수 있는 능력(역능성)에 따라 다르게 나타날 수 있다.

사회의 질은 거시적인 차원에서 한 사회 개인들의 삶의 수준을 제약하지만 미시적인 차원에서는 개인이나 집단이 차지하고 있는 사회적 위치에 따라 차별적으로 인식될 것이며 사회의 질에 대한 개인들의 주관적 평가는 곧 개인별, 집단별 위험 인식의 차이로 나타난 것이다. 이 글은 이러한 인식 하에 우선 한국인의 전반적인 위험 인식을 개괄적으로 살펴보고, 개인의 인구학적 특성, 사회경제적 특성, 그리고 사회의 질적 수준에 대한 평가를 중심으로 하여 집단 간의 위험 인식의 차이를 살펴보기로 한다.

3. 위험요인별 위험 인식

한국인은 여러 가지 위험요인들에 대해 어느 정도 그 위험을 인식하고 있을까? 개인의 위험 인식은 다차원적인 층위로 구성되는 것으로 이를 측정하는 방법 또한 여러 차원으로 구성될 수 있다. 예를 들면 위험의 심각성, 위험발생 빈도 및 증감 여부, 피해의 규모나 치명적인 정도, 위험발생에 대한 걱정 정도 등에 대한 인식을 통해 위험 인식을 측정할 수 있을 것이다. '위험과 에너지 관련 국민의식조사'에서는 수질오염, 대기오염, 자연재해, 기후변동, 교통사고, 사생활 침해, 먹을거리위험, 금융불안 등을 포함하여 23개의 서로 다른 위험요인들에 대해 각각의 위험들이 향후 10년 간 증가할 것인가, 아니면 감소할 것인가에 대해 일반인의 생각을 5점

〈그림 3-1〉 위험요인별 향후 10년간 증감 여부

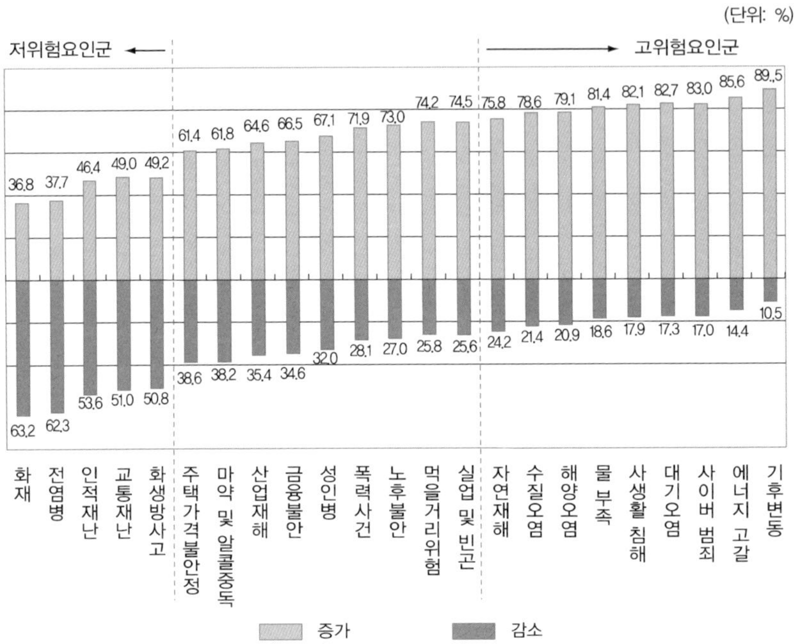

척도로 물어보았다. 이 글에서는 이 문항들을 중심으로 한국인의 위험 인식의 특성들을 알아보기로 한다.

우선 여러 가지 위험요인별로 각각의 위험이 어느 정도 증가할 것이라고 생각하고 있는지를 살펴보자. 이를 위하여 각각의 위험요인에 대한 5점 척도의 응답범주를 증가(매우 증가 + 어느 정도 증가)와 현재와 비슷하거나 감소(현재와 비슷 + 어느 정도 감소 + 매우 감소) 등 두 범주로 묶어 그 결과를 비교해보았다(〈그림 3-1〉 참조). 〈그림 3-1〉에서 보면 화재, 전염병, 인적재난, 교통사고, 화생방사고 등 5개 위험요인을 제외하고 나머지 18개의 위험요인들에 대해서 증가할 것이라는 응답이 감소할 것이라는 응답보다 많아 대부분의 위험요인에 대해 앞으로 위험이 증가할 것이라고 보고 있음을 알 수 있다. 위험요인들 중에서 증가할 것이라고 응답한 사람이 가장 많은 위험요인은 기후변동(89.5%)이며 그 다음이 에너지 고갈(85.6%), 사이버 범죄(83.0%), 대기오염(82.7%), 사생활 침해(82.1%) 등의 순으로 나타났다.

23개의 위험요인들은 요인분석을 이용하여 생태위험, 환경위험, 범죄위험, 생계위험, 건강위험, 재난위험 등 모두 6가지의 위험으로 유형화할 수 있다(〈표 3-1〉). 이를 기준으로 해서 각각의 위험요인에 대한 인식을 좀 더 자세히 살펴보면 몇 가지 특징을 발견할 수 있다. 우선 위험이 증가한다고 응답한 %를 기준으로 50% 이하는 저위험군으로, 75% 이상은 고위험군으로 나누어볼 수 있는데, 화재, 교통사고, 화생방사고, 인적재난 등 재난위험 등은 저위험군으로, 반면 환경오염이나 생태위험은 고위험군으로 평가되고 있다는 점이다. 재난위험은 지난 1980-90년대 한국사회를 특징

〈표 3-1〉 위험 유형별 위험 인식 평균비교

위험 유형	위험요인	N	평균	표준편차
생태위험	자연재해, 물 부족, 에너지 고갈, 기후변동	965	4.17	0.58
범죄위험	마약 및 알콜중독,[1] 폭력사건, 사이버 범죄, 사생활 침해	967	4.06	0.63
환경오염	수질오염, 대기오염, 해양오염	981	4.01	0.75
생계위험	주택가격불안정, 금융불안, 노후불안, 실업 및 빈곤	940	3.85	0.70
건강위험	전염병, 성인병, 먹을거리위험	974	3.60	0.78
재난위험	화재, 인적재난, 교통사고, 화생방사고, 산업재해	930	3.48	0.65

1. 요인분석결과 마약 및 알콜중독 위험은 생계위험과 범죄위험에 비슷하게 적재되는 것으로 나타난다. 이는 마약과 알콜중독이 생계불안으로 인한 좌절과 파탄의 결과라고 생각하는 경향이 있기 때문인 듯하다. 그러나 마약과 알콜중독은 그 위험의 내재적인 성격상 범죄위험으로 분류되는 것이 개념적으로 타당하다는 판단 하에 범죄위험으로 분류하였다. 각각의 위험 유형에 대한 크롬바흐 알파값은 생태위험이 .75, 범죄위험이 .71, 환경오염위험이 .86, 생계위험이 .82, 건강위험이 .71, 재난위험이 .81 등이다.

짓는 가장 큰 위험요인 중 하나였다. 성수대교 붕괴, 삼풍백화점 붕괴, 대구지하철 참사 등의 재난을 경험하면서 한국사회의 재난관리의 문제점들이 노출되었으며 이후 사회적인 안전장치들을 체계적으로 마련하고자 하는 노력이 지속되어 왔다는 점을 고려하면 이러한 위험들은 이제 사회 전체적으로 보면 어느 정도 통제가능한 위험으로 인식되고 있는 것이 아닌가 한다. 반면에 환경오염이나 생태위험은 한 국가 내에서의 위험관리체계로서는 대처하기 어려운 보다 전 지구적인 수준의 위험요인으로 일국 내에서는 통제하기 어려운 특성이 있으며 또한 그 파급효과가 즉각적이라기보다는 점진적이고 누적적이면서 광범위하다는 특성이 있다.

한편 고위험군 내에서도 환경오염보다는 생태위험의 증가에 대한 인식이 보다 높게 나타나는 것을 알 수 있다. 수질오염, 대기오염, 해양오염 등의 환경오염은 산업화 과정에서 발생하는 다양한 오염원의 배출문제와 관련하여 오래 전부터 그 심각성이 지적되어온 위험이라고 한다면 생태위험은 비교적 최근에 빈번하게 문제로 제기되는 위험이라고 할 수 있다. 또한 생태위험 내에서도 홍수나 태풍 등의 자연재해와 같은 전통적인 위험보다는 에너지 고갈이나 급격한 기후 변동 등 새롭게 문제시되고 있는 위험에 대해 더 증가할 것이라고 인식하고 있다. 이러한 특징은 범죄위험과 건강위험에 대한 인식에서도 발견된다. 범죄위험 중에서도 강도, 폭행, 성폭력, 살인 등의 전통적인 폭력범죄의 위험보다는 개인정보 유출이나 온라인 사기 등과 같은 신종 사이버 범죄나 CCTV, 도청 등과 같은 개인의 사생활 침해 등에 대한 위험 인식이 높게 나타난다. 건강위험에서도 결핵, 콜레라, 장티푸스 등과 같은 전염병보다는 유전자변형식품, 조류독감, 광우병과 같은 먹을거리위험, 또는 이와 동반하는 신종 전염병에 대한 위험이 앞으로 더 증가할 것으로 보고 있다.

이러한 결과들을 종합해보면 한국인은 개인이나 지역공동체 수준에서 통제가 불가능한 위험, 전통적인 근대사회의 위험보다는 전 지구적인 수준에서의 위험, 파급효과가 즉각적이기보다는 점진적인 성격을 가진 위험, 그리고 새롭게 등장하는 위험에 대해 앞으로 더욱 증가할 것이라고 생각하고 있음을 알 수 있다.

4. 집단 간 위험 인식[2]

1) 인구학적 특성과 위험 인식

다음은 이러한 위험 인식이 성, 연령 등과 같은 개인의 인구학적 특성에 따라 어떤 차이와 패턴을 보이는지 살펴보도록 하자.

(1) 성과 위험 인식

성과 위험 인식과의 관계에 대한 기존의 연구는 성이 위험 인식과 밀접한 연관이 있으며 여성의 경우 남성에 비해서 다양한 위험요인들에 대해 더 민감하게 인식하는 경향이 있음을 보여주고 있다(Byrnes et al., 1999). 특히 여성은 건강, 식품, 범죄, 폭력, 과학기술, 환경 등의 위험요인에 대해 남성보다 더 민감하게 위험을 인식하는 것으로 나타난다(Savage, 1993; Flynn et al., 1994; Davidson, and Freudenburg, 1996; Dosman et al., 2001). 이번 조사결과에서도 그 차이가 크지는 않지만 마약 및 알콜중독, 사생활 침해, 에너지 고갈 등의 위험요인을 제외하고 나머지 위험요인들에 대하여 여성이 남성보다 위험을 더 높게 인식하고 있는 것으로 나타난다(〈그림 3-2〉).

이러한 성차는 여성이 출산과 양육을 담당하고 있으며 남성에 비해 신

---

2. 이 절에서는 각 위험요인별로 증감 정도를 묻는 5점 척도의 문항들을 매우 감소로 1점을, 매우 증가는 5점을 주어 점수가 높을수록 위험 인식이 높게 나타나도록 조정한 후 집단별로 위험 인식을 비교해보았다.

〈그림 3-2〉 성별 위험 인식

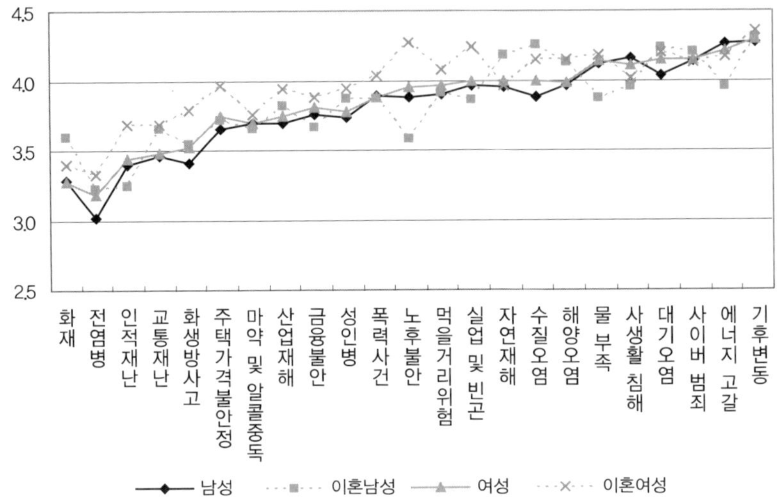

체적으로 취약하다는 생물학적 요인과 연관이 있는 것으로 설명된다(Davidson and Freudenburg, 1996). 다른 한편으로 슬로빅(slovic)은 위험 인식에서 나타나는 성차에 대해 보다 사회학적인 설명이 필요하다는 점을 제안하고 있다(Slovic, 1999). 그는 여성이 과학기술이나 환경위험에 대해서 남성에 비해 높게 인식하는 이유는 여성이 기존의 성별분업의 틀 안에서 과학기술 지식의 영역이나 사회경제적인 부문에서 배제됨에 따라 과학기술이 가져올 수 있는 경제적 혜택을 적게 받으며 이에 대한 사회적인 통제권한을 가지고 있지 못하다는 점 등 여성의 사회구조적 취약성 때문일 수 있다고 지적하고 있다.

한편 위험 인식에 대한 성차를 이혼과 교차시켜 살펴보면 의미 있는 차이들을 발견할 수 있다.[3] 〈그림 3-2〉에서 보는 바와 같이 이혼한 남성과

---

3. 전체 응답자 중 이혼한 사람의 사례가 많지 않다는 점에서 이를 일반화하기는 어렵지만 경향성을 보는 데는 큰 무리가 없을 것이다.

여성의 위험 인식의 차이가 실업 및 빈곤과 노후불안 등의 위험요인에 대해서 상당히 크게 나타난다. 이는 이혼 후 여성이 겪는 사회경제적인 변화와 관련이 있는 것으로 보인다. 즉 여성은 이혼 후 심각한 소득 하락을 경험하며 노동시장에서의 지위도 대부분 임시직, 비정규직이기 때문에 이혼 후 남성에 비해서 생계 위험에 대해 더 민감하게 느끼는 것으로 이해할 수 있다(김미숙 외, 2005; 변화순 외, 2006).

(2) 연령과 위험 인식

이번에는 연령별로 각각의 위험요인에 대하여 위험 인식에 어떠한 차이가 있는지를 살펴보자(〈그림 3-3〉). 우선 전반적으로 50대 이상의 위험 인식이 다른 연령대에 비해서 높은 반면 40대는 위험에 대해 상대적으로 낮게 인식하는 것으로 나타난다. 또한 20～30대는 50대 이상에 비해서는 위험 인식이 낮지만 40대에 비해서 전반적으로 높게 나타남을 알 수 있다. 이러한 결과는 연령과 위험 인식 간의 관계가 선형적이지 않다는 것을 의

〈그림 3-3〉 연령대별 위험 인식

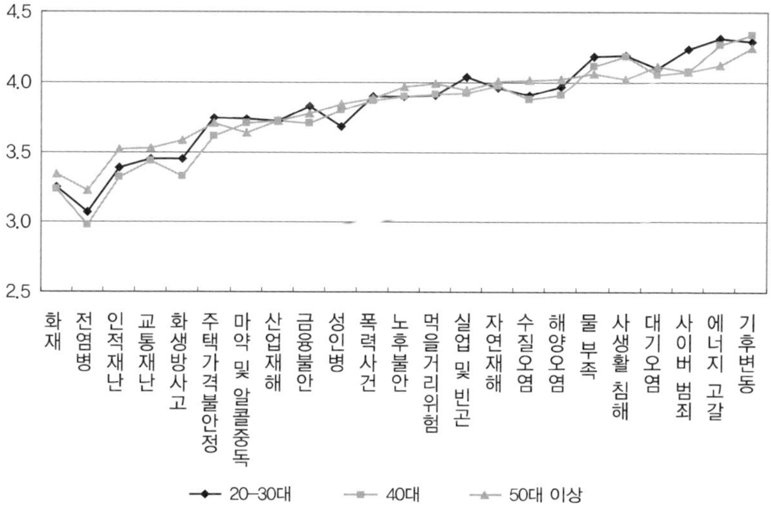

미한다.

연령대별 차이를 위험요인별로 좀더 자세히 살펴보면 화재, 전염병, 인적재난 등 저위험요인들에 대해서 50대 이상이 다른 연령대보다 상대적으로 위험을 높게 평가하고 있는 반면에, 사생활 침해, 사이버 범죄, 에너지 고갈 등 고위험요인들에 대해서는 20～30대가 위험을 더 높게 인식하고 있음을 알 수 있다. 이는 각각의 연령대가 주로 경험했던, 또는 경험하고 있는 위험이 서로 다르기 때문인 것으로 이해될 수 있다. 주목할 점은 20～30대의 경우 주택가격불안정이나 금융불안, 실업 및 빈곤 위험 등 경제, 또는 생계와 관련된 위험에 대해서 다른 연령대보다 더 높게 위험의 증가를 인식하고 있다는 점이다. 이는 최근의 경제위기와 청년실업 등을 경험하면서 이들의 경제적 지위가 취약하다는 점과 연관이 있는 것으로 생각된다. 연령과 직접적으로 연관이 있는 위험요인, 예를 들어 성인병과 같은 위험요인에 대해서는 연령이 높을수록 위험을 더 높게 인식하는 것으로 나타난다.

2) 사회경제적 특성과 위험 인식

다음은 교육수준, 가구소득, 주관적 계층의식 등 사회경제적 특성과 위험 인식 간의 관계를 살펴보자.

(1) 교육수준과 위험 인식

일반적으로 교육수준은 위험 인식과 부적 관계를 갖는 것으로 나타난다(Slovic, 1997; Krewski et al., 1995). 이는 교육수준이 높을수록 위험에 대한 과학적 지식과 정보를 많이 가지고 있어 위험에 대한 이해 정도가 높으며, 위험을 조절하는 방법에 대해서도 잘 알고 있어서 위험을 적절히 통제할 수 있다는 위험통제감이 높기 때문인 것으로 설명된다. 그러나 이러한 관

〈그림 3-4〉 교육수준별 위험 인식

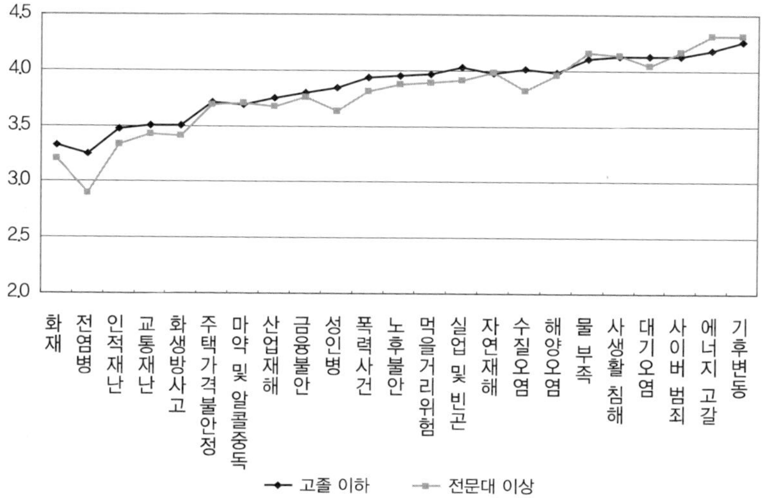

계는 위험요인이 무엇인지에 따라 달리 나타나기도 한다. 예를 들어 교육수준이 높은 집단은 기후변동, 에너지 부족 등과 같은 생태위험에 대해서는 심각하게 인식하는 반면 건강이나 사고위험에 대해서는 낮게 평가하는 것으로 알려져 있다. 이는 교육수준이 높다는 것은 그만큼 사회적 자원에의 접근을 용이하게 하는 것으로 상대적으로 그러한 자원을 이용하여 위험을 통제하는 것이 가능한 위험들, 예를 들면 건강이나 사고위험에 대해서는 그 위험의 정도를 더 낮게 평가하기 때문으로 설명된다.

이번 조사결과에서도 이러한 경향을 발견할 수 있다. 교육수준별 위험 인식의 차이를 개별 위험요인별로 자세히 살펴보면 전반적으로 고졸 이하의 학력을 가진 사람들이 대부분의 위험요인들에 대하여 전문대 이상의 학력을 가진 사람보다 높게 인식하고 있다. 이러한 학력 차이는 위험요인이 고위험요인인지, 아니면 저위험요인인지에 따라서 다르게 나타난다. 즉 평균적으로 위험 인식이 낮은 전염병, 화재, 인적재난, 화생방사고 등에 대해서는 고졸 이하의 학력을 가진 사람들이 전문대 이상의 학력을 가진 사람들에 비해서 해당 위험을 높게 인식하고 있는 반면, 물 부족, 사이버 범죄, 에너지 고갈, 기후변동과 같이 평균적인 위험 인식이 높은 위험 요인들에 대해서는 전문대 이상의 학력을 가진 집단이 위험을 더 높게 인식하고 있음을 알 수 있다.

위험 인식에 대한 교육수준의 차이는 건강위험이나 사고위험에 대해서 그 차이가 보다 크게 나타나는데, 이는 고학력집단이 자원에 대한 접근성이나 위험통제감이 높다는 점 이외에도 부분적으로 이들의 직업과 근로환경과 상관이 있는 것으로 보인다. 교육수준별로 직업구성을 살펴보면 전문대 이상의 학력을 가진 사람들의 56.5%가 전문기술 및 관리직과 사무직임에 비해서 고졸 이하 학력을 가진 사람들은 동일직업군에 속하는 사람이 13.2%에 그치고 있다. 반대로 고졸 이하의 학력을 가진 사람들의 46.6%가 서비스, 생산직 및 농어민인 데 반해서 전문대 이상의 학력을 가진 집단은 15.4%로 나타난다. 교육수준이 높을수록 보다 좋은 작업환경 속에서 근무하게 되어 그만큼 건강과 사고 위험에의 노출이 적다는 점이

〈그림 3-5〉 가구소득수준별 위험 인식

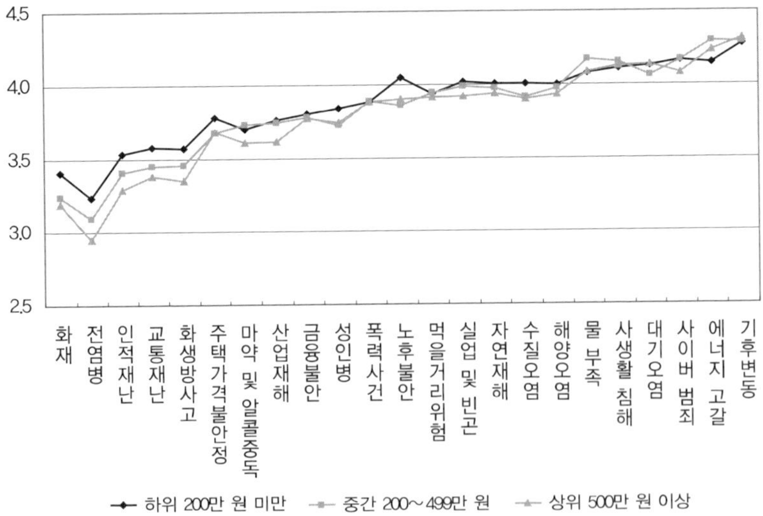

이들 집단의 위험 인식에의 차이로 나타나는 것으로 생각된다.

(2) 계층지위와 위험 인식

다음은 개인의 사회경제적 지위를 나타내는 객관적 지표로 가구소득을, 그리고 주관적 지표로 주관적 계층지위를 중심으로 하여 위험 인식에 어떠한 차이가 있는지 살펴보자.

우선 가구소득을 상중하로 나누어 살펴보면 대부분의 위험요인에 대해서 소득수준이 낮은 계층의 위험 인식이 다른 계층에 비해서 상대적으로 높게 나타난다. 또한 소득수준이 높은 계층인 경우에 저위험요인들에 대해서는 상대적으로 낮게, 고위험요인에 대해서는 상대적으로 높게 인식하고 있는 경향을 발견할 수 있다. 이러한 계층 간의 위험 인식의 차이는 저위험요인들에서 보다 두드러지게 나타난다.

이는 주관적 계층지위별로 상층, 중간층, 하층을 구분하여 살펴보면 보다 분명하게 나타난다. 〈그림 3-6〉에서 보면 전염병, 먹을거리위험, 노후

〈그림 3-6〉 주관적 계층지위별 위험 인식

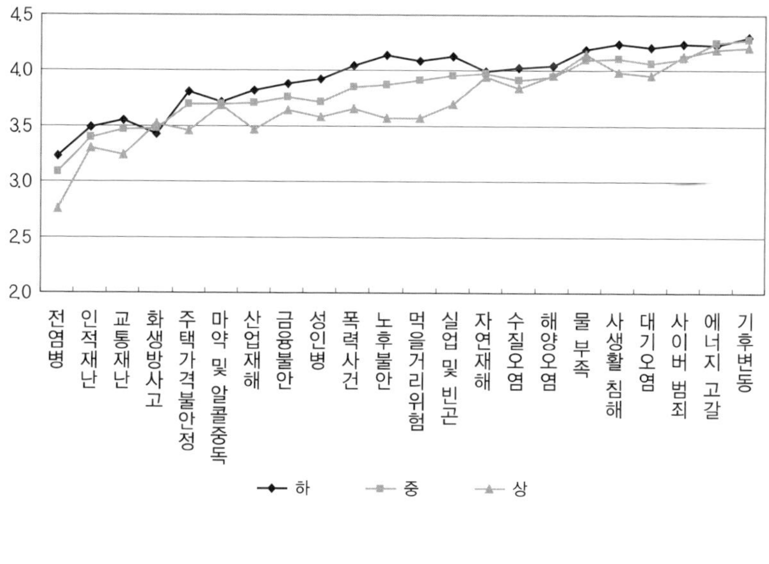

불안, 실업 및 빈곤 등의 위험요인에 대한 상층과 하층 간의 위험 인식의 차이가 다른 위험요인들에 비해서 큰 것으로 나타난다. 이러한 위험요인들은 모두 경제적인 자원을 충분히 가지고 있을 때 어느 정도 피할 수 있는 위험이라는 면에서 하층의 사회경제적 취약성을 반영하는 결과로 보여진다.

3) 사회의 질과 위험 인식

마지막으로 응집성, 포용성, 역능성 등 사회의 질적 수준에 대한 개인의 평가가 위험 인식과 어떠한 관계를 갖는지 살펴보자.[4]

(1) 사회적 응집성과 위험 인식

사회적 응집성은 개인들 간의 사회적 연대감, 또는 사회관계의 질을 의미한다. 개인들 간의 연대감, 또는 관계의 질이 높으면 위험이 발생했을 때 위험을 보다 성공적으로 견뎌내고 극복해나갈 수 있을 것이고 이러한 판단은 그 사회 내에서 위험의 허용수준을 높이고 위험에 대한 취약한 정도를 약화시키는 데 기여할 것이다. 사회적 응집성은 사회에 대한 일반화된 신뢰와 사회제도 및 기관에 대한 신뢰의 수준에 의해 파악할 수 있으며 사회적 응집성이 강한 사회는 신뢰사회로, 그렇지 못한 사회는 불신사회로 규정할 수 있다.

신뢰는 위험연구 분야에서 위험 인식을 결정하는 중요한 사회적 요인으로 지적되어 왔다. 신뢰와 위험 인식과의 관계에 대한 기존 연구들을 보면 신뢰가 위험 인식을 낮추는 데 유의미하게 기여하는 것으로 보고되고

4. 이 조사에서는 사회의 질의 4가지 구성요소 중 사회의 안전성에 대한 평가문항으로 우리 사회가 안전사회인지, 불안사회인지를 질문하는 문항이 포함되어 있다. 그러나 이 문항은 위험의식과 개념적으로 상당부분 중첩되기 때문에 여기서는 집단 간의 비교를 생략하기로 한다. 대신 앞의 사회경제적 특성과 위험 인식 간의 관계를 통해 다른 측면으로 그 관계를 이해해 볼 수 있을 것이다.

있다. 플린(Flynn)과 동료들은 연방정부가 네바다 주, 유카산에 방사능폐기물처리장을 건립하고자 하는 데 대한 지역주민의 태도와 이에 영향을 미치는 요인을 분석하여 이 시설을 건립함으로써 얻어지는 경제적 혜택 논리보다 위험시설 관리에 대한 신뢰 여부가 지역주민의 태도에 중요한 설명요인임을 밝힌 바 있다(Flynn, Burns, and Slovic, 1992). 지그리스트(Siegrist)는 유전자 기술(gene technology)을 어느 정도 수용하는가는 그 기술이 가져올 위험(perceived risks)과 혜택(perceived benefits)에 대해 사람들이 어떻게 인지하고 있는가에 영향을 받으며 유전자 기술을 사용하는 기관에 대한 신뢰는 위험 인식을 낮추고, 혜택에 대한 인식을 높임으로써 간접적으로 유전자 기술의 수용태도에 영향을 준다는 점을 실증하였다(Siegrist, 2000). 페닝(Pennings)과 그의 동료들은 미국, 일본, 네델란드 등 3개 국가를 대상으로 광우병에 대한 태도와 쇠고기 구매행태를 비교해본 결과 정부가 제공하는 정보에 대한 신뢰 정도가 국가 간의 차이를 초래한 중요한 요인이며 정부에 대한 불신이 불안을 증폭시키는 직접적인 원인이 됨을 보여주었다(Pennings et al., 2003).

그렇다면 이 조사에서는 어떻게 나타나고 있을까? 이 조사에서는 우리 사회가 어느 정도 신뢰할 수 있는 사회인지를 -5점에서 5점까지 11점 척도로 질문한 문항과 중앙정부, 국회, 시민단체 등 15개 기관, 또는 단체에 대한 신뢰 정도를 5점 척도로 묻는 문항이 포함되어 있다. 이 두 문항 중 앞의 것을 사회신뢰로, 뒤의 것을 제도신뢰로 정의하고 이에 대한 신뢰 정도가 위험 인식과 어떠한 관계가 있는지를 알아보았다. 먼저 비교를 단순화하기 위하여 우리사회가 불신사회인지, 신뢰사회인지를 묻는 문항을 0점을 기준으로 0점 미만을 사회에 대해 불신하고 있는 집단, 0점 이상을 사회에 대해 신뢰하고 있는 집단으로 구분하여 일반화된 사회신뢰와 위험 인식 간의 관계를 살펴보자(〈그림 3-7〉). 〈그림 3-7〉을 보면 사회에 대하여 불신하는 집단이 신뢰하는 집단보다 인적재난을 제외한 모든 위험요인에

〈그림 3-7〉 사회 신뢰 집단 간 위험 인식

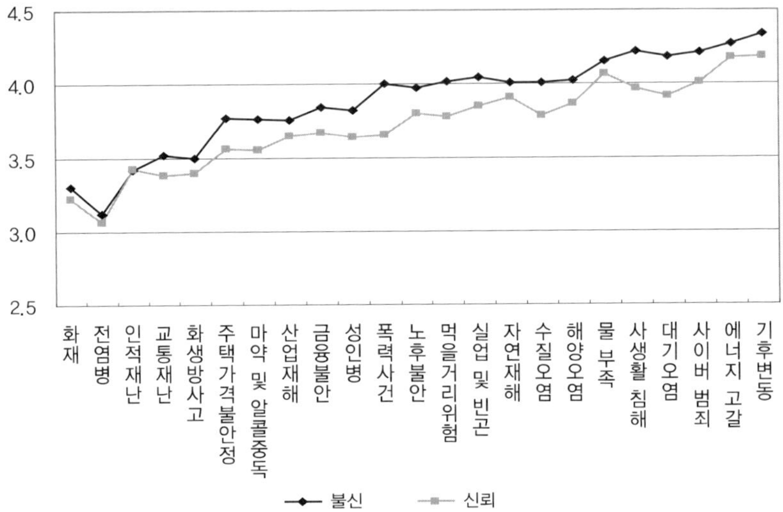

대해서 상대적으로 높은 위험 인식을 보임을 알 수 있다. 특히 이러한 차이는 저위험요인에서보다는 고위험요인들에서 보다 분명하게 드러난다. 두 집단 간에 가장 큰 차이를 나타내는 위험요인은 폭력사건이며 사이버 범죄나 사생활 침해와 같이 범죄위험으로 분류될 수 있는 위험에 대해 불신집단이 신뢰집단보다 더 높게 인식하고 있는 것을 알 수 있다. 반면에 화재, 인적재난, 화생방사고, 산업재해 등 재난위험에 대한 인식은 사회에 대한 신뢰 여부와의 연관성이 크지 않은 것으로 보인다.

다음은 제도에 대한 신뢰가 위험 인식과 어떠한 관계가 있는지 살펴보기로 한다. 제도에 대한 신뢰는 본 조사에서는 중앙정부, 국회 등을 포함하여 15개 기관, 또는 단체에 대한 신뢰 정도를 5점 척도(1 = 전혀 신뢰하지 않음, 5 = 매우 신뢰함)로 묻고 있는데 이를 모두 합하여 평균을 구한 값을 중심으로 3점 이상을 신뢰집단으로, 3점 미만을 불신집단으로 구분하여 위험 인식에서의 집단 간 차이를 비교해볼 수 있다. 〈그림 3-8〉을 보면

〈그림 3-8〉 제도 신뢰 집단 간 위험 인식

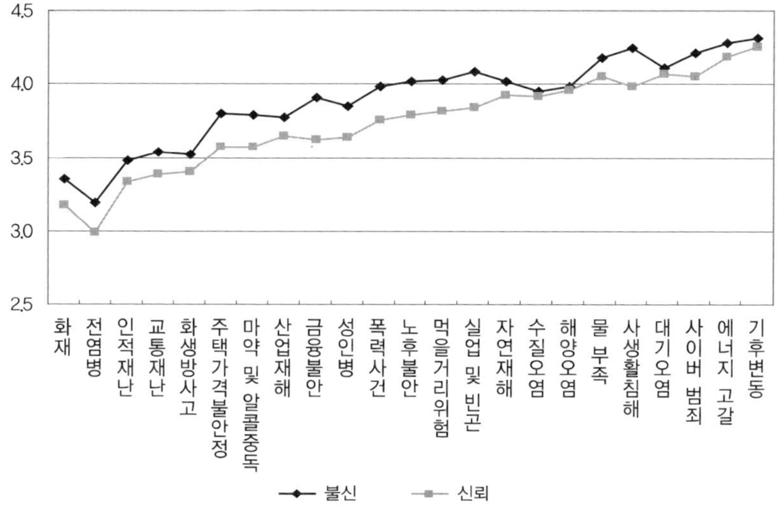

사회신뢰에서와 마찬가지로 제도에 대하여 불신하는 집단이 신뢰하는 집단에 비해서 모든 위험요인들에 대해 그 위험을 더 높게 인식하고 있는 것을 알 수 있다. 그러나 재난위험과의 연관성이 상대적으로 적었던 사회신뢰와는 대조적으로 제도신뢰는 화재, 인적재난, 교통사고 등의 재난위험에 대해서 유의미한 상관이 있는 것으로 나타나는 반면에 수질오염, 해양오염, 그리고 대기오염 등과 같은 환경오염과 자연재해, 에너지 고갈, 기후변동과 같은 생태위험에 대해서는 두 집단의 위험 인식이 거의 차이를 보이지 않고 있다. 특히 주택가격불안정, 금융불안, 실업 및 빈곤 등과 같이 사회제도나 시스템의 문제로 발생하는 생계위험들에 대해서는 제도를 불신하는 집단과 신뢰하는 집단 간의 차이가 크게 나타나는 것을 알 수 있다.

(2) 사회적 포용성과 위험 인식

사회적 포용성이란 개인의 특성이나 가치, 또는 이념과는 무관하게 사회제도와 사회적 관계에 평등하게 접근할 수 있는 정도를 나타낸다. 사회

〈그림 3-9〉 사회적 포용성 평가와 위험 인식

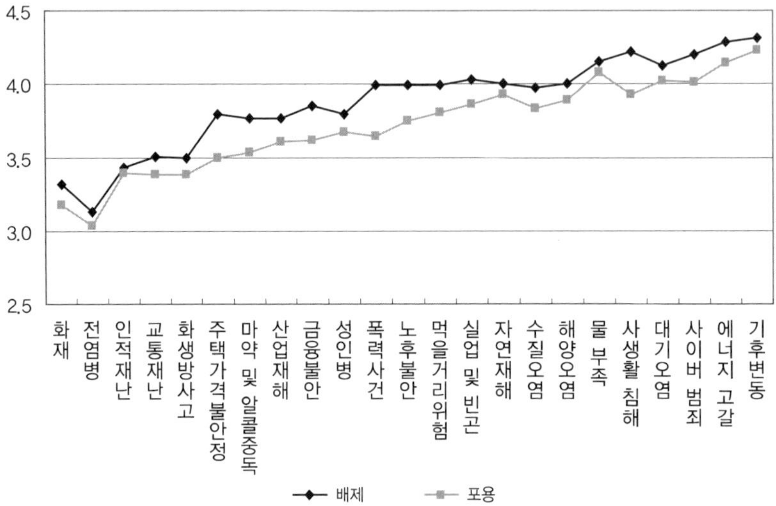

의 기회구조에 대한 접근이 평등하게 이루어지는 사회는 포용사회라고 할 수 있으며 그렇지 못한 사회는 배제사회, 또는 차별사회라고 할 수 있다. 앞의 사회적 응집성 측정 문항의 응답값을 구분한 것과 같은 방법으로 한국사회를 배제사회로 인식하고 있는 집단과 포용사회로 인식하고 있는 집단을 구분하여 위험 인식과 어떠한 관계가 있는지를 살펴보면(〈그림 3-9〉), 사회를 차별사회로 인식하고 있는 집단의 위험 인식이 모든 위험요인에 대해서 높게 나타남을 알 수 있다. 두 집단 간의 차이는 생태위험이나 환경오염, 또는 재난위험보다는 생계위험이나 범죄위험에서 유의미하게 나타난다. 집단 간에 가장 큰 차이를 보이는 위험요인은 폭력사건이며 그 다음으로 사생활 침해, 주택가격불안정, 그리고 금융불안과 노후불안 등이다. 이러한 결과는 생태위험, 환경오염, 재난위험 등은 위험발생과 그 파급효과가 특정 집단에 집중되기보다는 집단 간, 지역 간 경계를 넘어서서 어느 정도 무차별적으로 영향을 미치는 위험인 데 반해서 생계위험이나 범죄위험은 특정 집단에 집중되어 나타난다는 사실과 연관이 있는 것으로 생각된다.

(3) 사회적 역능성과 위험 인식

마지막으로 사회적 역능성에 대한 평가와 위험 인식 간의 관계를 살펴보자. 사회적 역능성이란 사회구성원이 자신이 속한 사회구조 속에서 자신의 삶의 과정에 직접적으로 개입할 수 있는 능력을 의미한다. 개인의 역능성이 잘 발휘되는 사회는 활력사회로, 그렇지 못한 사회는 침체사회, 또는 무기력 사회로 정의할 수 있다. 사회적 역능성에 대한 개인들의 평가도 앞의 응집성이나 포용성 측정문항과 동일한 방법을 이용하여 사회를 활력사회로 보는 집단과 침체사회로 보는 집단으로 구분하여 비교해 볼 수 있다(〈그림 3-10〉). 〈그림 3-10〉에서 보면 모든 위험요인에 대해서 사회를 활력사회라고 평가하고 있는 집단의 위험 인식이 침체사회라고 평가하

〈그림 3-10〉 사회적 역능성 평가와 위험 인식

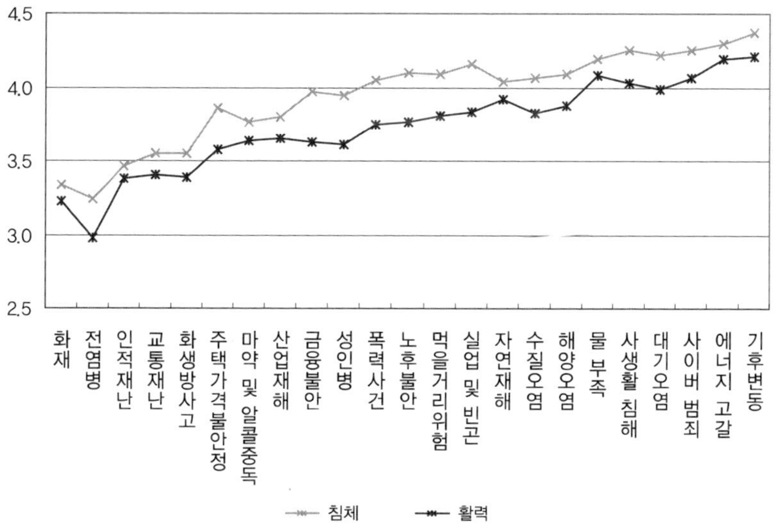

고 있는 집단에 비해서 낮게 나타나며 인적재난을 제외하고는 그 차이도 유의미하게 나타난다. 특히 전염병, 성인병과 같은 건강위험이나 금융불안, 노후불안, 실업 및 빈곤과 같은 생계위험에 대한 위험 인식에서 두 집단 간의 차이가 크게 나타난다.

5. 맺음말

이상의 분석결과들을 요약하면 다음과 같다. 우선 한국인은 전통적, 근대적 위험보다는 환경오염, 생태위험 등 점진적이며 전지구적인 파급효과를 가져오는 탈근대적 위험요인들에 대해서 앞으로 더 증가할 것이라고 보고 있다. 이는 한국사회의 구조적 변화와 함께 양적 성장보다는 삶의 질을 중시하는 탈물질적인 가치관의 등장과 맞물려 있는 것으로 생각해볼 수 있다.

이러한 집합적인 수준에서의 위험 인식을 인구학적・사회경제적 특성과 사회의 질적 수준에 대한 평가를 기준으로 다양한 하위집단별로 나누어 살펴보면 몇 가지 의미 있는 특징을 발견할 수 있다. 우선 여성, 고연령, 저학력, 저소득층 등 사회적으로 취약한 집단의 위험 인식이 대부분의 위험요인들에서 체계적으로 높게 나타난다. 특히 사회적 취약층과 그렇지 않은 집단 간의 차이는 저위험군으로 분류될 수 있는 재난이나 생계위험 요인들에서 상대적으로 두드러지게 나타나는 반면 환경오염이나 생태위험 등의 고위험군에서는 그 차이가 크지 않다. 이러한 결과는 사회적 취약성의 차이가 집단 간의 위험 인식에, 특히 저위험군의 위험 인식에 영향을 주는 요인임을 시사한다. 위험 인식은 사회문화적으로 구성되는 것이기도 하지만 위험에 대해 개인이 어느만큼 취약한가에 따라서 보다 증폭될 수도 있고, 또 반대로 약화될 수도 있다. 따라서 사회적으로 위험을 적절히 관리하기 위해서는 단순히 특정 위험을 통제하기 위한 방안들을 모색하는 것뿐만 아니라 위험에 대해서 취약한 집단들을 파악하고 이들이 위험에 대해 갖는 취약한 삶의 조건과 상태에서 벗어날 수 있도록 지원하는 보다 확대된 형태의 접근방식이 필요할 것이다.

다음으로 주목할 만한 특징은 한국사회의 응집성(신뢰), 포용성, 역능성 등 사회의 질적 수준을 낮게 평가하는 집단의 위험 인식이 일관되게 높게 나타난다는 점이다. 이러한 결과는 위험연구에 있어서 몇 가지 함의를 갖는다. 우선 위험 인식을 설명하는 데 있어서 사회적 응집성의 지표가 될 수 있는 신뢰뿐 아니라 사회적 포용성과 역능성 등을 포함하는 사회의 질적 수준에 대한 지표가 의미 있는 설명요인이 될 수 있다는 점이다. 그동안 위험 인식 연구는 위험 인식의 사회적 설명요인으로 위험관리기관이나 제도, 전반적인 사회의 신뢰 정도 등에 초점을 맞추어왔다. 그러나 앞으로의 연구에서는 신뢰의 문제뿐 아니라 사회가 어느만큼 개인의 적극적인 참여를 허용하는가, 또는 사회가 어느 정도 개인의 역량을 발휘할 수 있도록 지원하는가 등의 문제들을 함께 고려할 필요가 있을 것이다. 이미 새터필드(Satterfield)와 그의 동료들, 그리고 켈스테트(Kellstedt)와 그의 동료들은 포용성과 역능성의 지표가 될 수 있는 차별인식과 공정성, 개인의 효능감 등이 위험 인식과 밀접한 관련이 있음을 보여준 바 있다(Satterfield et al., 2004; Kellstedt et al., 2008).

위험 인식을 사회의 질, 그리고 그러한 맥락 속에서 존재하는 개인의 삶의 상태와 연결시켜 이해하고자 하는 것은 위험을 개인화된 인식의 측면에서 다루어온 연구경향에서 좀 더 사회적이고 거시적인 수준에서 위험 인식을 이해하고자 하는 시도라고 할 수 있다. 지금까지의 위험 인식 연구는 미시적이고 개인중심적(individual-centered)인 틀 속에서 연구가 이루어져 왔기 때문에 위험 인식의 사회성에 대한 연구가 상대적으로 부족한 것이 사실이다. 위험 인식을 사회적으로 구성되는 것으로 간주하는 논의들도 가치와 이념 등에 초점을 맞추고 있어서 사회적으로 구성되는 위험 인식의 사회경제적 토대가 무엇인지, 그리고 그러한 위험이 구성되어가는 과정에서 개인이 위치하고 있는 사회적 맥락이 어떠한 차이를 발생시키는지에 대해서는 분명한 설명을 하지 못하고 있다. 따라서 앞으로의 연구는 사회의 질을 담보하는 것이 총체적으로 위험 인식과 위험에 대한 집단 간의 갈등의 정도를 낮추는 데 기여할 수 있다는 인식 하에 사회의 질과 개인의 사회적 취약성의 부분들이 위험을 어느 정도 악화, 또는 개선시켜나갈 수 있는 토대가 되는가의 문제들을 고려할 필요가 있을 것이다.

제4장

광우병 인식의 사회적 구성*

조병희

1. 질병 인식: 불안과 공포, 접촉 거부와 타자화

2008년 봄부터 여름까지 미국산 쇠고기 수입 정책으로 불거진 광우병 공포와 '촛불집회'는 사회학적으로 매우 흥미로운 사건이었다. 그런데 이에 대한 사회적 관심은 주로 식품산업과 연관된 새로운 위험의 등장이나 새로운 방식의 시민운동'이란 측면에 집중되는 것처럼 보인다. 이 글에서는 광우병을 두려운 것으로 생각하는 질병 인식 자체에 관심이 있으며 이것이 어떤 사회적 요인의 영향을 받으면서 형성되는가를 밝히고자 한다.

질병은 흔히 아픔이나 죽음을 연상시키기 때문에 우리가 질병에 대하여 불안감을 갖는 것은 일견 당연한 반응으로 생각할 수 있다. 그러나 우리가 직면하는 질병 불안은 대체로 개별화된 형태로 나타나는 것이고, 광우병 사태에서 보는 것처럼 집합적인 형태로 나타나는 경우는 매우 예외적인 현상이다. 반면 전근대 사회에서는 다수의 사람들이 일시에 감염되고

---

* 이 글은 『보건과 사회과학』, 제25집(2009.6): 131-153에 수록된 필자의 「광우병사례를 통해 본 한국인의 질병 인식」을 수정 보완하여 다시 작성한 것이다.

감염자의 대부분이 사망하는 '집합적' 성격을 갖고 있었다. 이런 상황에서 자신의 건강을 지키는 길은 환자군으로부터 멀리 떨어져서 물리적 접촉을 갖지 않는 것이었다. 즉 환자군은 타자(the Other)였고 이들과 접촉하면 전염(contagion)될 수 있기 때문에 가능한 한 멀리 도망쳐서 피병(避病)하는 것이 해결책이었다.

20세기 이후 질병 역학 구조는 비전염성 질환이 대부분을 차지하게 되었다. 질병은 암이나 심장마비처럼 특정 개인이 걸리는 것이 되었고 그와 접촉해도 감염되지 않게 되었다. 이에 따라 질병은 집합적 문제에서 개인의 문제로 성격이 바뀌었다. 질병의 원인 또한 개인사의 특정 요인이나 개인의 특성에서 찾기 시작하였다(Herzlich and Pierret, 1987: 49-68). 질병에 대한 인식이나 사회적 표상 또한 '신의 형벌'이나 '죽음' 같은 형상화에서 벗어나 불안, 무능력, 의존성, 개인사의 파국 등 과거와는 다른 방식으로 표상되었다.

그런데 1980년대 에이즈가 발생한 이후 연이어서 광우병, 조류독감(AI), 중증호흡기증후군(SARS) 같은 신종 전염병이 유행하게 되면서 질병 인식은 다시 변화한다. 한 세기 동안 사라졌던 타자로서의 질병이 다시 등장하게 된 것이다. 전염성이 강하고 치명적이며 치료가 어려운 새로운 질병이 등장하였을 때 사람들이 공포감을 갖는 것은 거의 즉자적 반응이라고 할 수도 있다. 프랑스인들도 광우병 공포 때문에 쇠고기를 거부하였고(Setbon et al., 2005), 조류독감에 직면해서는 1차 세계대전 시기에 유행하여 수천 만 명의 사망자를 기록했던 독감과 특성이 유사하다며 공포감이 조성되기도 하였다(Muzzatti, 2005). SARS가 유행할 때에 그 진원지에 가까웠던 홍콩에서는 물론, 멀리 떨어진 토론토와 뉴욕에서도 중국인들에 대한 무차별한 낙인과 따돌림이 있었으며(Lee, et al., 2005; Eichelberger, 2007; 조병희, 2004), 일반인뿐만 아니라 보건의료인들에게도 공포의 대상이 되었다(Koh, 2005). 질병에 대한 불안과 공포는 여러 형태로 표출되는데 때로는 감염자에 대한 낙인과 폭력 또는 차별을 유발하기도 한다. 에이즈가 처음 발생했을 때 이를 '게이의 질병'으로 간주하고 게이에게 폭력을 가하거나 차별하였던 것이 전형적인 사례다.

근대사회에서 질병 인식은 기본적으로 자아(self)를 규정하고 질병위험과 자아의 연관을 규정하는 과정으로 볼 수 있다. 자아와 위험의 관계 규정에 따라 불안감이 초래될 수도 있지만 때로는 자신은 안전할 것이라는 '낙관적 편견'을 유발할 수도 있다(Leventhal et al., 1997). 새로운 질병이 초래하는 불확실성에 직면하여 사람들은 이를 '깨끗한 것(purity)'과 '더러운 것(impurity)'으로 이분하고 자신에게 친숙하지 않은 것을 더러운 것으로 규정하여 타자화시키고 배척하는 기재가 작동하는 것으로 해석할 수 있다(Douglas, 1966; Joffe, 2002). 공중보건의 역사에서 감염을 이유로 특정 인종이나 사회적 소수자 집단을 낙인찍고 차별했던 역사는 'Typhoid Mary'부터 'HIV Jane'에 이르기까지 지속적으로 나타나고 있다(Chan and Reidpath, 2003). 즉 게이나 중국인처럼 전통적으로 차별받던 집단이 질병위험과 연관될 경우 보다 수월하게 타자화의 대상이 된다.

서구사회의 경우에는 과거에 차별받거나 문화적으로 '더러운' 존재로 인식되던 집단이 새로운 건강위험에 직면하여 그 위험을 퍼뜨리는 숙주처럼 인식되는 사례들이 발견된다. 반면 한국사회에는 인종적으로나 문화적으로 이질적인 집단들이 별로 없었기 때문에 소수자 집단에 대하여 이를 반복적으로 '위험집단'으로 만드는 현상이 나타나지는 않는 것 같다. 대신 질병의 감염인들이 타자화되는 현상이 존재했고 새로운 질병위험이 발생하면 과거의 질병공포가 되살아나 공포감을 부풀리는 경향이 있는 것처럼 보인다. 질병의 타자화가 극심할 경우에 타자화된 감염인들은 숨어살거나 사실상 격리된 생활을 하게 되고 따라서 일반인들은 주변에서 질병위험을 인지하지 못함으로써 안전하다고 생각하게 된다. 우리는 생활 주변에서 에이즈 감염인을 찾아보기 어렵고 따라서 일상에서 대중은 에이즈 위험을 느끼지 못하며 살아간다. 그러나 특정한 계기에 감염자와 접촉하게 되면 극단적 공포와 패닉에 빠지는 경우를 볼 수 있다(조병희, 2008).

2. 위험으로서의 질병

이 글에서는 위험사회론과 연결지어 광우병 문제에 접근하고자 한다. 건강이나 질병도 위험(risk)의 한 범주로 생각할 수 있고 따라서 질병 인식과 반응은 위험 인식과 다르지 않다고 볼 수 있다. 위험 인식이 객관적 확률적 위험과 상관성이 높지 않듯이 질병 또한 감염확률이 낮아도 감염의 불안과 공포는 높을 수 있다. 프랑스 국민들이 광우병 공포에 직면하여 쇠고기를 거부하거나 일정시간이 지난 후 다시 먹을지 아니면 계속 회피할지의 문제에서 중요한 영향을 미친 요인은 주관적으로 평정한 쇠고기의 '위험도'보다는 불안감(feelings of worry)이었다(Setbon, et al., 2005).

슬로빅(Slovic, 1987, 2000) 등에 의하여 제시된 위험 인식 이론에서는 위험노출의 자발성, 통제가능성, 두려움, 재난성 등 '위험의 두려운 정도'와 위험요소와의 친숙성, 과학적 지식, 개인적 지식 등 '위험의 알려지지 않은 정도'의 2개 하위요소로 위험 인식이 구성된다고 본다. 이 이론을 적용해보면 쇠고기가 우리 식생활에 광범위하게 사용되는 상황에서는 그 위험에 비자발적으로 노출될 수 있고, 노력한다고 해도 감염을 원천적으로 차단하기 어려우며, 치료제가 없고, 따라서 수년 후에 죽을 수 있다고 생각하면 광우병은 두려울 수밖에 없다. 슬로빅의 이론에 근거하여 실증연구를 수행한 차용진(2006)의 연구결과에 따르면 한국인들에게 에이즈와 조류독감은 원자력발전소나 핵무기 등과 함께 상대적으로 두렵고 친숙하지 않은 위험으로 인식되었다. 광우병 인식도 이에 근접할 것으로 생각된다.

1) 미국산 쇠고기와 광우병에 대한 불안감

서울대 사회발전연구소에서 2008년에 전국의 성인 1002명을 대상으로 실시한 '한국사회에 대한 인식조사'에 포함되었던 광우병 관련 문항을 분석하였다. 그 결과 문항별로 차이는 있지만 응답자의 절대 다수가 불안감을 갖고 있는 것으로 나타났다. 미국산 쇠고기의 안전성에 대하여 73.5%가 동의하지 않았고, 광우병에 대해서도 68.8%가 불안감을 나타냈다. 당시 정부가 주장한 "미국산 쇠고기를 먹고 광우병에 걸릴 확률은 벼락 맞을 확률보다 낮다"는 명제에 대해서도 51.8%가 동의하지 않았다. 쇠고기 수입과 관련해서 응답자의 63.5%가 "광우병에 대한 우려보다는 값싼 쇠고기 수입으로 얻을 이득이 크다"는 주장에 반대하였고, 촛불집회의 정당성을 옹호하는 응답자도 59.2%였다. 종합하면 응답자의 약 2/3는 미국산 쇠고기와 광우병에 대한 불안감을 표출하고 있었다.

그런데 광우병의 발병 및 피해의 정도와 광우병에 대한 우려는 일치하지 않는다. 세계보건기구(WHO)에 따르면 2007년 말 현재, 유럽국가의 광우병 발생 현황은 영국이 18만 3천여 건, 아일랜드와 프랑스가 각각 1353건, 900여 건, 포르투갈 875건, 스위스 453건, 스페인 412건, 독일 312건, 이탈리아 117건 등의 순이었다. 인간광우병 발병사례도 영국이 163건으로 가장 많았고, 프랑스 11건, 아일랜드 4건, 포르투갈, 스페인 각 2건, 이탈리아 1건 등이었다. 그러나 광우병에 대한 걱정비율은 영국에서 가장 낮고(40.5%) 피해가 없거나 미미한 국가인 폴란드(73.1%) 등에서 높게 나타난다. 한국(68.8%)은 광우병 피해가 전무함에도 불구하고, 광우병에 대한 우려는 훨씬 높게 나타나고 있다. 이는 광우병에 대한 우려는 '알려지지 않은(unknown)' 위험에 대해 더 불안해 한다는 위험의 인지심리가 작동한 것을 잘 보여준다.

그런데 사회발전연구소 조사 결과에서 나타난 광우병 불안감의 정도는

〈그림 4-1〉 세계 광우병 발병현황 (2007년 World Organization of Animal Health 자료)

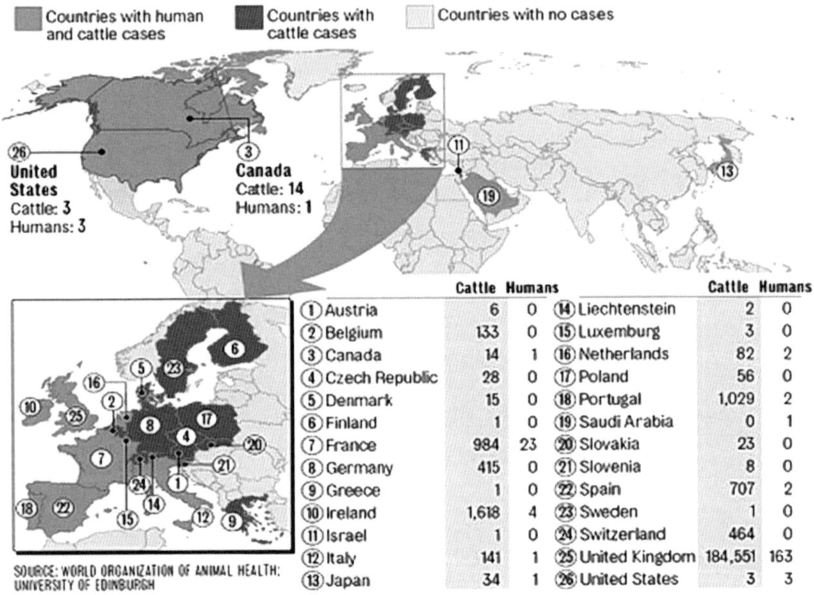

	Cattle	Humans		Cattle	Humans
① Austria	6	0	⑭ Liechtenstein	2	0
② Belgium	133	0	⑮ Luxemburg	3	0
③ Canada	14	1	⑯ Netherlands	82	2
④ Czech Republic	28	0	⑰ Poland	56	0
⑤ Denmark	15	0	⑱ Portugal	1,029	2
⑥ Finland	1	0	⑲ Saudi Arabia	0	1
⑦ France	984	23	⑳ Slovakia	23	0
⑧ Germany	415	0	㉑ Slovenia	8	0
⑨ Greece	1	0	㉒ Spain	707	2
⑩ Ireland	1,618	4	㉓ Sweden	1	0
⑪ Israel	1	0	㉔ Switzerland	464	0
⑫ Italy	141	1	㉕ United Kingdom	184,551	163
⑬ Japan	34	1	㉖ United States	3	3

각 문항에 따라 차이가 있었는데 이를 '불안감'을 나타내는 방향으로 동의율을 비교해 보면 다음과 같다.

쇠고기 불안전(73.5%) 〉 광우병 우려(68.8%) 〉 경제적 이득(63.5%) 〉 촛불집회 정당성(59.2%) 〉 광우병 확률(52.8) 〉 쇠고기 불매(49.3%)

즉 쇠고기 안전성이나 광우병 감염 우려와 같은 '원론적' 논점에서 불안감의 정도가 가장 컸고, 다음으로 쇠고기 수입의 경제적 이득 여부나 촛불집회의 정당성 같은 정치경제적 차원이 위치하였으며, 광우병 감염의 과학적 확률이나 쇠고기 불매와 같이 과학적 사실이나 구체적 행동실천 차원은 마지막에 위치하였다. 특히 '과학적 확률'과 '쇠고기 불매' 문항에서는 '불안' 방향으로의 동의율도 크게 낮아졌고 동시에 '모르겠음'의 유보적

〈그림 4-2〉 광우병 발병에 대해 걱정하는 사람의 비율

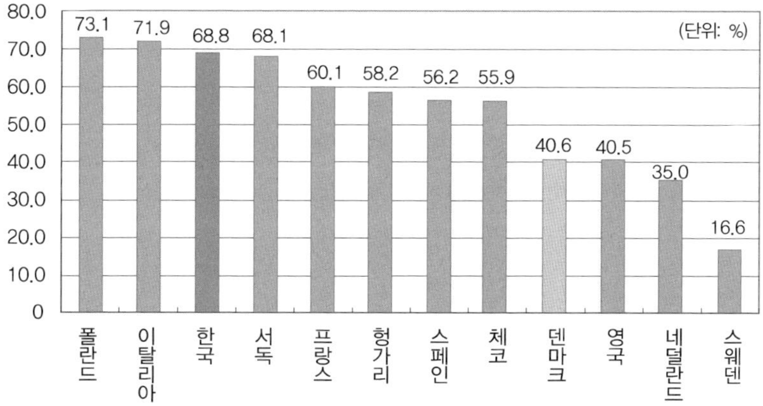

자료 : Eurobarometer 및 서울대 사회발전연구소 조사자료.

〈표 4-1〉 미국산 쇠고기와 광우병에 대한 인식 (단위: %)

문항	동의	반대	모름
미국산 쇠고기는 안전하다	21.0	73.5	5.5
미국산 쇠고기를 먹고 광우병에 걸릴 확률은 벼락 맞을 확률보다 낮다	31.6	52.8	15.6
광우병(을 우려한다)	68.8	29.4	1.9
광우병에 대한 우려보다는 값싼 미국 쇠고기 수입으로 얻을 이득이 더 크다	28.7	63.5	7.9
미국산 쇠고기가 본격적으로 수입될 경우 미국산 쇠고기를 구입할 것이다	28.8	49.3	21.9
촛불집회는 미국산 쇠고기의 안전성을 우려한 정당한 문제제기다	59.2	34.2	6.7

태도도 15.6%와 21.6%로 상당히 많았다. 즉 상당수 응답자들은 "쇠고기가 과학적으로는 안전할지도 모르겠지만 현재는 불안하기 때문에 구입할지 여부는 모르겠다"는 인식을 하는 것으로 추측된다. 그러나 응답자의

최소한 절반은 원론적 태도에서는 물론 과학적 사실이나 구매행동에서까지 불안감을 갖고 있는 것으로 볼 수 있기 때문에 국민들의 쇠고기와 광우병에 대한 우려는 매우 컸던 것으로 볼 수 있다.

2) 질병위험의 통제와 위험노출의 자발성

결핵, 광우병, 에이즈, 조류독감, 한센병에 대하여 각각 "본인이 노력해도 이 병에 걸릴 수 있는지"를 질문하였고 그 결과를 공식통계상의 감염확률과 비교해 보았다. 결핵, 에이즈, 한센병의 경우에는 '감염 가능하다'는 응답자가 약 20~25%였으나 조류독감은 29.6%, 광우병은 34%로 나타났다. 즉 인간감염 발생사례가 없는 조류독감과 광우병에 대하여 응답자들은 감염가능성을 더 우려하고 있었다. 다음으로 질병 감염을 우려하여 감염자와의 접촉을 회피하는지 확인하기 위하여 앞서의 질병들에 감염된 사람과 악수할 수 있는지를 질문하였다. 그 결과 한센병 감염자와 악수할 수 없다는 응답이 59.5%로 가장 높았고, 다음으로 조류독감, 에이즈, 광우병, 결핵의 순으로 나타났다.

이 결과는 여러 가지 흥미로운 사실을 보여준다. 첫째, '감염 가능성'보다 '접촉 거부'가 일관되게 높은 수준임을 알 수 있다. 즉 자신이 질병에 감염될 수 있고 그래서 그 병을 두려워하는 사람들도 있지만 자신의 감염가능성을 낮게 보면서도 감염인과의 접촉을 꺼리는 사람들이 적지 않다는 것이다. 둘째, 접촉 거부는 발생확률과 무관하다. 결핵은 매년 약 3만 5천 명이 감염되고 약 3천 명이 사망하는 객관적 위험이 높은 질병이다. 결핵은 5개 질병 중에서 감염위험 확률이 가장 높지만 일반인들이 생각하는 감염가능성은 가장 낮았다. 접촉 거부도 상대적으로는 가장 낮았지만 32.4%라는 적지 않은 사람들이 결핵환자와의 접촉을 거부하는 태도를 보였다. 한센병은 매년 수십 명이 발생될 뿐이고 현재 의학적으로 완치가

〈표 4-2〉 전염병의 발생확률, 감염가능 인식 및 악수가능 여부 (단위: %)

질병	발생확률 (2006년)	"감염 가능하다"	"감염인과 악수할 수 없다"
결핵	연 35,361명	22.3	32.4
인간광우병	미발생	34.0	46.4
에이즈	연 751명	24.6	51.9
조류독감	미발생	29.6	53.8
한센병	연 56명	20.0	59.5

가능한 질병이지만 접촉 거부는 가장 높았다. 광우병과 조류독감은 세계적으로도 발생확률이 낮고 우리나라에서는 아직 보고된 바 없지만 약 50% 내외의 응답자가 접촉을 거부하는 태도를 갖고 있었다.

3) 질병 인식의 국가간 차이

이와 관련된 논점은 광우병이 현재로선 치료법이 없기 때문에 일단 감염되면 대부분 죽게 된다는 사실이 대중의 공포를 불러온 것 아닌가 하는 점이다. 그러나 의학적 치료법의 존재 유무가 질병 공포와 필연적 관계가 없다. 이것은 에이즈의 경우에 분명하게 드러난다. 한국에서 HIV 유병률은 0.1%에도 미달하고 면역감소억제제의 개발로 감염인의 생존기간이 15년 내지 30년으로 크게 연장되었는데도 불구하고 현재에도 대중이 에이즈에 대해 갖는 공포심은 매우 높다. 2002년에 여수지역에서 '에이즈 매춘녀' 사건이 발생하여 수천 명의 여수시민들이 일거에 병원과 보건소에서 감염 여부를 검사하는 소동이 있었고, 2009년에도 제천에서 '에이즈 택시기사' 사건이 발생하여 유사한 검사 소동이 일어났다(여수신문, 2002. 6. 11; SBS, 2009. 4. 11). 대중의 질병 인식에서 에이즈는 곧 죽음의 병으로 고정관념처럼 존재한다. 이러한 반응양식은 2003년 조류독감 유행 시 무차별적인 닭고기 취식 거부에서도 발견할 수 있다. 닭고기를 고온으로 요리하면 안전하다고 홍보해도 대중은 이를 믿지 못하고 취식을 거부하는 반응을 보인다. 중요한 것은 이러한 질병 불안과 공포가 시간이 지나면서 사라지지 않고 그대로 '잠복상태'에 있다가 새로운 질병이 나타나면 곧바로 공포 반응이 재생산되는 점이다.

이것은 다른 나라의 경우와 상당한 차이가 있다. 에이즈의 경우에 서구인들은 시간이 지나면서 공포심이 낮아졌다. 조기발견과 지속적 치료로 거의 정상적 생활이 가능한 만성질환으로 변화하면서 에이즈를 더 이상 '특별한' 질병이 아닌 '정상 질병(normal disease)'으로 간주하게 되었다(Rosenstock, 2000). 광우병의 경우에도 영국과 프랑스에서는 광우병 공포가 나타났지만 인접한 네델란드에서는 공포감이 그다지 높지 않았다(Brug, 2004). 동남아에서는 SARS 발생 이후 조류독감이 발생했을 때는 그 불안감이 높지 않았다고 한다. 이것은 SARS에서의 경험, 즉 발생률이 높지 않고 또 과학적으로 통제할 수 있다는 것을 알게 되면서 조류독감이 발생했을 때에는 질병불안이 크지 않았다는 것이다(Zwart, 2007). 2003년 홍콩에서 SARS가 집단 발생하였을 때 홍콩인들 사이에는 상당한 공포가 조성되었고 감염(우려)자에 대한 차별이 가해졌다(Lee, 2005). 그러나 1년 뒤에 SARS에 대한 불안감은 낮아졌고 SARS에 감염되었던 사람들에 대한 차별도 완화되었다(Mak et al., 2006). 반면에 한국사회에서는 독특한 질병에 대한 불안과 공포의 역사가 있고 이것이 광우병 문제에 직면하여 보다 심각한 공포 반응을 유발했을 가능성이 있다. 동남아 지역에서 SARS를 겪은 다음 조류독감에 대한 공포심이 낮아진 반면 한국에서는 SARS와 조류독감을 겪은 다음 광우병 문제가 발생했을 때 공포심이 더욱 증폭되어 나타났다. 이것은 한국인들의 질병 경험의 초기 조건이 다른 나라의 경우와 같지 않음을 암시하는 것으로 생각된다.

즉 한국인의 여러 신종전염병에 대한 인식은 서로 연관되어 있어 한 질

〈표 4-3〉 감염인 접촉 거부의 질병 간 상관계수

	광우병	에이즈	조류독감	한센병
결핵	.68**	.54**	.55**	.49**
광우병		.71**	.70**	.58**
에이즈			.72**	.67**
조류독감				.70**

주 : ** p=.01.

〈표 4-4〉 감염가능성의 질병 간 상관계수

	광우병	에이즈	조류독감	한센병
결핵	.46**	.40**	.50**	.54**
광우병		.62**	.61**	.47**
에이즈			.61**	.61**
조류독감				.56**

주 : ** p=.01.

병에 대해 불안감을 가지면 다른 질병에 대한 불안감도 높을 것으로 가정하고 이를 확인하기 위하여 질병 간 상관관계를 검토하였다. 그 결과 각 질병 간에는 매우 높은 상관관계가 있는 것으로 나타났다. 즉 한센병 감염자와 접촉을 거부하는 사람은 결핵, 에이즈, 조류독감, 광우병 감염자와의 접촉도 거부하는 경향이 통계적으로 유의하였다. 이러한 경향은 질병 감염 가능성에서도 발견되었다. 그러나 상관계수의 크기는 접촉 거부의 경우가 감염가능성의 경우보다 상대적으로 높았다.

그런데 흥미로운 것은 비교적 오래된 질병인 한센병이나 결핵의 경우보다 에이즈와 광우병 및 조류독감 간의 상관계수가 일관되게 더 높은 것으로 나타난 점이다. 에이즈, 광우병, 조류독감 상호간의 상관계수는 $r = .6$ 내지 .7 수준이지만 에이즈 대신 결핵이나 한센병을 대입하면 상관계수는 .4 내지 .5 수준으로 낮아진다. 즉 에이즈, 조류독감, 광우병에 대한 질병 인식이 보다 높은 수준의 공통분모를 갖고 있는 것으로 보인다. 즉 광우병 인식의 근저에는 한국인의 오래된 에이즈 공포가 자리 잡고 있는 것이다.

한국에는 잠재된 질병공포의 역사가 존재하는 것처럼 보인다. 과거 한센병 감염인이나 에이즈 감염인에 대하여 매우 강력하고도 완고한 낙인의 역사가 있었다. 그리고 그 집합적 경험은 사라지지 않고 현재에도 특정한 상황 조건들과 맞물리면 '광우병 사태'와 같은 폭발적인 대중적 반응을 만들어내는 것으로 추론할 수 있다.

3. 위험사회와 질병 인식

1) 위험과 신뢰 및 미디어

이 글에서 밝히고자 하는 것은 이러한 특수한 질병 인식은 사회적으로 구성된 것이라는 가정이다. 즉 위험을 관리하는 정부에 대한 불신, 변화하는 사회경제적 상황 속에서 개인이 예상하고 경험하는 위험의 증대, 자신이 겪는 위험과 더 나은 세상을 위한 고민을 서로 나눌 수 있는 인터넷이라는 소통구조, 질병위험을 부풀려서 보도하는 데 익숙한 기존 언론매체 등 여러 요인들이 상호작용하면서 두려운 존재로서의 광우병에 대한 사회적 표상이 형성되었고 이에 불안감을 느낀 개인들이 집합적으로 반응하게 된 것으로 추론해볼 수 있다.

그러면 질병공포의 재생산에 영향을 미치는 몇 가지 상황조건을 생각해보자. 신종 전염병에 대한 불안감을 설명하는 사회적 요인으로는 일반적으로 신뢰(trust)와 미디어요인들이 꼽히고 있다. 먼저 신뢰요인은 '위험사회론'에서 도출된 것으로 세계화와 함께 구조적 위험이 증가하고 있음에도 불구하고 정부나 기존 제도들이 새롭게 발생하는 (건강)위험에 대하여 제대로 대처하지 못함으로써 대중의 제도에 불신이 초래된다고 한다(Giddens, 1990; Beck, 1986). 쇠고기-광우병 사태는 이미 1990년대 유럽에서 경험한 바 있다. 쇠고기를 포함하여 식품생산방식이 분업화・공장화되면서 그에 내재된 위험이 증가하였지만 정부나 과학자-전문가들은 일방적으로 안전하다고 주장하였다. 일례로 이들은 광우병은 종간 장벽으로 인하여 인간에게 전이되지 않는다고 주장하였지만 실제로는 인간광우병이 나타남으로써 대중적 불신이 초래되었다. 유럽인들의 식품(쇠고기) 안전(위험)에 대한 인식은 정부와 과학자-전문가들이 정확하고 적절한 정보를 제공해주고 위험요소를 예방하거나 감소시킬 수 있도록 제도를 운영하는가에 대한 불신이 중요하게 작용하였다(Dora, 2006). 즉 공적 제도에 대한 불신이 대중의 위험에 대한 평정에 영향을 미치는 중요한 요소의 하나라는 것이다(Freudenberg, 1993). 한국의 광우병 사태에서도 정부는 미국산 쇠고기의 안전성을 담보할 수 있는 여러 제도적 개선책을 공표했지만 이것이 대중의 쇠고기에 대한 불안감과 광우병 불안감을 억제하지는 못했다. 반면 비슷한 시기에 발생했던 '멜라민' 파동이나 그 이전의 '기생충 김치' 등의 사례를 보면 정부가 나서서 그 위해성을 조사하고 주의를 촉구하면서 국민들은 불안하지만 어느 정도 이상으로 불안감을 표출하지는 않았다. 즉 정부의 적절한 위험예방 조치와 정부정책에 대한 신뢰가 대중적 불안감을 유발 또는 제어하는 데 중요한 요인이 될 수 있다.

정부 신뢰는 단순히 식품안전 정책에 직접 관련해서만 나타난다기보다는 정치경제적 여러 요소들과 상호작용하면서 만들어지는 것일 수 있다. 동남아시아에서 SARS가 발생했을 때 말레이시아나 태국에서는 정부당국자들이 관광산업이 받을 타격을 우려하여 대중들에게 SARS의 위험성이 낮으니까 걱정하지 않아도 된다는 식으로 홍보하였고 국제적 여행제한 조치도 거부하는 태도를 보였다. 그렇지만 국민들이 SARS에 대하여 갖는 공포는 매우 컸다. 반면 싱가포르에서는 정부가 SARS의 위험성을 적극 알리고 농업생산국이 아님에도 불구하고 소수의 농장에 대하여 적극적 감시를 하고 닭을 도살할 준비태세를 갖추었다. 이러한 상이한 반응은 싱가포르 정부의 인권문제에 대한 '실용적' 태도와 관료들의 '자율성'에 기인하는 것으로 해석되었다(Khoon, 2006).

다른 하나의 요인은 1998년 경제위기 이후 최근 10여 년간의 사회변화의 결과로 소득의 양극화가 심화되고 국민들의 삶의 안정성이 위협받게 되면서 국민들이 자신에게 닥쳐올 위험의 부정적 효과를 과대하게 평가하게 되었다는 점이다. 장지연(2007)의 연구에 따르면 50세 이상 중노년층에서 동일한 객관적 건강상태(만성질환 개수)에서 한국인들은 유럽인에 비하여 자신의 주관적 건강상태를 유의미하게 낮게 평가하고 있었다. 그리고 이것은 소득과 복지 등 삶의 안정성이 위협받고 있는 점이 작용한 결과로 추론되었다. 이러한 분석이 맞다면 광우병 사태의 근저에는 삶의 안정성을 위협받고 더 많은 위험에 노출되어 있는 사람들이 광우병의 위험을 더 크게 인식하고 불안감을 표출했었을 것이라는 가설이 성립된다.

다른 중요한 요인은 매스미디어와 인터넷 등 소통구조의 요인이다. SARS(Wallis, and Nerlich, 2005; Washer, 2004)와 광우병(Washer, 2006) 및 조류독감(Muzzatti, 2005)의 사례연구를 통하여 질병공포가 언론을 매개로 사회적으로 표상된다는 것이 밝혀졌다. 새로운 전염병이 발생하면 방역대책의 과학적 효과를 입증할 때까지 일정 시간이 필요한데 그때까지 사회적으로는 공포와 불안이 확산되는 기간이기도 하다. SARS의 경우에 초기의 우려와는 달리 방역소독과 격리와 같은 전통적인 공중보건 방식이 효과적이었던 것으로 나타났다. 문제는 오히려 SARS에 대한 공포가 매스미디어를 통하여 '과도하게' 유포되고 정부가 초기 대응을 잘못하여 여행제한이나 소비위축을 초래하면서 수백억 달러에 해당되는 경제적 피해를 유발했다고 한다(Smith, 2006).

그런데 흥미로운 사례연구는 아프리카에서 발생했던 에볼라(Ebola) 바

이러스의 경우다. 애볼라는 1976년에 아프리카 자이레에서 발생하여 감염자의 90%가 사망하였다. 1990년대 중반에 아프리카에서 에볼라가 다시 발생하였는데 이때 영국의 언론이 이를 관심 있게 보도하였다. 언론은 에볼라의 위험성과 함께 그것이 세계화할 수 있음을 보도하였지만 대중은 그 위험을 심각하게 느끼지 않았고 심지어 과학소설처럼 인식하기도 하였다. 이것은 언론이 에볼라 공포를 보도하면서도 보도형태나 방식에서 그다지 공포를 느끼지 않게 만드는 '이미지 조작(media imagery)' 때문이었다(Joffe and Haarhoff, 2002). 즉 미디어를 통하여 특정 사건이나 질병에 관한 정보가 어떻게 가공되어 어떤 식으로 개념 규정되는가에 따라서 대중적 공포가 만들어질 수도 있고 아닐 수도 있다(Miller, 1999). 미디어에 의한 무비판적인 공포확산을 범죄, 테러, 질병 등의 사례를 통해 분석한 무자티(Muzzatti)는 이러한 현상을 도덕적 패닉(moral panic)이라고 규정하기도 하였다(Rothe and Muzzatti, 2004; Muzzatti, 2005; Dowler, Fleming, and Muzzatti, 2006).

한국에서도 언론은 질병 이미지를 형성하고 확산시키는 데 중요한 통로가 된다. 조류독감이 발생했던 2003년 12월에서 다음해 2월 또는 3월 사이에 각 신문이나 방송은 월 평균 약 20여 건씩 집중적인 보도를 하였는데 보도의 내용은 국민들의 위험 인식에 대한 고려 없이 조류독감으로 수십만 명이 죽을 수도 있다는 식의 조류독감의 위험성을 강조하는 보도가 결과적으로 공포와 불안을 조성하는 경향이 있었다(정성식, 2004; 허인서, 2004). 이러한 언론보도의 결과 닭고기 소비가 크게 감소하자 정부는 유명인사들을 동원하여 닭고기 시식회를 개최하는 등 닭고기의 안전성을 홍보하였다. 불과 2-3개월 사이에 언론에 노출된 질병의 이미지가 '위험한 조류독감'에서 '안전한 닭고기'로 뒤바뀔 때 국민들의 정부와 언론에 대한 불신은 커지고 불안감도 증폭되는 경험을 한 것이다.

한국의 경우에는 인터넷이 질병 인식을 형성하는 또 다른 통로가 된다.

정부와 일부 언론이 미국산 쇠고기의 안전성을 홍보/보도하는 동안 일부 인터넷 사이트에서는 쇠고기에 대한 불안감과 광우병 공포의 이미지가 형성되고 확산되는 과정을 겪은 것으로 분석되었다(정의철 · 이창호, 2008a, 2008b). 이와 같이 정부에 대한 신뢰 및 정치적 상황, 언론과 인터넷의 역할, 경제위기와 삶의 불안정 같은 요인들이 서로 얽히면서 질병 공포는 크게 증폭될 수 있는 것으로 생각된다.

2) 변수의 구성

이 연구에서 종속변수는 '광우병 불안감'이다. 그리고 보조적으로 '조류독감 불안감'을 사용하여 광우병 인식과의 차이를 살펴보았다. 아울러 '광우병 불안감'이 '촛불집회'와 같은 쇠고기 수입 반대운동 참여에 영향을 미쳤는지를 파악하였다. 설명변수는 질병 인식, 위험과 신뢰, 그리고 몇몇 정치사회적 변수들을 포함시켰다.

(1) 종속변수

- 광우병 불안감 : "광우병에 대하여 걱정하는가"에 대하여 [전혀 안 함 = 1, 안 함 = 2, 걱정하는 편 = 3, 매우 걱정 = 4]로 코딩하여 사용
- 조류독감(신종바이러스) 불안감 : "조류독감 같은 신종 바이러스를 걱정하는가"에 대하여 [전혀 안 함 = 1, 안 함 = 2, 걱정하는 편 = 3, 매우 걱정 = 4]로 코딩하여 사용
- 쇠고기수입 반대운동 참여 : 쇠고기 수입 협상과 관련하여 서명운동, 상품불매운동, 인터넷토론, 촛불집회 참가, 후원금이나 물품기부 등에 [참여한 적 있음 = 1, 없음 = 0]으로 코딩하여 합산

(2) 질병 인식

- 감염가능성 : 결핵, 에이즈, 한센병 등이 "개인이 노력하면 걸리지 않을 가능성"에 대하여 [전혀 안 걸릴 것이다 = 1, 안 걸릴 가능성이 높다 = 2, 그래도 걸릴 가능성이 높다 = 3, 걸릴 가능성이 매우 높다 = 4]로 코딩한 후에 합산
- 접촉 거부 : 결핵, 에이즈, 한센병 "감염자와 악수할 수 있는가"에 대하여 [흔쾌히 악수할 수 있다 = 1, 악수할 수 있을 것이다 = 2, 악수할 수 없을 것이다 = 3, 전혀 악수할 수 없을 것이다 = 4]로 코딩한 후에 합산

(3) 위험노출과 제도신뢰

- 위험발생가능성 : 기후변화 등 생태적 위험, 교통사고 등 사고위험, 폭력 등 사회적 위험, 성인병 등 건강 위험, 실업 등 경제적 위험 등 23개 위험 요소에 대하여 "향후 발생이 증가 또는 감소할 것인가"에 대하여 [증가 = 1, 비슷함 및 감소 = 0]으로 코딩한 후 합산
- 위험노출도 : 사채, 범죄피해, 해고, 장기간 실업 등 최근 1년간 개인이 경험한 11개 위험 사건들에 대하여 [경험 = 1, 없음 = 0]으로 코딩 후에 합산
- 정부 신뢰 : 신뢰 = 1, 불신, 중간 = 0
- 시민단체 신뢰 : 신뢰 = 1, 불신, 중간 = 0
- 과학자 신뢰 : 신뢰 = 1, 불신, 중간 = 0

(4) 정치사회적 요인

- 인터넷 사용 : 일일 평균 인터넷 사용시간 : 사용 안 함 = 0, 1시간 미만 = 1, 1~2시간 = 2, 2~4시간 = 3, 4시간 이상 = 4
- 탈물질 점수 : 국가목표에 대하여 경제성장과 군사력 증대를 추구해

야 하는지 환경개선과 개인의 발언권 증대를 목표로 해야 하는지를 질문하여 탈물질 태도를 척도화 하였는데 0점에서 6점 사이의 분포를 보였고 점수가 높을수록 탈물질 태도가 높다.

- 이명박 지지 : 2007년 대선 지지후보 : 이명박 지지 = 1, 기타 후보 지지 = 0
- 정치적 성향 : 대미 관계에서 '자주'와 '동맹' 중 선호도 : 자주 = 1, 중도, 동맹 = 0

3) 광우병과 조류독감 인식

'광우병 불안감' 및 '조류독감 같은 신종바이러스 불안감'을 종속변수로 하여 회귀분석을 실시하였다. 광우병의 경우 위험, 사회적 신뢰, 정치사회적 요인, 질병 인식 등 모든 변수들이 유의한 것으로 나타났다. 사회적·환경적 위험의 발생가능성을 높게 인식하거나, 본인이 일상생활에서 위험에 많이 처할수록, 정부에 대한 신뢰가 낮고 시민단체에 대한 신뢰가 높을수록, 탈물질주의 가치관을 갖고 있고, 인터넷을 많이 사용할수록, 이명박 후보를 지지하지 않았거나 대미관계에서 자주파 성향을 갖고 있을 경우, 전염병 감염자와의 접촉 거부 성향이 클수록 광우병 불안감이 커지는 것으로 나타났다. 조류독감의 경우에는 위험요인과 사회적 신뢰 및 접촉 거부 변수가 유의하였다. 위험발생 가능성을 높게 인식하거나 일상생활에서 위험에 많이 처할수록, 시민단체를 신뢰하고 과학자를 불신할수록, 접촉 거부 성향이 클수록 조류독감 같은 신종바이러스에 대한 불안감이 큰 것으로 나타났다.

광우병과 조류독감의 경우를 비교해 보면 두 질병에 대한 불안감이 모두 응답자가 위험에 처할 가능성이 높거나 공적 기관에 대한 신뢰가 낮은 경우에 발생하고 있음을 알 수 있다. 광우병이 조류독감의 경우와 다른 것은 정치사회적 변수들에서 나타난다. 조류독감과 달리 광우병 공포는 정치사회적 요인들의 영향을 추가적으로 받고 있음을 알 수 있다. 광우병과 조류독감 인식이 공유하는 다른 측면은 두 질병 모두 '감염인과의 접촉 거부'의 영향을 크게 받아 접촉 거부감이 클 경우에 조류독감과 광우병 불안감도 큰 것으로 나타났다. 즉 위험요인, 신뢰요인, 정치사회요인을 모두 고려할 경우에도 에이즈 등에 대한 질병 인식이 광우병 인식에 유의미한 영향을 미치고 있었다. 이것은 앞 절에서 질병 인식 간 상관관계 고찰에서 발견된 사실과도 맥을 같이 하는 결과다. 더욱이 그 영향력의 크기가 작지 않다. 조류독감의 경우에는 독립변수들 중에서 접촉 거부의 베타 값이 가장 컸고 광우병의 경우에는 두 번째로 컸다.

두 질병의 통계적 특성을 비교하자면 조류독감 불안은 에이즈 등 이전에 존재했던 질병들에 대한 공포감을 바탕으로 위험과 신뢰요인들이 작용하면서 구성되고 있고, 광우병 공포는 기본적으로는 조류독감과 유사한 과정을 거치면서 구성되지만 정치사회적 상황요인의 영향이 상대적으로 더 크게 작용하는 것으로 볼 수 있다. 질병 인식이나 위험 및 신뢰 요인들은 적어도 지난 십수 년 동안 계속 작용해 온 것으로 볼 수 있지만 정치사회적 요인들은 광우병 사태에서 새롭게 작용한 요인이기 때문에 자칫 현상적으로는 정치사회적 요인의 영향만이 두드러져 보일 수 있다. 그러나 대중의 광우병 공포를 단지 "반정부-반미 성향을 갖고 있는 사람들이 인터넷을 통해 공포감을 부풀린 것"이란 식의 해석은 타당성이 떨어진다. 조류독감의 경우에서 알 수 있는 것처럼 질병공포는 정치요인이 작용하지 않을 경우에도 얼마든지 확산될 수 있는 구조적 취약성을 한국사회가 갖고 있다는 점이 근본적으로 중요한 측면이다.

다음으로 미국산 쇠고기 수입반대운동 참여 여부를 종속변수로 하여 로지스틱 회귀분석을 한 결과 교육수준, 위험노출도, 인터넷 사용시간 및 광우병 불안감이 유의한 것으로 나타났다. 교육수준이 높을수록, 위험에 더

〈표 4-5〉 '미국 쇠고기 수입반대 운동 참여'에 대한 로지스틱 회귀분석

변수	Exp(B)
성별	1.140
연령	.955
교육수준	1.422***
위험발생가능성	1.043
위험노출도	3.000***
정부 신뢰	.880
시민단체 신뢰	1.441
과학자 신뢰	1.073
탈물질주의	1.084
인터넷 사용	1.356***
이명박 지지	.676
자주파	1.366
감염가능성	1.024***
접촉 거부	.967
광우병 불안감	1.698***

주 : *** p=.001.

많이 노출될수록, 인터넷 사용시간이 길수록, 광우병 불안감이 클수록 반대운동에 참여하는 경향을 보였다. 앞서 '광우병 불안감'이나 '조류독감 불안감'을 설명할 때 유의하지 않았던 교육수준이 유의한 것으로 나타났다. 반면 신뢰요인과 정치적 요인들은 '광우병 불안감'을 설명할 때는 유의하였으나 반대운동 참여 여부에는 유의하지 않은 것으로 나타났다. '광우병 불안감'에 이미 신뢰와 정치요인의 영향이 내재되어 있는 것으로 볼 수 있기 때문에 반대운동 참여에는 간접적인 영향만을 미치는 것으로 볼 수 있다. 앞서 '광우병 불안감'이나 '조류독감 불안감'에서 교육수준이 유의하지 않았고, 인터넷 사용도 '조류독감 불안감'에서는 유의하지 않았으며, 위험노출 경험보다는 위험발생 가능성이 더 유의했던 점과 비교할 때 반대운동 참여에서 유의한 변수들의 구성이 상당히 다른 것을 알 수 있다. 즉

교육과 위험노출 및 인터넷 사용은 반대운동 동원에 상대적으로 더 크게 작용하는 변수임을 알 수 있다.

이러한 점을 종합하면 광우병 인식의 형성과정에 영향을 미쳤던 제 변수들은 일단 반대운동이 본격화되면서 배경으로 물러나게 되고 사회적 동원기제에 영향을 주는 새로운 변수들에 의하여 참여 여부가 결정되고 있음을 알 수 있다. 따라서 반대운동이 단순히 반정부 운동의 연장이라는 식으로 해석하기는 어렵다. 반대운동은 분명하게 쇠고기와 광우병에 대한 공포를 바탕으로 상대적으로 교육 수준이 높고, 인터넷을 일상적으로 사용하는 사람들을 중심으로 만들어진 '질병 정치'의 새로운 장으로 생각된다.

4. 질병에 대한 성찰적 인식과 질병정치의 가능성

이 분석을 통하여 광우병 인식이 갖는 특성과 의미가 무엇인지를 밝히고자 하였다. 우선 광우병에 대한 불안감이 다른 전염병과는 다른 독특한 구성물인지 아니면 질병 인식의 연장선에서 구성되는 것인지의 여부를 파악하였다. 질병이 죽음과 연관되어 있기 때문에 발생확률이 낮더라도 불안감을 갖는 것은 자연스런 반응으로 생각할 수도 있다. 그런데 광우병에 경우에는 다른 질병의 경우와는 달리 집합적인 반응을 보였기 때문에 광우병 인식이 다른 질병의 경우와 구성요인이 다르지 않은가 추론해 볼 수도 있나. 분석결과 광우병 인식은 이전 시기에 발생했던 결핵이나 에이즈에 대한 인식과 상관성이 높다는 점에서는 유사성이 있지만 다른 질병과는 달리 정치사회적 요인의 영향을 받고 있다는 점에서는 뚜렷한 차이가 있었다. 이를 도식화하여 표현하면 〈그림 4-3〉과 같다. 광우병 인식의 특수성은 바로 앞서서 발생했던 조류독감에 대한 인식과도 비교된다. 조류독감의 경우에는 결핵이나 에이즈에서 느꼈던 불안감에다가 사회적 위험

〈그림 4-3〉 질병 인식의 구성

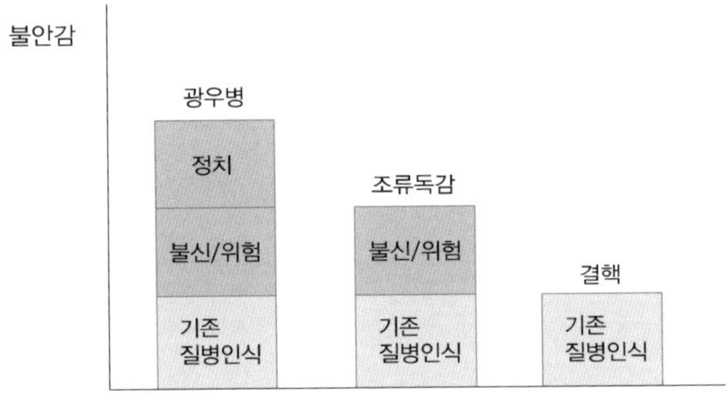

과 신뢰에서 비롯되는 불안감이 더해지는 것으로 볼 수 있는데 광우병의 경우에는 여기에 정치요인에 의한 불안감이 더 추가되는 것으로 보인다.

이러한 광우병의 사회적 구성이 갖는 특성은 양면적이다. 2008년의 광우병 사태는 질병 인식이란 측면에서는 과거와의 연속선상에 있고 질병 정치의 등장이란 측면에서는 과거에 없던 새로운 현상인 것이다. 에이즈의 경우에 검사 소동을 벌이고 조류독감의 경우에 닭고기를 먹지 않는 현상은 더글라스(Mary Douglus)나 조페(Helen Joffe)가 주장한 질병의 타자화 현상으로 볼 수 있다. 즉 질병 감염원으로부터 멀리 떨어지려고 하는 일종의 자기방어적인 행동으로 볼 수 있다. 광우병 인식이 에이즈나 조류독감의 인식의 영향을 강하게 받고 있다는 것이 통계적으로 확인되었는데 이것은 광우병 인식이 과거와 연결되어 있음을 의미한다.

반면 광우병의 경우에는 '촛불집회'처럼 정치적·제도적으로 식품안전에 대한 보장을 요구하는 등 이전과는 다른 새로운 반응이 나타났다. 이것은 과거 1980년대와 90년대에 서구사회에서 주류집단의 에이즈 감염인 차별에 맞서서 게이들이 대대적으로 게이인권보장과 치료제 개발을 요구하면서 집단적으로 행동했던 것과 유사한 측면이 있다. 게이들의 반차별 운동은 정치적·사회적 탄압도 초래하였지만 궁극적으로는 에이즈 정책의 변화와 함께 대중의 에이즈에 대한 인식의 변화와 성행동의 변화를 초래하는 긍정적 결과를 가져왔고 전사회적으로는 위험에 대처하는 역량을 제고시켰다(조병희, 2008). 한국의 촛불집회의 경우에도 교육수준이 높고 인터넷 활용도 많이 하는 사람들이 '소통'을 강조하면서 '건강문제'를 정치화하였다는 점에서 이전의 질병에 대한 반응양식과는 분명 다른 점이 있다. 하지만 에이즈 문제에서 게이들이 단순히 에이즈 위험에만 반응했던 것이 아니라 게이의 성 정체성을 지켜내려고 노력했던 것과 비교할 때 한국의 촛불집회에서 대중이 광우병에 대한 불안감을 넘어서 그 어떤 새로운 건강가치를 추구하려 했는지는 분명하지 않다. 이러한 점을 확인하기 위하여 포함했던 '탈물질주의' 태도가 '광우병 불안감'에서만 유의했고 '쇠고기 수입반대운동 참가'에는 유의하지 않았다. 아마도 간접적 영향만이 있는 것으로 보인다. 아직까지는 탈물질주의적 태도가 우리사회에 공고하게 구축되지는 못한 것으로 보인다. 즉 광장에 모인 사람들이 광우병 불안을 새로운 건강담론의 실천으로 승화시키기에는 미흡한 수준인 것으로 생각된다.

이 점은 한국인의 건강위험의 민감도가 높지 않다는 점에서도 확인된다. 질병불안은 크지만 그것이 보다 높은 수준에서 건강위험을 성찰적으로 인식하는 수준은 아니라는 것이다. 이 분석에서 사용한 자료의 원본인 서울대학교 사회발전연구소(2008)의 위험 인식에 대한 조사결과를 보면 일

〈표 4-6〉 유럽인과 한국인의 일상생활에서 건강위험 인식의 차이 (단위: 동의율 %)

질문	유럽인	한국인
심각한 병에 걸릴 가능성	58.9	28.7
음식을 잘못 먹어 병에 걸릴 가능성	40.9	32.6
자동차 사고로 다칠 가능성	55.6	35.7
환경오염으로 인해 건강을 해칠 가능성	62.6	42.3

자료 : 서울대 사회발전연구소(2008).

상에서 "심각한 병에 걸릴 가능성", "음식을 잘못 먹어 건강을 해칠 가능성", "자동차 사고로 다칠 가능성", "환경오염으로 인해 건강을 해칠 가능성" 등에 대해서 한국인은 유럽인에 비하여 현격하게 낮은 동의율을 보였다. 즉 한국인은 유럽인보다 일상에서 건강위험에 처할 가능성에 대한 인식수준이 낮은 것이다. 한국인이 원래 건강위험에 민감하기 때문에 쇠고기-광우병 문제에 더욱 민감하게 반응한 것은 아니라는 것이다.

적어도 질병 인식의 측면에서는 건강과 질병 문제를 성찰적으로 인식하고 대처한다기보다는 과거로부터 이어진 질병에 대한 즉자적 불안감이 그 기초를 형성하고 있다. 여기서 사회적 위험과 낮은 신뢰수준 및 정치적 요인들이 복합적으로 작용하면서 광우병 인식을 만들어 낸 것으로 볼 수 있다. 과도한 질병불안은 안전이나 신뢰가 담보되지 못하는 경우에, 특히 울리히 벡의 표현처럼 '특별히 위험한' 한국사회에서는(조선일보, 2008. 4.1), 유난히 두드러지게 나타나는 현상으로 볼 수 있다. 일상에서의 위험의 인식수준은 낮지만 동시에 극단적으로 질병 불안감이 표출되는 것은 안전이나 신뢰가 담보되지 않은 상황에서 동전의 양면처럼 존재하는 것으로 생각된다. 그렇지만 광우병 사태에서는 '촛불'로 상징되는 새로운 질병 정치의 가능성이 나타났다는 중요한 변화가 있다. 앞으로도 '질병정치'가 계속 발생될 것인지 현재로서는 불확실하고 판단하기 어렵다. 그러나 중요한 것은 과거처럼 질병불안이 일방적인 공포반응이나 감염자를 차별하는 단계를 벗어나 질병위험에 적극적으로 대처하는 성숙된 역량을 형성하는 계기가 될 수도 있다는 점에서 향후 지속적인 관심과 연구가 필요할 것으로 생각된다.

제5장

위험사회에서의 인권문제

정진성

1. 머리말

이 글은 위험사회 논의에 인권문제를 연결하고자 한 시도다. 이 책의 머리말에서 밝히고 있는 바와 같이, 이 글은 2008년에 서울대학교 사회발전연구소가 전국의 19세 이상 남녀 1,002명에 대하여 다단계 층화표집을 시행한 "한국사회 안전에 대한 인식조사" 결과에 기초한다. 이 조사는 사회적 위험에 대한 한국인의 인식을 고찰하고자 한 것으로, 특히 2008년 한국사회를 뒤흔든 미국산 쇠고기 수입반대 촛불시위에서 나타난 광우병 위험에 대한 우려를 중요하게 고려했다. 이 조사는 마지막 부분에 인권 관련 문항을 추가했는데, 그것은 위험사회와 인권문제를 연관시켜 논의해야 한다는 연구자들의 문제의식이 반영된 것이다.

인권문제가 중요한 사회적 위험이라는 점과 위험사회의 다차원성을 논의하면서, 인권논의에서 중요하게 거론되는 사회적 위험과 인권의식 간의 긴장관계를 분석할 것이다. 특히 경제발전과 국가안보에서의 사회적 위험과 인권의 긴장관계 분석에서 인권의식이 진보적 성향과 관련이 있다는 점에 주목할 것인데, 연령, 교육, 계층의식 등의 개인적 배경변수에 더해, 보다 구체적으로 탈물질주의 가치관, 정치적 이념성향, 지지정당 및 시위 참여 등의 진보적인 성향과 관련된 변수들과의 관계를 분석할 것이다. 마지막으로 경제적 위험과 경제적 권리를 중시하는 경향에 주목하여, 위험으로부터의 사회적 복원력이 인권증진의 과정임을 보여주고자 한다.

이러한 조사결과에 바탕한 논의를 통하여, 위험논의에 인권 개념을 포함시킬 필요성을 주장하고, 한편으로 이를 통해 국제인권법이나 사회운동에서 독점해온 인권논의가 주류 사회학에 편입될 수 있음을 강조하고자 한다.

2. 사회적 위험으로서의 인권 침해

사회적 위험은 최근 사회과학 전반에서 중요한 주제로 연구되고 있다. 그러나 인권 침해라는 중요한 사회적 요소가 이론적이고 경험적인 자리를 점하지 못하고 있다. 다른 한편 철학적·사상적 범주로 간주되어오던 인권 개념은 국제인권법을 중심으로 정치학, 사회학 등의 사회과학에서 점차 학문적 시민권을 얻고 있다. 본 조사결과에서 제시할 사회적 위험으로서의 인권은 양 논의를 결합시킬 지점을 보여준다.

1) 위험사회론과 인권관념의 발전

위험(risk)은 초기 근대화의 단계를 넘어선 사회들이 새롭게 부딪치는 사회적 불안, 모순, 문제들을 일컫는다. 다시 말해서 위험이란 근대사회에 배태되어 자라난 '근대의 패러독스'이며, 그것을 극복하려는 탈근대(post-modern), 또는 후기 근대(late modern)의 노력(Giddens), 성찰적 근대(reflexive modernity)의 추구(Beck)가 지향되고 있는 것이다. 단순한 현상으로서의 위험(danger)과는 다르게 사회변동과정에 유기적으로 결합되어 있으며, 극복되어야 할 어떤 것으로서 위험(risk)을 이해하는 것이다.

벡은 근대사회가 직면하는 위험은 공간적·시간적·사회적 차원에서 경계를 소멸하며 진행된다고 보았다. 공간적 경계의 소멸이란 국민국가의 경계를 넘어 위험이 진행된다는 것이고 지구환경의 위험은 그 대표적인 것이다. 위험은 과거에 국한되는 것이 아니라 미래로 곧바로 연결되어, 미래에 발생하게 될 가능성에 대한 계산으로 정의되기도 한다. 이와 함께 위험의 책임은 사회적으로 분산된다. 이러한 위험의 구조적 성격 때문에 위험은 객관적으로 존재하는 양상이지만, 사회적으로 구성되는 것이기도 하다. 실제로 존재하는 위험을 특정 사회적 층이 특정 사회적 조건에서 사실보다 크게 또는 적게 인식하는 것이다. 개인에 따라서, 또는 집단, 사회 전체의 성격에 따라서 위험을 인식하는 태도가 달라지는 것도 이러한 위험의 구성적 성격 때문이다. 이러한 위험의 일차적 관리 책임은 여전히 국가에 귀속된다. 빈곤, 질병, 실업 등의 문제에 직접 개입하는 복지국가의 기능은 위험관리 역할로 볼 수 있다. 그러나 기후변동, 물과 공해의 문제 등과 같이 초국가적인 위험의 관리를 위해 국가 간의 협력이 이루어지고 있으며, 빈곤과 내전의 피해와 같은 한 국가 내의 문제에도 국제협력의 역할은 더욱 중요해지고 있다(Beck, 1986, 1999; Luhmann, 1993; Renn, 1992; 서울대사회발전연구소, 2005: 22-30).

위험이 이와 같이 근대화 과정에 배태된 사회구성적 성격을 지닌 것이라고 볼 때, 인권 침해는 매우 중요한 사회적 위험이라고 볼 수 있다. 근대화 과정에서 형성된 인권 관념은 몇 차례의 질적 변화를 거치면서 지속적으로 발전해왔는데, 국가와 개인 사이의 관계에 있어서 갈등과 지지의 변증법적 모순을 내포하고 있는 것은 흥미롭다. 근대국가는 봉건적인 사회적 세력에서 개인을 보호하기 위해 형성된 것인데, 이 국가야말로 인권을 위협하는 존재가 되기도 한 것이 바로 그러한 예다. 근대적 의미의 천부 인권 개념은 국가의 권력남용에서 개인의 자유권, 재산권 등이 보호되어야 한다는 인간의 자각에서 출발했다. 그러나 그 인권의 강력한 보호자로서 지목된 것은 국가였다는 역사의 아이러니는 인권이 사회적 위험으로 구성되는 구조적 배경이 되었다. 이는 근대국가가 위험의 관리자이면서 또한 가장 큰 위험의 생산자라는 현실과도 매우 유사한 모습이다.

또한 인권관념의 발전과정은 위험과 위험관리에 관한 인식의 발전과 밀접하게 연관되어 있다. 국가의 정당하지 못한 억압으로부터의 자유를 주장한 시민적·정치적 권리(자유권)를 넘어서서 경제·사회·문화적 권리(사회권)는 기본적으로 국가에 의해서 국민들에게 최소한의 경제적 조건을 제공할 수 있어야 하며, 건강과 주거, 교육의 조건을 마련해야 한다는 내용이다. 인권의식의 발전은 거기에 머물지 않는다. 저개발국의 건강, 주거, 교육 등 발전의 문제에 대하여 국제협력을 요구하는 소위 제3세대 인권 개념이 형성되고 있다. 이 제3세대 인권관념은 국제협력이 기본이 되는 환경, 평화의 문제까지도 인권의 시각에서 재구성한다. 이러한 발전 속에서 인권은 근대적 체제와 국가의 다양한 측면들과 끊임없이 긴장관계를 형성하게 되었고, 국경을 넘어선 적극적인 인권보호의 요구도 커져왔다.[1] 이렇게 볼 때, 한 사회의 인권수준은 위험의 한 단면이라고 할 수 있을 뿐만 아니라, 위험에 대한 국가와 국가를 넘어선 다양한 행위자들의 적극적 대응이 요구되는 것 역시 광범위한 의미에서 구성원들의 인권을 보장하기 위한 맥락으로 이해될 수 있다. 또한 인권에 대한 인식은 다른 어떠한 사회적 위험보다도 근대국가의 발전과정과 맞물리면서 변화되어 왔으므로, '위험사회'로서의 현대 사회의 중요한 단서를 보여주고 있다.

---

1. 시민적·정치적 권리, 경제적·사회적·문화적 권리 및 연대의 권리로의 인권 개념의 발전은 소위 제1세대 인권, 제2세대 인권 및 제3세대 인권으로 불린다(인권법교재발간위원회, 2006: 제1부-제2부 참조).

2) 인권의식과 위험(안전)인식: 조사결과

이와 같이 인권 침해가 위험의 중요한 한 부분이라는 점은, 사람들의 인권의식과 위험(안전)인식이 상관성이 높다는 본 조사의 경험적 결과가 뒷받침한다. 본 조사에서 위험 인식과 인권의식은 거의 정확하게 동일 방향을 나타내고 있다. 먼저 우리 사회가 위험한 사회인가, 차별과 소외가 심한 사회인가의 질문[2]에 대한 응답은 정확한 정관계를 보였다. 우리사회를 위험한 사회라고 파악한 사람들이 차별과 소외가 심한 사회라고 생각하는 경향이 크다는 것이다. 그 상관관계의 정도도 매우 높다.

이렇게 우리 사회를 위험사회로, 차별과 소외가 심한 사회로 보는 인식의 정도는 우리 사회의 인권문제가 얼마나 심각하다고 보는가[3]를 측정하는 보다 명시적인 인권 감수성과도 높은 수준의 상관관계를 보였다. 앞서 본 대로 위험사회, 차별과 소외가 심한 사회에 대한 인식은 -5에서 5의 점수로 표현되어 있고, 인권문제의 심각성에 대해서는 매우 심각하다-전혀 심각하지 않다"의 4점 척도로 구성되었다. 먼저 우리사회를 위험사회 인식과 인권문제의 심각성에 대한 의식은 피어슨 상관계수 = .252, Sig〈 .01

---

2. 2008년 사회발전연구소의 조사, 문항 12에서 "귀하는 우리 사회가 다음의 각 의견 중 어느 쪽에 가깝다고 생각하십니까? 가깝다고 생각되는 정도에 따라 표시해 주십시오"라고 묻고, 위험한 사회-안전한 사회, 불신사회-신뢰사회, 차별과 소외가 심한 사회-배려와 포용의 사회, 활력 없고 침체된 사회-활력있고 희망찬 사회의 네 가지 사항에 대하여 각기 -5에서 5까지의 연석선에서 점수를 주도록 했다. 이 질문은 사실은 사회의 질(Social Quality)을 구성하는 네 개의 분면인 안전(security), 응집(cohesion), 포용(inclusion) 및 역능성(empowerment) 중, 안전과 포용을 측정하기 위해 만들어진 설문이지만, 한편에서 위험사회에 대한 인식을 직접적으로 묻고 있으며, 다른 편에서 차별과 소외가 심한 사회란 곧 인권이 존중되지 않는 사회를 지칭하는 것이므로, 이 글에서는 이 두 질문을 위험 인식과 인권의식을 나타내는 지표로 사용했다. 사회의 질에 관해서 이 글에서는 다루지 않을 것이므로, 이 책의 결론을 참고하기 바란다.

3. 문항 51, "귀하는 우리 사회의 인권문제가 얼마나 심각하다고 생각하십니까? 혹은 심각하지 않다고 생각하십니까?" 1 매우 심각하다. 2 어느 정도 심각하다. 3 별로 심각하지 않다. 4 전혀 심각하지 않다. 5 모르겠다.

〈그림 5-1〉 "위험사회-차별과 소외가 심한 사회"에 대한 인식[4]

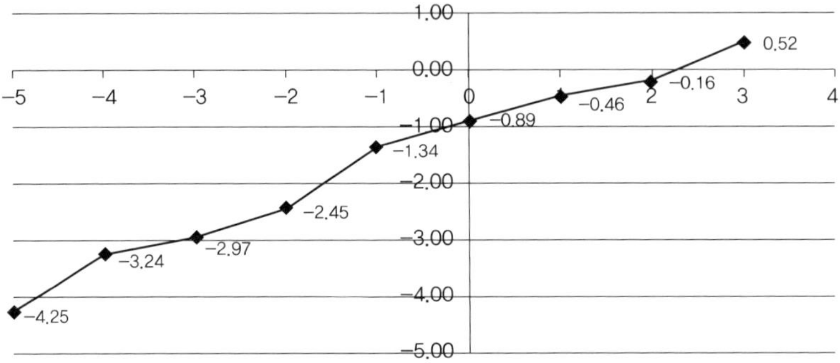

주 : 1) 가로축 : 위험한 사회-안전한 사회
세로축 : 차별과 소외가 심한 사회-배려와 포용의 사회
2) 위험사회별 "차별과 소외가 심한 사회" 문항의 평균값. 예를 들면, 위험사회에서 -5를 선택한 사람들의, 차별과 소외가 심한 사회 문항의 평균이 -4.25라는 것을 뜻함.
3) 피어슨 상관계수=.588, Sig〈.01

〈그림 5-2〉 인권감수성과 위험사회/차별과 소외가 심한 사회에 대한 의식

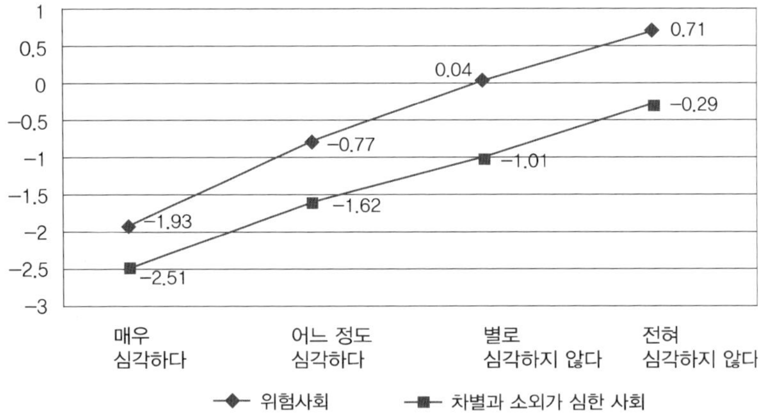

의 정관계, 차별과 소외가 심한 사회의 경우 피어슨 상관계수=.204,

---

4. 이 글의 그림과 표에서 사용하는 자료는 모두 2008년 서울대학교 사회발전연구소에서 시행한 '한국사회에 대한 인식조사' 자료이므로 그림과 표에서 매번 자료를 밝히지 않을 것이다.

〈그림 5-3〉 한국인권상황 평가와 안전의식

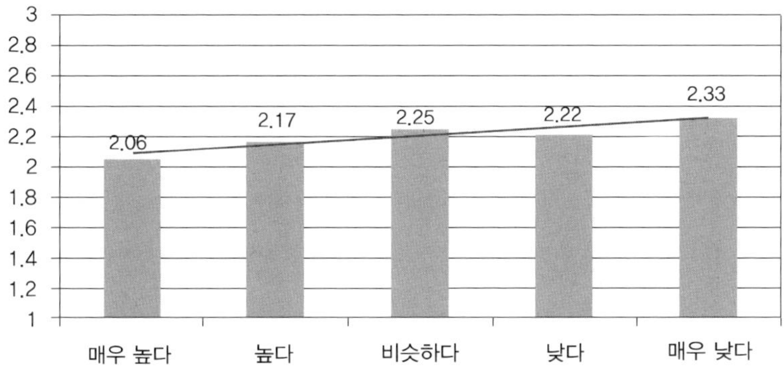

* 가로축: 자신의 안전의식
세로축: 한국인권상황 평가(심각하다고 생각: 1, 전혀 심각하지 않다: 4)

Sig〈.01의 정관계를 보였다.

또한 이러한 인권문제의 심각성에 대한 평가와 자신의 안전의식에 대한 주관적 평가[5]와도 〈그림 5-3〉에서 볼 수 있는 대로, 상당한 정도의 상관관계를 보였다(피어슨 상관계수 = .083, Sig〈.05). 즉 우리 사회의 인권문제가 심각하다고 생각하는 사람일수록 자신의 안전의식이 높다고 생각하는 경향이 높은 것으로 나타났다.

차별과 소외가 심한 사회일수록 위험한 사회로 인식하는 것, 또한 그렇게 차별과 소외가 심한 사회, 위험한 사회를 인권상황이 심각한 사회로 인식하는 경향, 그리고 인권 감수성과 안전의식의 높은 상관도 등을 보여주는 분석결과에서, 우리는 인권 침해가 중요한 사회적 위험이라는 해석을 내릴 수 있다.

5. 문항 10. "귀하는 귀하의 안전의식 수준이 다른 사람과 비교하여 얼마나 높다고 생각하십니까? 혹은 낮다고 생각하십니까?" 1 매우 높다. 2 다소 높다. 3 비슷하다. 4 다소 낮다. 5 매우 낮다.

3. 사회적 안전과 인권의 긴장관계

앞의 절에서 논의한 대로 인권은 사회적 위험의 중요한 한 부분으로 포함되어야 하며, 위험은 인권 침해의 중요한 요소로 간주되어야 한다. 실제 시민들의 인식에서 확인할 수 있는 인권과 위험의 대체적인 정관계에도 불구하고, 기존에 논의되어온 사회적 위험들과 인권 사이에는 긴장관계가 나타나기도 한다. 경제발전과 국가안보는 그 대표적인 경우다. 경제발전과 인권, 국가안보와 인권의 관계는 사회적 위험논의보다는 인권논의에서 자주 제기되는 주제다.

1) 위험요소들 간의 긴장관계에 관한 논의

지금까지의 위험에 대한 여러 사회학적 연구들은 위험의 여러 양태를 범주화하고 각 위험에 대한 인식이나 대처방안을 분석하면서, 인권문제를 전적으로 도외시했을 뿐 아니라, 인권과 같이 보다 거시적인 사회변동과 관련되어 그 자체로서 변화되어온 위험보다 기술적・생태적 위험에 집중하는 경향을 보이고 있다. 서구를 비롯하여 기존에 논의된 위험에 관한 연구들을 방대하게 섭렵하여 한국사회과학에서는 거의 처음으로 시도한, 2005년 서울대 사회발전연구소의 위험구조에 관한 조사는, 위험의 유형을 지구적 생태위험, 자연적 재해위험, 국가적 안보위험, 건강의 위험, 경제적 생계위험, 기술적 재난위험, 사회적 해체위험으로 분류했으나, 실제 분석에서는 생태적 위험, 기술적 위험, 사회적 위험(범죄, 경제위기, 가족)에 집중했고, 지정학적 위험을 간단하게 다루는 데 그쳤다. 같은 연구소가 2008년에 다시 1000명을 대상으로 국민의식조사를 시행하면서는, 생태위험, 건강위험, 경제위험, 사고로 위험의 유형을 축소하여 분석했다. 국가안보나 민주주의의 위협, 사회적 차별과 같은 다문화사회로부터의 파생

문제 등, 매우 중요한 문제들이 논의에서 제외되었다는 것을 확인할 수 있다. 이러한 연구경향은 위험을 사회발전 과정에서 배태되는 변증법적인 사회구조적 요소로 보기보다는 현상적으로 나타나는 위험을 파악하고 대처하려는 관점이 있었기 때문이라고 보인다.

이것은 사회구조적 차원의 거시적 변동과정에서 형성되어 미래에 중요한 위험으로 다가올 요소들을 찾기 힘들게 하는 이론적 문제를 내포할 뿐만 아니라, 요소들 각각에 매몰되어 그 요소들 간의 상호작용을 볼 수 없게 하여, 결국 거시적으로 효과적인 대처에 어려움을 가져올 수도 있게 한다. 다시 말해서 거시적인 사회구조적 조건보다는 미시적인 일상생활의 조건들에 기초하여, 체계적인 위험의 구조와 위험들 간의 관계를 파악하는 데 한계가 뚜렷하다는 것이다. 또한 여러 위험 사이의 긴장과 갈등, 또는 상호 증폭의 관계가 논의되지 못하고 있다. 예컨대 최근 전 세계의 먹을거리 위험은 환경위험과 에너지 위험을 해결하는 과정에서 더욱 심각해지는 양상을 나타내고 있으며,[6] 고령화와 실업의 위험은 서로 상승을 부추긴다. 이것은 여러 사회적 조건들이 수많은 상호작용을 통해서 위험을 만들어내고 있으며, 사회적 조건들에 대한 총체적인 분석과 이에 기반을 둔 정책이 나올 때 비로소 위험이 조절될 수 있다는 의미를 내포한다고 볼 수 있다.

2) 경제발전/국가안보와 인권: 인권의 흥정이론

경제발전과 인권, 국가안보와 인권의 긴장관계는 인권의 보편성과 특수성 논쟁의 대표적인 주제이기도 하다. 경제발전과 국가안보는 사회적 안전과 발전을 위해 필수적이다. 거꾸로 말하면 이것이 침해되는 상황은 심

6. 환경보호와 에너지 확보를 동시에 추구하는 바이오 에너지의 개발은, 그 원료가 곡물이므로 세계 곡물가격 폭등의 주원인을 이루고 있다.

각한 사회적 위험의 조건이 되는 것이다. 그런데 바로 이 경제발전과 안보를 달성한다는 명목 하에 인권이 침해되는 상황이 빈번하게 발생해왔다. 때문에 이 문제는 소위 흥정이론(trade-off theory)을 비롯하여 인권문제 있어서 중요한 논쟁의 대상이 되어왔다.

이것은 인권을 사회적 위험의 중요한 한 부분으로 간주할 때, 여러 위험 요소들 간에 긴장과 상승 작용이 존재한다는 매우 중요한 사실을 일깨워준다. 더욱이 이 문제는 경제, 안보라는 사회 전체 차원의 문제와 개인 차원의 인권 침해문제 간의 갈등이기도 하므로, 사회 전체 또는 구조적 차원의 위험과, 보다 개인적인 차원, 또는 일상생활에서 경험되는 위험 요소들 사이의 긴장관계를 드러낼 수 있는 중요한 문제다.

경제발전과 정치적 민주화를 이룬 한국사회에서 여전히 경제발전을 위해 기본적인 인권의 향유를 잠정적으로 보류하는 문제에 대한 논쟁은 쉽게 결론이 나지 않고 있다. 역사적으로 한국은 경제발전을 이유로 인권이 탄압되었던 독재상황과 같은 역사의 터널을 통과해왔으며, 이에 대한 평가는 아직까지도 엇갈린 상황이다. 또한 대화의 진전이 안정되는가 하다가는 다시금 긴장상태에 빠지고 마는 남북관계로 인해, 여전히 한국사회의 보수-진보의 갈등(소위 남남갈등)은 해소되지 않고 있으며, 따라서 국가안보를 위해 인권문제가 뒤로 밀려났던 역사적 경험이 여전히 반복되기도 한다. 이러한 긴장은 과연 한국사회에서 얼마나 많은 사람들이 경제발전과 국가안보라는 거대한 명분 앞에서도 인권은 제한될 수 없다고 생각하는가의 질문으로 정리할 수 있다.

경제발전(개발)과 인권은 세계사회에서 아직도 어렵고 복잡한 문제다. UN과 NGO들은 대부분 인권(human rights)과 개발(development)을 별개의 범주로 다루며, 개발은 인권이 보장되기 위한 전제조건으로 여긴다. 그러나 급속한 경제개발을 배경으로 경제적·사회적 권리가 존중되지만 시민적·정치적 권리가 오히려 침해되는 상황이 발생하기도 한다. 이는 역사적으로 개발독재라고 불리는 권위주의 체제에서 빈번하게 일어났다. 보다 적극적으로 민주주의 정치가 경제개발을 왜곡할 수 있으며, 시민적 권리를 침해하면 경제성장을 촉진시킬 수 있다는 주장이 제기되기도 했다. 이른바 홍정 딜레마(trade-off dilemmas)다(Strouse & Claude, 1976). 여기서 우리는 경제발전과 인권의 관계에서, 문제의 핵심은 경제발전, 그 자체가 아니라 경제발전을 위한 '수단'이 인권을 침해할 수 있는가의 의미라는 것을 알 수 있다.

인권이나 위험 논의뿐 아니라 사회과학 전반에서 인권을 침해할 수 있는 경제발전의 수단, 예컨대 정치적 독재와 경제발전의 관계에 관한 무수한 연구가 이루어져왔다. 한국과 싱가포르 등 인권탄압을 수반하며 빠른 경제성장을 이룩한 사례들이 이러한 연구의 동기가 되고 있는 것이다. 앞서 언급한 스트로우즈와 클로드의 연구는 정부가 급속한 경제성장을 추구하면서 동시에 시민적 · 정치적 권리를 보호하는 것은 불가능하다는 것을 암시했다. 그러나 이 주장은 여러 측면에서 반박되었으며, 아마티아 센은 시민적 · 정치적 권리의 존중과 경제성장 간의 관계는 긍정적이지도 부정적이지도 않다는 것, 즉 상호간에 관계가 거의 없다는 것을 확실히 입증했다. 권리를 침해하는 것이 경제개발에 필수적이지 않다는 것, 정치적 권위주의가 경제성장을 위한 요인이 될 수 없다는 것을 밝힌 것이다(Sen, 1999). 결국 경제발전과 인권 침해를 수반하는 어떠한 정치적 탄압도 학문적으로 정관계를 입증하지는 못한 것이다.

확실히 이러한 학문적 연구는 경제발전을 위해서도 인권 침해를 할 수는 없다는 규범적 입장을 강화하고 있는 것 같다. UN을 비롯한 국제사회에서 홍정이론 대신 선치(善治, good governance)를 더 강조하는 경향으로 바뀐 것이 그것을 반영한다. 선치 이데올로기는, 정부는 민주주의를 제공하고 시민적 · 정치적 권리를 존중해야 함을 강조한다. 그러나 이 논리 속에서 개발은 대부분 시장의 힘에 맡겨야 한다는 관점으로 이어져서, 시장에서의 불평등과 인권 침해의 문제, 예컨대 다국적기업의 인권 침해와 같은 문제에 대처하는 데는 취약하다(Freeman/김철효, 2004: 202-203).

국가안보 역시 위험의 중요한 문제이며, 또한 국가안보와 인권의 문제는 인권논의의 오래된 숙제다. 전쟁과 내전, 테러리즘이 전 세계적으로 확산되고 있는 최근의 시점에서, 이러한 국가 비상시에 어느 정도의 인권 제한을 허용할 것인가의 문제는 심각한 논쟁을 불러일으키고 있다. 대테러(anti-terrorism) 대책이 테러리즘만큼 중요한 인권분야의 이슈가 되고 있는 것이 그러한 상황을 보여주고 있다. 전쟁이나 내전, 국가비상사태에서 일시적인 인권 제한이 불가피할 수도 있을 것이다. 또한 테러리즘은 의심할 바 없이 근절되어야 하는 엄청난 사회적 위험이며, 이를 위한 대책은 면밀하게 이루어져야 한다. 그러나 종종 그러한 상황을 과장하여 인권 제한이 남용되는 경우라든지,[7] 테러 용의자에 대한 대우와, 테러를 대비한다는 명목으로 일반인들에게 행해지는 권리 침해는 또 다른 심각한 인권문제를 만들고 있다.[8] 관타나모 수용소의 인권 침해문제에 관한 여러 보고서는 대테러책의 인권 침해 가능성을 경고하고 있다.[9] 2001년 9.11 테러 발생 이후, 이러한 논의는 더욱 가열되어 왔다.

한국 역시 북한과의 군사적 대립이라는 상황 속에서 안보와 인권의 긴장관계는 이어져왔다. 구체적으로는 국가보안법 등이 한국의 인권문제에

---

7. 다니엘 벨은 다음과 같이 말한다. "사회가 … 사회적 위기에 당면해 있고, 인권을 제한하는 것이 그 위기를 극복하는 가장 효과적인 방법이라는 것을 인권비평가들이 인정한다고 해도, 인권부인에 대한 그러한 국지적 정당화는 … 단기적으로 변명에 불과한 매우 제한된 타당성을 가진 것이다"(다니엘 벨, 1996: 49-50).

8. 대테러 대책의 인권 침해 문제에 관하여 대표적인 국제사회의 논의가 유엔 인권소위원회에서 "Terrorism and human rights"라는 제목으로 나온 일련의 보고서다(Koufa, 2001, 2002, 2003).

9. 유엔 인권위원회(UN Commission on Human Rights)의 임의적 구금 실무회의(Working Group on Arbitrary Detention)는 관타나모에 수감된 사람들의 인권상황에 대한 보고서("Situation of Detainees at Guantanamo Bay"(E/CN.4/2006/120)를 발간했다. 이에 관해서는 조시현(2006)을 참조할 것.

있어서 주요 현안이 되어왔다. 대부분의 인권NGO들은 오랜 시간 동안 국가보안법이 반인권적 법률이라는 비판을 지속적으로 제기하고 있지만, 국가안보가 사회적으로 가장 중요한 가치라는 논리 속에서 여전히 존폐논쟁은 지속되고 있다.

3) 경제발전/국가안보와 인권: 조사결과

2008년 사회발전연구소의 조사에서 경제발전을 위해 인권은 제한될 수 있다[10]는 의견에 대해 65.9%가 반대했다. 이 질문은 경제발전을 위한, 개발독재나 다국적기업의 인권 침해 등 구체적 수단을 언급하지 않은 단순한 내용이었지만, 인권의 중요성에 대한 인식을 충분히 드러내고 있다. 앞 절에서 경제적 위험과 경제적 권리를 가장 중요한 위험과 인권의 요소라고 판단했던 것을 보면, 많은 사람들이 경제발전과 인권을 모두 존중해야 하는 가치로 보고, 균형 잡힌 위험의 관리를 요구하고 있는 것으로 해석할 수 있다.

이 조사에서는 또한 경제발전과 인권 관계와 유사하게 국가안보를 위해 인권을 제한할 수 있는가[11]를 질문했다. 국가안보와 인권에 대해서는, 앞서 논의한 경제발전 문제에 비해 다소 낮은 비율(58.0%)의 사람들이 국가안보를 위해서 인권은 제한될 수 없다고 답했으며, 경제발전 문제에 비해 다소 높은 비율(33.9%)의 사람들이 그럴 수 있다고 답했다. 경제발전에 비하여 국가안보라는 명목 하에 인권에 대한 제한이 보다 더 가능하다고 생

---

10. 문항 57-1. "귀하는 인권에 대한 다음의 의견에 대해 얼마나 찬성 혹은 반대하십니까? 경제발전을 위해 인권은 제한될 수 있다." 전적으로 찬성한다. 어느 정도 찬성한다. 대체로 반대한다. 절대 반대한다. 모르겠다.

11. 문항 57-2. "귀하는 인권에 대한 다음의 의견에 대해 얼마나 찬성 혹은 반대하십니까? 국가안보를 위해 인권은 제한될 수 있다." 전적으로 찬성한다. 어느 정도 찬성한다. 대체로 반대한다. 절대 반대한다. 모르겠다.

〈표 5-1〉 경제발전, 국가안보와 인권 (단위: %)

	전적으로 찬성한다	어느 정도 찬성한다	대체로 반대한다	절대 반대한다	모르겠다
경제발전을 위해 인권은 제한될 수 있다.	1.8	24.3	40.2	25.7	8.0
국가안보를 위해 인권은 제한될 수 있다.	3.4	30.5	36.7	21.3	8.1

각함을 확인할 수 있으며, 이것은 분단상황을 반영하는 것으로 해석할 수 있다.

4. 누가 인권을 중시하는가: 연령, 교육, 계층과 인권의식

그런데 누가 경제발전을 인권보다 우선적인 가치로 여기는가, 거꾸로 누가 인권의 보편적 가치를 인정하는가를 추적해 볼 필요가 있다. 이 분석은 앞으로 우리사회에서 인권의 발전방향을 가늠하게 해줄 것이기 때문이다. 우선 이 장에서는 연령, 교육 수준과 계층의식과 같은 일반적인 배경변수를 살펴볼 것이고, 다음 장에서 가치관과 태도와 관련된 변수들을 분석할 것이다. 경제발전과 국가안보에 대한 질문에 더해서, 한국 인권상황에 대한 지식[12]과 평가[13]에 대한 질문을 분석에 추가하여, 누가 인권을

---

12. 문항 49. "귀하는 현재 우리 사회의 인권상황에 대해 얼마나 잘 알고 있다고 생각하십니까?" 매우 잘 알고 있다. 어느 정도 알고 있다. 잘 모르고 있다. 전혀 모르고 있다. 이 중 매우 잘 알고 있다와 어느 정도 알고 있다는 "안다"로 "잘 모르고 있다"와 전혀 모르고 있다를 '모른다'로 합산했다.

13. 문항 51, "귀하는 우리 사회의 인권문제가 얼마나 심각하다고 생각하십니까? 혹은 심각하지 않다고 생각하십니까?" 1 매우 심각하다. 2 어느 정도 심각하다. 3 별로 심각하지 않다. 4 전혀 심각하지 않다. 5 모르겠다.

중시하는가의 분석을 강화하고자 했다. 배경변수와 가치관, 태도 등의 변수들은 모두 연속변수라고 할 수 없으나, 이 장에서 연령, 교육, 계층의식과 인권의식 관계 분석은 방향성을 쉽게 포착하기 위하여 선그래프를 그렸으며, 다음 절의 탈물질주의 가치관, 시위참여 등의 변수들은 막대그래프로 나타냈다. 변수들의 유의미성을 카이제곱 검정에 대한 양측 p값으로 표시했다.

1) 연령에 따른 인권의식

연령별 인권의식은 다소의 변이가 보이지만, 대체로 연령이 낮을수록 인권의식이 높다고 해석해도 무방할 것으로 보인다. 그러나 여기서 눈여겨볼 지점이 한 곳 있다. 30대 이상 연령층의 추이에 비하여 20대에서 30대의 차이가 적다는 것이다. 국내 인권상황 인지의 경우는 20대에서 아예 역방향이 나타난다. 20대의 역방향성은 2007년 서울대학교 사회발전연구소의 국민의식조사에서도 나타난 바 있다. 외국인노동자의 한국정주에 대한 찬성 비율이 30대 이상에서는 40대, 50대로 갈수록 낮아졌는데 20대에서는 다시 30대보다 낮은 비율을 나타냈으며, 국제결혼에 대한 찬성 비율도 같은 경향을 나타냈다. 정치적 성향에 대한 자기인식도 30대에서 40대, 50대로 갈수록 보수적인 경향을 보이다가, 20대에 다시 30대보다 보수적이 되었다(정진성, 2009: 149, 151, 160). 인권의식에 있어서 다시 확인된 이러한 20대의 보수화, 아니면 적어도 매우 느린 변화 현상은 우리사회의 전체적인 변화방향에 있어서 매우 중요한 시사를 하고 있다.

〈표 5-2〉 연령과 인권의식

연령		19~29세	30대	40대	50대	60세 이상	p
경제발전을 위해 인권은 제한될 수 있다	아니다(%)	77.3	74.7	71.9	62.7	68.4	.033
	그렇다(%)	22.7	25.3	28.1	37.3	31.6	
	사례수(명)	194	221	210	142	155	
국가안보를 위해 인권은 제한될 수 있다	아니다(%)	71	67.3	60.2	52.5	60.9	.005
	그렇다(%)	29	32.7	39.8	47.5	39.1	
	사례수(명)	193	220	211	141	156	
한국인권상황에 대한 인지	안다(%)	55	59.2	58.5	45.5	29.4	.000
	모른다(%)	45	40.8	41.5	54.5	70.6	
	사례수(명)	211	233	224	154	180	
한국인권상황에 대한 평가	심각하다(%)	75.74	76.24	71.28	69.03	63.64	.119
	심각하지 않다(%)	24.26	23.76	28.72	30.97	36.36	
	사례수(명)	169	202	195	113	110	

〈그림 5-4〉 연령과 인권의식

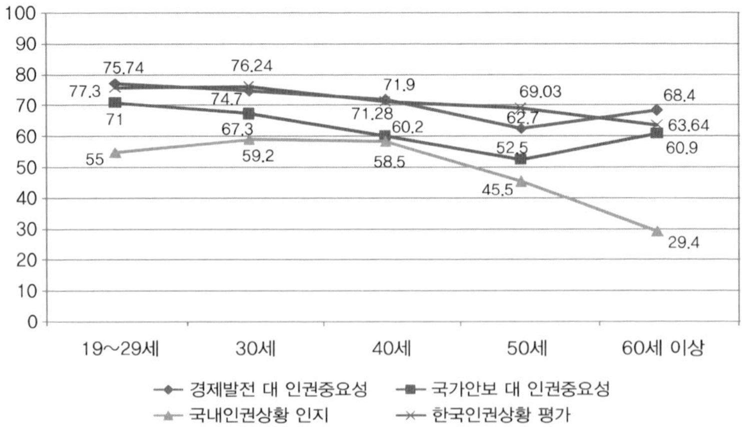

2) 교육과 인권의식

대체로 교육수준이 높을수록 인권의식이 높아지는 것으로 보인다. 그러나 보다 면밀하게 살펴보면, 국내 상황 인지만이 체계적으로 교육수준과 정관계를 이루었을 뿐, 경제발전, 국가안보 및 국내인권 상황 평가에서는 모두 교육수준과의 관계가 체계적이지 않다. 즉, 교육수준이 높은 사람들은 자신이 인권에 관하여 잘 알고 있다고 생각하지만, 인권의 보편성에 대한 믿음과 인권감수성이 같이 높아진 것은 아니라는 것이다. 이것을 어떻게 해석해야 할까. 교육 수준 자체만으로는 인권의식을 체계적으로 발전시킨다고 말할 수 없다고 보아야 할 것이다. 최근 유엔을 비롯한 국제사회에서 인권교육의 필요성에 대한 관심이 고조되고 인권교육선언 제정 움직임이 이루어지는 것[14]은 이렇게 기존의 교육 자체만으로 인권신장을 이룰 수 없다는 자각 때문으로 해석된다.

3) 주관적 계층인식과 인권의식

자신이 상층이라고 여기는 사람들일수록 국내 인권상황을 잘 알고 있다고 생각한다. 그러나 이러한 인권지식의 경우와는 반대로, 인권의 보편성에 대한 믿음과 인권감수성은 자신을 하층이라고 생각하는 사람일수록 강한 것으로 나타났다.

연령, 교육수준, 계층의식으로 대표되는 개인의 배경변수들은 이와 같이 누가 인권을 중시하는가에 대하여 명확하고 체계적인 답을 주고 있지는 않다. 그렇다면 사람들의 이러한 배경변수가 아니라, 가치관이나 태도가 인권의식에 더 직접적인 영향을 미치는 것이 아닐까.

---

14. United Nations Human Rights Council Advisory Committee는 2008년부터 Draft Declaration on human rights education and training을 만드는 작업을 하고 있다.(http://www2.ohchr.org/english/bodies/hrcouncil/advisorycommittee/HR_education_training.htm)

〈표 5-3〉 교육 수준과 인권의식

교육수준		중졸 이하	고졸/중퇴	전문대 졸업/중퇴	대학교 중퇴 이상	p
경제발전을 위해 인권은 제한될 수 있다	아니다(%)	64.7	68.4	81.0	76.3	.003
	그렇다(%)	35.3	31.6	19.0	23.7	
	사례수(명)	184	339	116	283	
국가안보를 위해 인권은 제한될 수 있다	아니다(%)	59.9	60.5	71.7	64.8	.127
	그렇다(%)	40.1	39.5	28.3	35.2	
	사례수(명)	182	342	113	284	
한국인권상황에 대한 인지	안다(%)	27.3	49.6	60.3	65.4	.000
	모른다(%)	72.7	50.4	39.7	34.6	
	사례수(명)	216	371	126	28.9	
한국인권상황에 대한 평가	심각하다(%)	65.19	73.29	72.28	74.33	.255
	심각하지 않다(%)	34.81	26.71	27.72	25.67	
	사례수(명)	135	292	101	261	

〈그림 5-5〉 교육수준과 인권의식

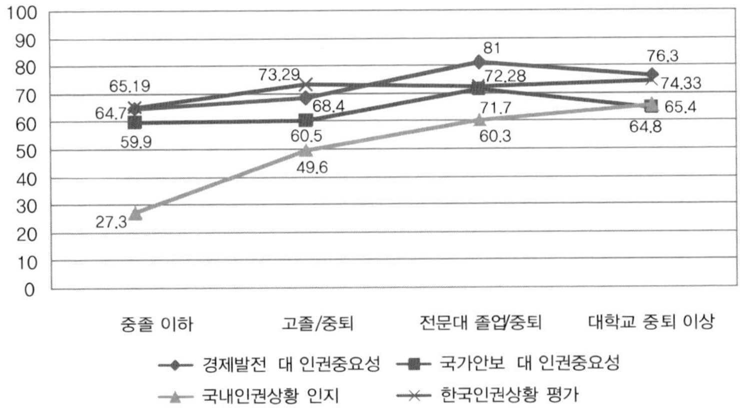

〈표 5-4〉 주관적 계층인식과 인권의식

주관적 계층인식		하	중	상	p
경제발전을 위해 인권은 제한될 수 있다.	아니다(%)	78.8	69.3	68.6	.019
	그렇다(%)	21.3	30.7	31.4	
	사례수(명)	240	612	70	
국가안보를 위해 인권은 제한될 수 있다	아니다(%)	70.0	60.8	59.4	.035
	그렇다(%)	30.0	39.2	40.6	
	사례수(명)	237	615	69	
한국인권상황에 대한 인지	안다(%)	41.5	52.4	70.0	.000
	모른다(%)	58.5	47.6	30.0	
	사례수(명)	270	662	70	
한국인권상황에 대한 평가	심각하다(%)	75.90	70.38	75.00	.294
	심각하지 않다(%)	24.10	29.62	25.00	
	사례수(명)	195	530	64	

〈그림 5-6〉 주관적 계층인식과 인권의식

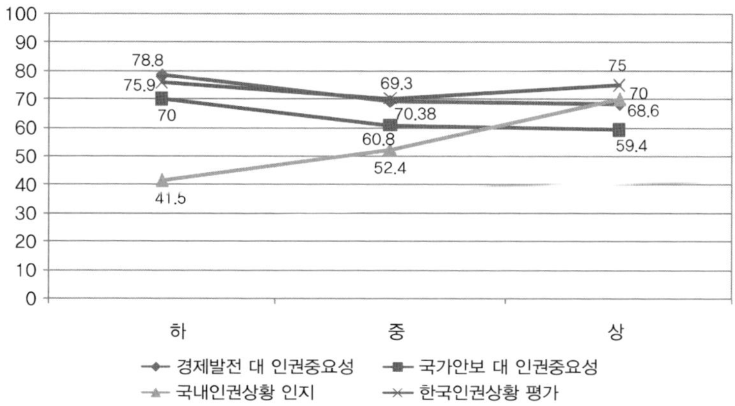

5. 인권과 진보적 가치관

모두에서 언급한 대로 인권 개념은 근대사회에서 권력으로부터 개인을 보호하려는 의지에 의해 형성된 것이며, 자연권(natural right)으로 간주된다. 즉 어느 정도 선험적이고 다른 모든 가치에 우선한다고 여겨지는 것이다. 여러 철학적 논쟁에도 불구하고, 이것은 근대화 과정에서 인간의 평등과 이성에 대한 진보적인 신념에서 발전되어 왔다고 볼 수 있다. 따라서 이 조사에서 '진보적'인 성향과 관련이 있다고 판단되는 다음의 몇 가지 변수와 인권의식의 관계를 검토해보았다. 먼저 탈물질주의와의 관계를 중요하게 검토했으며, 가치관이 직접적인 행위로 표출된 것으로서 지지정당과 광우병 관련 활동 참여 변수가 각기 인권가치 변수와 갖는 관계를 검토했다.

1) 탈물질주의와 인권의식

2008년 사회발전연구소 조사에서 위험 인식은 다른 어떤 변수보다도 탈물질주의 가치관과 높은 상관관계를 가진 것으로 나타났다.[15] 여기서 탈물질 지향이란 경제성장, 국가안보, 사회질서 등의 가치에서 벗어나서 환경, 민주주의적 참여 등을 중시 여기는 가치관을 의미하므로,[16] 어찌보

15. 이 조사자료를 분석한 여러 글에서 탈물질주의 가치관이 위험 인식을 설명하는 중요한 변수라는 것을 보여주고 있다.

16. 탈물질주의 척도는 장기적인 국가목표와 네 가지 사항에 대한 상대적인 중요도를 묻는 두 가지 질문을 통해 구성되었다. 장기적인 국가목표로 "높은 경제성장 유지", "직장과 사회에서의 발언권 증대", "방위력 증강", "환경개선" 중에서 "직장과 사회에서의 발언권 증대" 및 "환경개선"을 선택한 응답자들에게는 탈물질점수가 일정하게 부여되고(1순위로 선택한 경우 2점, 2순위로 선택한 경우 1점), 그렇지 않은 응답자들에게는 0점이 부여된다. 마찬가지로 "언론자유 보장", "물가 인플레 억제", "정부정책 결정에서 발언권 증대, "사회의 질서 유지" 항목 중 "언론자유 보장"과 "정부정책 결정에서 발언권 증대"를 선택한 이들에게도 탈물질점수가 부여되었다(1순위 2점, 2순위의 경우 1점). 이를 합하여 전체 탈물질점수를 구성한 후 0~1점인 경우 물질주의자, 2~3점인 경우 혼합형, 4~6점인 경우 탈물질주의자로 규정하였다.

〈표 5-5〉 탈물질주의와 인권의식

탈물질주의		물질주의자	혼합형	탈물질주의자	p
경제발전을 위해 인권은 제한될 수 있다.	아니다(%)	67.9	72.5	81.2	.018
	그렇다(%)	390	31.6	18.8	
	사례수(명)	184	415	117	
국가안보를 위해 인권은 제한될 수 있다	아니다(%)	57.4	65.3	74.4	.002
	그렇다(%)	42.6	34.7	25.6	
	사례수(명)	392	412	117	
한국인권상황에 대한 인지	안다(%)	43.5	51.9	70.9	.000
	모른다(%)	56.5	48.1	29.1	
	사례수(명)	428	447	127	
한국인권상황에 대한 평가	심각하다(%)	66.57	72.19	88.50	.000
	심각하지 않다(%)	33.43	27.81	11.50	
	사례수(명)	338	338	113	

〈그림 5-7〉 탈물질주의와 인권의식

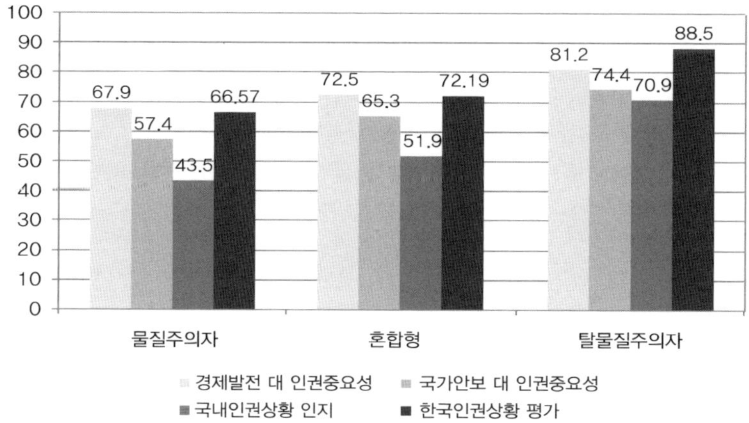

면 인권의식과 그 자체로서 일맥상통하는 것이라고 볼 수 있다. 과연 인권의식을 측정하는 네 가지의 질문 모두에 대해서 탈물질주의는 높은 상관관계를 나타냈다.

2) 정치적 이념성향과 인권의식

자신의 정치적 성향[17]을 진보적이라고 생각하는 사람일수록 인권의식이 높다고 전제한 가정은 실제 분석에서 전혀 입증되지 않았다. 〈표 5-6〉과 〈그림 5-8〉에서 볼 수 있는 대로, 자신의 정치적 이념성향이 중도라고 생각한 사람들이 보수적이라고 간주한 사람보다도 더 낮은 인권의식을 보였으며, 진보라고 생각하는 사람들이 보수성향의 사람보다 명확하게 높은 인권의식을 보인 것도 아니다. 이것을 어떻게 해석해야 할까. 정치적 이념성향은 응답자 본인 스스로가 자신의 이념성향을 평가해서 응답하는 방식으로 구성된 내용이다. 실제로 자신을 보수라고 판단한 많은 사람들이 진보정당을 지지하는 것으로 나타났으며, 반대로 진보라고 판단한 사람 중 상당수가 보수정당을 지지했다. 따라서 주관적 정치성향 평가가 실제로 정확한 판단이라고 볼 수 없다.

다만, 여기서 주목할 만한 점은 자신의 정치성향을 중도라고 평가한 사람들이 가장 낮은 인권의식을 가지고 있다는 사실이다. 이것은 인권의식을 측정하는 네 가지 질문 모두에서 체계적으로 명확히 나타나고 있다. 자신을 보수나 진보로 적극적으로 평가하는 사람보다, 중도로 인식하는 사람들이 오히려 인권의식을 비롯한 진보적인 가치관에서 가장 보수적인 것으로 나타났다.

---

17. 문항 40. "귀하의 이념적 성향은 어디에 해당된다고 생각하십니까?" 매우 보수적 · 다소 보수적 · 보수도 진보도 아니다. 다소 진보적이다. 매우 진보적이다.

〈표 5-6〉 정치적 이념과 인권의식

정치적 이념		보수	중도	진보	p
경제발전을 위해 인권은 제한될 수 있다	아니다(%)	74.0	68.0	73.5	.173
	그렇다(%)	26.0	32.0	26.5	
	사례수(명)	369	338	215	
국가안보를 위해 인권은 제한될 수 있다	아니다(%)	66.6	55.7	68.8	.002
	그렇다(%)	33.4	44.3	31.2	
	사례수(명)	365	341	215	
한국인권상황에 대한 인지	안다(%)	48.3	45.1	64.2	.000
	모른다(%)	51.7	54.9	35.8	
	사례수(명)	410	366	226	
한국인권상황에 대한 평가	심각하다(%)	73.61	67.67	76.62	.071
	심각하지 않다(%)	26.39	32.33	23.38	
	사례수(명)	288	300	201	

〈그림 5-8〉 정치적 이념과 인권의식

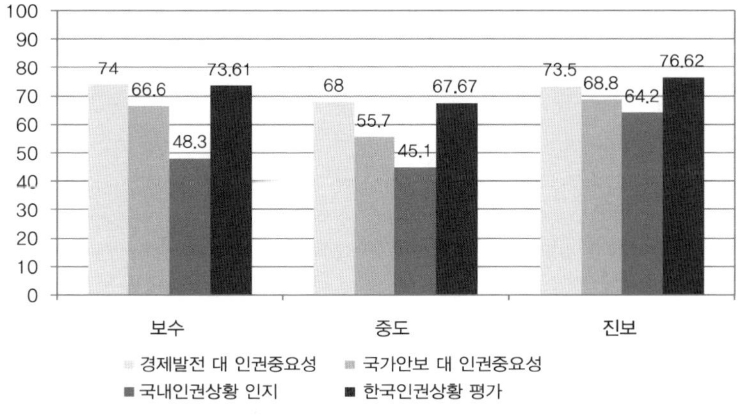

3) 지지정당과 인권의식

이제 자신의 정치적 이념성향에 대한 주관적 평가가 아니라, 보다 구체적으로 지지정당을 통해서 정치적 진보성과 인권의식 간의 관계를 살펴볼 필요가 있다. 여기서 지지정당은 정치적 이념성향을 고려하여 한나라당, 자유선진당, 친박연대를 보수적인 정당으로 묶고, 민주당과 창조한국당을 다른 한 그룹, 그리고 가장 진보적인 정당으로 민주노동당과 진보신당을 또 하나의 그룹으로 묶어 세 개의 정당군을 만들어 분석에 사용했다.[18] 이렇게 실제 지지정당을 분석해 보니, 인권의식과의 관계는 매우 명확하게 드러났다. 진보적인 정당을 지지할수록 인권의식이 높게 나타난 것이다. 유의미도도 상당히 높다.

4) 광우병 관련 활동과 인권의식

인권의식이 높은 사람일수록 광우병 관련하여 어떠한 행동에라도 참여하는 경향[19]이 높다는 사실도 2008년 조사에서 명확히 드러났다. 인권의 역사에서 확인되는 사회운동과의 긴밀한 연관성으로 볼 때, 2008년 한국사회에서 가장 두드러졌던 광우병 반대 행동에 대한 참여와 인권의식 간

---

18. 문항 42. "현재 우리나라에는 한나라당, 민주당, 자유선진당, 민주노동당, 친박연대, 창조한국당, 진보신당 등의 정당이 있습니다. 귀하는 이 중 어느 정당을 지지하십니까?" 한나라당, 민주당, 자유선진당, 민주노동당, 친박연대, 창조한국당, 진보신당, 기타 정당, 없다/비슷하다/모르겠다. 각각의 정당을 분석의 용이함을 위해 세 가지 그룹으로 분류했다. 보수적인 이념을 지향하는 그룹으로 한나라당, 자유선진당, 친박연대를 묶고, 상대적으로 중도적인 민주당, 창조한국당을 역시 한 그룹으로, 그리고 진보적인 지향을 가진 민주노동당과 진보신당을 또 다른 그룹으로 설정했다. 이 세 그룹을 각각 '한나라당 외', '민주당 외', '민주노동당 외'로서 구성했다. 기타 정당 및 지지정당이 없다고 응답한 경우는 결측값으로 처리했다.

19. 반대 활동은 서명운동, 상품불매운동, 인터넷 토론 참여, 촛불집회 참가, 후원금이나 물품 기부 중 하나라도 참가해본 경험이 있는 사람을 뜻한다(문항 31번).

〈표 5-7〉 지지정당과 인권의식

지지정당		한나라당 외	민주당 외	민주노동당 외	p
경제발전을 위해 인권은 제한될 수 있다	아니다(%)	63.2	75.8	90.0	.000
	그렇다(%)	36.8	24.2	10.0	
	사례수(명)	383	182	70	
국가안보를 위해 인권은 제한될 수 있다	아니다(%)	53.4	64.4	77.1	.000
	그렇다(%)	46.6	35.6	22.9	
	사례수(명)	386	180	70	
한국인권상황에 대한 인지	안다(%)	47.5	51.9	66.2	.002
	모른다(%)	58.5	41.5	33.8	
	사례수(명)	419	193	71	
한국인권상황에 대한 평가	심각하다(%)	65.53	73.53	84.38	.006
	심각하지 않다(%)	34.47	26.47	15.63	
	사례수(명)	322	170	64	

〈그림 5-9〉 지지정당과 인권의식

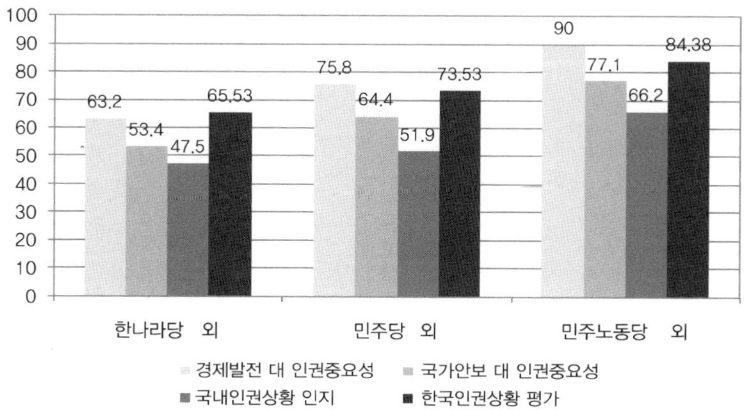

〈표 5-8〉 광우병 관련 활동과 인권의식

광우병 관련 활동 참여 여부		비참여	참여	p
경제발전을 위해 인권은 제한될 수 있다	아니다(%)	70.3	76.1	.090
	그렇다(%)	29.7	23.9	
	사례수(명)	696	226	
국가안보를 위해 인권은 제한될 수 있다	아니다(%)	61.6	67.7	.098
	그렇다(%)	38.4	32.3	
	사례수(명)	695	226	
한국인권상황에 대한 인지	안다(%)	46.1	65.7	.000
	모른다(%)	53.9	34.3	
	사례수(명)	766	236	
한국인권상황에 대한 평가	심각하다(%)	68.78	81.55	0.000
	심각하지 않다(%)	31.22	18.45	
	사례수(명)	583	206	

〈그림 5-10〉 광우병 관련 활동과 인권의식

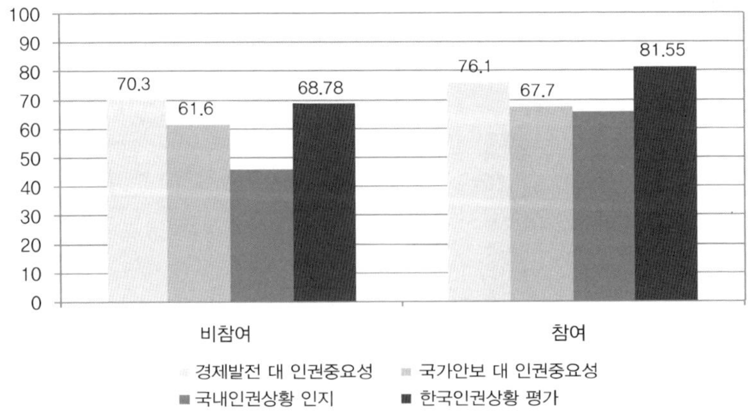

의 관계는 그 자체로서도 많은 의미를 함축하고 있다고 보인다.

요컨대 인권의식은 연령, 교육수준 및 계층의식과 일관된 관계를 보이지 않으며, 자신의 정치적 성향에 대한 평가와도 별다른 관계를 보이지 않는다. 그에 비해 탈물질주의 가치관과 직접적인 사회운동에의 참여와 인권의식은 매우 큰 정관계를 나타냈다. 즉 인권의식은 배경변수나 주관적 성향 판단보다 질적으로 의미있는 가치관의 구축과 연관되며, 따라서 직접적인 행동으로 표현된다고 해석할 수 있다.

6. 위험으로부터의 사회적 복원력: 경제적 위험/권리의 중요성

앞서 인권관념의 발전 논의에서 언급한 대로, 인권관념은 정부의 역할과 관련이 깊은데, 정부는 인권과 관련하여 야누스의 얼굴을 가진다. 근대국가 초기에 주로 정부의 개인에 대한 과잉 권력행사를 염두에 둔 시민적·정치적 권리 개념은, 점차 개인의 권리 증진을 위한 정부의 적극적인 역할을 기대하는 방향으로 발전하기 시작했다. 그중 가장 중요한 것이 경제적 권리다. 사람들을 최소한의 경제적 생활수준과 노동, 건강, 주거, 교육의 조건을 향유할 수 있도록 하는 것이 정부의 역할이며, 그것은 개인의 기본적인 권리라는 관념이 형성된 것이다. 이렇게 보면 사회적 질(social quality)의 가장 기본요소인 안전한 사회의 조건(security)[20]은 인권의 핵심적 요소로 이해할 수 있으며, 그것이 충족되지 않은 상태, 즉 사회적 위험으로부터의 복원력은 바로 인권증진의 과정인 것이다.

본 조사에서 사람들이 가장 중요하게 생각하는 위험과 인권의 내용이 경제적인 것에 집중해 있는 것도 우연이 아니다. 이 조사에서는 23가지의

---

20. 사회적 질(social quality)의 기본요소에 관해서는 이 책의 결론(제9장)을 참조할 것.

〈그림 5-11〉 정부가 역점을 두어야 할 위험요소

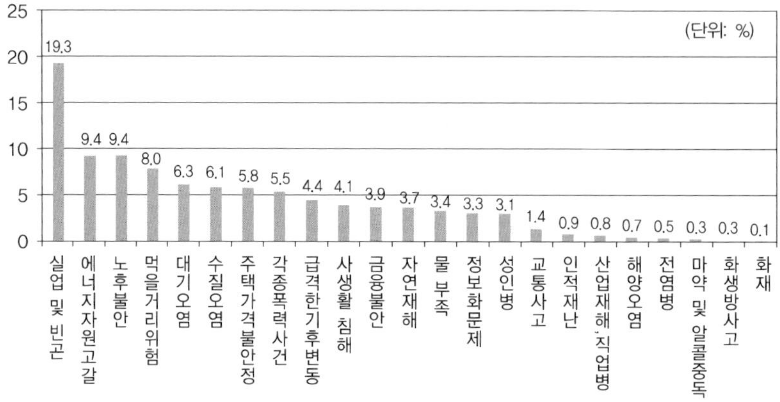

〈그림 5-12〉 정부가 역점을 두어 인권을 보호해야 할 대상

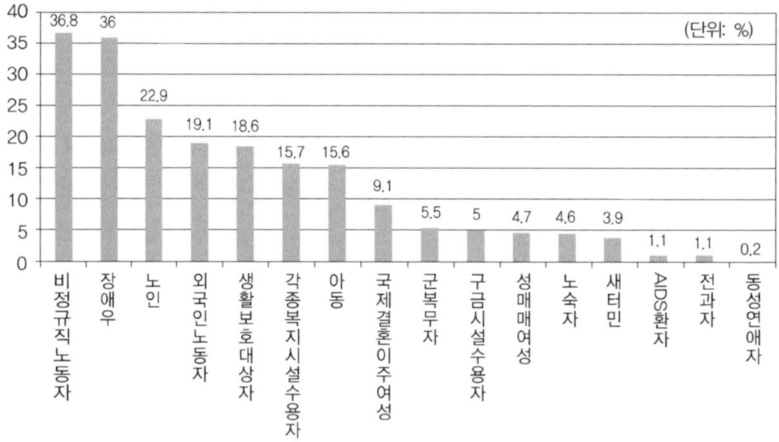

위험[21]을 제시했는데, 그중 정부가 가장 역점을 두어 대책을 마련해야 하

21. 문항 3. 수질오염, 대기오염, 해양오염, 자연재해, 급격한 기후변동, 에너지 고갈, 물 부족, 산업재해와 직업병, 교통사고, 화재, 화생방사고, 사이버 범죄, 사생활 침해, 인적 재난, 전염병, 성인병, 먹을거리 위험, 각종 폭력, 마약 및 알콜중독, 실업 및 빈곤, 주택가격, 노후불안, 금융불안.

〈그림 5-13〉 정부가 역점을 두어 시행해야 할 인권정책

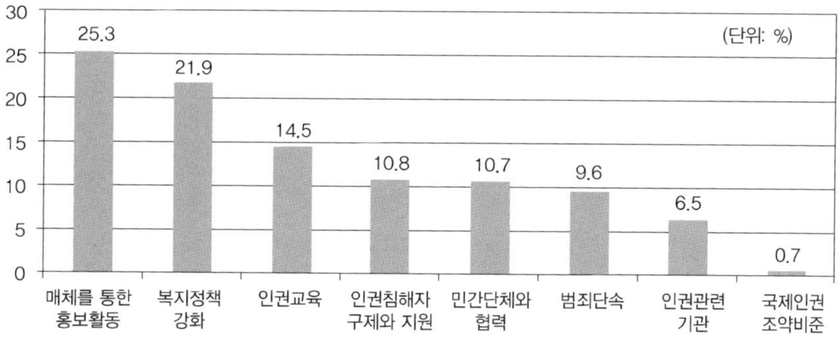

는 것으로,[22] 실업과 빈곤이 가장 중요하게 꼽혀졌으며, 에너지 자원 고갈, 노후 불안 등 다른 경제적 요소들도 중요하게 여겼다(〈그림 5-11〉).

한편, 가장 우선적으로 인권보호가 이루어져야 할 사람으로,[23] 비정규직 노동자가 가장 중요하게 지적되었고, 장애우, 노인, 아동 등 일반적 범주의 사회적 취약계층 외에, 생활보호대상자, 외국인노동자 등 경제적 분야의 문제들이 중요하게 여겨졌다(〈그림 5-12〉).

인권의 증진을 위하여 정부가 역점을 두어 시행해야 할 정책이 무엇인가에 대한 질문[24]에서도 복지정책을 강화해야 한다는 의견이 매우 높게 나왔다. 경제적 권리를 강조하는 인권인식을 볼 수 있다.

---

22. 문항 5. "귀하는 제시된 23가지 위험 중에서 정부가 가장 역점을 두고 대책을 마련해야 할 위험은 무엇이라고 생각하십니까?"

23. 문항 53. "귀하는 우리나라에서 가장 우선적으로 인권보호가 이루어져야 할 사람들은 누구라고 보십니까?" 1, 2순위를 합쳐서 계산한 것이므로, 전체는 200%.

24. 문항 56. "인권의 보호와 신장을 위해 특히 정부가 주안점을 두어야 할 활동분야는 다음 중 어디라고 생각하십니까?"

7. 맺음말

서로 다른 맥락에서 발전되어온 위험사회 논의와 인권 논의가 실상은 서로 깊은 관련이 있다는 이 글의 발견은, 매우 의미심장하다. 인권 침해가 근대 사회에서 중요한 사회적 위험으로 간주되어야 한다는 이론적 함의가 일차적으로 제기될 수 있다. 앞서 논의한 대로 대부분의 위험 논의에서 인권과 관련된 사항은 산발적으로 분석적인 체계 없이 일부 포함되기도 하지만, 이제 인권논의에서 발전시켜온 인권의 범주를 체계적으로 결합시키는 것이 사회적 위험을 이해하는 데 필수적이라고 판단된다. 더욱이 이것은 지금까지 사회학이라는 학문체계 속에서는 규범과 사회운동의 차원에서만 연결되어 학문적 시민권을 확립시키지 못한 인권문제가, 적극적으로 사회학적 논의로 흡수되는 중요한 지점을 만들 수 있다는 점에 주목할 필요가 있다.

울리히 벡이나 기든스와 같은 사회학자들이 사회발전 전반과 관련하여 상당히 변증법적으로 위험을 이해하여 보다 질적인 사회발전을 이루기 위해 위험을 극복하는 성찰적 과정을 제기했는데, 인권의 개념을 위험논의와 연결시켰을 때, 보다 명확히 그 갈등과정이 드러날 수 있다. 경제발전과 국가안보라는 중요한 사회발전의 목표와 인권존중이라는 또 다른 목표는 갈등을 일으킬 수 있고, 이 갈등을 이해하는 시각이 다양한 "진보적" 성향과 유의미한 관계가 있다는 사실은 위험사회를 이해하는 데 또 다른 중요한 함의를 제시한다. 인권문제를 사회적 위험의 중요한 범주로 간주했을 때, 사회적 위험 자체 내에 여러 차원의 갈등관계가 존재한다는 점과, 그 갈등에 대한, 균형있는 고려가 사회발전에 중요한 요소가 될 수 있다는 사실을 보여준다.

이 조사는 인권의식이 연령, 교육, 계층의식 등과 같은 변수들과 단순하게 연관되지 않으며, 보다 질적인 가치의 발전과 그를 위한 사회참여적

행동을 수반하는 적극적인 사회적 가치라는 점을 보여주고 있다. 따라서 위험사회로부터 질적으로 높은 수준의 사회로 가는 발전과정에서 인권의식의 확대는 중요한 방향신호일 수 있다.

제2부

위험정치와 촛불집회

제6장

2008년 촛불집회에 나타난 위험의 정치화

장덕진

1. 머리말

쇠고기가 그렇게까지 정치적일 줄 누가 짐작이나 했을 것인가. 2008년 촛불집회 참여자들이 정파적인 이유 때문에 참여한 것은 아니었다. 그러나 결과적으로 쇠고기는 엄청난 정치적 파장을 불러왔다. 그 단기적인 정치적 결과는 이런 것들이다. 전통적인 밀월기간을 즐겨야 할 새 대통령이 대국민사과를 해야 했고, 청와대 참모진이 전면 개편되고 주무장관이 교체되었으며, 대선과 총선에서 연이어 참패함으로써 고사 직전에 있던 야당은 기사회생했고, 미국과의 "재협상은 없다"던 여러 차례의 공언과는 달리 실실적 재협상이라고 할만한 추가협상이 이루어졌고, 취임 직후 60%가 넘던 대통령 국정수행지지도는 불과 두 달 만에 최저 13%까지 떨어졌다. 하지만 더 중요한 것은 그 장기적 결과다. 미국산 쇠고기로 촉발된 '촛불'은 이명박 정부의 5년 임기를 폭넓게 규정해버렸다. 광화문 네거리를 가로지른 거대한 컨테이너 장벽으로 상징된 '소통거부'의 이미지는 불행히도 이제 막 임기를 시작한 새 정부에 강렬한 낙인이 되어버렸고, 향후 정부가 어떤 정책을 펼친다 하더라도 이 낙인의 범주 안에서 규정될 가능성이 크다.

생각하면 놀라운 일이 아닐 수 없다. 연인원 100만 명이 넘는 시민들이 자발적으로 거리로 뛰쳐나온 일이 과연 몇 번이나 있었던 사건인가. 굴곡진 현대사에서 우리는 그런 일들을 몇 차례 경험했지만, 그때마다 학생과 노동자 · 농민의 희생이라는 대가를 치른 다음에야 사람들은 거리로 뛰쳐나왔고, 그러한 사건이 있기까지는 오랜 시간에 걸친 독재정권의 폭압이 선행되었다. 하지만 2008년 촛불집회는 이와는 경우가 다르다. 새 정부가 출범한 지 두 달밖에 지나지 않았으니 독재를 하려고 해도 할 시간도 없었고, 아직 쇠고기 수입이 시작되지 않았으니 그로 인한 피해자도 아직 없었으며, 집회와 시위 과정에서 다치고 구속되고 인권을 침해당하는 사례는 다수 있었으나 촛불집회 이전에 누군가가 희생된 것도 아니었다. 이명박 정부가 뚜렷한 권위주의적 회귀 성향을 보이는 것은 사실이지만, 새 정부의 권위주의적 성격 때문에 촛불집회가 일어났다기보다는 촛불집회의 규정력 때문에 새 정부의 그러한 성향이 더욱 가속화되는 측면이 더 크다고 할 수 있다.

그렇다면 일각의 주장처럼 100만이 넘는 사람들은 좌파 언론과 포탈이 만들어낸 유령에 속아서 어처구니없는 집단행동을 벌인 것인가. 신생 보수단체인 사단법인 '시대정신'은 촛불집회 1주년을 맞이하여 2009년 4월 22일 "광우병 파동의 재조명 토론회"를 열고 촛불집회 관련 단행본을 출간하면서 2008년 촛불집회를 "거짓과 광기의 100일"이라고 규정하였다(홍성기 외, 2009). 흥미로운 것은 광우병의 객관적 발생 건수와 사람들의 주관적 걱정 사이의 관계다. 세계보건기구에 따르면 2007년 현재 세계에서 광우병이 가장 많이 발생한 나라는 영국인데, 동물감염 184,551건에 인간감염도 163건에 이른다. 알다시피 한국에서는 인간감염은 물론 동물감염도 단 한 차례도 보고된 적이 없다. 반면 광우병에 대해 걱정한다는 영국인의 비중은 40.5%인 데 비해 같은 걱정을 한다는 한국인은 68.8%에 이른다. 단순히 객관적 위험 대비 주관적 걱정을 계산해보면 한국인은 쓸데없는 걱정을 하고 있다는 결론에 이르게 된다. 인간이 항상 합리적인 것은 아니지만, 우리는 이렇게까지 비합리적인 것인가.

그렇지는 않다. 이 장에서는 2008년 8월 이루어진 전국단위 설문조사 결과를 분석하면서, 2008년 촛불집회는 위험사회에서 나타나는 위험정치의 한 양상이었음을 보일 것이다. 촛불집회는 워낙 다양한 얼굴들을 동시에 가지고 있었기 때문에 그것의 추동력을 어느 한 가지로 좁히는 것은 매우 어려운 일이다. 그러나 분석결과는 적어도 몇 가지의 힘들이 상호작용하고 있었음을 보여준다. 그 하나는 광우병이라는 소재가 가진 위험사회적 특성이다. 새로운 종류의 위험은 시간과 공간을 초월할 뿐 아니라 현황을 파악하거나 예측하는 것도 허용하지 않는다. 인체에 쌓인 유해물질이나 변형된 유전자는 시간을 뛰어넘어 자녀에게로 전승되고, 한 나라의 목장에서 도축된 광우병 걸린 소의 고기는 국경을 뛰어넘어 다른 대륙에서 소비된다. 2008년 촛불집회 이후 또 한 차례 한국을 휩쓸었던 멜라민 파동에서 잘 드러났듯이, 분유를 비롯한 유제품, 초콜릿 등 멜라민은 도저히 피할 수 없을 만큼 광범위하게 퍼져 있고, 처음 문제가 된 중국산 식품을 피한다고 해서 해결되는 것이 아니라 글로벌 푸드 체인을 통해 다른 나라를 거쳐 유입되는 경우도 많기 때문에 피할 수도 예측할 수도 없고 도대체 오늘 하루 동안 내가 얼마나 많은 멜라민을 섭취했는지조차 알 수 없다. 이때 문제가 되는 것은 위험지위(risk position)다. 새로운 위험사회는 새로운 계층, 즉 지금까지 존재하지 않았던 기준에 의한 사회의 수직적 분화를 낳는데, 이것이 곧 위험지위다. 미국산 쇠고기가 몰고올 광우병의 위험이 객관적으로 얼마나 크든 혹은 작든 간에, 낮은 위험지위에 속한 사람들이 그 위험에 가장 먼저 노출될 것임은 자명한 일이었다.

둘째는 10여 년 전부터 한국사회에 무시할 수 없는 변화추세로 나타나기 시작한 탈물질주의의 등장이다. 탈물질주의에 대한 사회학적 논의는 대부분 잉글하트(Inglehart)를 비롯한 근대화론자들이 주도하고 있지만, 촛불집회에서 탈물질주의의 중요성을 인정하기 위해서 반드시 근대화론에 동의해야 할 필요는 없다. 탈물질주의론자들은 경제성장이 이루어짐에 따라 사람들의 가치관이 점점 기본적인 물질적 욕구(경제성장, 물리적 안전, 국가 안보, 법과 질서)에서 탈물질적 욕구(자기계발, 개인의 자유, 정책에 대한 시민참여, 인권, 환경)를 중시하는 것으로 변해간다고 주장한다. 촛불집회의 양상에서 이러한 원래적인 의미의 탈물질주의도 중요하게 작용하였으나, 못지않게 중요했던 것은 물질주의의 핵심 에이전트인 신자유주의 국가의 한계에 대한 질문이었다. 아마도 건국 이래 최고로 성공한 CEO이자 '경제 살리기' 슬로건으로 대통령까지 될 수 있었던 이명박 대통령의 장점은 자유무역의 에이전트인 신자유주의 국가에 대한 의문이 제기되자 순식간에 단점으로 전환되었다. 미국과의 '자유무역' 협정을 위해 쇠고기 수입을 쉽게 허락한 '신자유주의자'가 되어버린 것이다. 더구나 이명박 대통령은 사태 초기인 2008년 5월 8일 청와대 춘추관을 찾아 기자들과 점심을 함께 하면서 "위험하면 못 먹고 안 먹는 것인데, 수입업자들도 장사가 안 되면 안 들여올 것"이라고 하면서 시장의 자정 기능에 대한 믿음을 드러냈다. 이어서 그는 "(쇠고기 수입에 반대하는 사람들이) FTA를 반대하는 사람들 아니냐"고 말함으로써 미국산 쇠고기 수입과 FTA, 그리고 신자유주의 국가의 관계를 스스로 분명히 했다. 그러나 광우병과 같은 신종 위험은 신자유주의 무역체제가 가진 근본적인 한계를 드러낸다. 무역장벽 없는 세계는 신종 위험의 전파에도 장벽이 없는 세계가 될 것이기 때문이다. 더구나 생태발자국(ecological footprint) 대비 삶의 질과 기대수명을 측정하는 "행복한 지구 지표(Happy Planet Index)"에서 미국을 비롯한 G8 국가들이 대체로 100위권 밖에 머물고 있다는 사실(Marks et al., 2006)은 신자유주의 무역질서 하에서 환경을 포함한 신종위험은 공유지의 비극과도 같이 누구도 돌보지 않는 영역이 될 가능성이 높다는 점을 잘 보여준다. 성장과 시장을 믿지 않는 탈물질주의 성향이 강하면 강할수록 사람들은 미국산 쇠고기 수입에 강하게 반발하게 되어 있고, 맹목적으로 신자유주의를 추종하는 듯이 보이는 새 정부의 모습은 이러한 반발에 기름을 붓는 격이었다.

셋째로 중요한 추동력은 한국사회 신뢰의 구조에 있다. 시장을 믿을 수 없다면 다음으로 믿어야 할 것은 국가의 행정력이다. 실제로 정부는 여러 차례에 걸쳐 "한미 양국의 철저한 검역"을 믿어줄 것을 호소했지만 먹혀들지 않았다. 광우병이라는 미지의 위험에도 불구하고 미국산 쇠고기의 수입에 동의하기 위해서는 그 위험에서 국민을 보호하겠다는 정부의 의지와 행정능력에 대한 신뢰가 필요하다. 그러나 1980년대 후반 이후 한국사회는 지속적인 신뢰의 추락을 경험하고 있다. 한국에서 일반신뢰의 수준은 현저하게 낮아져서 지금은 세계적으로도 상당한 저신뢰 사회에 속해 있다. 이 장의 뒷부분에서 더 상세히 보일 것이지만, 이러한 일반신뢰의 하락은 심지어 촛불집회 비참여자들 사이에서도 '기본적인 불신'으로 작용하고 있다. 즉 참여하지 않은 사람들도 정부를 믿어서 참여하지 않은 것이 아니라 "불신에 찬 눈으로 수수방관하는" 모습을 보였다는 것이다. 또한 기관별 신뢰를 보면 국회-정부-검찰-대기업의 순서로 불신의 대상이 되고 있다. 1980년대 중반까지 정부는 가장 높은 신뢰를 받는 기관이었으나 지금은 국회와 함께 최하위 그룹을 형성하고 있다. 가장 불신의 대상인 네 개의 기관들이 촛불집회와 관련한 가장 핵심적 기관들이라는 점도 주목해야 한다. 집권여당인 한나라당이 비판의 대상이 되었던 것은 말할 것도 없고, 뒤늦게 거리로 뛰쳐나온 야당들조차 싸늘한 냉대의 시선을 견뎌야 했다. 촛불집회 과정에서 대의정치의 한계에 대한 논의가 확산된 것도 국회에 대한 불신과 떼어서 생각할 수 없을 것이다. 정부는 미국산 쇠고기 수입을 추진한 당사자이므로 더 설명이 필요 없을 것이다. 검찰은 촛불집회 참여자들에 대한 강경대응을 주도하였고, 대기업에 대한 불신은 앞서 언급한 '시장의 자정 기능'에 대한 믿음이 한국인들 사이에 존재하지 않음을 말해준다.

넷째는 인터넷을 필두로 하여 각종 매체들이 제공한 창발력이다. 촛불집회와 관련하여 매체의 영향력을 논의할 때 우리는 신중해야 할 필요가 있다. 특히 TV나 인터넷과 관련해서는 더욱 그러하다. TV의 경우 MBC PD수첩을 중심으로 사실보도의 오류 혹은 의도적 왜곡, 그리고 선동의 혐의가 씌워졌고 그에 대한 수사, 고소 및 재판은 1년이 지난 지금까지도 이어지고 있다. 인터넷은 이보다 더 심한 의혹의 눈길을 받고 있다. 루머와 선동의 진원지이자 반정부 세력의 근거지라는 혐의를 받았고, 관련 인터넷 카페 운영자들의 출국 금지 조치로부터 시작하여 미네르바 구속 사태나 소위 '최진실법'으로 불린 사이버모욕죄의 도입 시도 등이 이어졌다. 정말 그런지는 차근차근 확인해보아야 알 일이다.

이 장에서 보여진 경험적 증거들은 매체가 촛불집회와 같은 공적 이슈에 대한 사람들의 관심을 고양시키는 것은 사실이지만, 그렇다고 사람들을 집회의 장으로 끌어내는 것은 아님을 보여준다. 또한 TV를 보는 사람보다는 신문을 읽는 사람들이 더 적극적으로 촛불집회에 참여하였다. 인터넷을 많이 사용하는 사람들이 촛불집회에 더 적극 참여한 것은 사실이지만, 그것은 인터넷이 루머로 가득 차 있어서가 아니라 동시다발적 다대 다 커뮤니케이션이라는 인터넷의 특성상 사람들의 의견을 수렴하기가 더 용이하다는 특성과 다른 한편으로 집회 과정에서 인터넷이 허물어버린 몇 가지의 경계선들 때문이었다. 즉 인터넷은 '창발'의 근원이자 촛불의 도구가 되었을지언정 루머의 진원지나 반정부 세력의 아지트는 아니었다.

이것들이 서로 끌고 당기면서 중대한 정치적 결과를 가져왔고, 이것은 다른 말로 위험의 정치화다. 주목할 것은 사태에 대한 정부여당의 진단이 인과관계를 뒤집어놓고 있다는 점이다. 한 예로 2008년 5월 2일 심재철 한나라당 원내수석부대표는 "쇠고기 수입 반대를 계기로 반미 선동을 하고 반정부, 반이명박 투쟁"을 하고 있다고 발언하였다. 즉 사람들이 반미・반정부・반이명박 투쟁을 하기 위해 촛불집회를 하고 있다는 주장인 셈이다. 그러나 이것은 원인과 결과를 뒤집은 해석이다. 정치적인 사람들이 촛불집회를 한 것이 아니라, 촛불집회를 통해 사람들은 정치화되었다. 이 장에서는 사소한 듯이 보였던 광우병이라는 위험이 어떤 과정을 거쳐서 커다란 파괴력을 가진 정치적 힘으로 창발되었는지를 설문조사에 입각한 경험적 증거에 근거하여 밝히기로 한다.

2. 촛불집회 참여양상의 유형 구분

"무엇이 참여인가." 사회운동에 관한 양적 연구를 하려고 하면 제일 먼저 던져야 할 질문이다. 이 질문에 대해 답할 수 없다면 연구의 타깃이 되어야 할 종속변수를 정의할 수 없기 때문이다. 사회운동에 관한 기존의 양적 연구들은 대부분 운동이나 집회 그 자체에 대한 참여 여부를 종속변수로 하고 있는데, 이것이 직관적인 종속변수라는 점은 쉽게 이해할 수 있지만 동시에 몇 가지 문제점을 낳게 된다. 하나는 대부분의 사회운동에서 참여하는 사람의 수는 극히 제한적이라는 점이다. 경이로울 정도로 높은 참여율을 보였던 촛불집회의 경우에도 실제로 참여했다는 응답은 6.8%에 불과하다. 사례수가 많아봐야 3천 명 이하의 조사가 이루어지는 서베이를 통해 분석을 위한 충분한 사례수를 얻기가 매우 어려워지고, 이것은 양적 분석을 할 때 변수 사용에 심각한 제약으로 작용한다. 둘째로, 분석기법이 매우 단조로워진다. 실제로 대부분의 사회운동 관련 양적 분석은 이항 로지스틱 회귀분석만을 사용하고 있다. 참여했느냐 아니냐만을 예측하는 모델을 만들 수밖에 없기 때문이다. 셋째로, 이것은 결과적으로 이론적인 제약으로 작용한다. 사회운동이나 집합행동과 같이 최종적으로는 소수의 사람들만이 참여하게 되는 사건에서 소위 '침묵하는 다수'의 향방은 언제나 논란거리가 된다. 촛불집회를 예로 들면, 정부는 침묵하는 다수는 사회가 안정되고 경제 살리기에 주력하는 것을 원한다고 주장하고 촛불 참여자들은 침묵하는 다수도 비록 여러 가지 이유로 함께 하지는 못하더라도 심정적으로 동조한다고 주장한다. 침묵하는 다수의 향방을 정확히 알아내지 못하는 한 가지 이유는 사회운동에 대한 이론이 '참여'인가 '비참여'인가만을 연구하기 때문이다. 참여하지 않는 사람들은 모두 동의하지 않기 때문인가? 참여하는 사람들은 운동의 명분에 전적으로 동의하기 때문인가? 실제로는 참여집단과 비참여집단 모두에 내부적으로 상당한 다양성이 존재할 것이다. 넷째로, 2008년 촛불집회와 같이 인터넷을 비롯한 첨단 미디어가 총동원된 경우, 참여를 물리적 참여로 한정하는 것은 심각한 문제가 된다. 촛불집회 현장에 가지 않았더라도 인터넷을 통해 생중계를 지켜보고 블로그를 통해 의견을 나눈 사람들은 아무런 참여도 하지 않은 것으로 간주되어야 하는가라는 문제다.

이러한 문제들을 해결하기 위해 이 장에서는 '참여 여부'가 아니라 '참여 단계'를 변수화하여 사용하고자 한다. 우리가 사용한 설문에는 다음과 같은 두 개의 문항이 있었다.

문항 1. 귀하는 다음 의견에 대해 얼마나 동의하십니까? 혹은 동의하지 않으십니까?

"촛불집회는 미국산 쇠고기의 안전성을 우려한 정당한 문제제기다."

① 매우 동의한다

② 동의하는 편이다

③ 동의하지 않는 편이다

④ 전혀 동의하지 않는다

⑤ 모르겠다

문항 2. 귀하는 최근 정부의 미국산 쇠고기 수입협상과 관련하여 다음과 같은 활동에 참여한 적이 있으십니까?(응답 범주는 "있다" 혹은 "없다")

① 서명운동(온라인 포함)
② 상품불매운동(쇠고기 등)
③ 인터넷 토론 참여, 댓글 달기
④ 촛불집회 참가
⑤ 후원금이나 물품 기부

문항 2에는 미국산 쇠고기 수입과 관련하여 다섯 가지의 활동에 대한 참여 여부를 물었는데, 이 중에서 서명운동, 상품불매운동, 인터넷 토론 및 댓글은 참여자 입장에서는 비교적 쉬운 참여 혹은 소극적 참여라고 할 수 있다. 반면 직접 촛불집회에 참가하거나 기부를 하는 행위는 많은 시간적·경제적 비용을 필요로 하고 나아가 물리적 위험까지 감수해야 하는 행위이므로 상대적으로 어려운 참여 혹은 적극적 참여라고 할 수 있다. 촛불집회에 대한 정당성 여부(문항 1)와 참여 여부(문항 2)를 교차하면 우리는 촛불집회에 대한 네 단계의 점진적 태도를 구분할 수 있다. 첫 번째 단계는 촛불집회의 정당성 자체를 인정하지 않는 태도로서, 가장 부정적인 입장이다. 두 번째 단계는 촛불집회의 정당성은 인정하지만 본인은 아무런 참여도 하지 않은 사람들이다. 앞에서 지적한 것처럼 집회참여 여부만을 종속변수로 하면 첫 번째 단계와 두 번째 단계의 구분이 흐려지게 된다. 그러나 촛불집회가 부당하다고 생각하는 사람과 비록 참여는 안 했지만 정당하다고 생각하는 사람을 같은 범주로 묶는 것은 적절치 않다. 세 번째 단계는 소극적 참여를 한 사람들이다. 여기에는 온라인 서명과 인터넷을 통한 참여가 포함되어 있으므로, 인터넷 시대에 가능해진 새로운 방식의 참여를 한 사람들은 이 세 번째 범주에 속하게 된다. 네 번째

〈그림 6-1〉 촛불집회 참여단계별 응답자의 분포

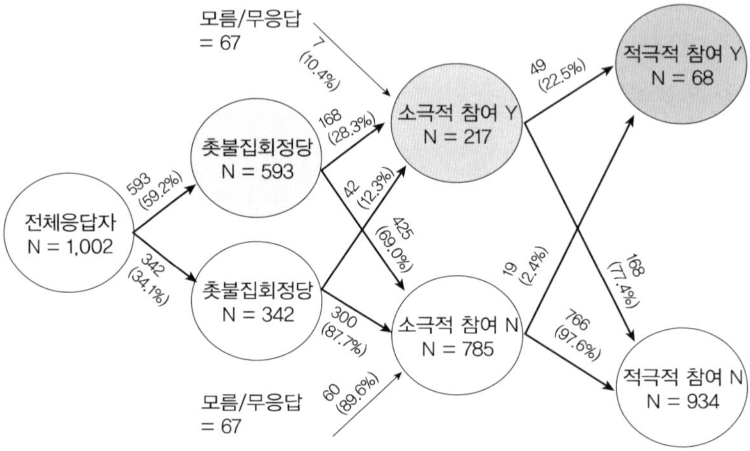

단계는 적극적 참여를 한 사람들이다. 이들은 실제로 촛불집회 현장에 나가거나 금품을 기부한 사람들로, 촛불집회에 대해 가장 적극적이었던 사람들이다. 전체 응답자 중 1-2-3-4단계에 속한 사람들은 각각 35.6%, 40.8%, 16.8%, 그리고 6.8%로 나타났다.

〈그림 6-1〉은 응답자들이 촛불집회에 대해 태도를 결정해가는 과정을 세 개의 단계로 나누어 좀 더 자세한 과정을 보여주고 있다. 오해하지 말아야 할 것은, 사람들이 반드시 〈그림 6-1〉과 같은 단계적 사고를 거쳐 촛불집회에 참여한 것은 아니라는 점이다. 실제 사람들의 생각과 행동은 많은 경우 일관되지 못하고 모순적이며, 때로는 단계를 뛰어넘기도 한다. 하지만 사후적으로나마 그들의 생각과 행동을 단계별로 배치해봄으로써 우리는 촛불집회 참여에 이르기까지의 과정을 대략적으로나마 추적해볼 수는 있을 것이다. 우선 1,002명의 응답자 중 59.2%는 촛불집회가 정당하다고 평가했다. 반면 34.1%는 부당하다고 평가했고, 6.7%는 모른다고 하거나 응답하지 않았다. 여기서 주목해야 할 것은 촛불집회 참여 여부와 상관없이 정당하다고 평가한 사람이 2/3에 가까운 59.2%나 된다는 점이

다. 집회 참여만을 종속변수로 하는 연구들과는 달리, 여기에서는 오히려 설사 직접 참여하지 않았더라도 촛불집회에 대해 긍정적인 태도를 가진 사람들이 이렇게나 많았다는 점을 연구에 포괄하고자 한다. 어찌 보면 이것이야말로 위험사회에서의 위험정치를 가능하게 하는 대중적 기반이기 때문이다. 촛불집회가 정당하다고 대답한 사람들 중에서는 28.3%가 소극적 참여를 했고, 소극적 참여를 한 사람들 중에서는 다시 22.5%가 적극적 참여를 했다.

흥미로운 것은 촛불집회가 부당하다고 응답했지만 소극적 참여를 한 사람들이 42명(12.3%)이고, 소극적 참여 단계를 건너뛰고 곧바로 적극적 참여를 한 사람들도 19명(2.4%)이 존재한다는 점이다. 숫자는 그리 많지 않지만, 이들의 존재는 해석상의 문제를 유발할 뿐 아니라 코딩 상의 문제도 가져온다. 부당함에도 불구하고 참여한 사람들은 다음 몇 가지의 가능성이 있다고 생각된다. 첫째로, 촛불집회를 반대하는 방향으로 참여했을 가능성이다. 즉 온라인 댓글 등을 통해 촛불집회의 부당성에 대한 입장을 밝힌 경우다. 둘째로, 뒤늦게 후회하는 경우다. 서베이라는 방법의 특성상 촛불집회 당시에 묻지 못하고 대체로 집회가 진정 양상을 보이기 시작한 2008년 8월에 물었으므로 한 달 정도의 시간 간격이 존재한다. 일부 사람들은 촛불집회 당시에는 옳다고 생각해서 참여했지만 시간이 지나고나서 다시 생각하니 옳지 않았다고 생각을 바꾸었을 수도 있다. 셋째로, 정치적 목적에 의한 전략적 참여다. 특히 새 정부에 대해 극도의 반감이 있는 사람이라면 촛불집회가 옳지 않다고 생각하더라도 참여할 수 있다. 불행히도 우리의 자료를 통해 이들의 입장이 셋 중 무엇인지는 파악할 방법이 없다. 어쩔 수 없이 그 수가 많지 않기 때문에 결과를 크게 바꾸어놓지 않을 것이라는 점에 기대어, 1단계에서 4단계로 갈수록 촛불집회에 적극 참여하는 것으로 해석하였다. 코딩과 관련해서는 촛불집회의 정당성 여부를 우선적인 기준으로 할 것인지 참여 단계를 우선적인 기준으로 할 것인지가 문제다. 태도가 우선인지 행동이 우선인지의 문제다. 태도는 뒤늦게 바꿀 가능성이 있으므로 여기서는 행동을 우선으로 하였다. 즉 촛불집회가 부당하다고 응답했더라도 소극적 참여를 했다면 그 사람은 1단계가 아니라 2단계에 속한 것으로 분류했다는 뜻이다. 이제 이 촛불집회 참여 단계를 종속변수로 사용하여 어떤 요인들이 사람들의 촛불집회 참여에 영향을 미쳤는지를 본격적으로 확인해볼 차례다.

3. 촛불집회 참여에 영향을 미친 요인들: 위험지위, 탈물질주의, 신뢰, 인터넷

1) 위험지위에 따른 반응의 차이

선행연구에 따르면 한국인들은 1990년대에는 건축물의 붕괴나 대형 폭발사고, 대형 교통수단의 사고 등 기술적 위험에 대한 우려를 가장 많이 표명했고, 현재는 불안정고용이나 취업난, 급격한 경기변동, 빈부격차 등의 사회경제적 위험에 대한 불안수준이 높고, 앞으로 10년 후 미래에는 사이버 범죄나 신종질병, 생명윤리 침해 등의 IT와 BT 관련 위험이 높을 것이라고 전망하고 있다(이재열 외 2005a, 2005b, 그리고 이 책의 1장에 제시된 〈표 1-10〉 참조). 2005년도에 조사된 이 보고서에서 광우병과 같은 신종질병은 전체 응답의 7.19%를 차지하여 현 단계에서 가장 우려되는 위험 1위에 올라 있다.

〈그림 6-2〉는 각종 음식물 관련 위험에 대해 '걱정한다'고 응답한 사람들의 퍼센트를 한국과 EU 평균을 중심으로 비교한 것이다. 한국은 2008년 조사이고 EU는 2007년 조사라는 시점의 차이가 있고, 특히 한국은 광우병 우려로 인한 촛불집회 직후에 한 조사이기 때문에 우려가 부풀려진

〈그림 6-2〉 한국과 EU의 음식물 관련 위험에 대한 걱정 정도

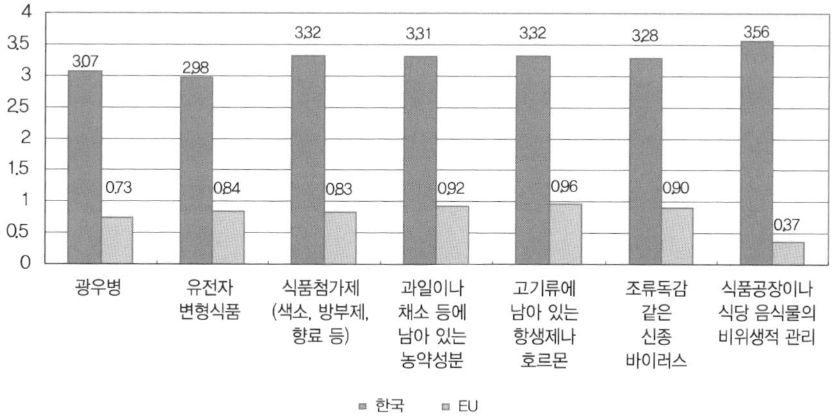

자료 : 한국: 서울대사회발전연구소·중앙대차세대에너지안전연구단 2008.
EU : Eurobarometer 2007.

측면이 있을 것이나 그럼에도 각종 음식물 관련 위험에 대해 한국인이 걱정하는 정도가 EU 평균에 비해 일관되게 높게 나타나고 있다. 특히 '식품공장이나 식당의 비위생적 관리'라는 행정적 혹은 조직적 관리 능력에 대해서는 한국인이 걱정하는 정도가 EU보다 무려 세 배 가까이 높아서, 촛불집회 직후라는 시점의 특성을 생각하더라도 그 차이가 매우 크다. 이러한 경향은 〈그림 6-3〉에서 더욱 두드러지게 나타난다.

〈그림 6-3〉은 식품안전에 관한 법률이 적절히 집행되고 있다고 생각하느냐는 질문에 대해 "그렇다"고 답한 사람들의 퍼센트를 분모로 하여 가중치를 준 것이다. 한국에서 이 질문에 "그렇다"고 답한 사람은 22.4%밖에 되지 않는 반면, EU에서는 73.6%에 달한다. 음식물에 대한 우려를 많이 한다 하더라도 관련 법률이 제대로 집행되고 있다고 믿는다면 그 걱정은 상당 부분 줄어들 것이지만, 거꾸로 음식물 자체에 대해 큰 우려를 안 한다 하더라도 관련 법률에 대한 믿음이 없다면 그 걱정은 증폭될 것이다. 〈그림 6-2〉에서 크게 나타나지 않던 한국과 EU의 차이는 관련 법률에 대

〈그림 6-3〉 식품안전 관련 법에 대한 신뢰 대비 음식물 관련 위험에 대한 걱정(한국과 EU)

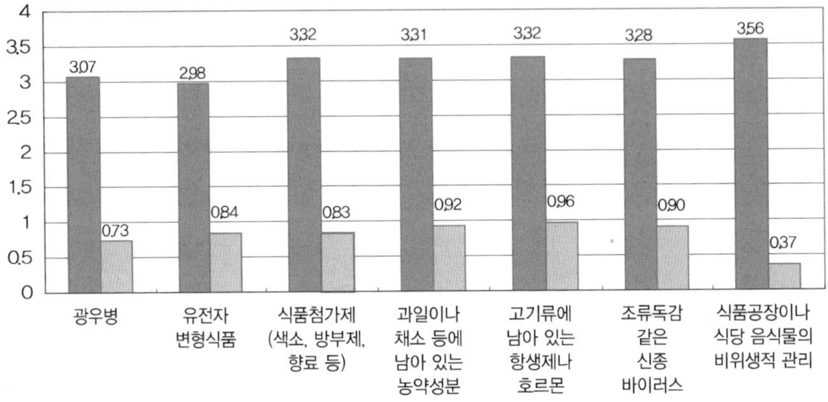

〈그림 6-4〉 위험노출도에 따른 광우병 걱정 여부

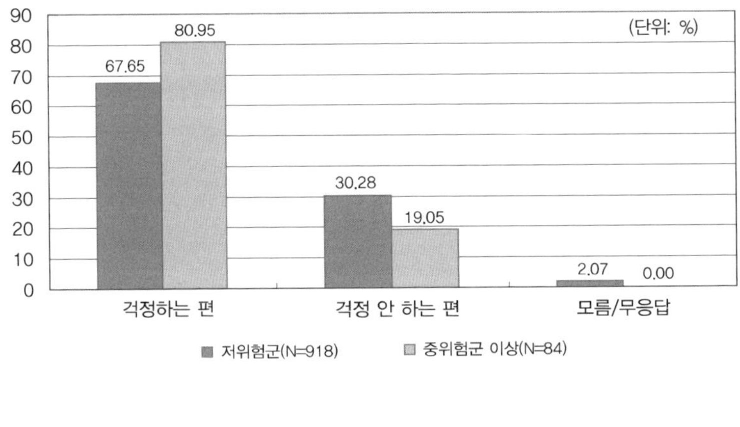

한 믿음을 가중치로 사용한 〈그림 6-3〉에서는 훨씬 확대되어서 보통 4배 이상의 큰 차이가 나는 것으로 나타나고 있다.

그렇다면 위험지위에 따른 위험인지의 차이는 어떻게 나타날 것인가. 〈그림 6-4〉는 응답자 중 사회적 저위험군에 속하는 사람들과 고위험군[1]에

1. 설문에서는 가계, 주거환경, 건강, 노동 등 네 개 분야로 나누어 총 12가지 종류의 사회적

속하는 사람들을 구분하여 그들이 광우병에 대해 얼마나 걱정하고 있는지를 비교한 것이다. 고위험군에 속하는 사람들은 그렇지 않은 사람들에 비해 광우병을 걱정한다는 사람의 비율이 14.3% 높고, 걱정 안 한다는 비율은 11.23%나 낮으며, 이 차이는 통계적으로 매우 유의미하다(p = .03).

위험지위에 따라 서로 다른 정도로 광우병의 위험을 인지한 사람들은 촛불집회에 대해 서로 다른 방식으로 대응하였을 것인가. 〈그림 6-5〉는 이러한 기대가 사실로 나타났음을 보여준다(p = .000). 사회적 위험에 적게 노출된 사람들은 촛불집회가 부당하다고 생각하는 비율이 더 높다. 하지만 저위험군과 관련하여 더욱 주목할 가치가 있는 것은 촛불집회가 부당하다는 평가보다 오히려 그 다음 단계인 "정당하지만 참여하지는 않았다"는 반응이다. 이 부분에 이르면 저위험군과 고위험군의 차이는 가장 현격하게 벌어진다. 고위험군의 25%에 비해 무려 17.47%나 높다는 것도 주목할 만하지만, 그보다 더 중요한 것은 저위험군의 거의 절반에 가까운 42.47%가 이러한 태도를 보였다는 점이다. 이것은 촛불집회가 부당하다

〈그림 6-5〉 위험지위별 촛불집회 참여 양상

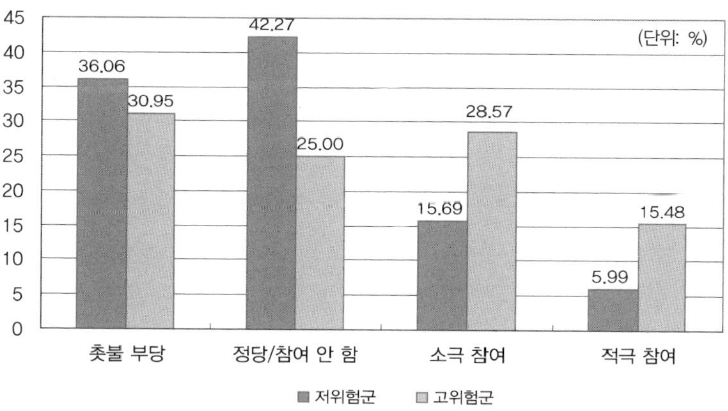

위험을 지난 1년간 경험한 적이 있는지를 물었다. 이 중 세 가지 이하의 위험을 경험한 사람들을 저위험군, 네 가지 이상을 경험한 사람들을 고위험군으로 분류하였다.

는 평가 36.06%보다도 높은 응답률이다. 즉 저위험군에 속하는 사람들은 광우병의 위험이 없다고 생각해서라기보다는 위험은 존재한다고 생각하지만 스스로는 저위험군에 속하기 때문에 굳이 행동에 나설 인센티브가 없었다고 보는 것이 더 정확하다는 뜻이다. 반면 광우병 위험을 '자신의 일'로 받아들인 고위험군 사람들은 저위험군에 비해 두 배 이상의 소극적 참여를, 그리고 세 배에 가까운 적극적 참여를 보여주고 있다. 위험지위의 차이가 실제로 사회운동에 대한 태도의 차이를 가져오고 있다는 증거다.

2) 탈물질주의의 효과

앞서도 언급한 바와 같이, 탈물질주의 가치관은 어느덧 한국 정치의 중요한 경계선 중 하나가 되어가고 있는 듯하다. 이번 조사의 경우 물질주의-혼합형-탈물질주의의 분포는 42.7% : 44.6% : 12.7%였는데, 정치적 이념의 분포에서 보수-중도-진보의 분포가 36.5% : 40.9% : 22.6%로 나타난 것과 단순비교하면 보수적인 한국의 정치지형에서 진보이념이 가지는 효과의 절반 정도에 이르는 효과를 탈물질주의가 가질 수 있다는 뜻이 된다. 사실상 탈물질주의 논의에서 가장 물질주의적 가치로 첫손에 꼽히는 안보와 성장은 그동안 한국 보수이념의 대부분을 규정해왔다고 해도 과언이 아니다. 지나간 권위주의 정권들은 단 한 번도 예외 없이 안보와 성장을 강조해왔고, 정치적 정당성이 위기에 부닥칠 때마다 이것들을 돌파구로 활용했었다. 한국의 현실에서 첫 번째 자유주의 정부라고 할 수 있는 김대중 정부는 앞선 정부들에 비해 대북관계 등에서 상대적인 진보성을 드러냈지만 당선자 시절부터 실질적인 대통령 역할을 할 수 있었던 강력한 초기 지지기반은 IMF 위기라고 하는 세계경제의 틀로부터 제공된 것이었고, 김대중 정부는 가장 신자유주의적인 IMF의 충실한 대리인 역할을 함으로써만 상대적 진보정책의 지지기반을 유지할 수 있었다는 점에서 여전히 성장의 프레임에서 자유롭지 못했다. 두 번째 자유주의정부인 노무현 정부 역시 국내적으로 다양한 진보정책 실험을 했음에도 파병과 FTA라는 안보와 성장의 요구 앞에서는 뚜렷한 한계를 드러낼 수밖에 없었다. 그러면서도 동시에 보수 진영으로부터는 대북 퍼주기를 통해 국가 안보를 위태롭게 하고 경제 살리기에 무능력하다는 비판에 시달렸다. 그러고 보면 안보와 성장이라는 물질주의 이념은 아주 오래 전부터 한국적 보수의 가장 핵심적인 콘텐츠였던 셈이다.

그렇다면 탈물질주의는 어떤가. 한국 보수의 이념이 물질주의 이념과 일치한다고 해서 진보의 이념이 탈물질주의와 일치하리라는 보장은 없다. 아마도 이념의 시대인 1980년대의 진보는 무엇이 바람직한 체제인가에 대한 대안에 기초하고 있었다면, 소위 웰빙의 시대인 2000년대의 진보는 개인의 존엄성과 보편적 인권이라는 가치에 기초하고 있을 가능성이 높다. 이렇게 본다면 1980년대의 진보는 탈물질주의자가 아니었을 가능성이 높지만 2000년대의 진보는 동시에 탈물질주의자일 가능성이 높은 것이다.

〈표 6-1〉은 정치적 진보-보수의 이념과 탈물질주의 유형 사이의 관계에 대한 예측이 사실임을 보여준다. 보수에서 진보로 갈수록 물질주의자는 줄어들고 탈물질주의자는 늘어나는 현상이 뚜렷이 관찰되기 때문이다. 스스로를 진보라고 밝힌 사람들 중에 물질주의자는 보수에 비해 절반 정도

〈표 6-1〉 이념성향별 탈물질 유형의 분포

		탈물질 유형			합계
		물질주의자	혼합형	탈물질주의자	
이념성향	진보	68(30.09)	111(49.11)	47(20.80)	226(100.00)
	중도	166(40.49)	187(45.61)	57(13.90)	410(100.00)
	보수	194(53.00)	149(40.71)	23(6.28)	366(100.00)
합계		428	447	127	1002

Chi-square=44.395, df=4, p=.000. 괄호 안의 숫자는 행을 기준으로 한 퍼센트.

〈그림 6-6〉 세대별·이념별 탈물질주의 성향

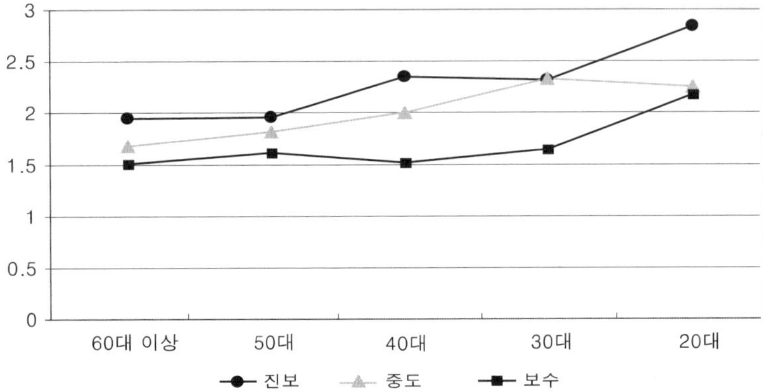

밖에 되지 않고, 탈물질주의자는 보수에 비해 세 배를 상회하고 있다.

그런가 하면 〈그림 6-6〉은 세대의 변화에 따른 이념과 탈물질주의의 관계 변화 또한 우리의 예측과 크게 어긋나지 않음을 보여준다. 응답자의 연령은 19세에서 74세까지 분포하는데, 19~29세를 20대로 묶고 60~74세를 60대 이상으로 묶어서 각 연령대별·이념별 탈물질주의 성향의 평균을 비교한 것이다. 탈물질주의 성향은 0점에서 6점까지의 분포를 가지며, 점수가 커질수록 탈물질주의 성향이 강해진다는 것을 의미한다. 그림에서 집단을 막론하고 탈물질주의 성향의 평균이 1.5에서 3점 사이에 있다는 것은 아직까지 한국 사람들에게 성장과 안보를 중시하는 물질주의 성향이 지배적임을 뜻한다. 하지만 시간의 흐름에 따른 탈물질주의의 등장 추세는 뚜렷하다. 예상했던 바와 같이 모든 연령대에서 진보로 갈수록 탈물질주의 성향이 강하지만, 여기에는 연령의 효과가 공존하고 있다. 세대가 젊어질수록 탈물질주의 성향은 더 강해지는 것이다. 하지만 이러한 연령의 효과가 진보라고 해서 특별히 더 강한 것은 아니다. 진보집단의 기울기 변화와 보수집단의 기울기 변화가 별로 다르지 않기 때문이다. 그보다는 오히려 스스로를 중도로 규정한 20대가 같은 집단의 30대에 비해 탈물질주의 성향이 줄어드는 것 정도가 눈에 띄는 현상이다. 이것은 한편으로는 진보-보수의 정치 이념과 탈물질주의의 관계가 아직 그렇게까지 단단히 얽혀 있는 것은 아니라는 점을 보여주기도 하지만, 다른 한편으로 촛불집회 참여에 있어서 탈물질주의가 일정한 역할을 했다면 그 파급효과는 진보에 국한되지 않고 넓은 파장을 가졌을 수 있음을 말하는 것이기도 하다. 이제 탈물질주의와 촛불집회 참여의 관계를 보기로 하자.

〈그림 6-7〉에 나타나듯이, 물질주의자들은 80% 이상이 촛불집회를 부당하다고 평가하거나 혹은 정당하다고 생각하더라도 아무런 참여를 하지 않았다. 하지만 혼합형에 속하는 사람들은 부당하다는 평가가 현저하게 줄고 소극적 참여의 비율이 크게 늘어나는 것을 볼 수 있다. 이러한 경향은 탈물질주의자 집단에 이르면 더욱 현저하게 나타나서, 적극적 참여가 급격하게 늘어나고 있다.

한국처럼 물질주의가 압도적인 나라에서 탈물질주의는 정치적이다. 이들은 정치적이어서 탈물질주의를 선택하는 것이 아니라, 탈물질적이다 보니 본의 아니게 정치적이 되는 사람들이다. 세계 여러 나라 사람들의 가

〈그림 6-7〉 탈물질주의 유형별 촛불집회 참여 양상

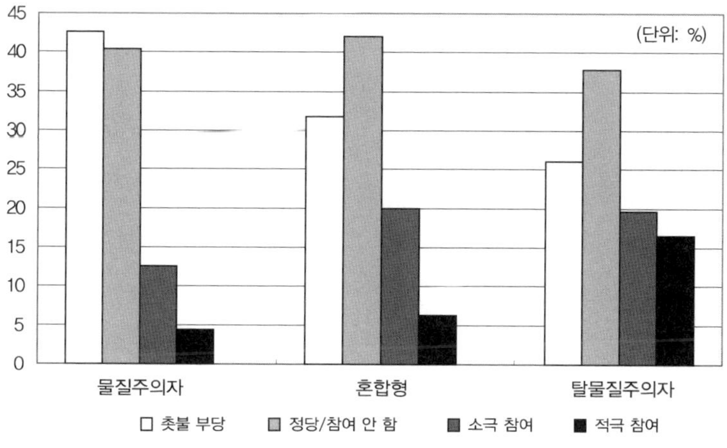

치관 변화를 추적하는 세계가치관조사(World Values Survey)의 가장 최근 자료인 2005년 데이터에서 물질주의와 탈물질주의의 분포를 국제비교해 보면 한국 사람들이 아직까지 얼마나 물질주의적인지 잘 드러난다. 예를 들어 2005년 한국에서 물질주의자는 전체의 86%인 것으로 나타난다. 반면 미국은 52.78%, 일본은 57.05%, 스웨덴은 48.68%이고 심지어 우리보다 국민소득이 훨씬 낮은 멕시코도 54.03%를 나타낸다(장덕진, 2009). 이처럼 물질주의가 압도적인 나라에서 탈물질주의적 가치를 가진 사람들은 지배적인 가치관에서 벗어나는 순간 지배체제의 바깥에 서있는 자신을 발견하게 되고, 의도했든 의도하지 않았든 체제에 저항하게 되는 정치적 결과를 낳는다. 이런 의미에서 한국에서 비정치적 탈물질주의의 설 자리는 매우 좁은 셈이다. 촛불집회의 전개 과정에서 초기에는 광우병에 대한 우려 자체가 촉발요인이 되었지만 사태의 진전과 더불어 광우병보다 오히려 정부의 고압적이고 소통을 거부하는 자세가 더 문제가 되었던 것은 이러한 과정을 잘 보여준다.

그러나 탈물질주의가 정치적이 되도록 만들었던 더 직접적인 요인은 새 정부가 지향하는 신자유주의 국가적 성격이 광우병이라는 새로운 종류의 위험을 전적으로 간과하는 것처럼 보이게 만들었고, 그 결과 대선 과정에서 이명박 대통령의 장점이 한순간에 단점으로 인식된 데에 있다. 새 정부는 '실용'을 모토로 내걸고 출범과 동시에 '비즈니스 프렌들리'를 선언했다. 또한 최초 쇠고기협상 타결 직후 심상정 진보신당 대표가 제기했던 소위 '숙박료 논란'에 대해 이 대통령이(FTA 등을 통해 얻을 국익에 비하면) "숙박료 치고는 싸다"고 발언한 것은 새 정부의 신자유주의적 성격을 분명하게 해주었다. 문제는 광우병과 같은 새로운 종류의 사회적 위험은 자기이익을 극대화하는 행위자들의 시장에서는 적절하게 보호될 수 없다는 데 있다. 광우병과 같은 새로운 위험은 국경을 뛰어넘고 시간을 초월할 뿐 아니라 예측도 통제도 어렵다. 이러한 위험은 어느 한 개인에게 있는 것이 아니라 시스템 자체에 내재하기 때문에 공공의 관점에서 다루어야 한다. 하지만 자기의 이익을 극대화하는 데만 관심이 있는 신자유주의적 시장에서는 아무도 이러한 공익에 투자할 인센티브를 가지지 않는다. 이러한 시장에서 새로운 위험은 '공유지의 비극'이 되고, 낮은 위험지위에 속해 있어서 위험에 제일 먼저 노출되는 사람부터 차례로 시장에서 퇴출될 가능성이 높은 것이다. 하지만 이제 퇴출은 그들이 경제적으로 비효율적이어서가 아니라 낮은 위험지위에 속해 있기 때문이라는 '부당한' 이유로 이루어질 것이다.

이러한 상황인데도 이명박 대통령은 청와대 춘추관에서 기자들을 상대로 "위험하면 못 먹고 안 먹는 것인데, 수입업자들도 장사가 안 되면 안 들여올 것"이라고 하면서 시장의 자정 기능에 대한 믿음을 드러냈다. 그러나 강력한 국가주도의 산업화 경로를 수십년 동안 거쳐온 한국 사람 중에 자정기능을 발휘할 정도의 완전한 시장에 대한 믿음을 가질 정도로 순진한 사람이 과연 몇이나 있을 것인가. 나아가서 대통령은 "(쇠고기 수입에 반대하는 사람들이) FTA를 반대하는 사람들 아니냐"고 말함으로써 미국산 쇠고기 수입과 FTA, 그리고 신자유주의 국가의 관계를 스스로 분명히 했다. 이제 사람들에게 위험으로부터 벗어나려면 신자유주의와 FTA에 반대해야 한다는, 단순하지만 깊은 인상을 심어준 것이다. 앞서 지적했듯이 한국 사람들은 다른 나라와 비교할 때 예외적이라고 할 정도로 강한 물질주의적 성향(즉 성장추구적 성향)이 있다. 이런 점에서 노무현 정부에 대한 비판은 이러한 성장지향성을 충분히 채워주지 못했다는 데 있었고, '샐러리맨의 신화'라고 불렸던 이명박 대통령의 입지전적 스토리는 대선 과정에서 그의 강력한 무기였다. 그는 자신의 화려한 경력을 바탕으로 '경제 살리기'와 '실용'을 강조하는 것만으로도 이념논쟁에 지쳐 있던 유권자들에게 성장의 꿈을 심어주는 데에 충분했다. 하지만 사태의 변화와 함께 그의 이러한 장점은 한순간에 단점으로 돌변했다. 그 자신은 물론 측근과

'강부자 내각'이라고 불렸던 새 내각까지도 모두 부자이기 때문에 광우병에서 안전할 것이고, 경제적 이득을 위해 가뜩이나 없이 사는 것도 서러운 서민들을 광우병 위험에 내몰려고 하는 야박한 대통령이 되어버린 것이다. 이것은 경제적 하층에 속하는 사람들에게도 용서하기 어려운 일이지만, 성장 이외의 가치를 더 중시하는 탈물질주의자들에게는 더군다나 용서할 수 없는 일이 된다. 성장과 인권 중에서 선택하라면 단호히 인권을 선택하는 사람들이 탈물질주의자들이기 때문이다. 따라서 촛불집회 과정에서 탈물질주의는 고도로 정치화되었다.

3) 신뢰의 구조

사람들이 시장이라는 물질적 가치를 믿지 않았다면, 다음으로 의지해야 할 것은 정부를 비롯하여 사회의 근간을 이루는 여러 제도나 기관을 믿는 것이다. 만약 사람들이 정부의 검역능력을 믿어달라는 호소에 신뢰를 보냈다면 어떻게 됐을까. 혹은 미국산 쇠고기를 수입하는 기업이나 쇠고기를 실제로 사용해서 음식을 조리할 식당업주들의 양심을 신뢰할 수 있었다면 어떻게 됐을까. 아마도 촛불집회의 양상은 많이 달라졌을지도 모른다. 그러나 한국사회의 신뢰수준은 1980년대 후반 이후 빠른 속도로 떨어져서, 지금은 세계적으로도 상당히 낮은 수준에 있기 때문에 이런 일은 일어날 수 없었다.

우리 사회를 불신의 사회라고 평가하는 사람들과 신뢰의 사회라고 평가하는 사람들 사이에는 촛불집회에 대해 어떤 차이가 있었을까. 〈그림 6-8〉은 이러한 의문에 대한 답을 제공해준다. 신뢰의 수준이 높아질수록 촛불집회를 부당하다고 생각하는 사람들의 비율이 빠른 속도로 늘어나는 것을 볼 수 있다. 반면 비록 본인은 아무런 참여도 하지 않았으나 촛불집회는 정당했다고 보는 사람들이나 소극적 참여를 한 사람들의 비율은 신

〈그림 6-8〉 한국사회 신뢰수준 평가에 따른 촛불집회 참여 양상

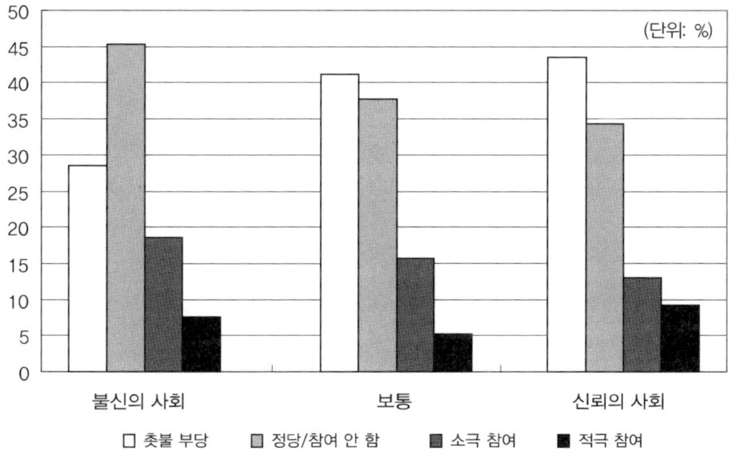

뢰수준의 증가와 함께 줄어들고 있다. 그러나 이해할 수 없는 것은 신뢰사회라고 평가한 사람들 중에서 비록 작은 차이이기는 하지만 촛불집회에 적극 참여한 사람들의 비율도 가장 높다는 점이다. 왜 이런 일이 일어났을까. 그 대답을 얻기 위해서는 한국사회의 신뢰구조를 조금 더 자세히 살펴볼 필요가 있다.

〈그림 6-9〉는 다양한 기관들에 대한 신뢰 여부를 묻는 5점 척도 문항에서 "매우 불신" 혹은 "약간 불신"이라는 응답만을 모아서 촛불참여 양상별로 비교한 것이다. 촛불참여 양상에 무관하게 가장 불신의 대상인 기관은 국회이고 그 다음이 정부와 검찰로 이어진다. 또한 촛불참여 양상별로 비교해 보아도, 촛불집회에 적극적으로 참여한 사람들일수록 이 세 기관에 대한 불신이 체계적으로 높아지는 것을 한눈에 알 수 있다. 주목할 것은 불신의 수준이 촛불참여의 어느 단계에서부터 높아지는가 하는 점이다. 앞서 언급한 것처럼 사회운동에 참여하는가 혹은 참여하지 않는가라는 '최종 행위'만이 문제가 된다면, 불신의 수준은 소극적 참여에서 적극적 참여로 갈 때에 나타나야 할 것이다. 그러나 검찰을 제외하면 이러한

〈그림 6-9〉 촛불집회 참여 양상별 기관 불신 비율

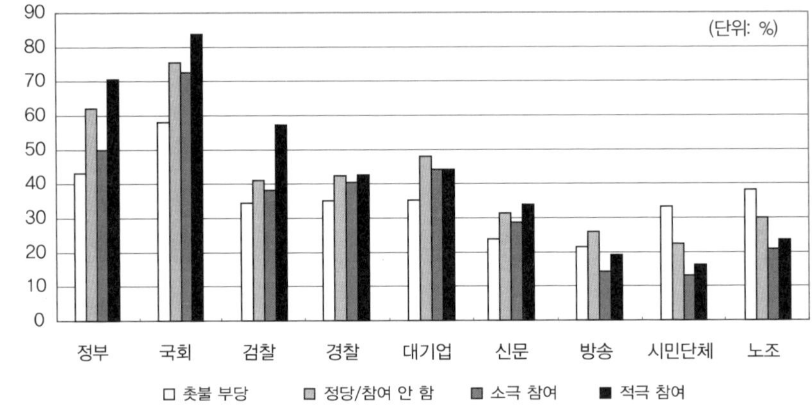

통계적 유의도: 신문을 제외하고는 모두 p<.01

방식의 불신은 나타나지 않는다. 정부, 국회, 경찰, 대기업, 신문 등 대부분의 기관 불신에서 가장 큰 차이는 '촛불은 부당하다'는 평가로부터 '정당하지만 참여하지는 않았다'로 변할 때에 나타난다.

이것은 이론적인 의미와 현실적인 의미를 동시에 가진다. 이론적으로는, '최종 행위'인 참여 여부만을 종속변수로 하는 사회운동론이 그동안 많은 것을 놓쳐왔다는 것을 의미한다. 비록 참여하지 않았다 하더라도 비참여자들은 전혀 동질적이지 않은 것이다. 앞에서 여러 경험적 증거를 통해 확인한 것처럼 사람들은 촛불집회가 정당하다고 생각하더라도 자신이 저위험군에 속하기 때문에 참여하지 않기도 하였고, 혹은 정부에 대한 비판을 자제함으로써 성장을 가져다줄지 모른다는 물질주의적 갈망 때문에 참여를 자제하기도 하였다. 그러나 비참여자라고 해서 무조건 정부와 제도를 신뢰하고 있지는 않았다. 이들 중 상당수는 대단히 비관적이면서도 불신에 찬 자세로 정부를 바라보면서 일종의 '마지막 희망'을 걸고 있었던 셈이다. 현실적으로, 〈그림 6-9〉는 어느 보수단체의 주장처럼 '거짓과 광기의 100일' 동안 국민들을 '선동'하고 '기만'한 '배후세력'이 설사 있다 하더라도 그들에 대해 책임을 묻는 것이 과연 공정한 것인지에 대한 답을 준다. 이때 배후세력이란 심재철 한나라당 원내수석부대표가 주장한 것처럼 '반미 · 반정부 · 반이명박' 세력이 될 것이고, 더 구체적으로는 PD수첩이나 광우병국민대책위원회 등을 가장 먼저 떠올릴 수 있을 것이다. 조직 없는 동원(mobilization without organization)이 이루어지는 인터넷의 시대에 배후세력은 존재할 수 없거나 설사 배후세력이 되기를 희망하는 자들이 있더라도 성공할 수 없다는 점은 여러 연구들이 밝혀놓은 바 있으나(Li, and Bernoff, 2008; Shirky, 2008), 잠시 그러한 연구들은 접어놓고 배후세력이 실제로 선동하고 기만했다고 가정하자. 설사 그들에게 선동과 기만의 책임이 있더라도 지금까지의 분석 결과는 촛불집회 이전에 이미 불신의 대상이 되어버린 국회와 정부와 검찰을 비롯한 한국사회의 '제도'들에도 그에 못지않은 정도의 책임이 있음을 보여준다. 누가 누구를 일방적으로 단죄하고 책임을 물을 수 있는 상황이 아니란 것이다.

〈그림 6-9〉에서 두 번째로 주목할 만한 것은 국회, 정부, 검찰 다음으로 불신의 대상이 된 것이 대기업이라는 점과, 사람들이 촛불집회 과정에서 일상적으로 마주치고 대치해야 했던 경찰보다 오히려 검찰에 대한 불신이 더 크다는 점이다. 대기업에 대한 불신이 이렇게 높은 것은 시장의 자정기능을 믿어달라고 한 대통령의 호소가 먹혀들 여지가 별로 없었음을 보여준다. 또한 경찰에 대한 불신과 검찰에 대한 불신을 비교해보면, 아주 미세한 차이이기는 하지만 다른 세 집단에서는 경찰에 대한 불신이 조금 더 높은 반면 촛불집회 적극 참여자들 사이에서는 검찰에 대한 불신이 압도적으로 높다. 이것을 정확하게 해석하기란 어려운 일이지만, 상식적인 추론은 가능하다. 집회에 적극 참여하지 않은 사람들은 주로 TV나 신문, 인터넷을 통해 현실을 간접 체험하게 된다. 이들에게 있어서 압도적으로 눈에 들어오는 공권력은 경찰일 수밖에 없다. 평화적인 집회 참여자들에게 물대포를 직사(直射)하는 장면이나 땅바닥에 넘어진 여대생을 군홧발로

폭행하는 장면은 모두 경찰에 의해 이루어졌고 국민적인 공분을 불러일으켰다. 반면 이들은 검찰과 마주할 일이 없다. 검찰의 개입은 구속이나 기소 단계에서 가시화되기 시작하고 이 장면은 적어도 물리적인 폭력을 동반하지 않기 때문이다. 반면 촛불집회 적극 참여자들 중 적어도 일부가 경찰에 연행되었다면 그들은 검찰이라는 실체와 직간접적으로 마주하는 경험을 했을 가능성이 높다. 체포와 연행을 '닭장투어'라고 부르고 집단적인 자진연행을 당할 정도로 자신들의 행위가 법보다 우위의 정당성을 가진다고 생각했던 참여자들이라면, 물리적 힘의 전위대인 경찰보다 자신들을 구속하고 기소하는 원칙을 세우고 집행하는 검찰을 더 큰 불신의 대상으로 삼았을 가능성은 충분하다.

세 번째로, 신문, 방송, 시민단체, 노조에 대한 불신에 나타나는 특징들은 다음과 같다. 촛불집회 자체를 부당하다고 생각하는 사람들 중에는 시민단체나 노조를 불신하는 경우가 가장 많았다. 그동안 대부분의 집회는 시민단체나 노조 등이 주도해온 경우가 많았고, 이에 대해 불신과 반감을 품고 있던 사람들일수록 촛불집회도 같은 맥락에서 파악하고 부당하다고 생각했을 가능성이 높다는 뜻이다. 그러나 이와 동시에, 촛불집회를 부당하다고 보는 사람들 중에서도 시민단체나 노조에 대한 불신은 국회나 정부에 대한 불신에 비하면 훨씬 못 미친다는 점에도 주목해야 한다. 즉 이들은 집회를 주도하는 시민단체나 노조에 반대해서 집회를 진압하는 정부의 편에 선 사람들이 아니라, 기본적으로 국회나 정부에 대한 불신도 크지만 그렇다고 해서 시민단체나 노조도 못 믿겠다고 하는 사람들인 것이다. 끝으로 촛불집회를 둘러싼 언론매체의 정치적 분화에도 불구하고 신문이나 방송에 대한 불신에서 그다지 큰 차이가 나타나지 않는 이유는 아마도 매체의 다양성 증가를 설문 범주가 따라가지 못한 데에 있다고 생각된다. 같은 신문이라도 보수신문과 진보신문의 논조 차이는 현격했기 때문에, 신문을 불신한다고 말한 사람들 중에 보수신문을 불신하는 사람과 진보신문을 불신하는 사람들이 섞여 있을 것이기 때문이다.

4) 인터넷은 무슨 역할을 했나

촛불집회를 통한 위험의 정치화 과정에서 큰 역할을 한 또 하나의 장(場)은 인터넷이었다. 주된 관심은 토론의 성지로 불렸던 Daum '아고라'에 집중되었지만, 인터넷의 영향력은 아고라에 한정된 것이 아니었다. 주부들의 요리 카페인 '82cook'이나 패션 카페인 '소울드레서'처럼 기존에는 정치와 아무런 관련이 없었을 인터넷 카페의 회원들이 유모차를 앞세우고 촛불집회에 참여했는가 하면, 집회에 직접 참여하지 않는 사람들도 아프리카와 같은 동영상생중계 사이트를 통해 현장의 모습을 지켜보면서 가상 참여를 했고, 최첨단 인터넷 기술을 활용하는 일부 사람들은 심지어 현장에서 구글어스를 통해 경찰병력의 배치상황을 살피면서 이동경로를 정하기까지 하였다. 현장에서 휴대전화와 문자메시지가 중요한 역할을 한 것은 말할 나위도 없다.

이러한 것들은 인터넷 시대의 사회운동에서는 그 전에 존재하던 몇 가지 중요한 경계선들이 허물어진다는 것을 생생하게 보여준다.

첫째로, 참여와 비참여의 경계다. 과거에는 어떤 복잡한 마음의 경로를 거쳤든, 참여하는 사람은 참여자가 되고 참여하지 않는 사람은 비참여자가 될 수밖에 없었다. 비참여자는 현장의 상황을 알 수도 없었다. 마음속에서 참여하고 싶다는 심리적인 결정은 실제로 현장에 가는 물리적인 참여를 통해서만 증명될 수 있었고, 현장에 가지 못한 사람들은 본인의 의사와는 무관하게 '침묵하는 다수'가 되어 전선의 양편에 선 사람들의 자의적 해석에 끌려다닐 수밖에 없었다. 하지만 인터넷 기술은 이 경계선을 허물어버렸다. 물리적으로 참여하지 않더라도 얼마든지 가상으로 참여하고 블로그와 로그 기록과 덧글 등을 통해 자신의 가상 참여의 흔적을 남길 수 있기 때문이다. 그들은 더 이상 침묵하는 다수가 아니다. 비록 촛불집회에 실제로 참여한 사람보다 그렇지 않은 사람이 더 많지만 그들 중 상당수는 촛불집회에 대한 자신의 입장을 분명하게 밝혀서 기록으로 남겼다. 현장에 가지 않은 가상 참여자는 참여자인가 아닌가? 필자의 대답은 그들도 분명한 참여자라는 것이다. 그들은 더 이상 방관자가 아니라 응원단이 되었기 때문이다. 2002 월드컵 때 시청 앞 광장에 모여 목이 터져라 응원했던 붉은 악마는 월드컵의 당당한 한 주역이다. 마찬가지로 현장에 가지 않았더라도 인터넷을 통해 촛불집회를 지켜보고 그에 동조했던 사람들은 중요한 참여자다. 인터넷 기술의 발달과 더불어 그들이 지켜보고 있는 화면이 시청 앞 대형 전광판에서 각 가정의 개인용 PC로 바뀌었을 뿐이다.

인터넷 시대의 사회운동이 허물어버린 둘째 경계는 정치의 장과 생활의 장 사이의 경계다. 학생운동이 사회변혁운동의 중요한 원천이었던 1970~80년대에 대학 신입생들은 입학과 동시에 다양한 학회나 동아리 등의 활동을 통해 한국사회의 현실과 모순을 인식하는 훈련을 했다. 이것은 입시 공부에 매몰되어 개인적인 생활의 장에만 충실해온 신입생들을 공공적 이슈의 영역인 정치의 장으로 끌어내려는 시도이기도 했다. 정치와 무관하다고 여겨져온 주부나 청소년들이 일제히 행동에 나선 데에는 인터넷이 생활의 장과 정치의 장 사이의 구분을 없애는 데 일조한 데에도 원인이 있다. 다대다(多對多) 커뮤니케이션의 장인 인터넷에서 그들은 일상생활 속에서 자연스럽게 정치의식을 키울 기회를 과거에 비해 훨씬 많이 가지게 된 것이다.

인터넷 시대에 셋째로 허물어진 경계는 물리력과 정보력에 대한 국가의 독점이다. 막스 베버는 국가를 "물리적 폭력을 독점"하는 집단으로 규정하였지만, 촛불집회의 양상은 이 정의를 고쳐 써야 할 필요성을 제기하였다. 국가의 물리력은 인터넷을 통해 때로는 감시당하고 때로는 희화화되면서 그 힘의 상당 부분을 잃어버렸다. 모든 국민이 휴대폰에 달린 카메라 한 대씩을 지참하고 다니는 세상에서, 경찰이 부당한 진압을 시도하면 사람들은 일제히 휴대폰을 꺼내들었다. 거기에 찍힌 사진과 동영상은 즉시 인터넷에 올려지면서 경찰을 궁지에 몰아넣었다. 또한 그러한 장면들에는 어김없이 조롱 섞인 유머와 제목이 붙여지면서 더욱 큰 파급력을 띠고 퍼져나가고, 국가가 독점한 물리력의 부당한 사용을 조롱하는 것은 일종의 국민오락이 되었다. 물리력뿐만 아니라 정보력도 마찬가지다. 과거 같으면 멀리 떨어진 동료들끼리 연락을 주고받으면서 행동을 조율하는 것은 경찰이나 군대와 같은 국가기구에게나 가능한 일이었지만, 이제는 오히려 집회참여자들이 이를 능가하는 조율 능력을 가지게 되었다. 경찰은 어깨에 매단 무전기를 통해 음성 커뮤니케이션을 하는 반면 집회참여자들은 무전기보다 훨씬 휴대하기 좋고 여러 부가기능까지 있는 휴대전화를 통해, 그리고 무선광대역통신망을 이용한 인터넷을 통해 언제든 원하는 방식으로 소통하고 있는 것이다. 1980년대 대학가의 집회에서는 경찰은 정보원을 통해 캠퍼스 내부의 시위대 배치 상황을 파악하고 광학렌즈가 달린 카메라를 멀찌감치 설치해놓고 시위참여 학생들의 사진을 '채증'하였다. 반면 학생들은 전경 부대의 움직임을 알 길이 매우 제한된 상태에서 행동해야만 했다. 하지만 이제 상황은 바뀌어서 집회참여자들은 시시각각으로 서울 전역에 깔린 네티즌들의 포스팅을 통해, 휴대전화 통화나 문자메시지를 통해, 심지어 구글어스를 이용해서 경찰 병력의 배치상황을 전경버스의 번호판까지 확인할 수 있는 상황에서 행동할 수 있다.

그 결과는 엉뚱하게도 인터넷의 정치쟁점화로 나타났다. 청와대는 홍보특보 직속으로 인터넷을 전담한다고 알려진 국민소통비서관직을 신설하였고, 몇몇 인터넷 카페 운영자들은 출국금지되었고, 정부에 비판적인 글을 써온 사이버 논객인 미네르바는 구속되었다가 1심에서 무죄로 석방되는 일을 겪었다. 인터넷 제한적 실명제 도입으로 구글과 마찰을 빚으면서도 막상 청와대 홍보 동영상은 미국 소재의 계정을 통해 계속해서 유튜브에 올려지는 일이 벌어지는가 하면, 그 법적 근거에 대해 논란이 끊이지 않는 사이버 모욕죄 신설 또한 계속해서 추진되고 있으며, 일부 사람들은 실명인증이 필요 없는 외국 사이트로 사이버 망명을 하고 있다.

인터넷이 이렇게까지 정치쟁점화될 정도라면 구체적으로 인터넷은 촛불집회에서 어떤 역할을 수행하였는가. 먼저 〈그림 6-10〉은 하루 평균 인터넷 사용시간별 촛불집회 참여 양상을 보여주고 있다. 그림에서 분명하게 드러나는 것은 인터넷 사용시간이 길어질수록 촛불집회에 점점 더 적극적으로 참여하는 추세다. 인터넷을 사용하지 않는 사람들의 적극 참여 비율이 3%이고 1시간 미만으로 사용하는 사람들의 적극 참여 비율이 6%에 머무는 반면, 4시간 이상 사용한다는 사람들의 적극 참여 비율은 무려 17%에 달한다. 반면 촛불집회가 부당하다는 응답은 인터넷 비사용자 층에서 47%에 달하는 반면, 인터넷 사용시간이 늘어남에 따라 급격하게 줄어들어서 4시간 이상 사용자 층에서는 그 절반 이하인 19%에 머물고 있다. 그렇다면 그 인과관계는 분명치 않더라도 인터넷 사용과 촛불집회 참

〈그림 6-10〉 하루 평균 인터넷 사용시간별 촛불집회 참여 양상

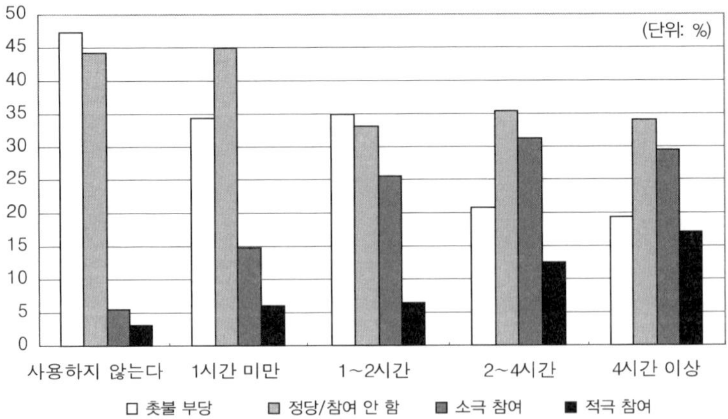

여 사이에 강력한 상관관계가 존재한다고 할 수 있다. 다만 그것이 일각의 주장처럼 인터넷이 루머의 진원지이거나 반정부 세력의 아지트라서 그런 것인지, 아니면 인터넷이 가지는 다른 효과 때문인지는 〈그림 6-10〉만 가지고는 확실하게 알 수 없다. 하지만 다음에 제시하는 자료는 이러한 주장이 틀렸을 가능성을 보여준다.

〈그림 6-11〉은 광우병 관련 정보를 주로 어디에서 접했는지에 따라 촛불집회 참여의 양상이 어떻게 달라졌는지를 보여준다. 광우병 관련 정보를 주로 인터넷에서 접했다고 답한 사람들에서 가장 눈에 띄는 것은 소극적 참여의 비율이 다른 집단에 비해 압도적으로 높다는 점이다. 하지만 이것은 소극적 참여라는 범주 자체가 인터넷 댓글이나 온라인 서명 등을 포함하고 있기 때문이다. 즉 인터넷에서 주로 정보를 접한 사람들은 소극적 참여를 할 기회 자체가 많이 주어졌기 때문에 그들의 소극적 참여가 높은 것은 당연한 것이다. 반면 이 집단의 적극적 참여 비율은 높은 편이기는 하지만 '기타' 범주에 비해 낮고, 신문에서 주로 정보를 접했다는 사람들에 비해 큰 차이를 보이지 않는다. 인터넷에서 주로 정보를 접한 사람들과 관련하여 〈그림 6-11〉이 보여주는 것은 크게 보아 두 가지다. 하

〈그림 6-11〉 광우병 정보소스별 촛불집회 참여 양상

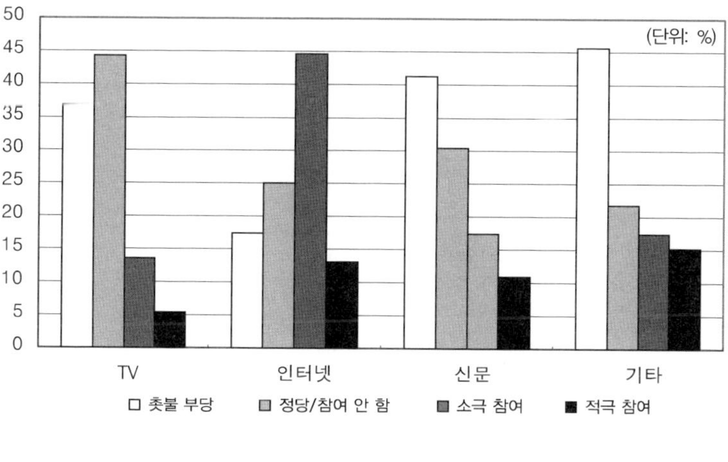

나는 이 집단에 속한 사람들 중에서 촛불집회가 부당하다는 응답의 비율이 현저하게 낮고, 다른 하나는 정당하지만 참여는 하지 않을 사람들을 소극적 참여로 돌려놓았다는 점이다. 즉 인터넷은 여론의 향배에 영향을 미쳤을지는 몰라도 직접 촛불집회에 참여하는 확률을 그다지 높이지는 못했다는 점이다. 그렇다면 촛불집회와 관련한 인터넷의 영향력에 대한 논의들은 일정 부분 맞지만 적어도 부분적으로는 과장되었다고 할 수 있다.

〈그림 6-11〉에 나타나는 또 하나의 중요한 발견은 TV나 신문을 통해 광우병에 대한 정보를 주로 접했다는 사람들과 관련되어 있다. 정부여당은 MBC PD수첩 등 TV를 통해 광우병에 대한 왜곡된 정보가 최초로 유포되었고 이것이 인터넷을 통해 확대재생산된 것이 촛불집회의 주요한 메커니즘이라고 믿고 있는 듯하다. 이러한 믿음은 실제로 촛불집회 이후 1년 이상 지속되고 있는 PD수첩에 대한 수사를 통해서도 다시 한번 증명되고 있다. 또한 촛불집회 과정에서 TV와 신문은 뚜렷한 정치적인 분화를 보였다. 광우병 관련 보도로부터 시작하여 YTN 및 KBS 사장 선임 건을 거쳐 최근의 미디어법에 이르기까지 TV는 대체로 정부비판적인 입장에 서게 된 반면, 보수신문들은 일제히 촛불집회의 사회적 비용이나 비과학적 측면을 부각하는 보도를 했고 최근 미디어법과 관련해서도 환영 일색의 입장을 보이고 있다. 그렇다면 TV를 통해 주로 광우병 관련 정보를 접한 사람들은 촛불집회에 대해 더 적극적인 참여를 했어야 하고, 신문을 통해 주로 접한 사람들은 그 반대의 입장을 보여야 한다.

하지만 〈그림 6-11〉은 이러한 기대와는 상당히 다른 결과를 보여주고 있다. 촛불집회에 소극적 혹은 적극적 참여를 한 사람들은 TV를 통해 접한 집단보다 신문을 통해 접한 집단에서 더 높게 나타난다. 이와 동시에 촛불집회가 부당하다는 사람들 또한 TV보다 신문을 통해 광우병 관련 정보를 접한 사람들에게서 더 높게 나타난다. 즉 신문을 통해 주로 정보를 접하는 사람들은 촛불집회에 대해 찬성이든 반대든 상대적으로 뚜렷한 입장을 취하고 있는 것이다. 반면 TV를 통해 주로 접했다고 응답한 사람들에게서는 촛불집회가 정당하지만 아무 행동도 하지 않았다는 응답이 가장 높게 나타난다. 정부여당의 주장과 달리 TV는 사람들을 참여하게 하는 데에 별다른 영향을 행사하지 못했던 것이다. 그렇다면 찬성・반대의 입장을 동시에 뚜렷하게 만든 신문의 효과는 어떻게 설명할 수 있을까. 신문의 효과에는 아마도 보수신문과 진보신문의 효과가 섞여 있을 것이라고 생각할 수 있다. 하지만 보수신문과 진보신문의 구독률과 판매부수의 현격한 차이를 감안할 때, 이것만으로 상반된 효과를 모두 설명할 수는 없다. 여기에는 아마도 TV에 비해 신문구독이 요구하는 시사문제에 대한 '적극적인 관심'의 효과가 섞여 있을 것으로 생각된다. TV나 신문 모두 일방향적인 매체인 것은 사실이지만, TV 시청에 비해 훨씬 더 많은 노력을 요구하는 신문구독은 시사문제에 대한 적극적인 관심이 없이는 어려운 일이다. 이러한 적극적 관심이 있는 사람들은 찬성이든 반대든 보다 분명한 입장을 표명했을 것으로 추측할 수 있다.

그렇다면 〈그림 6-10〉과 〈그림 6-11〉을 함께 고려할 때, 인터넷을 포함한 매체의 영향력은 무엇이었다고 할 수 있을까. 전반적인 결론은 매체의 영향력은 사람들을 무관심한 상태에서 관심 있는 상태로 돌려놓기는 하지만, 더 이상의 참여에는 큰 영향을 미치지 못했다는 것이다. 또한 촛불집회의 경우 매체의 주된 수용층이 반드시 해당 매체의 입장을 따라간다기보다는 이슈에 대한 적극적인 관심 여부가 중요한 역할을 했다는 점도 지적해야 한다. TV나 신문과는 달리 다방향 매체인 인터넷은 아무 일도 하지 않을 사람들을 소극적 참여로 돌려놓았다는 점에서 주목할 만하다. 그렇다면 이 소극적 참여의 내용이 무엇인지를 생각해보아야 한다. 그 내용은 결국 댓글이나 블로그 포스팅, 온라인 서명 등으로서 주로 공개된 공간에서 여러 사람과 동시에 커뮤니케이션을 함으로써 온라인 여론을 형성해 나가는 과정이다. 그러나 인터넷의 영향력도 그 지점까지인 것으로 보아야 할 것 같다. 인터넷은 온라인을 통한 여론 형성의 장을 만들어주었지만, 그 사람들이 반드시 더 높은 비율로 촛불집회에 참여한 것은 아닌 것으로 드러났기 때문이다. 앞서 지적한 것처럼 촛불집회 과정에서 인터넷은 전통적인 사회운동에서 관찰되었던 참여와 비참여의 경계, 정치의 장과 생활의 장의 경계, 그리고 물리력과 정보력의 국가 독점을 허물어뜨렸음을 여실히 보여주었다. 그러나 분석 결과는 그것이 인터넷이 루머의 진원지라서가 아니라 사람들로 하여금 더 쉽게 자신의 의사를 표현할 수 있게 하고, 더 일상적으로 정치의식을 키울 수 있게 하며, 더 쉽게 정보를 공유할 수 있게 하는 특징 때문임을 보여준다.

4. 위험의 정치화: 대선투표, 정당지지, 그리고 촛불집회

지금까지 2008년 촛불집회와 관련하여 중요한 동력이 되었던 네 가지의 요인을 살펴보았다. 그것은 각각 위험지위, 탈물질주의, 신뢰구조, 그리고 인터넷 등이었다. 다른 요인들이 여전히 남아 있지만, 설문조사 분석 결과는 이 네 가지의 요인들이 가장 중요한 추동력을 제공한 것으로 나타난다. 그리고 머리말에서 지적한 것처럼 그 결과는 대단히 정치적인 것이었다. 따라서 정치와 촛불집회 참여 사이의 관계를 분석해보지 않을 수 없다. 촛불집회 과정에서 여당인 한나라당은 미국산 쇠고기로 인한 광우병의 위험이 실제로 낮은데도 반이명박·반한나라당 세력이 이를 계기로 반정부 투쟁을 하고 있다고 주장하였고, 실제로도 광우병 그 자체에 집중했던 초기와는 달리 촛불집회가 진행되면서 참여자들의 손에 가장 많이 들려 있었던 구호는 '이명박 OUT'이었다는 점에서 사람들의 정치적 태도와 촛불집회 참여 사이에는 모종의 관계가 있을 가능성이 높다.

〈그림 6-12〉와 〈그림 6-13〉은 지지정당별 촛불집회 참여양상과 2007년

대선투표별 촛불집회 참여양상을 보여준다. 세간의 관심은 과연 어느 정당 혹은 어느 후보 지지자가 촛불집회에 더 많이 참여하였는가에 집중되었지만, 그것을 따지기에 앞서서 이 두 그림은 그보다 더 근본적인 문제를 보여주고 있다. 바로 정치무관심층이 촛불집회라는 시민적 장에는 포섭되었는가라는 질문에 대한 답이다. 선거참여율의 지속적인 하락으로 이제는

〈그림 6-12〉 지지정당별 촛불집회 참여양상

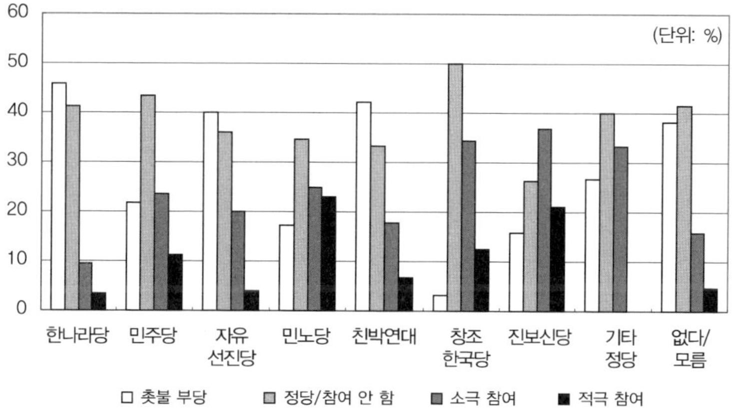

〈그림 6-13〉 2007년 대선투표별 촛불집회 참여양상

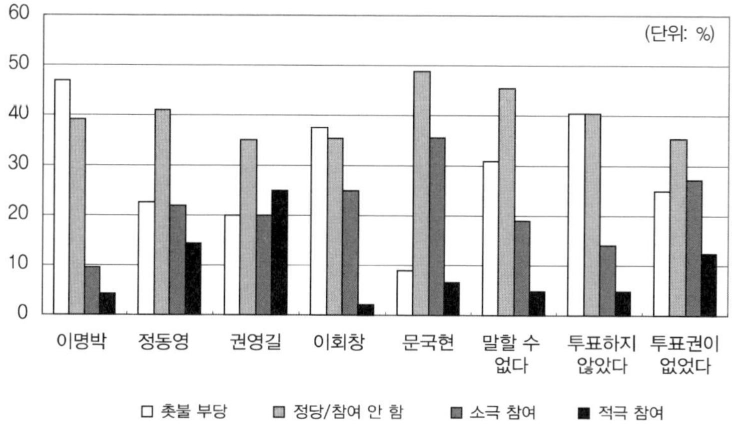

어느 당선자도 자신의 당선이 전체 유권자의 선택이었다고 자신 있게 말할 수 없게 된 한국의 현실에서 이 질문은 중요하다. 투표라고 하는 근원적 정치참여를 거부하는 유권자의 수가 일정 수준 이상으로 커진다는 것은 어느 후보가 당선되느냐는 정파적 문제에 선행하는 민주주의의 근본적 위기라는 것이 정치균열을 연구하는 학자들의 일관된 지적이고(Schattschneider, 1975), 한국의 경우 가장 심각한 정치균열은 바로 기존의 정치체제에 의해 대표될 수 있는 사람과 그렇지 못한 사람 사이의 균열(정치체제의 비대표성 문제)이기도 하기 때문이다(최장집, 2005).

〈그림 6-12〉와 〈그림 6-13〉은 이 질문에 대한 답이 부정적임을 보여준다. 둘 중 어느 그림을 보더라도 지지정당이 없거나 모른다고 답한 사람들 혹은 대선에서 투표하지 않았다고 답한 사람들의 참여율은 최하위권에 속하기 때문이다. 이들을 정치무관심층이라고 부르기로 하자. 정당지지를 중심으로 볼 때, 정치무관심층의 적극참여율은 한나라당 지지자나 자유선진당 지지자들과 더불어 최하위권이다. 소극참여율은 한나라당 지지자들보다는 조금 높아지지만 여전히 자유선진당 지지자나 친박연대 지지자에 비해서도 낮은 수준에 머무른다. 대선투표를 중심으로 보면, "투표하지 않았다"라고 응답한 정치무관심층의 적극참여율은 이명박 투표자나 이회창 투표자와 더불어 최하위권을 구성한다. 소극참여율 또한 앞에서와 마찬가지 패턴으로 이명박 투표자보다는 높지만 이회창 투표자보다는 낮은 수준에 머문다. 이들의 참여양상을 "투표권이 없었다"는 (대선 당시 기준으로) 미성년자층과 비교해보면 이들의 참여 거부가 어느 정도 수준인지 알 수 있다. 미성년자층의 적극참여율은 문국현 투표자들보다도 높고 거의 정동영 투표자 수준에 육박한다. 또한 이들의 소극참여율은 문국현 투표자에 이어 두 번째로 높다. 결과적으로 투표를 안 하기는 마찬가지였지만, 투표권이 없어서 투표를 못한 사람들에 비해 투표권이 있는데도 정치에 참여하기를 거부한 사람들은 촛불집회에도 역시 참여하기를 거부했던 것

이다. 이렇게 본다면 비록 2008년 촛불집회의 참여 규모가 크고 그 양상이 신선하기는 하였으나 여전히 그것이 어떤 대안적 정치의 싹을 보여주는 데에는 미치지 못했다는 주장[2]은 큰 틀에서 옳다고 할 수 있다. 실제로 투표참여자와 비참여자라는 정치균열과 촛불집회를 둘러싼 정치균열을 다양한 방식으로 교차시켜보아도 투표참여자들의 촛불참여가 일관되게 더 높게 나타난다. 즉 촛불집회는 기존의 정치무관심층을 정치의 장으로 끌어들일 수 있는 새로운 정치균열로 기능하는 데에는 실패하였으며, 기존의 정치관심층을 더욱 고양시키거나 정치관심층 내부에서의 새로운 정치균열로 작용하는 정도에 머물렀다는 뜻이다.

그렇다면 정치관심층 내부에서의 경향은 어떠한지로 옮겨가보자. 예상할 수 있듯이 한나라당 지지자와 이명박 후보에게 투표한 사람들의 촛불집회 참여율이 매우 낮게 나타난다. 그밖에도 자유선진당과 친박연대 지지자 및 이회창 후보에게 투표한 사람들 등 넓은 의미의 범여권 혹은 보수적 투표양상을 보인 사람들의 촛불집회 참여율도 낮은 것으로 나타난다. 반면 민노당 및 진보신당 지지자나 권영길 후보에게 투표했던 사람들의 촛불집회 참여는 매우 적극적이다. 민주당 지지자나 정동영 후보에게 투표했던 사람들의 촛불집회 참여도 높은 편이지만 진보정당·진보후보 지지자들에 비하면 훨씬 낮은 수준을 보인다.

이러한 결과는 두 개의 상반된 메시지를 전달하는 듯하다. 하나는 선거를 둘러싼 정치적 균열구조가 실제로 촛불집회에서 작용했다는 점이다. 가뜩이나 자신이 지지하는 후보나 정당이 선거에서 패배한 데 따른 불만을 가지고 있었던 사람들이 촛불집회에 더욱 적극적으로 참여하는 것은 당연한 일이기도 하다. 다른 하나의 메시지는 그렇다고 해서 이것이 정치적 목적을 가진 정권퇴진운동이라고 보기에는 무리가 따른다는 점이다.

---

2. 이러한 입장을 취하는 대표적 연구로 당대비평기획위원회(2009) 참조.

그 이유는 민주당이나 정동영 후보 지지자들에 비해 진보정당이나 권영길 후보 지지자들이 훨씬 더 적극적으로 촛불집회에 참여했다는 데에서 찾을 수 있다. 촛불참여자들이 자신이 원하는 정권으로의 교체를 원한다고 가정하든 지나간 대선 결과에 대한 보복을 하고 있다고 가정하든 결론은 마찬가지다. 아직은 진보정당이 집권할 수 있을 가능성이 0에 가까운 보수적 정치지형에서 이들이 정권교체를 원하는 것이라면 대선에서 2위를 했던 정동영 후보 지지자들이 가장 적극적으로 참여해야 한다. 지나간 대선 결과에 대한 보복이라 하더라도 가장 근접하게 패배한 정동영 후보 지지자들이 가장 적극적이어야 한다. 이에 근거해서 판단할 때, 둘 중 어느 쪽이든 정치적 목적을 가진 정권퇴진운동이라는 주장은 지나친 침소봉대다.

이 점은 〈그림 6-14〉에서 다시 한번 확인된다. 이번에는 2007 대선에서 실질적 경쟁자였던 이명박-정동영 후보 두 사람에 한해서 잔류자와 이탈자를 구분하고 그들의 촛불집회 참여 양상을 비교해보았다.[3] 이렇게 구분해놓고 보면 그 전에 발견되지 않던 흥미로운 현상들이 발견된다. 당연하게도, 이명박 후보에게 투표하고 한나라당을 지지하는 사람들 중에서 촛불집회는 부당하다는 의견이 가장 높고 촛불집회 참여는 가장 적게 나타난다. 이명박 후보에게서 이탈한 사람들은 적극 참여의 비율은 근소하게

---

3. 잔류자와 이탈자란 다음과 같이 구분하였다. 대선 투표는 2007년 12월에 했고, 설문조사는 2008년 8월에 이루어졌다. 따라서 응답자들의 지지정당은 2008년 8월 현재의 지지정당인 셈이다. 그리고 2007년 12월과 2008년 8월 사이에 촛불집회가 있었다. 촛불집회 이전에 50%를 훌쩍 넘던 대통령 국정수행 지지도는 촛불집회가 시작되고 불과 한 달 남짓한 기간 사이에 최하 13%까지 떨어진다. 즉 2007년 대선이 만들어놓은 정치적 균열구조는 촛불집회 기간 동안 상당 부분 재편되었음을 의미하는 것이다. 이렇게 짧은 기간 사이에 정치적 균열구조가 대대적으로 재편된 상황에서는 '이탈자'를 구분하는 것이 중요한 의미를 가지게 된다. 대선후보 지지와 소속정당에 대한 지지가 대체로 일치하는 것이 정상이라는 점을 전제로 하고 보면, 2007년 12월의 대선후보 지지와 2008년 8월의 정당 지지를 교차함으로써 우리는 정확하게는 아니더라도 잔류자와 이탈자를 구분하는 것이 가능해진다. 즉 2007 대선에서 이명박 후보나 정동영 후보에게 투표한 사람들이 2008년 8월에도 각각 한나라당이나 민주당을 지지한다면 이들은 '잔류자'로, 자신이 투표한 후보의 소속정당이 아닌 다른 정당을 지지하고 있다면 이들은 '이탈자'로 구분하는 것이다.

〈그림 6-14〉 주요 대선후보 이탈자 대 잔류자들의 촛불집회 참여 양상

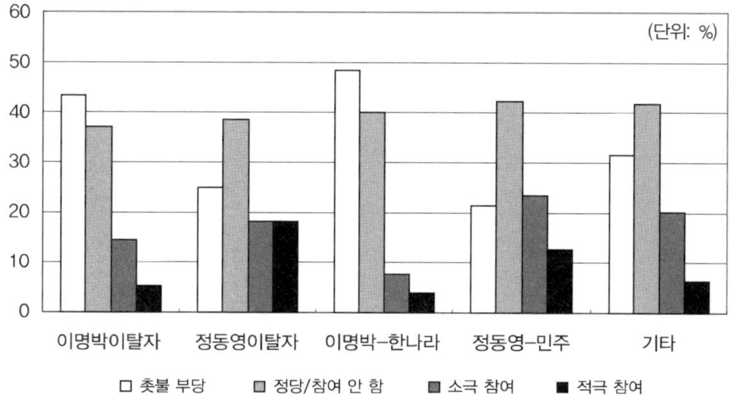

높아지지만 소극 참여의 비율은 약 두 배 정도 증가하는 것을 볼 수 있다. 정동영 후보에게 투표하고 민주당을 지지하는 사람들의 참여율이 더 높은 것은 앞에서의 결과와 같다. 그러나 흥미로운 것은 정동영 후보에게서 이탈한 사람들의 적극 참여율이 매우 높다는 점이다. 이것은 촛불집회가 정치적 반대세력의 정권퇴진운동이라는 주장을 뒤집는 중요한 증거가 된다. 가장 적극적으로 참여한 사람들은 정치적 반대세력이 아니라 바로 그 정치적 반대세력으로부터도 이탈한 사람들이었기 때문이다.[4] 이것은 위험이 정치화하는 과정을 보여줄 뿐 아니라 촛불집회 과정에서 일관되게 드러난 민주당의 무력함을 설명해주는 것이기도 하다.

이제 이 점을 좀 더 자세히 설명하기로 하자. 우선 2008년 촛불집회가

4. 여기서 또 한 가지 주목해야 할 것은 적극참여든 소극참여든 간에 이탈자들 사이의 차이(즉 이명박 이탈자와 정동영 이탈자의 차이)가 잔류자들 사이의 차이(즉 이명박 잔류자와 정동영 잔류자의 차이)보다 훨씬 적다는 점이다. 이것은 원래 누구를 지지했든 상관없이 일단 이탈한 사람들 사이에서는 새로운 공감대가 형성되기 시작했음을 보여주는 것이다. 잔류자들이 아직까지 대선을 중심으로 한 정치구도에 충실하고 있다면 이탈자들은 새로운 구도를 만들어내기 시작했다는 뜻이다. 샤츠슈나이더(Schattschneider)의 용어로는 일종의 '정치의 전국화'가 일어나고 있는 셈이다.

가진 '정치성'의 정확한 구도를 분명히 해야 한다. 촛불집회에 유모차 부대로 대표되는 전통적 정치무관심층이 참여하고 집회라기보다는 문화제와 같은 새로운 양상들을 보여주었다고 해서 그것이 비정치적이라는 주장은 사실이 아니다. 앞의 〈그림 6-12〉와 〈그림 6-13〉에서 드러난 정당지지별 혹은 대선투표별 참여양상에서 잘 드러나듯이 촛불집회는 분명히 정치적이었다. 그러나 반이명박-반한나라당 세력의 정권퇴진운동이라는 주장도 똑같이 사실이 아니다. 왜냐하면 〈그림 6-14〉에서 보듯이 그 정치성의 정확한 구도는 친이명박-친한나라당 세력 대 반이명박-반한나라당 세력이라는 이자구도가 아니라 '이명박 잔류자 대 정동영 잔류자 대 이탈자'라는 삼자구도였기 때문이다. 비록 겉으로는 똑같이 촛불집회 참여라는 행동으로 나타났지만, 그 내부에는 전혀 다른 정치적 지향을 가진 두 개의 이질적 집단이 있었던 셈이다.

둘째로 이 결과와 지금까지의 분석결과들을 종합하면 촛불집회에서 나타난 위험의 정치화 과정에 대해서도 그 구체적인 내막을 어느 정도 짐작할 수 있다. 한편으로는 낮은 위험지위에 노출된(따라서 사회경제적으로 하층에 속하는) 사람들의 두려움이 있었고, 다른 한편으로는 탈물질주의적 가치관을 가진(따라서 사회경제적으로 상층에 속하는) 사람들의 물질주의적 정부에 대한 불만이 있었다. 광우병이라는 소재가 주어졌을 때, 이 두 집단은 정부에 대한 불신을 공유하고 있었기 때문에 정책적 대안도 믿을 수 없었다. 이들은 인터넷을 통해 정보를 공유하고 집합행동에의 장애물이라는 벽을 성공적으로 넘을 수 있었다. 그러나 그렇다 하더라도 이 새로운 종류의 집합행동은 기존의 정치무관심층을 설득할 수는 없었다는 점에서 한계가 있었으며, 정치관심층 내부에서도 야당이라는 대안 정치세력을 염두에 둔 사람들과 기존의 제도권 정치 전체를 혐오하는 사람들로 나뉘었다. 즉 촛불집회에 나타난 위험의 정치화는 한편으로는 기존의 제도권 정치에 다른 한편으로는 제도권 바깥에 각각 한발씩을 딛고 있었던 셈이다.

5. 맺음말: 위험사회, 위험정치

사회의 변화는 사회구성원의 새로운 분화를 가져오고, 이것은 때때로 중대한 정치적 결과를 낳는다. 이것을 기존의 정치를 바라보는 틀로만 해석하려고 하면 이해할 수 없는 일이 되고 만다. 2008년 촛불집회의 경우 사회의 근본적인 변화는 위험사회의 도래와 탈물질주의적 가치관의 등장이었다고 보여진다. 전반적인 신뢰수준의 하락과 신뢰구조의 변화도 이에 못지않은 조건이었지만 이것은 신뢰를 연구하는 학자들 사이에는 이미 잘 알려진 변화였고, 촛불집회를 가져온 원인이었다기보다는 정부의 어떤 대책도 믿지 못하게 하는 데에 일조한 매개변수였다고 생각된다. 인터넷을 비롯한 새로운 매체의 등장이 촛불집회의 양상을 크게 바꾸어놓은 것은 사실이지만, 실제 분석결과는 인터넷을 절대선이나 절대악으로 바라보는 관점이 모두 틀렸음을 말해준다. 매체는 사람들의 관심을 고양시키기는 했지만 그들을 집회 현장으로 끌어내는 데에는 실패한 것으로 드러나기 때문이다. 오히려 인터넷의 효과는 그것이 진정한 다방향 매체라는 데에서 찾아야 할 것 같다. 즉 인터넷에 담겨 있는 정보의 내용이 문제가 아니라 인터넷의 커뮤니케이션 구조 자체가 확산을 쉽게 하는 구조라는 특성을 가지고 있는 것이다.

이러한 조건들을 통해 광우병이라고 하는, 적어도 지금까지 알려진 바에 근거하면 객관적으로는 '작은' 위험이 '정치화'하였다. 실제로 지금까지의 통계에 근거하면 광우병 걸려서 죽을 확률보다는 교통사고로 죽을 확률이 훨씬 높고, 광우병보다는 폐결핵이 훨씬 더 심각한 질병이다. 교통사고 확률이 높다고 해서 자동차를 금지하지 않듯이, 광우병 가능성 때문에 값싼 미국산 쇠고기 수입에 반대하는 것은 비합리적이라는 시각에서 보면 2008년 촛불집회는 이해되지 않는다. 이해되지 않기 때문에 이해될 만한 해석을 찾으려고 하고, 쉽게 떠오르는 해석은 오해와 선동이다. 광우병에 대한 정확한 정보를 모르기 때문에 사람들이 두려워한다고 생각하고 정확한 정보를 제공하려고 한다. 사태 초기에 정부가 보였던 '과학적' 대응이다. 정부여당이 어려운 입장에 처하기를 바라는 사람들이 선동하고 있다는 것도 또 하나의 쉬운 해석이다. 촛불집회를 반이명박·반한나라당·반미 투쟁이라고 해석하는 것이 전형적인 예다. 오해와 선동을 합친 것이 인터넷에 대한 해석이다. 인터넷에 유포된 잘못된 정보가 선동을 통해 퍼져나간다는 것이다.

그러나 이 장에서 경험적 증거들을 통해 보았듯이, 이것들은 모두 부정확하거나 원인과 결과를 뒤집어놓고 있거나 작은 효과를 크게 부풀린 해석들이다. 경험적 증거들이 지지하고 있는 해석은 이런 것이다. 비록 통계상으로 그 수는 적더라도, 광우병과 같이 예측과 통제가 불가능한 신종 위험은 사람들의 위험지위를 극명하게 나누어놓는다. 예측 불가능한 신종 위험이 어느 날 갑자기 현실화하였을 때 꼼짝없이 당할 수밖에 없는 낮은 위험지위를 가진 사람들과 여러 방법을 통해 위험을 피해갈 수 있는 높은 위험지위를 가진 사람들로 나뉘는 것이다. 높은 위험지위를 가진 사람들에게 미국산 쇠고기는 경제적 이익의 문제로 보여졌지만, 낮은 위험지위를 가진 사람들에게는 생존의 문제로 보여졌다. 낮은 위험지위를 가진 사람들에게 이것을 경제적 이익의 문제로 바라보는 정부의 태도는 곧 국민 전체의 정부가 아니라 '가진 자들만의 정부'라는 인식을 심어주기에 충분했다. 정부가 국민을 골고루 대표하고 보호하지 않는다면 그런 정부에 저항하는 것은 당연한 권리라고 인식되었다. 낮은 위험지위를 가진 사람들이 대체로 사회경제적인 하층이지만, 광우병이라는 신종 위험은 이것의 의미를 좀 더 복잡하게 만들어놓았다. 정부는 값싼 미국산 쇠고기 수입을 통해 서민의 식탁에도 쇠고기를 올릴 수 있게 되었는데 왜 반대하느냐고 이해할 수 없어했지만, 단순한 경제적 하위계층이 아니라 '위험지위가 낮은' 하위계층이 된 사람들은 가격이나 확률에 목숨을 맡길 수 없다고 더욱 분개했다. 즉 경제적 계층과 위험지위는 상위계층에서는 일치하지만 하위계층에서는 반드시 일치하지 않았던 것이다. 미국산 쇠고기 수입은 위험지위에 민감하지 않은 하위계층에게는 경제적 이득이 될 수 있을지 모르지만 그것에 민감한 하위계층에게는 '자기들은 먹지 않을 음식을 서민에게 먹이려는' 시도로 비치는 것이다.

다른 한편으로 상위계층의 일부에서는 탈물질주의적 가치관을 가진 사람들이 점점 늘어나고 있었다. 경제적 이득보다는 개인의 자유와 시민참여, 인권을 중시하는 탈물질주의자들은 사회경제적 하위계층보다는 상위계층에서 더 많은 것이 당연한 일이다. 이들은 상대적으로 높은 위험지위에 속해 있기 때문에 광우병의 위험에서 비교적 안전한데도 촛불집회에 적극 참여하였다. 그 이유는 설사 자신의 문제가 아니라고 하더라도 인간의 기본 권리인 식품 안전의 문제를 경제적 이득의 문제로 접근하려 하고 소통과 참여에 대한 국민의 요구를 시위와 진압이라는 문법으로 해석하려는 정부의 태도에 분노하였기 때문이다. 이렇게 보면 촛불집회에는 하위계층과 상위계층이 동시에 참여한 셈이다. 이런 측면에서도 광우병의 정치를 기존의 틀로 해석하는 것은 불가능하다. 계층에 무관하게 사람들을 묶어주고 갈라놓는 제3의 전선이 있었던 것이다.

정부와 여당, 그리고 경찰 등 촛불집회에서 시민들의 반대편에 서있었던 주요 기관들의 신뢰 상실은 어제오늘의 일이 아니다. 1980년대 중반까지만 하더라도 정부에 대한 신뢰는 주요 기관에 대한 신뢰 중 가장 높았으나 민주화 이후 꾸준히 하락하여 최근에는 국회와 더불어 최하위권을 형성하고 있다. 이것은 적어도 20년 이상 지속되온 현상이기 때문에 이것이 촛불집회의 직접적인 원인이라고 말하기는 어렵다. 하지만 만약 정부여당에 대한 신뢰가 높은 상황이었다면 검역과 관련한 정부의 행정능력이나 의지를 믿는 사람이 많았을 것이고, 이것은 사태를 다른 방향으로 몰고갔을 가능성이 많다. 이런 의미에서 정부여당의 신뢰 상실은 중요한 매개변수였다고는 말할 수 있다.

끝으로 이 모든 것들, 낮은 위험지위에 따른 실질적인 공포, 물질주의 일변도의 정부에 대한 분노, 그리고 정부여당에 대한 불신은 인터넷을 매개로 폭발했다. 그러나 그것은 인터넷이 허위정보로 가득 차 있다거나 누구를 선동했기 때문은 아니었다. 인터넷은 정보와 가치와 감정을 공유하는 공간이기 때문에 사람들이 실제로 공감할 수 있는 내용이라면 광우병 아니라 그 무엇이라도 폭발할 수 있고, 그것이 당연하다. 수많은 사람들 사이의 실시간 의사소통이 이루어지면서 사람들은 과거보다 훨씬 더 효율적으로 커뮤니케이션하고, 효율적인 커뮤니케이션은 서로가 서로에게 미치는 영향력도 극대화한다.

광우병이라고 하는 객관적으로 작은 위험은 새로 출범한 정부의 5년 임기를 규정해버릴 정도의 커다란 사건으로 정치화했다. 이것을 위험사회에서의 '위험정치'라고 부른다면, 위험정치의 셈법은 과거와는 달라져야 할 것이다. 촛불집회 참여에 있어서 경제적 상층과 하층이 별 차이를 보이지 않았다는 점이 이것을 말해준다. 지면제약상 일일이 보고하지 않았으나, 기존 한국 정치의 가장 큰 변수인 지역도 아무런 영향을 미치지 못하였다. 반대 정파의 선동이라고 이름붙이는 것도 아무런 도움이 되지 않는다. 대표적인 정치적 반대세력이라 할 민주당 지지자나 정동영 후보 지지자들이 많이 참여한 것은 사실이고, 그런 면에서 정치적이었지만, 막상 민주당이나 그 어떤 정치세력도 촛불집회를 선동할 능력을 가지고 있지 못하였다. 자신의 가치와 양심에 위배되기 때문에 참여하는 탈물질주의자들에게 이러한 낙인 찍기는 오히려 더 적극적인 참여를 부채질할 뿐이고, 조직 없이 동원되는 인터넷 시대의 참여자들을 과거 정치조직의 관점으로 해석하려는 것은 어리석은 시도다. 문제는 광우병 말고도 앞으로 다가올 이러한 종류의 위험은 더욱 더 빈번해지고 많아질 것이며, 그것은 가뜩이나 유권자를 대표하지 못하는 한국 정치의 비대표성을 더욱 심화시킬 것이라는 점이다. 한국 정치는 다가오는 위험정치에 대한 해법을 가지고 있는가. 2008년 촛불집회는 바로 이 질문을 심각하게 제기하고 있는 것이다.

제7장

위험과 한국의 사회적 응집: 2008년 촛불집회를 사례로*

고형면

1. 위험과 사회의 질

유럽에서 촉발된 사회의 질(Social Quality) 담론은 지구화, 정보화와 같은 현재의 시대적·사회적 변화에 직면해 각 사회의 구성원들이 일상생활의 '사회성(the social)'을 자발적으로 고도화시키는 것과 관련된 문제에서 출발했다.[1] 즉 사회생활을 통해 삶을 영위하고 계발하는 데 필요한, 사회경제적 안전·자원/사회적 응집성·포용성/개인의 권한·자율성을 한 차원 승화시키기 위한 시대적 과제로 사회의 질에 대한 논의가 대두됐다(Beck et al., 2001).

사회의 질에 대한 문제의식과 논의들은 끊임없이 상호작용하며 변화하

* 이 글은 학술지 『사회와 역사』(제82집, 393~423쪽)에 실린 필자의 논문을 본서의 취지에 맞게 부분적으로 수정·보완한 것이다.

1. 사회의 질 담론의 출발점이 된 「암스테르담 선언(The Amsterdam Declaration On The Social Quality of Europe)」은 유럽인들이 지구화로 촉발된 경제적 경쟁에 매몰되지 않으면서, 활발한 사회참여를 통해 자신들의 안녕(well-being)과 잠재력 그리고 공동체적 복리를 증진시켜야 유럽사회의 질이 개선될 수 있음을 표방한다.

는 인간 주체들 사이의 관계가 종합적 조화를 이루는(ensemble) 방식인 사회성에 초점을 맞춘다. 사회성의 향상을 위해서는 가용한 자원에 대한 불균등한 접근성이 해소되고, 다양성이 존중되는 가운데 인간의 존엄성이 지켜져야 하며, 개인적・집합적 자율성 모두가 보장되며, 책임감 있는 사회참여가 필요하다(Council of Europe, 2005). 이는 곧 개인들 간의 그리고 개인과 공동체 사이에 형성된 응집성에 직결되며, 전체 사회의 결속력과 질적 수준에도 영향을 미친다.

위험의 사회적 분배와 관련된 다양한 입장과 갈등은 사회의 질 패러다임을 통해서 해결되고 설명되야 하는 또 하나의 현실적 주제다. 위험사회 가설에 따르면 위험의 불균등한 분포 및 분배 상태는 사회의 경제적 불평등 구조를 넘어서, 전체 사회성원 모두에 대한 무차별적인 부메랑 효과를 유발한다(Beck, 1992). 즉 위험은, 경제적 불평등 구조와는 별도로 혹은 그것을 뛰어넘어, 특정한 위험 자체에서 이득을 얻느냐 혹은 손해를 보느냐와 같은 사회적 차원의 색다른 승자-패자의 문제를 일으킨다.

위험은 사회구성원들 사이에 수평적으로나 수직적으로 새로운 간극과 차별을 만들어내는 핵심적 요인이다. 따라서 위험의 사회적 분배나 분포는 경제적・정치적・이념적・문화적 불평등과 차이/차별과 중첩된다(Engel, & Strasser, 1998). 그러나 경제적 불평등 그리고 차이/차별 문제와 마찬가지로, 위험이 초래하는 위협들도 사회성원들에게 항상 일방향적인 영향을 미치는 것은 아니다.

다시 말해, 사회성원들은 특정한 위험만을 공적인 이슈로서 인지 및 파악하고 공론화한다. 결국에는 공동의 해결책을 모색하기 위해 집합적인 노력을 투입한다. 이러한 과정은 무척이나 역동적일 뿐만 아니라 무엇보다도 '선택적'이다. 한 사회의 구성원들을 둘러싸고 있는 사회의 특성이나 사회의 질 그리고 응집의 잠재력은 이와 같은 선택의 과정에 긴밀히 개입한다.

한 사회의 정치·경제·사회·문화적 발전 수준 및 규범과 가치의 일반적 지향은 사회성원들이 특정한 위험을 공적·사회적 과제로 포착하고 그 위험에서 생겨나는 불평등, 차이/차별까지도 뛰어넘어 응집력을 발휘하게끔 만드는 기본 동력이다. 돌발적 위험이 한 사회를 내적으로 가르고 분열시킬 것인지 아니면, 강력한 결속력을 통해 해결의 방향을 모색할 것인지는 그 사회의 질, 사회성 그리고 무엇보다도 사회적 응집력에 의해 결정된다.

폭력적인 권위주의 정권기 동안, 한국사회 구성원들의 정치·경제·사회·문화적 역량은 강고한 유대와 비밀결사체형 결속력을 바탕으로 발휘됐다. 이를 통해 정당성을 갖춘 권력과 사회 전반의 민주화라는 시대적 과제가 완수됐다. 이후 급격히 불어닥친 국가적 경제위기를 겪으면서, 사회발전과 안정을 유지하기 위한 기본원리로서 신자유주의가 한국사회 내에서 득세했다. 신자유주의는 경제적 불평등·양극화를 초래해 한국사회 곳곳에서 파열음을 냈을 뿐만 아니라, 공교롭게도 개인적 가치·신념·정체성의 다원화에 따른 사회적 변화와 병행되어 전개됐다.

한국사회 구성원들의 관심, 이해, 요구가 다양해지고 분절화된 현재의 상황에서, 과거와 같이 하나의 목표를 위해 일원화·총체화된 노력을 꾀하는 단일 차원적 응집력은 금세 한계를 드러낼 수밖에 없다. 다원적 가치의 민주적·자발적 중재에 입각한 사회적 응집만이 한국사회의 시대적 과제들에 대한 전향적 해결책을 마련할 수 있는 중요한 방편이다. 한국사회의 여러 위험 문제 역시 이러한 내·외면적 변화와의 관계 속에서 파악되어야 옳다.

이 글은 한국에서 사회적 응집과 이를 위한 잠재력이 어떠한 수준과 단계에 도달했는지를 우선 검토할 것이다. 이에 근거하여 특별히, 미국산 쇠고기의 수입정책에 반대하는 대규모 촛불집회가 상당 기간 지속된 이유를 집중 분석할 것이다. 더불어서, 한국의 사회성원들이 당면한 위험에 선택적으로 결합하는 과정에, 사회적 응집·사회성·사회의 질적 수준은 어떠한 영향을 끼쳤는지도 밝힐 것이다.

2. 사회적 응집의 발전적 준거

각 사회에 내재된 응집의 역량이나 정도는 어떻게 파악될 수 있는가? 공적인 문제해결을 위한 사회성원들의 여러 가지 시도는 어떤 점에서 사회적 응집이 발현된 것으로 여겨질 수 있는가? 마지막으로 이와 같은 방식으로 나타나는 사회적 응집(Social cohesion)은 어떻게 한 사회의 질을 향상시키는 데 기여하는가?

사회적 응집을 위해서는 행위자 각각이 서로간의 관계에 대해 진지하게 고민하고 전체 사회 혹은 특정한 공동체에 대해 동일시하려는 경향이 선행돼야 한다. 특수한 관계나 정체성이 사회적으로 두드러졌을 때, 행위자들 사이의 차이는 줄어들고 서로를 공동의 성원으로 동일시하려는 경향이 강해지기 때문이다(Tyler et al., 1997).

따라서 공동체에 적합·타당한 가치와 규범에 대해 행위자들 사이의 합의가 있어야 하고, 이를 구현하기 위한 절차나 과정에 대한 공동의 학습이 병행돼야 한다. 이러한 과정을 통해 행위자들은 응집이 유발된 사회적 사안과 관련하여, 행동의 유사성 또는 공동의 행위 지향성을 드러낸다.[2]

공통된 행위양식으로서 사회적 응집이 발현되려면 행위자들 사이에 신뢰와 호혜성(reciprocity)에 의거한 활력있는 상호작용이 축적될 필요가 있다(Helly, 2003). 응집을 내포한 상호작용은 사회활동의 모든 수준에서 일어

---

2. 사회적 응집은 이렇듯 공동의 행동을 유발하는 객관적인 사회구조의 특성이 반영된 결과로 이해되어야 한다. 반면, 특정한 공감대를 형성한 정서적·감성적 결과물로 여겨져서는 안 된다(Mizruchi, 1990).

나는 것으로 이웃의 쓰레기 줍기부터 공익을 위한 납세에 이르기까지 모두 해당된다. 중요한 것은, 이러한 상호작용이 강압(coercion)이 없는 상태에서 이루어져야 하고, 사회성원들 사이에서 일정 수준의 관용을 바탕으로 한 협력적 의지가 모아져야만 하는 점이다.

사회적 응집은 사회성원들이 똑같은(same) 혹은 동일한(homogeneous) 가치와 의견을 갖는 것과 거리가 있으며, 사상·신념·생활 스타일의 합일(conformity)을 이루어야만 가능한 것도 아니다(Stanley, 2003). 사회적 응집은 신뢰·호혜성·관용을 바탕으로 행위자들의 다양성 속에서 자발적이고도 조화로운 결집과 실천을 이루어내는 집단적 행위이기 때문이다.

그래서 사회적 응집은 사회질서를 순순히 따르는 것과 엄연히 다르고, 특정 사회의 내외에서 생겨나는 강제력·공포감·경쟁심·증오심보다는 개인들의 자유 선택의지와 더 밀접한 관련이 있다. 따라서 폭력조직, 군대, 스포츠 팀을 통해 드러나는 결속력은 사회적 응집과는 관계가 멀다. 하지만, 특정한 스포츠 팀에 소속감을 느끼고 응원을 위해 자발적으로 모인 군중들이야말로 앞서 살핀 사회적 응집 개념에 더욱 가깝다.

사회적 응집에는 민주주의의 발전이나 시민사회의 성숙과 같은 일정 수준의 사회적 예비 조건이 불가결하다(Jeannotte, 2003). 사회성원들 서로간에 자유주의적·민주주의적 권리에 대해 충분한 존경을 표할 때 그리고 그러한 여건이 충분히 보장될 때, 사회적 응집에 필요한 이해와 협력의 가능성은 더욱 높아진다. 그렇기에 사회적 응집은 사회성원들이 자유주의적·민주주의적 원리와 가치가 훼손될 경우(예컨대, 대의제나 국가 관료제가 빚어내는 실책이나 만용), 이를 해결하려는 다양한 사회참여 활동과도 맞물린다(Helly, 2003).

사회적 응집이 차후의 진일보한 사회적 협력을 낳기 위해서는 공동체성을 증식시키려는 보다 발전된 사회통합적 가치와 규범이 재생산돼야 한다. 이럴 경우에만 사회적 응집은 현대의 사회성과 사회의 질을 향상시키는 기폭제 역할을 한다. 또한, 사회적 응집과 이에 의한 협력의 최종 결과물은 보다 공정하게 분배되어야만 한다.

정당한 몫의 분배가 이루어진 경우, 사회적 응집 속에 흐르는 공동체성은 다시금 강화될 수 있기 때문이다. 사회적 응집이 또 다른 사회적 응집의 가능성에 방해되지 않고, 여타의 편협한 공동체나 개별화된 개인에 의해 파편화되지 않으려면 사회적 응집의 결과는 누구나 납득할 수 있는 방식으로 공동체 내에 흡수되어야 한다. 결국, 행위자・상호작용・공동체적 차원에서 현대사회의 다원주의적・공동체적 가치와 원리가 최대한 확산되야만 사회적 응집은 사회성과 사회의 질을 발전시키기 위한 동력으로 작동한다.

3. 사회적 응집의 한국적 토양과 촛불집회

1990년대 말 이후 한국사회 성원들의 사회참여 비율이나 방식은 그다지 높지도 다양하지도 않다(〈그림 7-1〉 참고). 사회운동의 주축이었던 노동·학생운동에 대한 시민사회의 관심이나 지지도가 약화됐을 뿐만 아니라, 이후 비중이 높아진 각종 시민운동・이익단체조차도 지속적으로 커다란 호응을 불러일으키지 못했기 때문이다.

그렇지만, 민주주의적・다원주의적 사회 여건이 조성된 이후에 비판적이고도 건설적인 시민사회의 이의제기가 절대적으로 잦아든 것은 아니다. 한국사회 성원들이 갖고 있는 공적 역량은 변화한 사회 여건에 맞춰 새로운 대응방식으로의 전환을 모색하고 있었을 뿐이다. 2000년대 들어 새로운 사회운동과 저항의 상징으로 떠오른 촛불집회에는 이러한 결과가 잘 집약돼 있다.

2008년의 촛불집회는 공적인 사회문제에 대한 한국사회 성원들의 일반

〈그림 7-1〉 한국인의 사회단체 참여방식 추이(1999~2006)

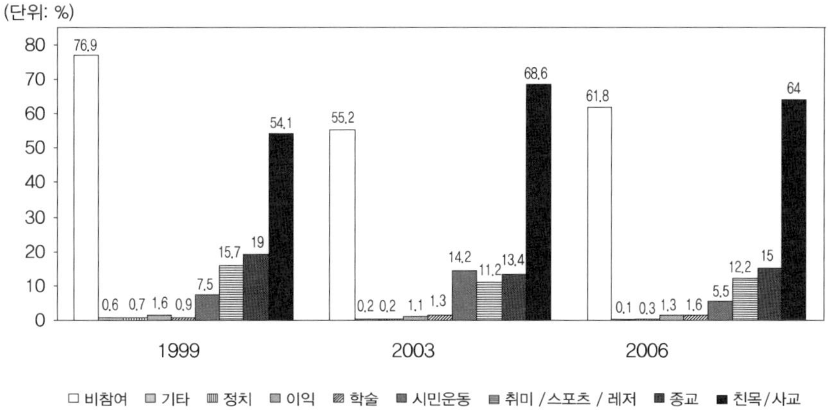

자료 : 통계청. 『한국의 사회지표』, 각년도.

적이고도 비판적인 책임의식에서 출발했다. 나아가 공공영역 혹은 시민사회로의 직접적인 개입을 통해 문제를 해결하려는 시도로까지 자연스럽게 이어졌다. 특별히 2008년의 촛불집회는 일상적 섭취를 요하는 음식품과 이것이 빚어낼지도 모를 무차별적인 위험에 대한 각성을 전 사회적으로 촉구한 공동체주의적 의지와 노력의 산물이었다.

촛불집회를 통해 파악할 수 있는 것은, 적어도 이러한 문제에 대해 공동체적 관심을 이끌어내고 해결책까지 모색할 정도로 한국사회의 응집력이 성장해 있다는 점이다. 촛불집회는 앞서 살핀 행위자 · 상호작용 · 공동체 수준에서 사회적 응집에 필요한 조건들 역시 충족시킨다. 이하의 분석을 통해 이상의 사실들은 더욱 분명히 밝혀질 것이다.

1) 한국사회 성원들의 가치·행위지향성 변화

한국은 1960년대부터 1996년에 이르기까지 국가주도형 발전모델을 토대로 연평균 실질 GDP 8%, 실질임금 상승률 7%를 구가했다. 하지만 1997년 외환위기를 겪으면서 금융시장의 자유화와 기업의 지배구조 개선을 골자로 하는 신자유주의적 발전모델로의 전환을 피하지 않을 수 없었다. 과거에 비해 수출 의존도는 더욱 커진 반면, 미국과 전 세계 경제의 침체상황에 유연하게 대처할만한 효과적인 경제전략은 쉽사리 수립하지 못했다.

신자유주의 발전전략은 고도성장에 기초한 한국사회의 물적 기반을 변형시켰고, 사회규범과 문화적 토양까지도 짧은 시일 내에 뒤흔들어 놓았다. 2000년 이후 만연된 소득불평등, 고용불평등으로 인해 근로소득에 기초한 생활수준은 위협받기 시작했다. 1990년대 말부터 시작된 분배중심적 정책운영은 실업과 비정규직 노동자의 증가 추세를 근본적으로 해결하지 못했고 취업가능 인구의 취업기피 현상까지 일반화시켰다. 한편 다국적 금융기업과 금융기법이 외환위기를 빌미로 한국에 무혈입성하면서, 금융의 투기성이 전 사회적으로 파급・심화됐으며, 이와 관련된 채무를 통한 소비(debt-fueled consumption) 역시 증대됐다(Crotty, & Kang-Kook Lee, 2005).

사회성원들의 경제적 안전과 자원이 일정 수준 확보되지 않는 상태에서 사회적 응집이 열매 맺기란 쉽지 않다. 자본주의 경제에 바탕을 둔 사회 내에서 공동체성은, 자본주의적 성격 자체를 근절시키기보다는 경제 우선적 논리에서 빚어지는 물욕과 물신성을 견제하고 비판하려는 시도에서 동력을 얻기 때문이다. 사회의 질 역시 사회적으로 요구되는 안정적 경제발전이 원활하지 않는 상태에서는 결코 확보될 수 없다(Beck et al., 2001).

그렇다면, 일상적인 경제 및 물질적 기반이 심각하게 취약화・투기화된 상황에서 한국사회성원들이 어떠한 가치와 행위를 우선시하는지 검토해보면, 이들이 지향하는 사회성은 더욱 분명하게 드러날 것이다. 직업을 통해 추구하는 가치만을 살필 경우, 한국의 사회성원들은 여전히 고용안

〈표 7-1〉 한국사회성원들의 직업가치 (단위: %)

고용안정성	96.9
높은 소득	93.4
일의 흥미	92.4
사회에 대한 기여	85.3

주 : 각 수치들은 출처의 결과 값을 총합한 것임.
자료 : 〈한국종합사회조사, 2003-2007 누적자료〉 중 'ISSP 2003, 2005 모듈'.

정성과 소득을 중시하는 경향을 드러낸다(〈표 7-1〉).

물질적 욕구가 생존에 직결되고 자원공급도 원활하지 않은 상태라면, 사회성원들은 산업화에 토대를 둔 물질주의적[3] · 발전주의적 가치에 몰입한다. 그렇지만 개인과 사회의 물질적 복리를 양적으로 최대화하려 들기보다는, 삶과 생활의 질 그리고 자아 표출적 욕구에 집중된 탈물질주의적 가치를 사회성원들이 추구하는 경우, 사회는 질적으로 새로운 국면에 접어든 것으로 여길 수 있다(Inglehart, & Welzel, 2005).

금융위기 이후 한국사회가 반복적으로 심각한 경제난에 시달림에도 불구하고, 물질적 · 경제적 발전만을 우선시하는 가치를 견제하려는 탈물질주의적 태도[4]는 1990년대 말 이후 한국사회성원들 사이에 오히려 증가했다(〈그림 7-2〉). 물론 물질주의를 추구하는 사회성원들이 혼합형을 추구하는 경우를 이어 다수를 차지한다는 점을 간과할 수는 없다. 그러나 이것

---

3. 여기서 물질주의는 경제적 · 물리(질)적 안전을 강조하는 가치체계를 의미하며, 탈물질주의는 개인의 자아표현과 삶의 질에 대한 관심의 정도가 높아지는 가치체계를 가리킨다(Inglehart, 1997).

4. 분석에 쓰인 자료는 서울대 사회발전연구소의 1998년 '현대 한국인의 의식과 관행조사', 2003년 '국민의 가치관과 의식에 대한 조사', 2004년 '광복60주년 국민의식 조사', 2008년 '한국사회에 대한 인식조사'다. 〈그림 7-2〉의 백분율은 "장기적 국가목표의 우선순위"를 묻는 질문에서 '높은 경제성장, 물가/인플레 억제, 경제안정'은 물질주의로, '직장과 사회에서 발언권 증대, 환경개선, 돈보다 아이디어를 중시하는 사회'를 탈물질주의로 구분하여 산출한 결과다.

〈그림 7-2〉 사회발전의 우선적 가치에 대한 한국인의 태도 추이(1998~2008)

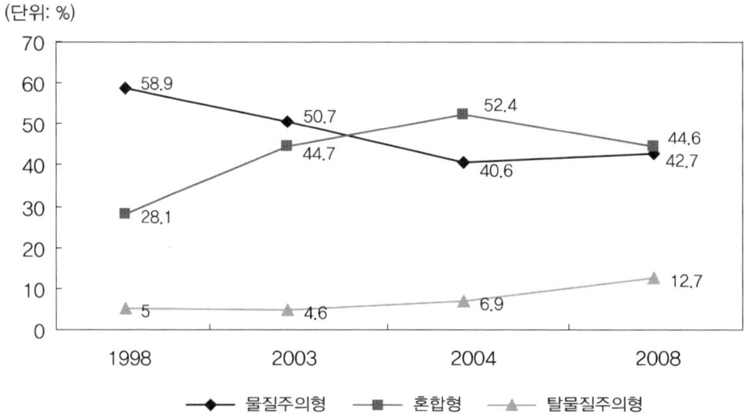

자료 : 각년도 서울대 사회발전연구소 조사.

은 앞서 지적한 것처럼 경제발전이 사회의 질을 논하기 위한 전제조건이라는 사실을 보여주는 것에 다르지 않다.

주목해야 할 것은, (물질주의와 탈물질주의의) 혼합형 그리고 탈물질주의형을 지향하는 사회성원들이 전체적으로 증가세에 있다는 점이다. 또한 2004, 2008년의 결과를 놓고 보면, 혼합형과 탈물질주의형 각각을 지향하는 사회성원들이 상보적 관계에 있다. 이것을 통해 혼합형을 추구하는 사람들은 물질주의보다는 탈물질주의 친화적이라고 유추할 수 있다.

탈물질주의적 가치를 정치적 이념성향에 연계시킨 분석결과(〈그림 7-3〉)를 통해서도 흥미로운 결과를 확인할 수 있다.[5] 진보와 중도성향의 사회성원들은 대체로 탈물질주의적 가치를 가장 우선으로 추구하는 반면, 보수성향의 사회성원들은 물질주의를 지향하고 있다. 〈그림 7-3〉에서 물질주의형을 제외하면, 탈물질주의나 혼합형 가치를 추구하는 사회성원들 사

5. 〈그림 7-3〉은 각주 4)에 쓰인 (탈)물질주의에 대한 태도를 응답자의 이념적 지향(매우 보수적~매우 진보적까지 5점 척도로 측정)과 함께 교차분석한 결과다.

〈그림 7-3〉 이념성향별 물질주의·탈물질주의 태도

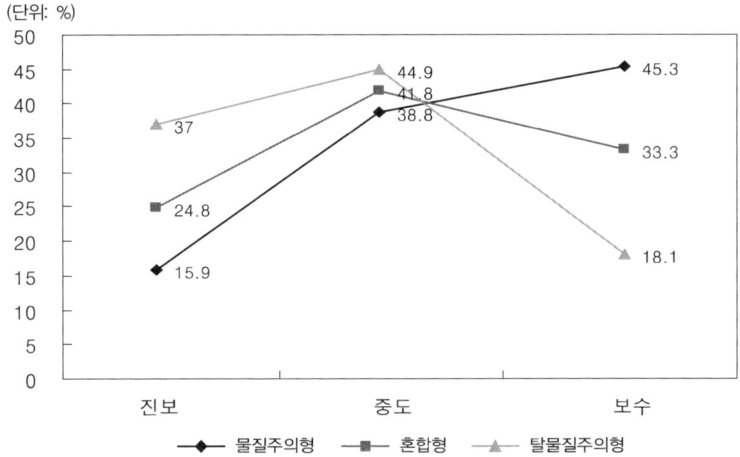

자료: 〈한국사회에 대한 인식조사〉(2008), 서울대 사회발전연구소.

이에서는 대체로 중도적인(각각 44.9%, 41.8%) 이념성향이 우세하다.

절대적 수준에서 탈물질주의자가 압도적으로 늘고 중도적 이념성향의 사회성원들이 탈물질주의를 크게 선호해야만 한국사회가 질적으로 새로운 단계에 진입했다고 단정지을 수 있을 것이다. 그러나 한국사회성원들의 가치나 행위지향성이 탈물질주의나 이념적 다양성을 용인하려는 방향으로 나아가는 사실로도, 한국사회의 질적인 전환이 현실화됐음을 충분히 유추할 수 있다. 그렇다면, 상호작용의 수준에서 한국사회성원들이 신뢰·호혜성·관용에 입각한 공동체적 의지의 가능성을 드러내는지를 파악할 필요가 있다.

2) 변화한 사회적 응집의 잠재력

사회적 응집은 사회성원들이 파트너십을 쉽사리 취할 수 있고 각자의 성향에 따라 파트너십의 기회를 자유로이 가질 수 있는 상태를 전제로 하며, 파트너십에서 생겨난 공동의 성과물도 공평하게 나누려는 의지와 관련된다(Stanley, 2003). 느슨하고 변화무쌍하지만, 언제든 형식을 달리할 수 있는 사회적 응집이야말로 현대의 공동체적 사회성을 이끌어갈 유일한 원천이다.

그러나 사회성원들이 특정한 편견, 이해관계, 욕구에 사로잡힐 경우 응집의 가능성은 약화된다. 때문에 시민들 간의 갈등을 최소화할 수 있는 자유로운 파트너십 관계는 일정한 수준의 신뢰와 호혜성 그리고 관용을 필요로 한다. 그렇기에 전체 사회성원에 대한 개개인의 신뢰수준은 상이한 가치와 규범을 중재할 필요가 있는 다원화된 사회가 얼마나 응집될 수 있는지를 알려주는 척도로 활용될 수 있다.

2000년대 초까지만 해도 한국사회성원들이 느끼는 일반적 신뢰수준은, 일본을 포함해 서구의 주요 자본주의 국가들에 비해 뒤쳐져 있었다.[6] 그런데 〈그림 7-4〉의 KGSS 조사결과에서 드러나듯이, 2004년과 2005년 사이에 기복을 보이긴 했지만 이를 기점으로 일반적 신뢰수준이 40%대 중반으로 접어들었고 어느 정도는 안정된 국면을 보여준다.[7] 사회 전반의 호혜성을 알아볼 수 있는 사회의 공정성과 관련해서도,[8] 2004년에 비해 2006년에 다소 상승한 결과도 나타난다(〈표 7-2〉 참고).

2000년대는 한국사회의 다문화 경향도 심화되는데 그런 점에서, 이주자나 외국인에 대한 태도는 전체 사회의 다원성과 관용도를 가늠해 볼 중

---

6. 각 국가별 일반적 신뢰수준을 알 수 있는 World Values Survey에 따르면, 1999년의 경우 스웨덴 63.7%, 미국 35.5%, 독일 31.2%, 영국 28.5%, 2000년 일본의 경우 39.6%, 2001년 한국은 27.3%로 나타났다(http://www.jdsurvey.net). 측정된 시기에 다소 차이가 있지만 스웨덴과 영국을 제외하면, 한국의 신뢰수준은 일본, 미국, 독일에 비해 조금 뒤쳐져 있다.

7. KGSS에는 '사회에 대한 일반적 신뢰'와 '일반인들에 대한 신뢰'를 묻는 항목이 있는데, 여기서는 분석결과의 해석이 용이하다는 점에서 후자(항상 신뢰할 수 있다~항상 조심해야 한다의 4점 척도로 측정)를 택하였고 신뢰와 불신의 양대 입장으로 재코딩하여 산출한 결과를 사용하였다.

8. KGSS 조사항목 중 타인이 응답자를 이용한다고 생각하는지에 대한 태도를 통해 측정된 결과다.

〈그림 7-4〉 한국사회의 일반적 신뢰수준

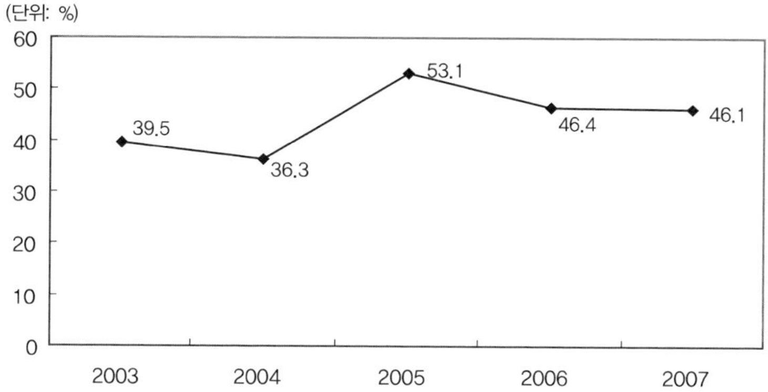

자료: 각 연도별 KGSS 조사.

〈표 7-2〉 한국사회의 공정성

(단위: %)

	공정하다	공정하지 않다
2004	59.6	37.2
2006	63.3	18.1

자료: 각 연도별 KGSS 조사.

요한 준거다. World Values Survey 결과에 따르면, 이민자나 외국인노동자에 대한 관용도는 1996년 61.5%로 급격히 높아졌다가 2001년 53.2%로 약화됐다. 그렇다 해도 이것은 1990년의 46.6%보다는 높은 수치다. 이를 좀 더 자세히 파악할 수 있는 타인종에 대한 관용도를 보면, 1990년 42.1%이던 것이 2001년 65.3%로 증대됐다. 적어도 2000년대 들어서면서 이주민/외국인노동자/타인종에 대한 관용의 정도는 개선되고 있다.

전반적 신뢰·호혜성·관용도 수준의 점진적 향상은 한국사회가 파트너십에 입각한 응집의 그리고 능동적 상호작용의 가능성을 높여왔음을 보여준다. 그런데 〈그림 7-1〉에서 보았듯, 사회활동에 참여적이기보다는 비참여적인 구성원들이 더 많고, 그 방식도 친목이나 사교를 위한 활동에 편중돼 있다. 파트너십에 의거한 응집의 가능성이 증대되었음에도 한국사

〈표 7-3〉 한국사회의 관용도 (단위: %)

이민자·외국인노동자를 이웃으로	받아들인다	받아들이지 못한다
1990	46.6	53.4
1996	61.5	38.5
2001	53.2	46.8
타인종 사람을 이웃으로	받아들인다	받아들이지 못한다
1990	42.1	57.9
2001	65.3	34.7

자료: 'World Values Survey' 각 연도.

회성원들이 사회 변화나 개선을 위한 활동에 미온적이었던 것은 다소간 역설적으로 보인다.

하지만 이것은 다원화된 한국사회가 내적인 저항성을 유지한 상태에서, 서로간의 대립되는 입장과 의견을 집합적 차원에서 절충, 조절해가는 학습의 과정으로 이해할 필요가 있다. 이를 통해, 사회의 대립성에서 생겨나는 긴장을 상실하지 않은 채 다원주의를 유지하고, 공동체적 · 대승적 차원에서 최종적인 합일점을 찾아가는 '논쟁적(agonistic)' 민주주의[9]의 기반이 다져졌기 때문이다.

이와 병행적으로 축적된 한국사회의 보다 발전된 응집력은 제도화된 정치권력과 시민운동 영역의 안일함을 깨뜨리는 새롭고도 자생적인 사회적 견제와 대항양식으로 표출됐다. 즉 다원주의와 민주주의의 결실을 사회 모든 영역의 권력과 권위체계에 대한 직접적이고도 평화적인 도전을 통해

9. 민주주의는 본래적으로 다원적일 수밖에 없고, 그렇기에 사회적 대립(antagonism)을 내포한다. 다양한 종교 · 윤리 · 규범 등이 상충하는 가운데 진지하고도 신중하게 합일점을 찾으려는 경향이 다원주의적 현실 속에는 존재한다. '논쟁적 민주주의' 혹은 '급진적 다원민주주의(radical plural democracy)'는, 끊임없는 갈등이 연속될 수밖에 없는 개인주의적 합리성에 입각한 자유주의적 민주주의와는 달리, 갈등과 대립을 인정하면서도 공평무사한 결과로 이어질 수 있는 다원주의를 말한다(Torfing, 1999; Laclau, & Mouffe, 1985).

이어가려는, 보다 진화된 방식의 사회적 저항이 '촛불집회'의 형식으로 등장했다.[10]

자발적인 참여의지를 지닌 일반적 한국사회성원들이 현실적으로든 인터넷을 통해서든 그간 촛불집회의 주된 참여자였다(장우영, 2006). 집회의 진행과정에서 이들은 기본적인 취지나 목표에 대해서는 동의했지만, 어떤 식으로도 동일한 신념이나 사상을 수용할 것을 요구받지 않았다. 그런 만큼 촛불집회는 한국사회성원들이 타인의 권리, 사상, 신념에 대해 충분한 인내와 관용을 발휘할 수 있음을 보여줬다. 결국 촛불집회는 시대적 변화에 발맞춰 한국사회성원들 사이에 잠재됐던 응집성이 새롭게 발현된 결과이자, 민주화 이후 축적된 다원주의적 발전의 성과이기도 하다.

3) 2008년 촛불집회: 탈위험을 위한 사회적 응집

〈미국산 쇠고기 수입반대〉 촛불집회는 2008년 5월 2일부터 시작되어 8월까지 100회 넘게 이어졌다. 짧은 시간 빚어진 이명박 정부의 실정(교육・부동산 정책 및 인사문제)과 미국산 쇠고기 수입정책의 일방성이 그간 잠재됐던 한국사회의 응집력을 폭발시켰다. 한국의 사회성원들이 미국산 쇠고기 수입반대 촛불집회에 대한 지지와 참여를 4개월간 지속한 이유는 도대체 무엇이었을까?

2008년의 촛불집회는 건강, 생명과 같은 삶의 질에 대한 국민적 관심을

---

10. 한국사회에서 촛불집회는 2000년 시민단체 주도로 '부패・무능 정치인' 낙선운동이 펼쳐지는 가운데 촉발됐다. 2002년 주한미군 장갑차에 의해 2명의 여고생이 피살된 사건의 진상규명을 촉구하며, 촛불집회는 본격적인 사회정치적 이의제기 양식으로 자리잡았다. 한미주둔군지위협정(SOFA) 및 주한미군에 대한 사법처리 제도 개정, 한국군 해외파병 반대운동으로 연이어지면서, 촛불집회는 대의제 민주주의의 한계를 넘어 한국사회 구성원들이 그간 쌓아온 민주적, 다원주의적 역량을 집약적으로 표출하는 통로가 됐다.

외면한 채, 강박적인 경제발전 논리를 우선시한 정부 혹은 국가권력의 각성과 반성을 요구했다. 또한 일상적 먹을거리의 안전을 보장해야 할 국가가 책임감 있고 자주적인 정책의 집행을 소홀히 한 것에 대해 적극적으로 이의제기하려는 의지가 폭발한 것이었다.

개인의 안전의식 수준이 높을수록 그리고 전체 국민의 안전의식 수준이 보다 높아져야 한다고 생각할수록 음식품에 대한 관심과 염려가 클 수밖에 없고, 한국인도 그 점에서 예외는 아니다.[11] 그래서 개개인의 그리고 국민 전체의 안전의식 수준에 대한 평가는 수입된 미국산 쇠고기의 구매 여부에 별다른 영향을 미치지 않는다.[12] 이는 2008년의 촛불집회가 미국산 쇠고기에 대한 정치적·이념적 편향에서 생겨난 일시적 사건이 아니라, 음식품에 대한 한국사회성원들의 일상적 염려와 걱정에서 우러난 필연적 결과임을 의미한다.

특히 〈표 7-4〉의 조사결과에서 나타나듯이, 한국사회성원들은 미국산 쇠고기를 통해 생겨날지도 모를 광우병 위험을, 예기치 않게 발생하는 재

---

11. '2008 한국사회에 대한 인식조사'(서울대 사회발전연구소)에서 스스로의 혹은 전체 국민의 안전의식 수준은 '매우 높다'~'매우 낮다'의 5점 척도로, 음식에 대한 염려나 불안감은 총 6개 문항(유전자 변형식품, 식품첨가제(색소·방부제·향료), 고기류의 잔류 항생제·호르몬, 과일/채소류의 잔류 농약성분, 조류독감 등의 신종 바이러스, 비위생적 음식물 관리)에 대해 '매우 걱정'~'전혀 걱정 않음'의 4점 척도로 측정했다. ANOVA 분석을 위해 안전의식 수준은 고, 중, 저의 3점 척도로 재코딩했고, 음식물 불안감은 6개 문항에 대한 응답값을 합산하여 산출했다. 개인의 안전의식 수준별(고·중·저) 음식품 불안감의 평균값은 각각 14.096, 14.887, 15.530이며 이 중에서 안전의식이 높은 집단과 그렇지 않은 집단 간에만 통계적으로 유의미한 차이가 있다. 즉 안전의식이 중간이거나 낮은 집단은 음식품에 대한 불안감도 덜하다. 전체 국민의 안전의식 수준에 대한 평가별(고·중·저) 음식품 불안감의 평균값은 각각 14.520, 14.841, 13.991이며 여기서는 전체 국민의 안전의식 수준이 낮다고 평가한 집단과 중간 정도라고 평가한 집단 사이에만 통계적으로 유의미한 차이가 있고, 전자에 속하는 집단의 음식품 불안감이 좀 더 높다.

12. '2008 한국사회에 대한 인식조사'에서 개인의 안전의식 수준 및 전체 국민의 안전의식 수준에 대한 평가를 미국산 쇠고기에 대한 구입 여부에 대한 태도와 각각 교차분석한 결과에 따르면 (χ^2 = 1.845(p〉.05), χ^2 = 1.589(p〉.05)), 안전의식 수준별 구입태도의 차이는 통계적으로 유의미하지 않다.

〈표 7-4〉 미국산 쇠고기에 대한 한국인의 신뢰도[13]

독립변수	β	S.E.	Wald	df	Sig.	Exp(β)
재해/사건 불안감	-.045	.115	.154	1	.695	.956
식품불안감	.144	.027	29.222	1	.000	1.155
질병불안감	.003	.018	.025	1	.874	1.003
상수	-1.189	.564	4.449	1	.035	.305

자료 : 〈한국사회에 대한 인식조사〉(2008), 서울대 사회발전연구소.

〈표 7-5〉 추가협상에 대한 태도와 미국산 쇠고기의 구매 여부[14]

독립변수	β	S.E.	Wald	df	Sig.	Exp(β)
추가협상에 대한 태도	.220	.025	80.356	1	.000	1.246
상수	-3.011	.402	56.125	1	.000	.049

자료 : 〈한국사회에 대한 인식조사〉(2008), 서울대 사회발전연구소.

해, 사고 혹은 질병의 위험으로 여기지 않았다. 오히려 합당한 법적 · 제도적 장치를 통해 철저한 관리와 감독이 이루어질 수 있는 음식품(및 이것의 유통) 문제로 여겼다. 그런 만큼 촛불집회를 처음부터 국가권력에 대한 도전이나 반정부 시위로 단정지은 정부와 여권의 미숙한 판단이 상황을 더 악화시켰다. 정권퇴진이나 반정부 구호가 본격화된 것은 수입고시를 강행한 5월 29일부터였기 때문이다.

---

13. 분석에 쓰인 독립변수는 '재해/사건' 불안감 관련 문항 5개, '식품' 불안감 관련 문항 6개, '질병' 불안감 관련 문항 5개를 각각 4점 척도로 측정하여 합산한 값을 사용했고, 종속변수는 '미국산 쇠고기에 대한 불안의식'을 2점 척도(불안하다, 불안하지 않다)로 측정하여 사용했다.

14. 로짓 회귀분석을 위해 '추가협상이 미국산 쇠고기의 안정성을 보장하지 못하므로 무역보복이 있더라도 재협상해야 한다'라는 항목과, 추가협상의 구체적 내용인 '30개월 미만 쇠고기 수입', '광우병 위험물질(SRM) 수입금지', '30개월 연령금증 품질평가 프로그램(QSA)', '한국점검단의 미국 작업장 관리', '원산지 표시제'에 대한 항목을 모두 총합한 값을 독립변수로 사용했다. 종속변수로는 '미국산 쇠고기가 본격 수입될 경우 미국산 쇠고기를 구입할 것인가'에 대한 응답 값이 사용됐다. 후자의 경우 분석을 위해 구입, 비구입의 이진변수로 재코딩했다.

〈표 7-6〉 추가협상에 대한 태도와 촛불집회 참여 여부[15]

독립변수	β	S.E.	Wald	df	Sig.	Exp(β)
추가협상에 대한 태도	-.087	.038	5.161	1	.023	.916
상수	4.200	.699	36.047	1	.000	66.664

자료 : 〈한국사회에 대한 인식조사〉(2008), 서울대 사회발전연구소.

6월의 촛불집회를 통해 터져나온 요구들에 부응해 정부는 미국과 2차 추가 협상을 벌였지만, 그 결과에 대한 한국사회성원들의 만족도는 높지 않았다. 따라서 더욱 안심할만한 대책을 요구하는 촛불집회는 지속될 수밖에 없었다. 〈표 7-5〉에서 나타나듯 추가협상에 대해 동의하지 않고 협상 내용에 대해 불만족할수록, 수입 이후에도 미국산 쇠고기를 구입하지 않겠다는 태도가 강해진다. 또한 〈표 7-6〉에서와 같이 추가협상 자체와 협상내용에 대한 긍정적·부정적 태도는 촛불집회에 대한 참여 여부를 판가름하고 있으며, 추가협상에 부정적일수록 촛불집회에 대한 참여가 높았다.

따라서 더욱 안심할만한 대책과 전면적인 재협상을 요구하는 촛불집회는 지속될 수밖에 없었다. 그럼에도 불구하고, 새로운 정치적 아이디어를 제안하고 이를 역동적이고도 능동적인 설득과 타협의 과정을 거쳐 합의를 형성하는 논쟁적 민주주의 정치를 정부는 계속해서 거부했다. 반면 한국의 사회성원들은 촛불집회라는 사회참여를 통해 전 사회적 협상과 합의를 이끌어내려는 시민적·공동체적·사회적 대화를 줄기차게 시도했다.[16]

---

15. 로짓 회귀분석을 위해 독립변수는 앞서의 분석과 마찬가지의 것이 사용됐고, 종속변수는 정부의 미국산 쇠고기 수입 협상과 관련하여 촛불집회에 참가했는지 여부에 대한 항목이 사용됐다.

16. 이러한 시도가 무엇보다도 정부에 의해 거부됐다는 점은 '정부와 국민'(77.2%), '정부와 시민단체'(71.8%), '정부와 언론'(63.7%)뿐만 아니라 '정부와 국회'(61.8) 사이에서도 충분한 대화가 이루어지지 않는다는 '2008 한국사회에 대한 인식조사' 결과를 통해서 드러난다.

집회에 필요한 비용이나 물품은 사회성원들의 자발적 성금이나 구매를 통해 마련됐고, 광우병과 기타 사회문제에 대한 다양한 의견과 지식이 교류될 수 있는 기회도 집회와 인터넷을 통해 쉽사리 제공됐다. 대의제 민주주의의 한계가 노골적으로 비판될 정도로 촛불집회를 통해 생산되고 공유된 정치적 담론들에는, 공동의 사안에 대해 질적으로 한 차원 성숙한 공동체적 해결책을 갈망하는 사회성원들의 의지가 반영됐다.

다시 말해, 2008년 여름 한국의 촛불집회는 미국산 쇠고기 수입정책으로 빚어진 공적인 위험상황에서 벗어나고자 사회성원들이 택한 유일한 해법이었다. 더욱이, 수입정책과 그 의사결정 과정의 모순성에 내재된 민주주의의 근본적 결함까지도 사회성원들이 공민적으로 심사숙고 하게끔 만들었고, 이로써 심의(deliberative) 민주주의의 전형을 보여주기도 했다.[17]

한국의 사회성원들은, 대의제 민주주의의 한계를 뛰어넘어, 정책적 판단과 집행에 필요한 근본적 차원의 규범적 준거와 방향을 제시했다. 즉 전체 사회성원을 위험에 빠뜨릴 소지가 있는 정책의 경우, 충분한 지지·동의·신뢰를 거쳐 집행될 필요가 있고, 그렇지 않을 경우, 사회성원들의 공동체적 의지가 담긴 밑으로부터의 강도 높은 이의제기와 저항에 직면할 것임을 웅변했다(〈표 7-7〉).

제도화된 정치적·사회적 의사결정 주체들의 의사소통 방식이나 수준에 대한 실망은, 보수세력뿐만 아니라 진보세력 혹은 시민단체에 대한 한국사회성원들의 외면으로까지 이어졌다(이종구, 2008). 유기적으로 고도화된 한국사회의 응집 역량은 위에서 제도화된 정치·사회적 실체보다는 아래로부터 형성된 사회성원 공동의 일상 속에 축적됐기 때문이다.

---

17. 대의제 민주주의와 그 대리인들은 사회성원들의 의사를 제대로 대변하지 못하는 '대표성'의 문제와 공공선의 구현을 위한 의사소통을 사회성원들 사이에서 보다 성실히 이루어내지 못하는 '심의'의 문제를 안고 있다. 특히 심의성의 문제와 관련해 대의제 민주주의가 취약할 수밖에 없는 것은 사회의 다원성에서 비롯된다(김주성, 2008). 따라서 다원주의에 입각한 참여가 충분히 확보될 경우에만 심의적 민주주의가 현실화된 것으로 평할 수 있다.

〈표 7-7〉 정부(역량)에 대한 신뢰와 촛불집회에 대한 정당성 평가[18]

독립변수	β	S.E.	Wald	df	Sig.	Exp(β)
정부(역량)에 대한 신뢰	-.206	.040	27.202	1	.000	.814
상수	1.543	.408	14.320	1	.000	4.679

자료 : 〈한국사회에 대한 인식조사〉(2008), 서울대 사회발전연구소.

촛불집회는 법적 · 제도적 질서를 순순히 따르는 것과는 거리가 있었지만, 특정집단이나 단체가 한국사회 안팎에서 조성한 불안감이나 선전 · 선동에 의해 지속되지도 않았다. 촛불집회로 마련된 공간 속에서 쇠고기 수입정책을 견제하지 못한 사회성원 공동의 책임감도 지적됐다. 쇠고기 협상뿐 아니라 수입 이후 정책집행의 투명성을 확보하기 위한 사회성원 모두의 대응방안까지 논의됐다.

정리하자면, 촛불집회는 미국산 쇠고기 수입정책에 내포된 위험과 결핍된 민주성에 대해 한국의 폭발적이면서도 생산적인 사회적 응집의 역량이 압축적으로 드러난 사회운동이었다. 또한 공동체적 참여를 통한 사회문제 해결의지와 노력이 사회의 응집 역량과 어우러지면서, 민주주의적 정치의 내용과 질을 문제 삼은 공민적 저항이었다. 결국 2008년의 촛불집회는 한국사회 구성원들의 의지와 열망으로 사회의 질적 발전과 향상을 꾀한, 자생적이면서도 공동체주의적인 사회성의 실질적인 결과물이다.

18. 로짓 회귀분석을 위해 '2008 한국사회에 대한 인식조사'에서, 중앙정부에 대한 신뢰 · 정부의 안전관련 정책역량에 대한 평가 · 식품안전 관련 법집행의 적절성 평가 문항들에 대한 값을 총합하여 독립변수로 처리했다. '촛불집회는 미국산 쇠고기의 안전성을 우려한 정당한 문제제기이다'에 대한 동의 여부가 종속변수로 사용됐다. 조사결과는 정부에 대한 신뢰나 정책집행 능력에 대해 부정적인 평가를 내릴수록 촛불집회를 정당하다고 평가하고 있음을 나타낸다.

4. 2008년 촛불집회 이후

한국사회 구성원들은 사회의 질과 공동체적 이익에 근거한 현실적 판단과 결단으로 2008년의 촛불집회에 나섰다. 2008년 촛불집회는 앞으로도 한국의 사회성원 모두를 위험에 빠뜨릴지도 모를 공동체적 사안이 발생할 경우, 이러한 역량이 한층 더 적극적으로 분출될 수 있음을 알린 신호탄이다.

정부의 미국산 쇠고기 수입 정책기조나 단절된 의사소통 방식을 크게 뒤바꾸지 못했고, 참여한 시민들의 의지가 가시적인 성과물로 이어지지 않았다는 점에서, 촛불집회가 어느 정도는 한계를 드러낸 것으로 평할 수 있다. 그러나 사회적 응집을 통해 추구된 목표가 정책이나 정치적 과정에 반영되어야만 올바른 결실을 맺은 것이라고 단정지을 수는 없다. 아무리 발전된 민주주의의 외피를 두른 정체(polity)라 해도, 대다수 사회성원들의 이해와 요구를 충분히 반영할 수 없다는 민주주의의의 근본적 한계는 여전히 남기 때문이다.

그럼에도 2008년의 촛불집회는, 암묵적이면서도 더 큰 파괴력을 지닌 다음과 같은 전망을 가능케 한다.

첫째로 한국의 사회성원들이 경제성장 우선적 가치나 물질주의적 발전관에서 벗어나, 삶의 질과 서로에 대한 관용과 존중을 우선시하는 질적으로 새로운 국면으로 진입했음이 입증됐다.

국내외를 막론하고 문제가 됐던 개인주의적 자율성과 정체성은 오히려 한국사회의 권위주의가 작동하는 구태의연한 방식에 제동을 걸었고, 창의적이고 능동적인 방식으로 기계적이며 박제화된 권위에 도전할 수 있는 기회를 만드는 데 일조했다.[19] 현대사회의 공동체(주의)성에 의해 견인된

---

19. '촛불소녀, 평화예비군, 닭장차 투어, 유모차 부대'처럼 2008년 촛불집회를 수놓은 현실적 표상들은 모두 자발적이고 개별화된 제안과 의견에서 출발했다. '반미 · 반정부천민민주주의'로

다면, 개인주의는 언제든 대자적인 차원에서 공동체(주의)를 강화하고 다원주의적 민주주의를 확장하는 동력이 된다.

둘째로, 촛불집회는 다원주의 사회를 응집 및 발전시킬 힘이 원활한 시민적·공동체적·사회적 의사소통에서 나올 수밖에 없다는 것을 입증했다. 이러한 대화를 통해 합의된 사항이 국가의 정책 수립이나 집행과정과 동떨어져 있음은 이미 살펴본 바와 같다. 하지만 국가권력이 아래로부터 형성된 응집의 목소리에 귀를 기울이지 않을 경우, 절차적·과정적 민주주의는 퇴보할 수밖에 없다.

대의제 민주주의의 대리인들은 삶의 질에 대한 한국사회성원들의 관심이 고양돼 있음을 인정하고, 수량화된 물질적 성취에 급급해하지 않으며, 사회의 질적인 측면에서의 전환이 모색될 필요가 있음을 깨달아야 한다. 그렇지 않으면 급기야 권력 자체의 정당성에 대한 의구심이 증폭될 것이고 더욱 강력한 응집과 저항이 초래될 것이다. 이 경우, 한국사회의 응집역량은 구시대적 과제를 달성하기 위해 소모적으로 소진되고 말 것이다.

셋째로 2008년의 촛불집회는 일상의 안전성, 삶의 질, 다원주의와 민주주의의 성과를 확장하지 못하거나 위협하는 정치적 권력행사에 대해서, 한국사회 성원들이 언제든 저항할 것이고 그럴만한 응집력도 갖추고 있음을 깨우쳐줬다. 변변한 지도부 없이 4개월 가까이 자발성과 자기조직화 능력에 의해 촛불집회가 유지된 사실이 이를 증명한다. 그렇기 때문에 촛불집회는 기존의 시민·사회운동 단체에게도 많은 각성을 요구한다. 앞으로도 이상과 같은 사회(학)적 원리들은 한국사회 성원들로 하여금 특정한 위험을 둘러싼 문제의식과 실천적 개입 여부를 결정하도록 만드는 핵심적 근거로 작동할 것이기 때문이다.

촛불집회를 매도하려 했던 논의들은 한편으로는 대통령의 사과와 반성, 다른 한편으로는 공권력의 무차별적인 동원과 같은 이율배반적인 모습으로 이어지면서 이들의 권력과 권위에 대한 사회성원들의 반감만 키웠다.

제8장

진보정당 지지자들의 정당지지 결정요인과 위험 인식

장상철

1. 머리말

2000년 1월 30일 민주노동당이 창당됨으로써 한국의 제도정치권에도 드디어 진보이념에 기반한 정당이 등장하게 되었다. 정치사회적 안정과 민주주의의 공고화를 위해 진보정당이 필요하다는 사실은 널리 인정되어 왔지만(오동석, 2000; 황의서, 1997), 분단국가 설립 이후 극단적으로 보수화된 한국의 제도정치권에 진보이념을 내세운 정당이 진입하는 것은 결코 쉬운 일이 아니었다. 20세기 말에 이르러서 진보이념을 내세운 정당이 등장할 수 있었던 것은 50여년 간의 국내외적인 환경이 변화에 따라 이념과 정치에 관한 단선적인 인식이 바뀔 수 있는 조건이 마련된 탓이 크다. 이러한 환경의 변화는 좌파와 진보의 이념, 민주주의와 사회주의 등에 관해 다시 생각해보고, 다르게 평가할 수 있는 계기를 마련해주었다. 이에 따라 체제가 아니라 국가안보와 관련된 '북한관'을 기준으로 하여 보수와 진보 또는 우파와 좌파의 이념을 가르는 극단적인 상황에서 벗어나, 이제는 좌파와 진보를 구별하고 민주주의와 사회주의의 이념적 내용을 성찰하는 논의가 진행될 수 있게 되었다(채장수, 2003).

이와 같이 비교적 우호적으로 변화한 이념지형에서 출발한 민주노동당은 창당 두 달 만에 치러진 16대 총선에서는 한 석도 얻지 못하고 득표율도 2% 미만에 머물렀지만, 2004년 17대 총선에서는 10석의 의석을 확보하여 제 3당으로서 원내 진출에 성공하는 성과를 거두었다. 이후 민노당은 당내 이른바 자주파와 평등파의 정파 간 대립과 갈등으로 18대 총선을 불과 20여 일 앞두고 분당사태를 맞게 된다. 민주노동당과 진보신당으로 갈라져 치른 18대 총선에서 양 당은 지역구 2명과 비례대표 3명 등 모두 5명의 국회의원을 배출했다. 비례대표 득표율에서도 민주노동당 5.7%, 진보신당 2.9% 등 합해서 8.6%를 획득하는 데 그쳤는데, 이는 17대 총선에서 얻은 13.0%보다 4%가 낮은 수치다. 총유권자 대비 정당득표수에 있어서도 민주노동당과 진보신당을 합쳐 3.9%에 머물렀다. 17대 총선의 경우에는 7.8%였다(정영태, 2008).

그렇다면, 이렇게 전반적으로 보수화된 이념지형에서 아직까지 민주노동당이나 진보신당 등 진보정당을 지지하는 사람들은 어떤 특징을 공유하고 있는 것일까? 그리고 이들의 한국사회에 대한 인식은 어떤 특징을 가지고 있을까? 최근 촛불시위정국에 대한 분석들은 대체로 기존의 사회운동에 대한 규격화된 인식으로는 설명할 수 없는 새로운 운동과 동원의 양상에 주목하고 있다(권지희 외, 2008; 조대엽, 2008). 과거에 반정부시위의 중심세력으로 가장 먼저 떠올리던 이른바 '좌파'는 촛불시위와 관련하여 무능하다고 할 만큼 아무런 기여를 하지 못한 것으로 평가되고 있다. 진보이념을 내세운 정당들이 현재 전 국민적으로 가장 큰 관심을 얻고 있는 반정부운동과 관련하여 아무런 역할을 하지 못하고 있는 상황에서, 이 정당을 지지하는 사람들은 어떤 배경과 어떤 정치적이고 이념적인 입장과, 그리고 어떤 가치관을 가진 사람들인가?

이 글에서는 서울대학교 사회발전연구소와 중앙대학교 차세대 에너지

안전연구단에서 2008년 실시한 〈한국사회에 대한 인식조사〉 자료를 이용하여 조사시점에서 지지정당이 민주노동당이나 진보신당이라고 밝힌 사람들의 공통적 특징을 밝히고자 한다. 그렇게 함으로써 현재 한국사회에서 진보정당을 지지하게 만드는 변수들은 어떤 것인가를 확인하고자 한다. 그리고 한국사회의 전반적인 위험과 안전, 그리고 조사 당시 문제가 되던 미국산 쇠고기와 광우병의 위험 등에 관한 인식에 있어서 이들 진보정당 지지자들이 다른 이들과 다른 특징을 나타내는지를 확인하고자 한다.

제2절에서는 이와 관련된 기존 연구들을 간략하게 검토할 것이다. 3절에서는 정당지지에 영향을 미치는 변수들을 사회경제적 배경변수들과 이념 및 정치적 변수들, 그리고 사회의 질(social quality) 관련 변수들로 분류하여 각각의 변수들이 응답자들의 정당지지에 어떤 영향을 미치는지를 알아본다. 4절에서는 민주노동당과 진보신당 지지자들이 한국사회의 위험에 대한 인식에 있어서 여타 정당의 지지자들과 다른 차이를 나타내고 있는지를 확인할 것이다. 그리고 이러한 분석결과가 갖는 함의를 논의하는 것으로 글을 맺을 것이다.

2. 이론적 고찰 및 기존 연구에 대한 논의

한국에서 정당지지에 관한 연구는 주제의 성격상 주로 정치학 영역에서 이루어져 왔으며, 내용적으로는 투표행태 분석이라는 방식을 통한 것들이었다(김현우, 1993; 이현출, 2004; 박찬욱, 1993; 조중빈, 1993).[1] 이들의 논의는 *The American Voter*(1960)에서 제시된 '정당일체감(party identification)' 개

1. 이 절의 논의의 흐름은 윤상진(2006)의 연구에 의존하고 있다. 사회자본 개념을 사용한 사회학 분야의 투표행태 연구로는 정병은(2004).

념을 둘러싼 논의를 공통적인 출발점으로 한다.

미시간 학파는 일반적으로 정당에 대한 개인의 일체감은 '심리적 일체감(psychological identification)'이라고 본다. 그리고 이와 같은 정당일체감은 '중요한 하나의 집단-객체(group-object)에 대한 개인의 정서적 정향(affective orientation)'이라 정의한다(Campbell et al., 1960: 121). 이들에게 있어서 정당일체감은 당파적 선호집단에 대한 심리적 귀속감(psychological attach- ment)이며 이것은 근본적으로 정서적이거나 감정적인 유대(emotional bond)이기 때문에 지속적인 경향을 가지고 있다고 가정하는 것이다(윤상진, 2006: 10). 미시간 학파는 정서적 일체감으로서의 정당일체감이 어린 시절 사회화 과정에서 형성되며, 이렇게 형성된 일체감은 국가적 위기상황이 아닌 이상 쉽게 변하지 않는다고 강조한다. 따라서 이러한 정서적 일체감에 의해 결정되는 정당선택 또한 쉽게 변하지 않는다고 본다(정영태·윤상진, 2005: 29-30). 결국 이러한 일체감은 교회에서 교리를 이해하거나 평가하기 이전에 개신교 또는 카톨릭 신자임을 배우는 것과 같으며, 이렇게 성장해가는 과정에서 그 종교의 사회적 관계 속에 포함되어 그 종교집단의 한 구성원으로서 감정적 귀속감이 생기는 것과 같은 것으로 이해된다(Fiorina, 1981: 85). 이렇게 형성된 정당일체감은 장기적으로 지속되며, 연령이 높아질수록 강화된다. 정당일체감은 투표의 직접적인 원인이 될 뿐만 아니라 투표결정에 단기적인 영향을 미치는 인물과 이슈의 평가방식에도 영향을 주는 것으로 규정된다. 정당일체감은 정당의 후보자나 선거이슈의 변화에 의해 방해받지 않으며, 오히려 정당일체감이 인식적 선별기제로 작용하여 정당의 정책과 평가 등을 유권자의 당파적 정향에 유리한 방향으로 해석하도록 하는 경향이 있다. 이러한 인식적 왜곡과정은 일체감이 강할수록 더욱 확장된다(윤상진, 2006: 12). 그러므로 정당일체감은 유권자의 정당정책과 평가에 대한 태도를 채색시키는 선재된 요소와 같은 역할을 하는 것이다.

미시간 학파의 정당일체감 개념에 대한 비판은 주로 정당일체감의 안정성(stability)에 대한 가정에 집중되어 있다. 이들의 관점에서 정당일체감은 초기 사회화 과정에서 형성되어 시간이 지날수록 강해질 뿐이다. 이에 대한 비판의 핵심은 정당일체감이 정당의 정책수행평가에 의해 형성되므로 평생 변하지 않는 것이 아니며, 단기지속적인 효과만 있다는 것이다(윤상진, 2006). 정당일체감이 지속적이지 않으며 단기적 요소에 의해 영향을 받는다는 주장의 대표적인 연구는 피오리나(Fiorina, 1981)의 회고적 투표 모델이다. 그의 모델에서 정당일체감은 과거부터 현재까지의 정당평가의 총합으로 정의된다. 현 시점에서의 정당일체감은 각 정당이 현 시점까지 보여준 행동에 대한 평가에 의해서 결정되며, 따라서 현 시점에서 갖는 특정 정당과의 일체감은 그 정당의 이후 공약과 업적에 대한 평가에 의해서 변할 수 있으며, 이렇게 변화한 일체감이 투표에 영향을 미친다는 것이다(윤상진, 2006).

미시간 학파의 정당일체감의 개념은 양당제가 오랫동안 지속되어온 미국의 경험에 기반한 것으로, 선거 때마다 새로운 정당이 수없이 만들어지고 또 사라지는 한국의 현실에 적용하기에는 적잖은 무리가 따르는 것으로 보인다. 우리에게는 이와 같은 정당일체감을 형성할 대상으로서의 지속적인 정당의 존재 자체가 확보되지 않는 현실이 계속되었기 때문이다. 이러한 점을 고려하여, 국내에서는 정당일체감과 유사하지만 한국적 현실을 반영한 개념인 '여야성향'을 사용한 연구들이 있다(박찬욱, 1993; 조중빈, 1993). 여야성향은 '유권자의 심층 깊이 자리잡고 있으면서 여타의 정치직 태도와 행위를 규제하는 요약적 심리성향(psychological predisposition)'으로 규정한다. 여야성향은 '정당일체감처럼 장기간에 걸쳐 학습되는 것으로 일생을 통해 쉽게 변하지 않는 것으로 가정'된다(조중빈, 1993). 이러한 가정 하에 이와 같은 연구들은 여야성향과 투표정당, 여야성향과 현 정치체제의 민주성에 대한 평가가 상당한 상관관계가 있음을 밝히고자 한다. 그러나 여야성향이라는 변수 자체가 1987년의 민주화체제 이후에는 과거

권위주의 정권 시기와 같은 의미를 갖지 않는다는 점을 고려해야 한다는 지적을 받고 있다. 이와 유사한 방식의 다른 연구들(김현우, 1993; 이현출, 2004)은 최근의 대선과 총선 자료를 이용하여 각 정당별로 연속적인 지지를 나타내는 유권자들의 사회경제적 속성을 확인하고 있다. 이들의 연구는 후보자에 대한 지지와 정당에 대한 지지를 등치시키는 점이 가장 중요한 문제점으로 지적되고 있다.

이 글은 2008년 8월에 실시된 조사결과에 대한 분석을 근거로 한다. 정당지지와 관련된 설문의 내용은 정당에 대한 투표 여부가 아니라 지난 대선에서 어느 후보자에게 투표했는가 하는 내용과 조사시점에서 지지하는 정당을 물은 것이다. 특정 정당의 후보자에 대한 투표를 근거로 하는 기존 연구들과는 차별성이 있지만, 대선 이후 촛불시위 등 긴박한 정국이 이어지는 상황에서 응답자들의 정당지지가 어떻게 변화하고 있는지를 파악할 수 있다는 장점이 있다. 다음 절에서는 조사결과 분석을 통해 한국에서 어떤 사람들이 어떤 이유에서 민주노동당과 진보신당을 지지하는지를 확인해 볼 것이다.

3. 정당지지에 관한 분석틀 및 분석결과

1) 분석틀

종속변수는 설문의 문항 42)와 42-1)에 대한 응답에서 민주노동당과 진보신당 지지의 경우를 (1)로, 나머지를 (0)으로 리코드한 것이다.

사용된 독립변수는 〈표 8-1〉과 같다.

이 글에서는 이와 같은 다수의 독립변수들이 진보정당 지지(0 또는 1의 값)에 어떤 영향을 미치는지를 확인하고자 한다. 〈표 8-1〉에서 분류한 바

〈표 8-1〉 분석에 사용된 독립변수

독립변수	
group 1: 사회경제적 배경변수	연령 교육(중졸 이하, 고졸/중퇴, 전문대졸/중퇴, 대퇴 이상. 1~4점) 주성장지역 소득 계층(주관적 계층의식. 1~10점)
group 2: 이념 및 정치성향	이념(매우 보수~매우 진보. 1~5점) 미국에 대한 태도(자주파, 중도파, 동맹파) 여야불통점수(매우 잘 이루어지고 있다~전혀 잘 이루어지지 않고 있다. 1~5점) 정부-국민 간 불통점수(위와 같음) 인터넷 사용도(사용하지 않는다~하루 4시간 이상. 0~5점) 촛불집회는 정당하다(동의, 비동의, 모름/무응답)
group 3: 사회의 질 관련 변수	탈물질점수(문 43-1, 43-2에서 1 또는 3을 선택한 경우 0점, 2 또는 4를 선택한 경우 1점. 0~6점) 한국사회는 안전하다(1~11점) 한국사회는 신뢰사회다(1~11점) 한국사회는 포용적이다(1~11점) 한국사회는 활력적이다(1~11점) imbalanc(위의 네 분면의 값의 차이의 절대값의 합계) 정부불신점수(매우 신뢰한다~전혀 신뢰하지 않는다. 1~5점) 신문불신점수(매우 신뢰한다~전혀 신뢰하지 않는다. 1~5점) 방송불신점수(매우 신뢰한다~전혀 신뢰하지 않는다. 1~5점) 시민단체불신점수(매우 신뢰한다~전혀 신뢰하지 않는다. 1~5점) 인권제한(문 57-1과 2에서 전석으로 찬성한다에서 절대 반대한다까지 각각 -2에서 +2점의 점수를 주어 합산한 것. -4~4점)

와 같이 사회경제적 배경변수와 이념 및 정치성향, 그리고 사회의 질 관련 변수들이 종속변수에 미치는 영향력에 있어서 체계적인 차이를 나타냄을 제시할 것이다. 위험 관련 변수들에 있어서 나타나는 진보정당 지지자들

과 여타 정당 지지자들 간의 차이는 글의 후반부에서 따로 논의한다.

2) 기술통계

조사대상자들의 주관적 계층의식의 평균점수는 4.42이다. 1~10까지의 점수에서 중간 이하인 3, 4, 5점을 선택한 응답자가 많았다. 이는 외환위기 이후 전반적으로 계층의식의 하향세를 나타내고 있는 다른 조사결과와 일치하는 내용이다. 이념적으로는 평균점수가 2.85로 보수보다는 진보성향이 다소간 강한 것으로 나타났다. 그러나 미국에 대한 태도에 있어서는 자주파보다 동맹파가 우세한 것으로 나타났다. 반미 또는 친미를 기준으로 보수 또는 진보라는 이념적 입장을 판단하기 어렵다는 뜻으로 해석되며, 이는 보수와 진보의 사회적 의미구성의 변화에 관해 재고해볼 필요를 나타낸다고 할 수 있다. 응답자들은 여야 간에, 그리고 정부와 국민 간에 소통이 잘 이루어지지 않고 있다는 생각이 매우 강한 것으로 나타났으며, 이는 촛불정국이라는 상황을 고려할 때 충분히 예상해 볼 수 있는 결과다. 흥미로운 점은 "촛불집회는 정당하다"라는 항목에 대해서는 정당지지나 이념적 입장과 무관하게 동의하는 비중이 상당히 높게 나타났다는 점이다. 한나라당 지지자들 중에도 동의가 비동의보다 많으며 스스로의 이념성향이 보수라고 답한 응답자들 중에도 촛불집회는 정당하다는 응답자의 비중이 과반수를 차지하는 등, 반정부 사회운동으로서의 촛불집회에 대한 지지가 이념적 입장이나 여당 또는 야당에 대한 지지 여부를 초월하여 광범위하게 나타나고 있다는 점이 흥미롭다. 정부와 언론, 시민단체에 대해서까지도 신뢰하기보다는 불신하는 경향이 보이며, 특히 정부에 대한 불신이 상당히 큰 것으로 나타났다.

〈표 8-2〉 독립변수 및 기초통계

변수	평균 / %	표준편차	사례수
진보정당지지	.071	.257	1,002
연령	42.95	14.43	1,002
교육	2.487	1.122	1,002
주성장지역	서울(17.6)		1,002
	인천/경기(19.2)		
	강원(3.2)		
	대전/충청(15.1)		
	광주/전라(15.6)		
	대구/경북(12.4)		
	부산/울산/경남(16.7)		
	이북/제주/외국(.4)		
소득	345.141	233.457	1,002
계층	4.42	1.537	1,002
이념(진보점수)	2.85	.887	1,002
미국에 대한 태도	자주파(25.2)		1,002
	중도파(37.5)		
	동맹파(36.2)		
여야불통점수	4.10	.728	1,002
정부-국민 간 불통점수	4.06	.776	1,002
인터넷 사용도	1.333	1.237	1,002
촛불집회는 정당하다	동의(59.2)		1,002
	비동의(34.1)		
	모름/무응답(6.7)		
탈물질점수	1.988	1.308	1,002
한국사회는 안전하다	5.346	2.100	1,002
한국사회는 신뢰사회다	4.743	2.033	1,002
한국사회는 포용적이다	4.514	1.936	1,002
한국사회는 활력적이다	5.527	2.034	1,002
imbalanc	7.759	5.661	1,002
정부불신점수	3.56	.919	1,002
신문불신점수	3.03	.888	1,002
방송불신점수	2.87	.873	1,002
시민단체불신점수	2.96	.871	1,002
인권제한	-1.058	2.202	1,002

3) 각 변수들이 정당지지에 미치는 영향

사회경제적 배경변수들 중에서는 연령과 교육, 주성장지역이 진보정당 지지 여부에 영향을 미치는 것으로 나타났다. 연령별로는, 진보정당 지지자들의 평균연령이 여타 정당의 지지자들보다 낮은 것으로 나타났다. 진보정당 지지자들의 평균연령은 35.1세, 다른 정당 지지자들의 평균연령은 43.5세였다. 교육수준은 상대적으로 높은 사람들이 진보정당을 많이 지지하는 것으로 나타났다. 중졸 이하의 학력을 가진 사람들 중에 진보정당 지지자들은 0.5%에 불과한 반면, 대학교육을 경험한 이들 가운데는 13.8%가 진보정당을 지지하는 것으로 나타났다. 주성장지역에서는 광주/전라 지역이 14.1%로 다른 지역보다 진보정당 지지자의 비율이 크게 높은 것으로 나타났다. 눈에 띄는 점은 소득과 계층 변수가 진보정당 지지 여부와 유의미한 상관관계를 나타내지 않는다는 사실이다.

이념 및 정치 성향을 나타내는 변수 중에서는 우선 미국에 대한 태도가 유의미한 영향을 미치는 것으로 나타났다. '한미동맹의 강화'를 지지하는

〈그림 8-1〉 학력별 정당지지

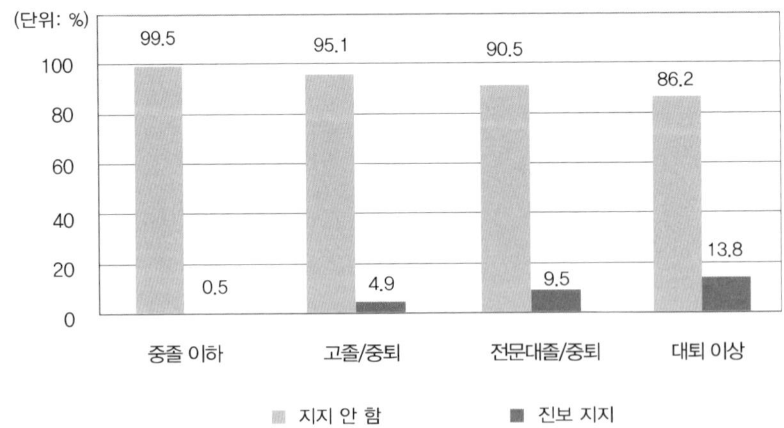

〈그림 8-2〉 미국에 대한 태도

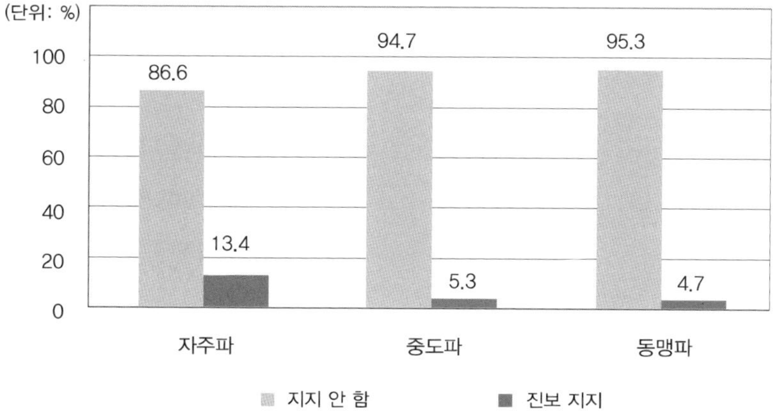

'동맹파'보다는 '미국의 간섭 없는 자주외교'를 지지하는 '자주파'들 중에서 진보정당 지지자들의 비중이 높았다(〈그림 8-2〉). 진보정당 지지자들은 인터넷 사용시간이 상대적으로 많은 편인 것으로 나타났으며, 여-야 간, 그리고 정부-국민 간에 의사소통이 잘 되지 않는다고 보는 편이었다. 특기할 사항은 이념이나 촛불집회의 정당성에 대한 지지 여부에 있어서 진보정당 지지자들과 여타 정당의 지지자들 사이에 유의미한 차이가 나타나지 않는다는 점이다. 이에 대해서는 다음 절에서 다시 논의한다.

사회의 질 관련 변수들 중에서는 우선 탈물질주의 변수에 있어서 양자 간에 유의미한 차이가 나타났다. 진보정당 지지자들의 경우 다른 정당 지지자들에 비해 탈물질점수가 높았다(〈그림 8-3〉). 다시 말해 진보정당의 지지자들은 우리나라의 장기적 국가목표로서 '높은 경제성장 유지'나 '방위력 증강', '물가, 인플레 억제', '사회질서 유지'보다는 '직장과 사회에서의 발언권 증대'와 '환경개선', '언론자유 보장'과 '정부정책 결정에 발언권 증대' 등이 더 중요하다고 생각하는 것으로 나타났다.

한국사회는 안전사회, 신뢰사회, 포용사회, 활력있는 사회인가 등의 문

〈그림 8-3〉 탈물질점수

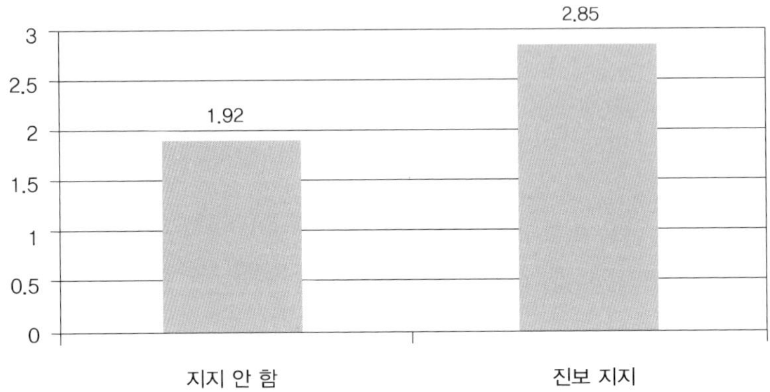

〈그림 8-4〉 시민단체불신점수

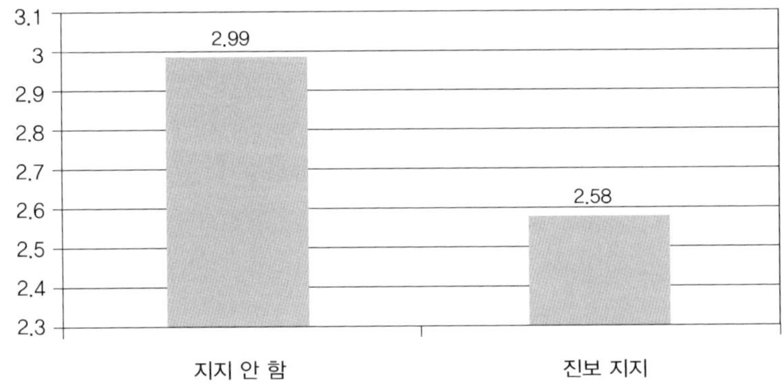

항에 대해서는 양자 간에 일관되게 유의미한 차이가 나타나지 않았다. 기관신뢰에 있어서는 정부, 신문, 방송 등에 대한 신뢰에 있어서는 유의미한 차이가 나타나지 않았으나, 시민단체에 대해서는 비교적 큰 신뢰도의 차이를 나타냈다. 진보정당 지지자들이 시민단체를 더 많이 신뢰하는 것으로 나타났다(〈그림 8-4〉).

인권제한에 대해서도 유의미한 견해 차이가 나타났다. 양자 모두 경제성장이나 국가안보를 위해서 인권을 제한하는 것에 대해 찬성보다는 반대

〈그림 8-5〉 경제성장 위해 인권 제한

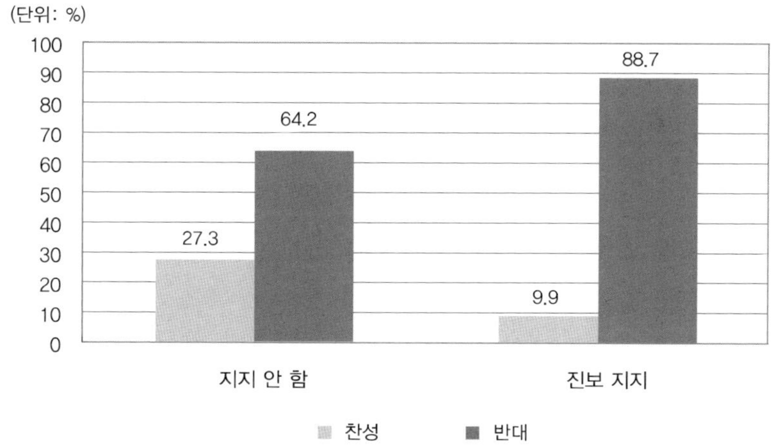

〈그림 8-6〉 국가안보 위해 인권 제한

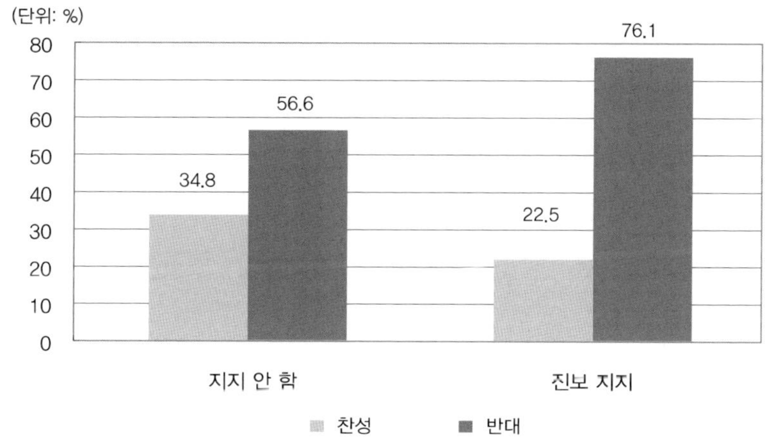

의견이 많았으나, 진보정당 지지자들의 경우가 반대의견을 나타낸 사람들의 비율이 더 높았다.

4) 이념성향과 촛불집회에 대한 견해, 정당 지지

앞에서 언급한 내용 중에 응답자들의 이념성향과 촛불집회에 대한 견해, 그리고 정당지지 사이의 관계를 좀 더 자세히 살펴볼 필요가 있다. 이 변수들 사이에 우리가 사전에 예상할 수 있는 '상식적인' 관계가 확인된다면 이 글에서와 같은 논의는 의미를 갖지 못할지도 모른다. 그러나 이 변수들 간의 관계를 살펴본 결과 예상과는 다른 양상이 나타났다.

우선, 응답자들의 이념성향과 정당지지 사이의 관계는 〈표 8-3〉과 같다. 진보신당 지지자들의 경우 68.4%가 스스로의 이념성향을 진보라고 응답한 것은 비교적 상식적으로 예상해 볼 수 있는 결과와 일치한다고 할 수 있다. 그러나 진보신당 지지자들 중 10.5%는 자신의 이념성향이 보수적이라고 응답하고 있으며, 한나라당 지지자들 중 스스로의 이념성향이 진보라고 응답한 경우도 14.9%에 달하고 있다. 민주노동당의 경우에는 이보다 예상에서 더 크게 벗어난 결과를 나타내고 있다. 민노당 지지자들 중 스스로의 이념성향이 진보적이라고 대답한 경우는 21.2%에 불과하며, 이보다 많은 36.5%가 스스로의 이념성향이 보수적이라고 응답하고 있다. 여기에서 확인할 수 있는 사실은, 제도권 정치정당으로서의 민노당과 진보신당이 내세우고 있는 진보의 이념이 두 정당을 지지하는 유권자들의 이념성향과 예상만큼 일치하지 않는다는 것이다.

〈표 8-3〉 지지정당별 이념성향 (단위: %)

	한나라	민주	자유선진	민주노동	친박연대	창조한국	진보신당	기타	없다/무응답
진보	14.9	30.4	36.0	21.2	28.9	43.8	68.4	26.7	20.1
중도	36.4	39.1	32.0	42.3	22.2	40.6	21.1	33.3	52.0
보수	48.7	30.4	32.0	36.5	48.9	15.6	10.5	40.0	28.0
계	100.0	100.0	100.0	100.0	100.0	100.0	100.0	100.0	100.0

〈그림 8-7〉 이념성향과 촛불집회에 대한 견해

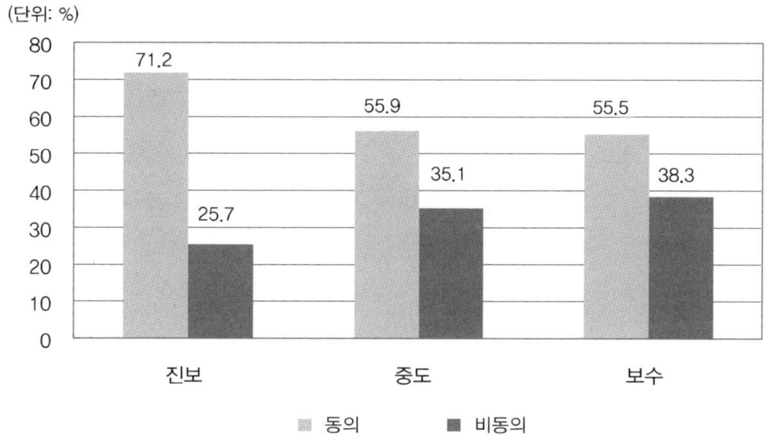

다음으로는 이념성향과 촛불집회에 대한 견해 사이의 관계를 살펴보자. 미국산 쇠고기 수입반대 운동으로 시작하였다고는 하나, 촛불집회는 진행과정에서 결국 이명박 정권에 대한 전면적인 반대운동으로 확대되었다. 과거에 반정부 사회운동은 이념적으로 진보진영에 해당하는 사회세력의 몫이었으며, 특히 보수적인 이명박 정권에 대한 반대시위가 이념적으로 진보적인 성향을 가진 이들의 지지에 기반하고 있으리라는 것은 쉽게 예상해 볼 수 있는 일이다. 그러나 이 두 변수 간의 상관관계도 〈그림 8-7〉에 나타나듯이 이러한 예상과는 일치하지 않았다. 물론, 스스로의 이념성향을 진보라고 응답한 사람들의 경우에 촛불집회의 정당성에 대해 동의하는 비율이 71.2%로 높게 나타나고 있다. 그러나 이념성향이 보수적이라고 응답한 사람들 중에서도 촛불집회는 정당하다는 주장에 동의하는 비율이 55.5%에 달하고 있다. 이제 반정부 사회운동은 진보이념을 가진 사람들에게서만 동의를 얻을 수 있는 일이 아닌 것이다.

마지막으로 촛불집회의 정당성에 대한 견해와 정당지지 사이의 상관관계를 살펴보기로 하자.

〈표 8-4〉 지지정당별 촛불집회 정당성에 대한 동의 여부 (단위: %)

	한나라	민주	자유 선진	민주 노동	친박 연대	창조 한국	진보 신당	기타	없다/ 무응답
동의	49.9	73.3	56.0	78.8	51.1	84.4	84.2	60.0	56.3
비동의	44.1	23.6	40.0	17.3	46.7	9.4	15.8	33.3	32.6
모름/ 무응답	6.0	3.1	4.0	3.8	2.2	6.3	0.0	6.7	11.1
계	100.0	100.0	100.0	100.0	100.0	100.0	100.0	100.0	100.0

지지정당별로 촛불집회는 정당하다는 주장에 동의하는 비율을 비교해 보자. 여기에서도 민주당의 73.3%, 민노당의 78.8%, 진보신당의 84.2%는 놀라울 것이 없는 결과다. 그러나 보수정당이라 할 수 있는 자유선진당과 친박연대의 지지자들의 경우에도 촛불집회는 정당하다는 견해를 밝힌 응답자가 각각 56.0%와 51.1%로 나타나는 것은 분명히 주목할 만한 결과다. 심지어 집권정당인 한나라당을 지지한다고 밝힌 응답자들 중에서도 촛불집회는 정당하다는 주장에 동의한다는 비율이 49.9%로 동의하지 않는다는 44.1%를 앞서고 있다. 이렇게 되면, 반정부운동으로서의 촛불집회를 지지하는가의 여부와 응답자의 이념성향, 그리고 지지정당이라는 변수들 간의 관계가 상식적으로 예상할 수 있는 것과는 다르게 나타난다는 사실을 인정하지 않을 수 없다. 이념성향이 보수적이라고 해서 정치적으로 보수이념을 표방하는 정당을 지지하고 반정부운동에 반대하는 것이 아니며, 반대로 이념성향이 진보적이라고 생각한다고 해서 반드시 진보정당을 지지하고 보수적 정권에 대항하는 반정부 사회운동을 지지한다고 볼 수도 없는 것이다.

5) 정당지지 결정요인

진보정당 지지자들의 사회경제적 특성은 대체로 교육수준이 높은 젊은 사람들이라는 점이라 할 수 있다. 이들은 미국과의 관계에 있어서 '한미동맹의 강화'보다는 '미국의 간섭 없는 자주외교'를 주장하며, 여-야 간, 정부-국민 간에 의사소통이 잘 이루어지지 않고 있다고 생각하는 사람들이 상대적으로 더 많았다.

한국에서 진보정당을 지지하는 이들은 탈물질주의 성향이 강한 것으로 나타났으며, 여타 정당의 지지자들에 비해 시민단체를 신뢰하는 편이었다. 또한, 경제성장이나 국가 안보 등 어떤 이유에 의해서도 인권을 제한해서는 안 된다는 견해를 강하게 드러내고 있어, 다른 정당 지지자들에 비해 상대적으로 인권을 중시하고 있다고 볼 수 있다.

이에 비해, 소득수준이나 주관적 계층의식은 진보정당 지지 여부와 유의미한 상관관계가 없는 것으로 나타났다. 이념성향과 촛불집회의 정당성에 대한 동의 여부도 진보정당 지지에 큰 영향을 미치지 않는 것으로 보인다.

과거에 진보의 이념은 사회주의적 가치와 동일시되었으며, 보수 일변도의 한국 제도정치의 현실에서 진보란 반정부와 같은 뜻으로 간주되어 왔다. 현재 우리 사회에서는 이념성향은 진보정당의 지지 여부에 유의미한 영향을 미치지 못하는 것으로 나타나며, 전 국민적인 관심 하에 사회적으로 가장 큰 반정부 운동으로 자리잡고 있는 촛불집회에 대한 평가의 내용도 진보정당을 지지하는가의 여부와는 별 상관이 없는 것으로 나타나고 있다. 분석결과에서 나타나듯이 소득이나 계층변수도 진보정당에 대한 지지 여부를 유의미하게 설명하지 못한다.

분석결과, 현재 진보정당 지지에 가장 큰 영향을 미치는 요인으로 특별하게 언급할 만한 사항은 탈물질주의적 가치와 인권 등 사회의 질 관련 가치관들이다. 이념적 대립이 정치사회적으로 크게 부각되고 있지 않은 현재의 시점에서 과거와 같은 전통적이고 상식적인 기준에 의해 좌우를 구분하는 것은 설득력이 없는 것으로 판단된다. 이런 점에서 현재 국내의 진보정당을 지지하는 이들이 인권과 탈물질주의 성향 등에서 다른 이들과 구별되는 특징을 보인다는 사실은 주목할 만하다. 지지세력의 이와 같은 특징으로 볼 때, 이들은 현재 민주노동당이나 진보신당과 같은 국내의 진보정당들이 서구에서 녹색당과 같은 탈물질주의 정당들이 하고 있는 사회적 역할을 해줄 것으로 기대하고 있다고 볼 수도 있을 것이다.

4. 진보정당 지지자들의 위험 인식

1) 한국사회의 위험과 안전에 관한 전반적인 인식

여기까지는 진보정당 지지에 대한 결정요인을 찾는 작업을 진행하였다. 이하에서는 진보정당을 지지하는 사람들이 한국사회의 위험요인들에 대해 여타 정당의 지지자들과 어떠한 인식의 차이를 나타내고 있는가를 확인해 보고자 한다. 전체적으로 볼 때, 설문 응답자들 중 지지정당이 민주노동당과 진보신당이라고 대답한 사람들은 다른 이들에 비해 전반적으로 위험에 대한 인지도가 높은 것으로 나타났다. 이들은 앞으로 10년 간 한국사회에서 각종 위험들이 감소하기보다는 대체로 증가할 것으로 예측하였다. 이들은 현 정부가 우리 사회의 안전을 위한 일들을 잘 하지 못하고 있다고 평가하였으며, 자신이 범죄의 피해자가 되거나 심각한 병에 걸리거나 자동차 사고로 다치게 될 가능성에 대해 상대적으로 높게 평가하였다. 이들은 식품안전에 대해서도 다른 정당의 지지자들보다 걱정하는 정도가 높은 것으로 나타났다. 이들은 광우병이나 유전자변형식품, 식품첨가제, 고기류에 남아 있는 항생제나 호르몬, 과일이나 채소 등에 남아 있는 농약성분, 조류독감 같은 신종 바이러스, 식품공장이나 식당 음식물의 비위생적 관리 등에 대해 더 많이 걱정하고 있으며, 식품안전에 관한 법이 적절하게 집행되지 못하고 있다고 평가하였고, 수입된 식품들보다는 국산 식품이 더 안전하다고 생각하는 것으로 나타났다. 진보정당 지지자들은 또한 우리 국민들의 안전의식 수준이 대체로 낮다고 평가하고 있다.

우선, 이들은 현 정부가 우리 사회의 안전을 위한 일들을 잘 하지 못하고 있다고 평가했다.

또한 이들은 우리 사회에서 향후 10년 간 수질오염과 해양오염, 자연재해, 급격한 기후변동, 에너지자원 고갈과 고유가시대의 도래, 물 부족, 컴퓨터 바이러스와 사이버 범죄로 인한 혼란, 사생활 침해, 먹을거리 위험, 각종 폭력사건, 주택가격 불안정 등의 위험이 증가할 것이라는 의견이 여타 정당의 지지자들보다 많았다. 대기오염과 교통사고, 화생방사고, 전염병, 마약 및 알콜중독, 실업 및 빈곤, 노후불안, 금융불안 등의 위험요인에

〈그림 8-8〉 정부의 안전관리에 관한 평가

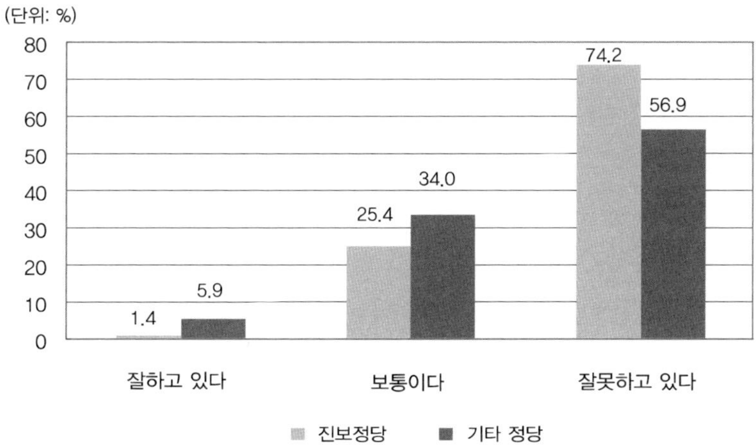

〈그림 8-9〉 광우병에 대한 걱정

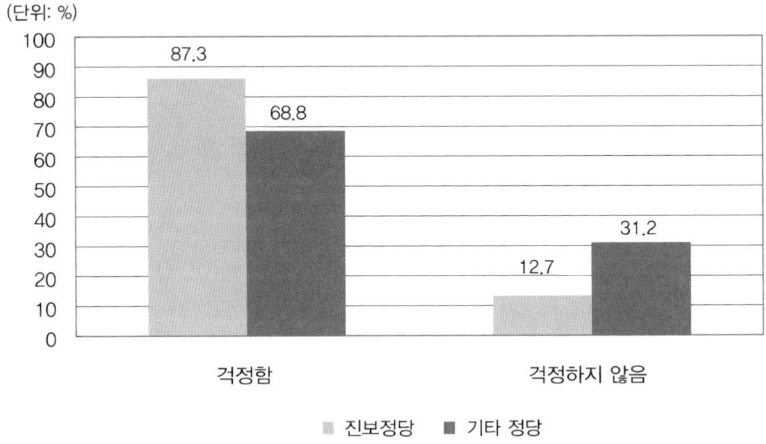

대해서는 앞으로 증가할 것이라는 의견을 나타낸 응답자들의 비중이 여타 정당의 지지자들과 비슷한 수준인 것으로 나타났다.

진보정당 지지자들은 먹을거리로 인한 위험에 대해서도 대체로 다른 정당의 지지자들보다 크게 걱정하고 있었으며, 특히 조사시점에서 사회적으로 이슈가 되고 있던 미국산 쇠고기로 인한 광우병의 위험에 대해 민감한 반응을 나타내었다. 물론, 다른 정당의 지지자들도 광우병의 위험에 대해서는 상당수가 걱정하고 있다고 응답하였지만, 진보정당 지지자들의 경우 그 비중이 크게 더 높았다(〈그림 8-9〉).

또한, 진보정당 지지자들은 우리 국민들의 안전의식 수준이 낮은 편이라고 생각하고 있는 것으로 나타났다(〈그림 8-10〉).

전반적으로 살펴보면 진보정당 지지자들은 우리 사회에서 앞으로 각종 위험이 증가할 것이라고 예측하고 있으며, 자기 자신이 범죄나 사고의 피해자가 될 가능성도 상대적으로 높다고 생각하고 있는 것으로 나타났다. 또한 각종 먹을거리로 인한 위험에 대해서도 보다 더 많은 걱정을 하고 있었으며, 현 정부의 안전 관련 조치들에 대해 불신을 나타내고, 우리 국

〈그림 8-10〉 우리 국민의 안전의식수준

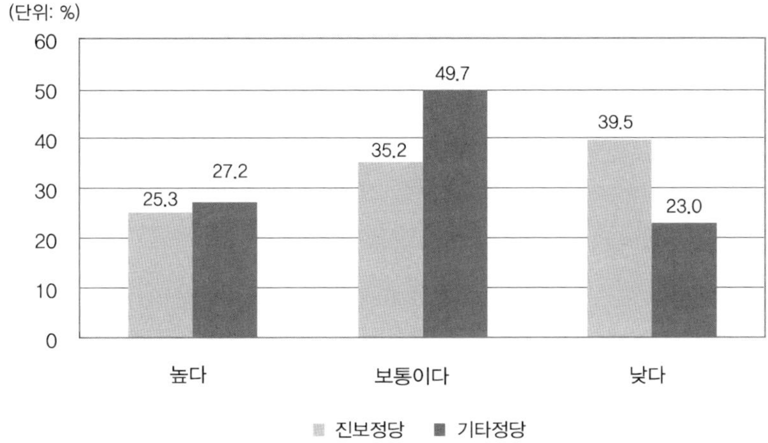

민의 안전의식 수준도 전반적으로 낮은 편이라고 생각하고 있었다. 이러한 결과에 기반한다면 진보정당 지지자들은 다른 정당의 지지자들에 비해 한국사회를 더 위험한 곳으로 인식하고 있다고 얘기할 수 있을 것으로 보인다. 그러나 직접적으로 우리 사회가 위험사회와 안전사회 중 어느 쪽에 가깝다고 생각하는가라는 질문에 대해서는 진보정당의 지지자들과 여타 정당의 지지자들 사이에 큰 차이가 나타나지 않았다. 양자 모두 우리 사회가 안전사회보다는 위험사회에 조금 더 가깝다는 견해를 나타냈다(-5점(위험사회)에서 +5점(안전사회)까지의 스케일에서 각각 -1.11과 -.62).

2) 광우병

조사시기가 미국산 쇠고기수입 반대로 촉발된 촛불집회가 진행되던 시점임을 감안할 때, 광우병에 대한 인식에 있어서 진보정당 지지자들과 다른 사람들 사이에 어떤 의견 차이가 있는가는 중요한 관심사다. 비록 촛불집회에 대한 지지에 있어서 진보정당 지지 여부가 큰 영향을 미치지는

〈그림 8-11〉 미국산 쇠고기로 광우병에 걸릴 확률은 벼락맞을 확률보다 낮다

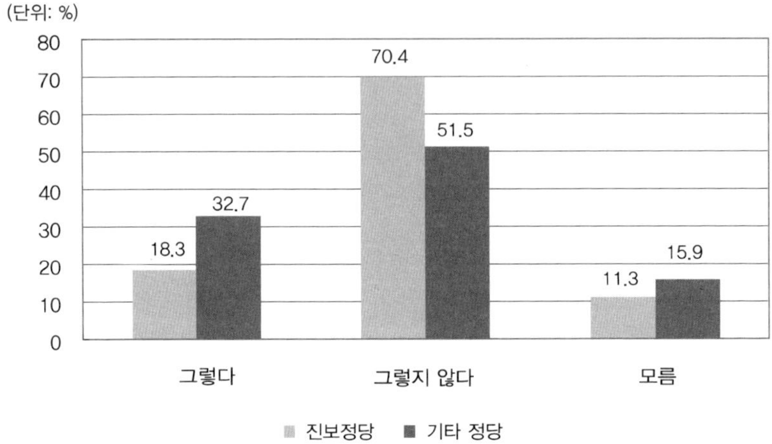

않는 것으로 드러났지만, 이들 진보정당 지지자들은 미국산 쇠고기 수입과 광우병의 위험에 대해 다른 사람들과는 뚜렷한 견해 차이를 나타내고 있다.

우선, 진보정당 지지자들의 경우에는 "미국산 쇠고기를 먹고 광우병에 걸릴 확률은 벼락을 맞을 확률보다 낮다고 생각하십니까?"라는 질문에 대해서 '그렇지 않다'고 응답한 사람의 비중이 평균보다 상당히 높았다(〈그림 8-11〉).

진보정당 지지자들의 경우에 또 한 가지 두드러진 특이 사항은 광우병에 대한 지식이나 정보의 원천으로 '인터넷'을 꼽은 경우가 22.5%로 상대적으로 많다는 점이다. 다른 정당 지지자들의 경우에는 8.2%에 불과했다. 또한 이들은 "추가협상으로는 쇠고기의 안전성을 확보하기 어렵기 때문에 무역보복을 감수하더라도 재협상을 해야 한다"(73.3% / 다른 정당 지지자들의 경우는 54.7%)와 "촛불집회는 미국산 쇠고기의 안전성을 우려한 정당한 문제제기이다"(각각 80.3% / 57.5%)라는 항목에 대해 동의한다는 의견이 상대적으로 많았다. 이들은 미국산 쇠고기 수입과 관련한 정부의 정책들이 국

〈그림 8-12〉 미국산 쇠고기 구입의사

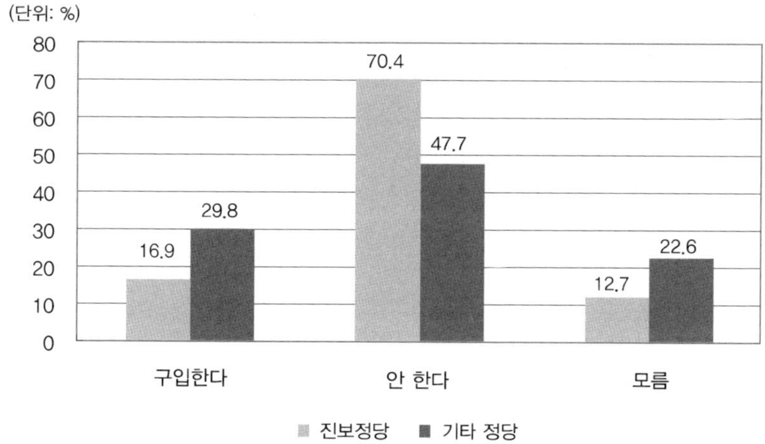

민의 건강과 관련해 충분하지 않다는 응답의 비중이 다른 정당의 지지자들보다 높았으며, 미국산 쇠고기가 본격적으로 수입될 경우 이를 구입하지 않겠다는 사람들의 비중도 훨씬 높았다(〈그림 8-12〉).

진보정당 지지자들은 미국산 쇠고기 수입반대를 위한 여러 가지 행동에 참여한 경험을 가진 사람이 여타 정당 지지자들에 비해 상당히 많으며, 촛불집회와 도로를 점거한 가두시위 등이 허용되어야 한다는 의견에 동의하는 경우도 더 많았다.

진보정당 지지자들은 개인의 노력으로 결핵이나 인간광우병, 에이즈, 조류독감, 한센병 등에 걸릴 가능성을 낮출 수 있는 가능성은 크지 않다고 생각하는 경우가 많은 것으로 나타났다. 그러나 이들은 이러한 질병에 걸린 사람이 악수를 청할 경우 응할 수 있을 것이라고 응답한 사람의 비중이 높았다.

전반적으로 진보정당 지지자들은 여타 정당의 지지자들에 비해 미국산 쇠고기로 인한 광우병의 위험을 더 크게 인식하고 있으며, 따라서 수입에 반대하고, 수입되더라도 구입할 의사가 상대적으로 적으며, 실제로 수입

〈그림 8-13〉 미국산 쇠고기 수입반대활동 참여 경험

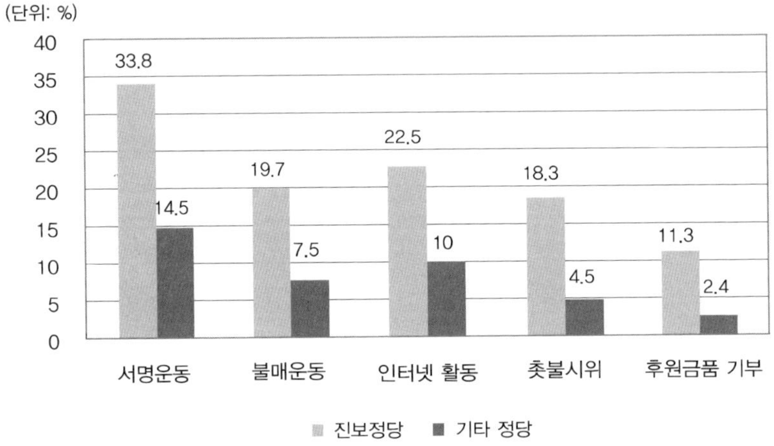

반대운동에 참여한 경험도 많은 것으로 나타났다(〈그림 8-13〉). 이들은 개인이 노력하더라도 전염병에 걸릴 가능성을 피해갈 수 없을 것이라 생각하지만, 전염의 위험이 있는 병에 걸린 사람이 악수를 청할 경우 받아들일 수 있을 것이라는 개방적인 태도를 나타내고 있다.

5. 진보정당 지지자들의 위험 인식: 요약

우선, 진보정당 지지자들은 한국사회의 다양한 위험요소들에 대하여 여타 정당 지지자들보다 인식수준이 높다는 점을 지적할 수 있다. 이는 이들이 탈물질주의적 가치관이 상대적으로 높게 나타난다는 앞의 내용과도 일치한다. 이들은 향후 10년 간 한국사회에서 수질오염과 해양오염, 자연재해, 물 부족, 폭력사건, 주택가격 불안정 등의 위험요인이 증가할 가능성이 높다고 보고 있다. 이들은 먹을거리로 인한 위험에 대해서도 여타 정당의 지지자들보다 더 많이 걱정하고 있으며, 광우병의 위험에 대해서

도 더 크게 걱정하고 있는 것으로 나타났다. 이들은 또한 자신이 각종 범죄나 사고의 피해자가 될 가능성도 높다고 생각하고 있다. 에너지 생산을 위한 새로운 방식들과 지구온난화로 인해 발생할 수 있는 다양한 위험들에 대해서도 더 많이 들어본 경험이 있는 것으로 나타난다.

진보정당 지지자들은 위험에 대한 대처방식과 정부의 조치에 대해서도 다른 정당의 지지자들과는 일정한 견해 차이를 나타내고 있다. 이들은 우리 국민의 안전의식 수준이 전반적으로 낮은 편이라는 우려를 표명하고 있으며, 현재 정부가 우리 사회의 안전을 위한 일들을 잘 하지 못하고 있다고 평가하고 있다.

조사시점에서 중요한 사회적 이슈였던 광우병에 대해서도 진보정당 지지자들은 상대적으로 더 위험하다고 인식하고 있으며, 광우병의 위험이 있다고 알려진 미국산 쇠고기의 수입에 대해 뚜렷한 반대의사를 표명하고 있고, 실제로 이와 관련한 반대운동에도 더 많이 참여하고 있는 것으로 나타났다. 이들은 미국산 쇠고기를 먹고 광우병에 걸릴 확률에 대해 여타 정당의 지지자들보다 더 크게 걱정하고 있으며, 따라서 추가협상으로는 부족하기 때문에 수입에 관한 재협상이 필요하다고 보고 있다. 현재의 쇠고기 수입과 관련한 정부의 각종 정책들이 국민의 건강을 위해 불안한 수준의 조치들이라고 보고 있으며, 미국산 쇠고기가 본격적으로 수입될 경우 이를 구입하지 않겠다는 비중이 상당히 높다. 또한, 당시 대규모의 군중이 참여하고 있는 촛불집회에 대해서도 '미국산 쇠고기의 안전성을 우려한 정당한 문제제기'라고 보고 있다. 이러한 견해를 가진 사람들의 비중이 높은 탓으로, 진보정당의 지지자들 중에는 미국산 쇠고기 수입반대를 위한 여러 가지 행동에 참여한 경험이 있는 사람들도 상대적으로 상당히 많았다. 또한 이들은 결핵이나 광우병, 에이즈, 조류독감, 한센병 등은 개인의 노력으로 피할 수 있는 가능성이 크지 않다고 보고 있다.

제9장

결론: 위험의 사회적 구성과 사회의 질

이재열/정진성

1. 위험과 사회의 질

이 책은 성공적인 산업화와 민주화에도 불구하고 위험사회의 증후군이 농후한 한국사회에서 위험이 어떻게 사회적으로 구성되고 증폭되었는지를 다룬다. 서울대 사회발전연구소에서 '사회의 질(Social Quality)' 연구의 큰 틀 속에서 위험에 관한 연구를 체계화한 계기는 위험이야말로 한국사회가 직면한 가장 핵심적인 문제로서 한국사회의 질을 결정하는 중요한 분석 대상이라는 인식 때문이다.

이 연구에서 사회의 발전수준을 포착하는 척도로 사용한 '사회의 질'이란 개념은 사회를 구성하는 시민들이 공동체 내에서 자신의 잠재력을 충분히 발휘하면서 경제적이고 문화적인 삶을 누릴 수 있는 정도를 의미한다. 이 개념은 1990년대에 유럽연합의 여러 사회과학자들이 사회통합을 핵심 가치로 하여 포용적이고 응집력 있는 사회와 사회적 신뢰를 높이는 정책이 필요하다는 문제의식에서 발전시키기 시작했다. 건강한 사회의 질을 유지하기 위해서는 구성원들이 굶주림이나 질병, 범죄, 재난 등의 다양한 위험에서 자유로워야 하며, 서로 믿고 의지하여 응집성을 유지할 수 있어야 하고, 특정집단이나 계층을 배제하지 않는 포용성을 유지하며, 각 개인이 자신의 능력을 잘 발전시킬 수 있는 기회를 가져야 한다는 것이 이론적이고 동시에 규범적인 전제조건이다. 그 이론적 틀은 다음의 〈그림 9-1〉로 요약된다(Beck et al., 2001).

그간 한국사회는 비교・역사적으로 유례를 찾기 힘들 만큼 역동적이고 압축적인 경제성장과 정치적 민주화를 이룬 것으로 평가된다. 그러나 다른 한편 현재 한국사회는 심각한 갈등과 분열 속에 놓여 있고, 국민들은

〈그림 9-1〉 사회의 질을 구성하는 네 가지 핵심 영역

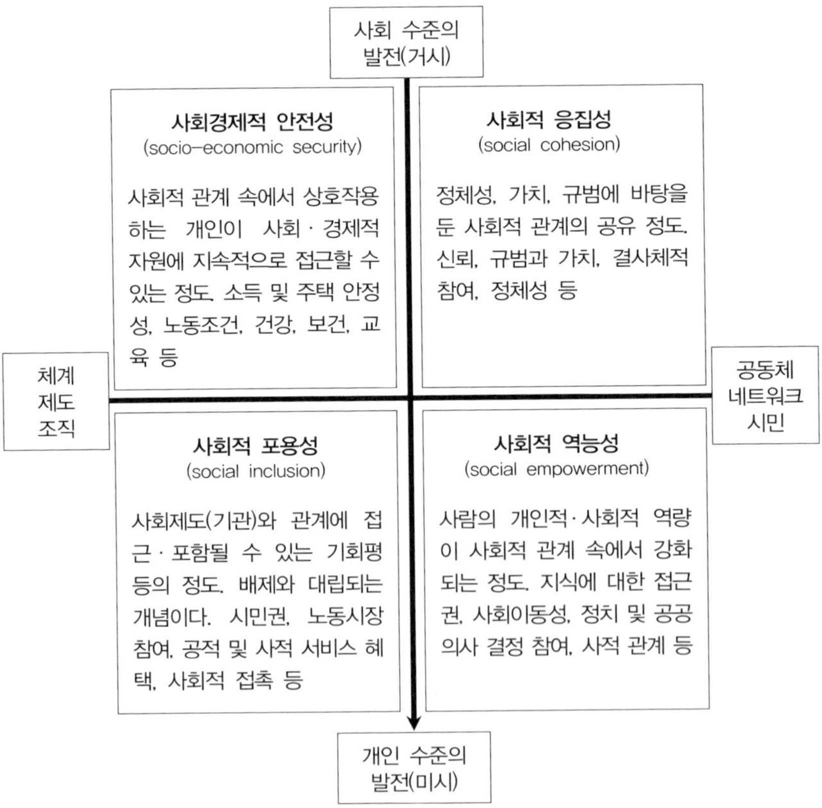

이런 저런 이유로 불안감에 사로잡혀 있다는 점에서 위기의식을 불러일으키는 새로운 전환점에 놓인 것으로 보인다. 2007년 본 연구소가 실시했던 전국 국민의식 조사는 전반적인 한국사회의 위기의 징후를 크게 세 가지로 보여준 바 있다(정진성 외, 2009). 첫째는 주요 사회제도와 집단에 대한 신뢰가 지속적으로 하락하면서 누구도 믿지 못하겠다는 불신감이 커졌고 특히 대의정치를 담당하는 국회와 정치인에 대한 불신이 극에 달했다는 점이다. 둘째는 급속한 중산층의 감소 및 계층 양극화의 결과로 실제 경제생활의 차이뿐 아니라 미래를 향한 희망의 격차까지도 커졌다는 점이다. 셋째는 닥쳐올 미래의 고령화나 생태적 변화, 그리고 그 안에서 살아남아야 하는 자신의 노후와 후속세대에 대한 불안감이 증대되고 있다는 점이다. 즉, 과거의 산물인 불신과 현재에 대한 불만, 그리고 미래에 대한 불안이 현재의 한국사회의 주요 트렌드를 가장 잘 보여주는 키워드인 것이다.

이 책이 기반하고 있는 사회발전연구소의 2008년 전국조사는 특히 위험과 불안의 문제에 주목하고 있다. 조사 결과를 분석하면서 우리는 객관적이고 현재적인 위험이 주관적이고 미래투사적인 불안으로 전환되는 이유는 그동안 경험해온 사회제도나 정부기관에 대한 불신이 해소되지 않았기 때문이라는 점을 발견했다. 다시 말하면, 경제성장과 민주화에도 불구하고 국민들의 불만과 불안이 높은 이유는 한국사회의 질이 그다지 높지 않기 때문이라고 해석할 수 있다. 그래서 이 글에서는 이 책의 결론으로서, 앞에서 다양한 필자들이 진행한 위험에 대한 분석 결과를 사회의 질과 연관해 해석해보고자 한다.

2. 위험의 사회적 구성과 불안의 발생구조

1) 위험심리, 위험인류학, 그리고 불신

위험은 객관성의 영역이지만, 인식 주체의 감정의 영역을 통과하면서 불안으로 전환된다. 불안은 직접적이고 객관적인 위험의 반영이 아니라 주관적인 차원에서 구성된다. 이러한 불안의 형성과정을 가장 잘 보여주는 연구가 조병희의 논문 「광우병 인식의 사회적 구성」이다. 그는 일상적인 차원에서 개인적인 대응에 머문 다른 질병에 대한 인식과는 달리 광우병에 대한 불안감은 왜 광범하게 확산되고 또 정치화되었는지에 대해 적절하게 설명하고 있다. 조병희는 질병 피해를 두려워할수록 그리고 그 위험이 알려지지 않은 것일수록 불안감이 커진다는 점에서 광우병에 대한 공포는 전형적인 사례라고 본다. 정작 광우병이 발병한 나라들보다 그렇지 않은 한국에서 불안감이 더 높기 때문이다. 공포감은 질병위험에 대한 통제가 어렵다고 느낄수록 더 커진다. 그래서 감염가능성이 낮아도 통제할 수 없다는 인상을 주는 질병을 가진 환자에 대해서는 접촉을 꺼리는 경향이 강해진다는 설명이다. 초기 한센병이나 에이즈 환자에 대한 강력한 '사회적 낙인'이 만들어진 이유도 이처럼 '특별한 질병'이라는 공포감 때문이었지만, 점차 시간이 흘러 '정상질병'으로 인식되자 환자들도 사회의 정상적인 성원으로 대접받게 되었다. 이런 이유를 들어 조병희는 광우병이 아직 초기단계의 '특별한 질병'이기 때문에 감염을 둘러싼 사회적 혼란을 단순히 반정부나 반미성향 등의 정치사회적 요인에 의해서 촉발된 것으로만 설명하는 것은 곤란하다고 주장한다. 위험인류학적 관점에서 볼 때의 낙인찍기와 그에 따른 위험의 사회적 증폭과정이 바탕에 깔려 있다는 것이다.

구혜란의 연구 「위험 인식의 집단 간 차이」는 슬로빅(Paul Slovic)으로 대표되는 위험심리학의 전통에서 출발하되, 다양한 사회집단들이 위험에 대해 상이하게 반응하게 되는 배경을 사회학적으로 설명하고 있다. 구혜란의 주된 관심은 위험요인에 맞추어져 있다. 사람들이 향후 위험이 급속히 증대될 것이라고 느끼는 대상을 고위험군으로, 그렇지 않은 것들을 저위험군으로 구분한 뒤, 각 유형에 대한 인식의 차이가 무엇에 기인하는지를 살피는 방법을 사용했다. 구혜란의 연구는 환경오염이나 생태위험, 에너지 고갈처럼 전 지구적으로 파급되며 누적되는 고위험 유형들에 대한 인식과 화재나 인적재난, 교통사고처럼 친숙한 전통적인 저위험 유형에 대한 인식 간에는 응답자의 사회적 배경에 따라 차이가 매우 크다는 것을 보여준다. 고위험군 유형에 민감하게 반응하는 사람들은 주로 20～30대의 젊은층과 고학력자들인 반면, 저학력·고연령층에서는 전통적 위험에 민감하게 반응한다는 것이다. 특히 계층적으로 보면 사회경제적 취약성이 높은 하층으로 갈수록 일상적이고 전통적인 위험에 대해 민감한 반면, 상층으로 갈수록 구조적이고 전 지구적인 위험에 더 민감하게 반응한다는 것을 보여준다.

안정옥은 집단에 따라 객관적 위험이 높음에도 자신이 겪을 위험의 가능성은 낮다고 보는 딜레마를 어떻게 해명할 것인가 하는 문제를 본격적으로 제기한다. 그는 운명론적 태도가 강한 사람일수록 객관적 위험이 높다 하더라도 자신의 구조적인 위험지위를 적극적으로 표상하지 못하는 역설이 존재한다고 주장한다. 즉 위험에 대한 인과귀속방식이 계층에 따라 다르게 나타난다는 것인데, 사회경제적으로 하층에 속할수록 잠재적인 위험의 발생가능성에 대해 더 불안해할 뿐 아니라, 실제로 더 다양한 사회적 위험에 노출된다. 그럼에도 이들은 더 운명론적인 위험관을 가지고 있다. 반면에 상층에 속할수록 운명론적 위험관을 거부하고, 개인의 노력 여하에 따라 운명을 바꿀 수 있다고 믿는다.

연구자들이 공통적으로 발견한 사실 중 하나는 객관적 위험이 설사 동일하다 하더라도 규칙의 집행자나 제도에 대한 신뢰가 부족할 때 훨씬 더 큰 사회적 불안감을 낳게 된다는 점이다. 구혜란의 연구는 사회 전반에 대한 일반적 신뢰와 제도에 대한 신뢰가 모두 위험 인식과 밀접하게 관련되어 있음을 보여준다. 특히 신뢰수준이 높을수록 위험의 수준을 과소평가하는 경향이 드러난다고 한다.

조병희의 연구에서는 식품안전정책에 대해 불신하는 응답자일수록 광우병이나 조류독감에 대한 불안감이 훨씬 크게 나타난다. 한국인의 건강위험에 대한 민감도는 외국에 비해 그다지 높지 않은데도 불구하고 과도한 질병불안이 나타난 이유는 신뢰가 담보되지 못한 한국사회에서 유난히 두드러지는 현상이라는 것이다.

2) 불안의 구조와 사회적 구성

이처럼 구혜란, 조병희, 안정옥의 연구는 모두 불안은 현존하는 대상보다는 가능성에 의해 촉발된다는 점을 잘 보여준다. 그런 점에서 불안(Angst)을 공포(Furcht)나 경악(Shreck)과는 다르게 설명한 프로이드의 개념화는 유용한 것이다. 즉, 공포는 두려움의 대상이 명시적인 경우에 발생하는 감정이며, 경악은 준비되지 않은 상태에서 갑자기 위험이 닥칠 때 느끼는 감정인 반면에, 불안은 대상이 명확하지 않더라도 예견이나 준비하는 상태의 감정을 말한다. 따라서 현실화되지 않은 위험은 늘 불안감을 야기한다고 할 수 있다.

위험이 불안으로 전환되는 과정에 대한 분석을 위해서는 위험의 발생구조와 영역을 〈그림 9-2〉와 같이 구분하여 이해할 필요가 있다.[1] 이 그림에서 불안이 발생하는 공간을 두 축으로 나누었는데, 가로 차원은 체계와

1. 이 그림은 김홍중과의 토론을 통해 정리한 내용을 토대로 발전시킨 것임. 자세한 내용은 이재열 외(2006)를 참조할 것.

일상수준의 위험을 구분한 것이고, 세로 차원은 지구적이고 거시적인 위험과 미시적이고 개인적인 위험을 나눈 것이다. 이러한 분류방법은 사회학적으로는 매우 익숙한 분류체계인데, 거시와 미시라는 수준과 체계와 생활세계라는 차원을 교차하여 모두 네 가지의 상이한 영역을 구분해내는 사회의 질 연구 전통과 일치하기도 한다. 그럼 각각의 영역에서의 불안감은 어떻게 설명될 수 있을 것인가?

첫째, '실존적 불안'은 생애 영역에서 나타난다. 실존적 불안은 타인과 쉽게 공유하기도 어렵고 소통하기도 어려운 내밀한 불안감이다. 그래서 이러한 불안감은 자서전적 서술을 통해서 드러날 수 있다. 벡과 기든스(Beck & Giddens)는 사랑, 성, 결혼, 진학 등의 실존적이고 생애적인 불안을 '사랑'을 중심으로 설명하고 있다(Beck, 1990; Giddens, 1992). 사랑은 그 안에 성(性), 교제, 결혼, 이혼, 출산 등의 다양한 문제를 포괄하고 있다. 그런데 이러한 다양한 문제에 투영되는 불안감은 기존의 위험 유형분류에서는 흔히 간과되거나 다루지 않는다. 생애에서 발생하는 불안은 개인의 삶을 지탱하는 실존적 자아가 생의 고비를 통과하면서 겪을 수밖에 없는 위험 때문에 야기되므로, 이 불안을 야기하는 주체는 자신이며, 자서전적인 서사를 통해 위험으로 인지된다. 출생・입학・입대・연애・결혼・출산・임신・부양 등이 모두 그러하다. 그리고 이러한 '위험'들을 통과하면서, 실존적 위험의 주체는 자신만의 고유한 생애이야기(life history)를 갖게 된다. 극단적인 경우 일본에 200만 명이나 된다는 은둔형 외톨이(히키코모리)처럼 사람들과의 대면을 두려워하는 극단적인 위험감마저도 실존적 위험에서는 현실화된다.

둘째, 반복적이며 우연적인 일상적 공간에서 체험되는 위험은 사건적 불안을 만들어낸다. 근대적 삶은 일상 속에 통제할 수 없고, 예측할 수도 없으며, 때로는 상상할 수도 없는 위험의 가능성들을 심어놓았다. 재난의 체험자들은 그들은 재난을 겪을 때 가장 일상적인 상황 속에 놓여 있다.

〈그림 9-2〉 불안의 구조와 위험의 사회적 구성(사회의 질과의 대응)

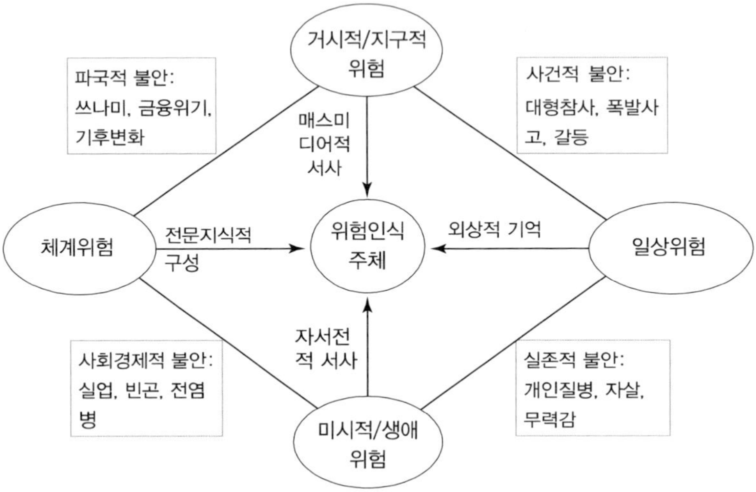

출근길에 교통사고를 당할 수도 있고, 거주하는 집이 화재에 휩싸이기도 한다. 사람들은 대개 일상성을 위험에 대비해야 하는 위험공간으로 인식하지 않는다. 그러나 현실 그 자체인 일상 속에서 모든 것은 위험의 원천이 될 수 있고, 또한 예기치 못한 사건을 통해 위험으로 귀결되기도 한다. 찬거리를 사러 나온 주부들이 대규모로 희생된 삼풍백화점 붕괴사고나, 통학길의 여고생들이 강으로 추락한 버스와 함께 수장된 성수대교 붕괴사고, 그리고 200명의 생명이 엄청난 불길과 연기 속에서 질식사한 대구지하철 방화사고 등의 끔찍한 기억은 피해자뿐 아니라 보통사람들에게도 외상적 기억(traumatic memory)을 깊이 남긴다. 사소한 사건들에서 치명적인 재난에 이르기까지 실제로 현실화한 위험과 이를 체험한 모든 기억은 일상의 공간을 일종의 잠재적인 위험공간으로 인지하게 하고, 이로부터 일상은 외상적 기억들의 원천으로 기능한다.

셋째, '세계'로부터 파생되는 위험은 '파국적 불안'으로 개념화할 수 있다. 이는 '나'의 실존적 문제가 아닌 '우리'의 보편적인 문제다. 세계는 지리적인 바탕 위에 정치적 · 경제적 · 문화적 · 상징적으로 구성된 일종의 상상물이자, 민족이나 국민국가, 지역적 정체성을 넘어서는 인류, 인간 보편의 거주 공간으로 표상된다. 최근에 부각되는 온실가스 증가에 따른 생태변화, 자본주의 중심부에서 발원한 심각한 전 세계적 금융위기가 상호의존적인 세계에 미치는 치명적 효과, 국제질서 재편을 둘러싼 테러리즘 등은 모두 글로벌한 정치 · 경제 · 생태 시스템의 수준에서 파생되는 위험들이며, 이러한 위험의 소실점은 바로 세계의 종말이다. 개인이나 특정국가를 뛰어넘는 공통의 이해관계나 근심이 이 세계의 차원을 결정한다. 봉건시대 유력한 상상의 원천이었던 종교적 담론들은 근대에 접어들면서 '세계'라는 차원으로 이전된다. 실존적 자아의 위험이 발생하는 '생애'와는 달리 '세계'로부터 발생하는 위험은 세계시민적 정체성, 즉 세계적 공동체의 일원인 위험 인식 주체를 생산한다. 울리히 벡은 세계위험사회가 코스모폴리탄적인 인식 주체의 형성을 촉진할 것이라고 본다. 이러한 파국적 위험(세계)은 대부분 '매스미디어적 서사'를 통해서 불안이 현재화한다. 이는 세계가 이미 개별 경험을 넘는 추상적인 집합체인 경우가 많고, 따라서 그 위험의 실제화가 미래투사적이며 상상적인 경우가 대다수이기 때문이다. 매스미디어적 서사는 TV와 방송매체를 포괄하는 세계감의 창출에 기여하며, 이렇게 형성된 세계라는 관념 그리고 이를 뒷받침하는 물적 제도들의 관계를 확정하고 확장시킨다.

넷째는 일상의 삶을 살아가는 행위자의 삶을 구조화하는 제도와 시스템에서 파생되는 위험 때문에 발생하는 불안감으로서 '사회경제적 불안', 혹은 '구조적 불안'이라고 할 수 있다. 일상의 내부에는 이미 체계의 구조적 논리가 배태되어 있다. 일상은 그것을 틀 지우는 제도적 차원들에 포섭되어 있기 때문이다. 급격한 경기침체나 환율의 변동 등은 대규모의 감원이나 실업자를 양산하고, 그 결과 사람들의 경제적 불안감도 커진다. 대규모의 파업이나 폭동으로 인해 치안이 마비되거나 범죄율이 증가하면 사회적 불안감도 커진다. 국가기능의 붕괴나 법률체계의 파행, 시장의 붕괴나 사회제도의 교란 등으로 인해 생겨나는 위험들은 구조적인 불안을 촉발한다. 이러한 위험은 전문지식적·정보적인 구성을 통해서 그 문제가 포착된다. 시스템은 그 자체로 체험되지 않는 법칙성과 제도의 공간이므로, 이 차원의 존재양식은 직접적 체험이 아니라 다양한 지식에 의해서 매개된 방식에 의존한다. 체계에 대한 지식을 제공하는 것은 전문가집단이며, 일상적 감각과 이 전문적 지식 사이에는 일정한 간격이 존재한다. 그것은 두 세계의 체험의 논리가 다르기 때문이며, 바로 이러한 의미에서 사건적 위험의 현실성은 구조적 위험의 가능성과 배타적인 관계를 유지한다.

구혜란의 연구에 따르면 에너지 고갈이나 급격한 기후변동, 환경오염 등의 고위험군이 대체로 파국적 불안을 가져오는 위험 유형이며, 화재, 전염병, 인적재난, 교통사고 등의 저위험군이 사건적 불안을 가져오는 유형이다. 고학력자와 상류층일수록 파국적 불안이 두드러지는 이유는 그것이 전문지식을 통해 구성되는 것이기 때문이고, 하층과 저학력자일수록 사건적 불안이 두드러지는 이유는 외상적인 경험과 매스미디어적 서사에 의해 구성되기 때문이다. 반면에 국민들은 사회경제적 위험, 혹은 구조적 위험에 대해 정부가 개입해주기를 가장 바라고 있는 것으로 나타나고 있다.

사회경제적 위험을 분석한 안정옥의 논문에서는 이것을 경제적인 부채, 주거환경에서 오는 위험이나 범죄피해, 건강상의 위험, 직업과 소득에서의 위험 등을 포괄하는 것으로 정의하였다.[2] 그런데 흥미로운 사실은 계층별로 위험에 대한 노출과 불안감이 모두 차별적으로 나타난다는 점이다. 사회경제적으로 하층으로 갈수록 다양한 사회적 위험을 경험한 빈도

2. 모두 12개의 위험에 대해 노출된 경험에 대해 질문한 결과, 15.4%가 본인이나 가족이 건강상의 위험에 노출된 적이 있다고 하여 가장 높은 응답률을 기록하였고, 그 다음으로 거주환경에서의 피해(12.7%), 실직(11.8%), 불량한 상하수도나 화장실(9.7%), 학력에 의한 차별(9.5%), 학비부담(9.3%) 범죄피해(8.4%) 등의 순이었다.

가 증가한다. 아울러 일상적인 생활에서의 사회적 고립이 심한 사람들일수록 위험에 대한 노출이 많을 뿐 아니라 잠재적 위험에 대한 불안감도 크다. 이는 사회적 배제가 전반적인 사회경제적 위험을 증대시킬 뿐 아니라 실존적 불안감도 동시에 크게 한다는 것을 잘 보여주는 현상이다.

구혜란과 안정옥의 분석은 모두 불안감은 인식의 주관적 측면뿐 아니라, 개인이 처한 사회적 취약성에 의해서도 설명될 수 있음을 보여준다. 취약성에 대응할 자원(사회경제적 안전성), 자원에 대한 접근의 정도(포용성), 공동으로 위협에 대처할 수 있는 연대감(응집성), 그리고 위험을 완화할 수 있는 능력(역능성) 등이 높은 사람들일수록 동일한 객관적 위험에 대해서도 느끼는 불안감은 경감될 수 있다는 주장이다.

3. 촛불시위와 위험정치의 등장

위험이 불안으로 확산되고, 또한 불안이 정치화하는 과정을 가장 잘 드러낸 것은 2008년 광우병쇠고기의 수입을 둘러싸고 벌어진 촛불시위였다. 이 책의 2부에서는 촛불시위의 전개과정과 의미를 위험의 정치화로 해석한 장덕진, 고형면, 장상철 등의 논문이 실려 있다.

1) 새로운 이념적 진보가치로서의 탈물질주의의 등장

미국산 쇠고기의 수입을 둘러싼 중고등학생들의 소박한 촛불시위가 급속하게 정치화하고 격렬하게 비화된 배경을 이해하기 위해서는 광우병을 둘러싼 일상적인 불안감을 사회적으로 증폭시키고 정치적으로 동원해내는 인지적 프레임으로 기능한 탈물질주의에 대해 먼저 살펴볼 필요가 있다. 탈물질주의적 가치지향은 진보적인 태도와 중첩된다는 점이 매우 흥미롭다.

장상철은 과거 진보는 사회주의와 동일시되었지만, 이제는 탈물질주의, 인권 등이 중요한 진보의 가치로 구성되기 시작했다고 본다. 전통적인 진보-보수의 축과 새롭게 등장한 탈물질주의-물질주의의 축은 상당부분 중첩되기도 하지만, 동시에 차별화되는 특성도 많다. 장상철은 유권자들이 투표를 하는 직접적인 원인이 정당이나 후보자와 자신의 정체성을 동일시하는 '정당일체감' 때문인지, 혹은 그동안 정당이 보여준 공약 이행이나 업적에 대한 평가에 따른 '회고적 투표'인지에 대한 논란을 소개한 후, 투표시의 후보자 선택과 그 이후의 정당 선택의 변화를 비교하여 두 가지 가설에 대한 검증을 시도하였다. 그 결과 투표 이후 정당 선택이 변화한 사례가 많이 발견되는데, 이는 기존의 정당들이 강한 정당일체감을 형성하지 못했기 때문이라고 한다. 진보정당에 대한 지지층은 젊은층, 고학력층, 호남지역 등에서 두드러진 반면, 소득이나 계층변수 등에 따라서는 유의미한 차이가 드러나지 않아 계급적 지지보다는 가치지향이나 문제인식의 프레임에 따라 달라지는 양상을 보였다.

정진성은 경제발전이나 국가안보와 같은 물질주의적 가치가 인권의식과 맺는 긴장관계에 주목하여 새로운 가치지향의 부상 가능성에 대해 논한다. 즉 경제성장을 위해서는 인권을 제한해도 좋다고 보는지, 혹은 국가안보를 위해서는 인권을 제한해도 좋은지를 묻는 흥정이론(trade-off theory)의 주요 가설들을 검증한 결과, 이미 경제성장이나 국가안보를 위해 인권을 희생해도 좋다는 의견은 높지 않다는 점을 발견하였다. 이제 인권이 중요한 가치로 한국사회에서 자리잡기 시작했음을 보여주는 발견이다. 다만, 경제발전보다는 국가안보가 인권을 제한하는 더 큰 흥정력을 갖는다는 점에서 분단국가로서의 특성이 여전히 중요하게 작동하고 있음을 알 수 있다. 정진성은 인권 개념의 성장과 위험관리에 대한 인식이 약간의 시차를 두되 서로 긴밀하게 동조화하여 발전했다고 주장한다. 특히 차별과 소외가 심한 사회일수록 위험한 사회로 느끼는 사람이 많다는 점에서 근대적인 보편성의 차원에서 인권에 대한 감수성과 안전의식은 상관성이 높다는 것이다. 인권관념은 초기 부정적(소극적) 의미의 자유권에서 시작해서 적극적인 사회권으로 발전했고, 이제는 다양한 사회적 위험에 노출된 취약한 집단에 대한 적극적인 보호까지 포괄하는 의미를 갖는다. 특히 국민들이 인권정책의 대상자로 비정규직, 장애우, 노인, 외국인노동자, 생활보호대상자 등을 거론하고 있다는 것은 사회적 위험에 대한 복원력을 갖추는 것이 중요한 사회적 권리로 부상하는 현실을 반영한다. 자유권과 사회권을 넘어서 국제연대를 강조하는 환경권, 평화권 등의 제3세대 인권 개념은 탈물질주의에 기반하고 있다고 해석할 수 있다. 그래서 이제 한국사회에 탈물질주의 이념이 자라나고 있는 것은 인권 신장의 중요한 신호라고 볼 수 있다.

2) 광우병의 정치와 촛불시위 참여

광우병 쇠고기 수입을 둘러싼 위험이 사회적으로 구성되는 상이한 차원들을 가장 명료하게 차별화하여 보여준 이는 조병희다. 그는 결핵이나 조류독감과 비교할 때 광우병은 특별히 정치화의 과정을 겪었다고 주장한다. 결핵은 전통적인 질병으로만 인식된 반면, 조류독감에 대한 인식은 전통적인 질병에 대한 불안감에 사회적 신뢰의 부재에 따른 불안감이 보태진 양상을 보였다고 한다. 그런데 광우병의 경우에는 여기에 다시 정치적 요인에 의해 그 불안감이 증폭되었다는 것이다. 그렇다면 위험의 정치화는 어떻게 이루어졌는가? 장덕진은 다음과 같은 모두 네 가지 요소가 광우병을 둘러싼 불안의 급격한 정치화에 기여했다고 주장한다.

첫째는 광우병 쇠고기의 위험이 가진 특징인데, 이는 치명적으로 위험하다고 알려져 있지만, 아직 한국사회에는 알려진 바가 별로 없는 생소한 위험의 특성을 갖춘, 즉 위험심리학적으로 불안감을 극대화할 수 있는 소재라는 점이다. 더구나 이러한 위험에 대한 노출이 계층에 따라 체계적으로 달라질 수 있다는 점이 인지된 '위험지위'의 차이에 따른 상징적 동원의 차별화를 가져왔다.

둘째는 위험에 대한 불안감을 일상적인 차원에서의 사건적 위험이 아니라 시스템 수준의 구조적이고 파국적인 위험으로 인식하도록 한 인지프레임으로서의 탈물질주의자의 등장이라고 할 수 있다. 이는 잠재적으로 위험할 수도 있는 미국산 쇠고기의 수입도 '자유무역'의 확대를 위해, 그리고 이를 통한 경제살리기를 위해 필요하다고 본 이명박 정부의 '물질주의적 가치지향'과 정면으로 충돌하면서 급속히 위험을 정치화하는 추동력으로 작용했다.

셋째는 한국사회 불신의 구조다. 다양한 기관과 조직 중에 특히 국회와 정부, 검찰 등에 대한 불신이 가장 심각했는데, 그 결과 정부의 입장에서 어떤 대안을 내놓더라도 국민들을 설득하는 데 실패하였으며, 결국 저항의 일상화로 이어졌다. 고형면은 이러한 불신의 확산이 이루어진 배경에 자리잡고 있는 사회적 연대와 유대감의 약화에 대해 지적한다. 즉 권위주의를 대체한 민주화는 다원주의적 사회로 이행시켰지만, 일사불란한 사회적 연대를 대체할 유기적인 사회적 응집요소로서의 규칙의 공정성이나 문화적 관용성 등이 제대로 자리잡지 못하기 때문에 일종의 도덕 지체현상이 나타난다고 한다. 즉 규범적인 통합이 구체적인 결사체 활동을 통해 체득된 것이 아니기 때문에 '논쟁적 민주주의' 수준에서 머물게 된다고 보는 것이다. 그럼에도 규칙을 관리하고 위반자를 처벌하는 기관들의 정당성이 심각하게 도전받고 있는 상황이기 때문에 촛불시위를 둘러싸고 시민들은 적극적으로 발전시키지는 못했지만, 자발적 참여를 통해 공동체의 문제에 대하여 발언하고 대안을 모색하는 새로운 형태의 사회적 응집을 경험했다고 주장한다.

넷째로 지적할 요인은 이러한 응집을 가능케 한 인터넷과 각종 매체를 통해 드러난 보통 시민들의 창발성이다. 인터넷은 참여와 비참여 간의 경계나 정치와 생활의 경계를 무너뜨리고, 또한 물리력과 정보력의 국가독점을 해체함으로써 새로운 사회적 응집을 가능케 하였다. 특히 각종 매체 중에 TV와 신문은 정반대의 양극화된 반대논조를 유지하여 정치균열을 가속화했다.

장덕진은 이러한 네 가지 요인이 결합하여 어떻게 정치적인 동원으로 이어졌는지를 분석하고 있다. 특히 그의 분석은 촛불시위가 자신이 지지하는 후보가 선거에 패배한 데 따른 불만을 가진 사람들뿐 아니라, 기존의 정당정치에 불만을 가진 사람들을 가장 적극적으로 정치화함으로써 정부 여당이나 제도권 야당들에게조차 곤혹스런 상황추종자가 되도록 했다는 점을 잘 보여준다. 기존의 정당정치가 정치적으로 무관심한 층을 동원하는 데 실패하고 있는 한국정치의 비대표성과 대비한 새로운 참여정치의 가능성을 시사하는 것이다.

3) 촛불시위와 불안의 정치

이상의 논의들은 모두 위험의 사회적 구성과 결과로서의 측면에 초점을 맞추고 있다. 그러나 촛불시위는 그 격렬성과 놀라운 동원력에도 불구하고 매우 빠르게 소멸되었으며, 또한 지속적인 정치화에는 실패하고 있는 것으로 보인다. 이러한 결과는 다양한 측면에서 해석이 가능할 것이지만, 크게 보면 두 가지 쟁점에 대한 논의가 필요한 것으로 보인다.

첫째는 촛불시위를 통해 드러난 위험의 정치화를 바라보는 시각이다. 일부의 언론에서는 이 과정을 왜곡된 사실의 배포를 통해 정부를 반대하는 세력에 의해 많은 사람들이 동원되고 기만당한 거대한 사기극으로 이해하는 시각이다. 주로 정부 측의 시각이 이러한 입장에 기반하고 있다.

이에 반하여 일부 학자나 시민운동가들은 다수의 시민이 자발적으로 참여하여 만들어낸 정보사회형 참여민주주의의 새로운 실험으로 해석한다. 특히 초기단계의 촛불시위가 자발적인 참여로 이루어진 축제와 같은 성격을 띤 것에서 출발하여 엄숙하고 권위적인 정치체제에 대한 유쾌하고 즉흥적인 저항으로 보기도 한다.

반면에 이 책에 실린 논문들은 어떻게 객관적 위험이 정치적으로 민감한 불안으로 확산되었는지에 초점을 맞추었다. 조병희의 논문에서 잘 포착하고 있듯이 미국산 쇠고기의 수입을 둘러싼 갈등은 통상적인 질병에 대한 불안에 의해 촉발되었지만, 그 후 사회적 증폭과정을 거쳐 정치적으로 활용되었기 때문이다. 이러한 분석을 통해 우리는 어떤 위험이 정치적으로 선택되고 어떤 위험들은 배제되는지에 대해 검토할 필요가 있다. 비슷한 시기에 다양한 형태로 등장한 질병위험들, 예를 들면 조류독감이나 신종 플루에 대한 대응은 일상적인 질병의 범주를 크게 벗어나지 않았다. 그간 지속적으로 제기된 중국산 납꽃게, 멜라민이 과다하게 검출된 돼지고기, 그리고 기생충 알이 섞인 김치 등의 경우에도 충격적인 내용들이 매스미디어를 통해 집중적으로 조명되었음에도 정치적인 소재로 발전하지는 않았다. 그 배경에는 위험의 생성과 전파에 관한 체계적 메커니즘에 대한 지식을 갖춘 전문가들과 정부기관의 설득이 받아들여졌고, 또한 이것이 매스미디어를 통해서도 한국만의 문제가 아니라 글로벌한 문제라는 인식이 확산되었기 때문이다. 최근 신종 플루로 인한 사망자가 급격히 늘어났지만, 감염의 경로에 대한 설명과 감염시의 대처방안, 그리고 예방에 필요한 처방에 이르기까지 충분한 정보가 매스미디어를 통해 전달되고 있다. 따라서 광우병에 관련된 쇠고기만이 유독 집중적으로 정치적 소재로 발전하게 된 이유를 잘 설명하기 위해서는 질병에 대한 불안감이 사회적 위험지위에 따른 차별적인 인지화 경로를 겪게 된 과정에 대한 분석이 필요하다.

이 책에서 필자들은 체계적인 위험이 개인의 일상적 체험의 수준에서 납득 가능한 방식으로 소통될 경우 위험이 만들어내는 공포감은 현저하게 줄어든다고 주장한다. 친숙한 위험일수록 거부감은 줄고 수용성은 높아지는 것이다. 이 과정에서 중립적인 정보를 제공하는 일은 매우 중요하다. 반면에 광우병 쇠고기의 수입문제는 정치적 균열 위에서 구조적 불안, 혹은 사회경제적 불안으로 재구성되었다. 특히 미국산 쇠고기의 수입기준을 둘러싼 논란은 단순한 의학적 진단의 범위를 넘어서 자주파와 동맹파, 물질주의자와 탈물질주의자 간의 갈등과 결합하였고, 이는 전통적인 정당지지자들 간의 갈등과도 중첩되면서 급속하게 양극화되었다. 이 과정에서 전문가들 사이의 진단과 처방도 극단적으로 갈렸고, TV와 주요 일간지 간의 보도에서 다루는 사실의 범위와 진위판단 자체가 갈라졌으며, 정부의 발표는 새로 등장한 정부의 이념적 성향에 비추어 그 진의가 해석되는 일이 반복되었다.

둘째로 필자는 좁은 세상과 돌발적 위험의 가능성에 대해 언급하고 싶다. 세계화, 정보화에 따른 기술패러다임의 변화, 특히 네트워킹 기술의 발전과 상호의존성의 심화는 과거에 상상할 수 없었던 수준으로 복잡성의 수준을 높였다. 한 부분에서의 충격이 짧은 시간 안에 다른 부분으로 확산되는 좁은 세상(small world) 현상이 작동하기 때문이다. 첨단교통-수송체계의 형성, 원자력발전의 이용, 에너지 의존율의 고도화, 정보통신시스템의 발달 등이 좁은 세상과 긴밀히 결합되어 나타날 경우에 돌발적인 현상이 증가할 가능성이 높아지고, 그 돌발성은 과거와는 다른 형태의 위험으로 나타날 수 있는 것이다.

이는 그동안 우리가 익숙해왔던 인간의 과학과 판단력을 넘어서는 복합적 체계의 형성으로 이해할 수 있을 것이다. 시스템의 특징으로 보면 복잡성은 긴박한 결합과 연계될 수도 있고, 느슨한 결합과 연계될 수도 있으며, 각각의 경우 상이한 형태의 위험을 산출하기도 한다. 그러나 급속한 변화에 내재한 상전이 현상(phase transition)은 결과적으로 우리에게는 새롭게 대두하는 위험의 본질에 대해 다시금 생각하게 하는 계기가 되고 있다.

이러한 돌발적 상황변화의 결과, 과거에는 상상하지 못했던 요인들이 위험요소로 등장하기 시작했다. 개똥녀 사건의 예를 들어보자. 개똥녀 사건은 자기 개가 저질러 놓은 배설물은 그 주인이 치워야 한다는 대부분의 사람들이 동의할 규범을 담고 있지만, 한 개인의 규범 위반에 대해 영구한 기록을 갖는 것은 마치 '디지털 주홍글씨'로 그들을 낙인찍음으로써 (위반에 대한) 제재를 완전히 새로운 수준으로 올려놓는 것이 된다. 바꾸어 말하자만 수억 명이 온라인으로 감시하는 요즘 세상에는 과거의 '빅 브라더'가 아닌 우리의 이웃, 즉 지하철에 함께 탄 사람들이 감시자로서 나에게 큰 위해를 가할 수 있는 가능성이 생겨났다는 것을 의미한다.

아울러 커뮤니케이션과 정보소통의 급증으로 잘못된 정보나 설득에 의해 많은 사람들이 동원되어 누군가를 희생양으로 만드는 군중심리의 동원이 순간적으로 이루어져, 개인들이 합리적인 상황에서는 상상하기 힘든 집합적 결과물들을 만들어낼 가능성이 많다. 이러한 공격의 대상은 평범한 개인이 될 수도 있고, 때로는 언론기관, 혹은 국가기관이나 정치인이 될 수도 있다. 순간적인 자원동원과 짝짓기는 김용학의 표현을 빌리면 "네트워크 군대(network army)"의 특성을 갖게 된다(김용학, 2005).

급속한 여론 형성과 전파가 단순한 프라이버시 침해를 넘어서 기존의 정치적 과정과 방식에 근본적인 변화를 가져올 것을 예감케 해주는 대목이다. 이러한 돌발적 동원은 아주 사소한 정보라도 그것이 가지는 고착성이 있다면, 순식간에 네티즌을 동원하여 거대한 여론의 태풍을 만들어내고, 이러한 태풍은 다시 기존의 매스미디어에 의해 증폭되어 또 다른 태풍으로 재생산되는 '의도된 중심은 없지만 엄청난 기압 차이로 인해 광폭해지는 태풍의 눈'과 같이 생명력을 가지고 사회를 휩쓸게 될 가능성이 존재한다. 특히 일반인의 인지와 태도에 쉽게 어필할 수 있는 조건을 갖춘 사건들일수록 그 폭발성이 커질 것이다.

따라서 가장 취약해질 수 있는 부분은 바로 정치적 과정이다. 과거의 정치적 과정은 정책을 둘러싼 논리적인 싸움을 중심으로 하여 정당성을 획득해 나가기 위해 노력하는 과정이었지만, 앞으로 점점 정치인의 사소한 실수나 결점 등이 노출되면서 짧은 시간 내에 희화화할 가능성이 커지게 된 것이다. 지난 촛불시위의 전개과정에서도 여러 차원의 동력들이 작용했지만, 특히 이러한 여론태풍의 정치는 2002 월드컵과 대선, 그리고 2004년의 노무현 대통령 탄핵, 그리고 2005년의 황우석 교수 사건 이후에 다시 재생산된 것으로 해석할 수 있다. 보통사람들의 일상적인 감상과 의견, 그리고 태도 표명 등이 전문가집단의 담론이나 전문적 판단과 무관하게 엄청난 영향력을 발휘하는 힘으로 작용하게 된 것인데, 향후의 사회변화에서도 이러한 경향은 더욱 가속화될 것으로 예측할 수 있다.

4. 위험소통의 활성화와 사회의 질 제고의 방향

1) 위험 거버넌스의 원칙

광우병 쇠고기의 수입과 같이 사회적으로 민감한 위험에 대처하기 위해서는 다양한 처방이 필요하다. 그동안 영국이나 호주 등 대중의 위험에 대한 민감성에 대해 지속적으로 연구를 축적하고 이를 정책에 반영하고자 노력해온 국가들의 경험에 따르면 사회에 노출된 위험을 관리하는 정부 정책은 다음과 같은 원칙을 지켜야 한다.[3]

3. Managing Risks to the public: Appraisal Guidance (HM Treasury, UK June 2005): http://www.hm-treasury.gov.uk/media/8AB/54/Managing_risks_to_the_public.pdf; Communicating Risk, GICS guidance: http://www.ukresilience.info/risk/

첫째, 개방성과 투명성이다. 위험의 성격을 어떻게 이해하는지, 위험을 어떻게 다루려 하는지를 사회에 알리고 불확실성이나 오류에 대해서도 솔직하게 공표하는 것이 국민들의 신뢰를 얻고, 또한 문제를 해결하는 데 도움이 된다.

둘째는 참여를 유도하는 것이다. 관심 있는 이해당사자들이 의사결정과정에 참여하도록 유도하며, 모든 과정에서 쌍방향 의사소통이 중요하다. 그리고 견해 차이가 나는 것은 공개적인 토론을 거쳐 쟁점을 드러내고 해결책을 모색하는 것이 좋다.

셋째는 위험에 대한 보호를 요청하는 경우에는 그에 비례하여 정부의 개입을 늘리는 것이 좋고, 위험에 대한 개입이 필요하지 않은 경우에는 각 개인의 자발적 선택에 맡기는 것이 좋다. 또한 위험성을 평가하는 데는 일관성이 있는 기준을 가져야 한다.

넷째는 증거주의다. 위험성과 관련한 모든 관련 증거들을 검토하고, 가능하면 계량화하여 공정한 판단을 유도하되, 다양한 관점의 해석을 고려하도록 한다.

다섯째는 책임성이다. 즉, 정부기관이나 규제기관이 행사하는 통제력은 그에 따르는 책임성이 바탕이 되어야 한다.

이러한 일반원칙 하에서 영국 정부에서는 다음과 같은 구체적인 정책적 지침을 내놓고 있다. 첫째, 일반 시민에게 낯선 위험인 경우에는 그 위험에 대한 소개 프로그램을 개발하거나 간접 경험을 촉진시키는 것이 좋다. 둘째, 새로운 형태의 위험이거나 인과 메커니즘을 잘 몰라서 불안해 할 경우에는 규제자가 위험의 내용을 정확히 이해하는 것이 중요하다. 셋째, 규제자가 위험의 내용을 이해하지 못할 때에는 워크숍과 훈련을 통해 이해도를 제고할 필요가 있다. 넷째, 전문가도 위험의 내용을 이해하지 못할 때는 연구개발에 더 투자를 하거나 사전경고를 하여야 한다. 다섯째, 결과가 불평등할 때는 타깃 피해그룹을 정확히 예측하여 대비함으로써 개입효과의 형평성을 제고하는 노력이 필요하고, 여섯째, 맹목적 공포감이 클 때는 증거에 기반하여 과잉 공포감을 해소하도록 반복적 설득이 필요하고, 일곱째, 정보가 부족할 때는 보다 많은 정보를 제공하여 자신의 통제력을 확인케 해 두려움을 감소시키는 전략이 필요로 된다. 여덟째, 아울러 위험통제기구에 대한 신뢰를 제고하는 것은 가장 핵심적인 일이다. 신뢰는 오랜 시간에 걸쳐 축적되나 순식간에 무너질 수 있기 때문이다. 이를 위해서는 정책에 다른 의도가 없음을 명백히하고, 사회적 우려에 대해 충분히 반응을 보이며, 불편부당성을 앞세우고, 전문가의 중립성을 유지하며, 정책의 실패가능성에 대한 사전예고를 강화할 필요가 있다.

이러한 논의에 따른다면, 위험의 특성에 따라서 이해당사자의 개입범위가 변화한다. 국제위험통제협회는 이 점에 착안하여 위험의 주된 특성을 단순형(simple), 복합형(complexity), 불확실형(uncertainty), 모호형(ambiguity) 등으로 구분한다(IRGC, 2008). 단순형 위험은 일상적인 전략, 예를 들면 법률이나 규제의 도입을 통해 해결할 수 있는 위험이라고 본다. 복합형 위험은 가장 전문적인 과학적 전문지식의 평가에 근거해 해결할 수 있는데, 이때는 '위험숙지형' 전략 혹은 견고성(robustness) 전략이 필요하다고 본다. 견고성이란 완벽하게 파악되거나 예측되지 않은 위험상황에 대처할 수 있는 위험감소 방안의 신뢰성을 의미한다. 불확실형 위험은 '사전예고형' 전략 혹은 '대응중심' 전략을 통해 잘 관리될 수 있다. 이 전략은 결정적인 상황에서 사전예고를 통해 상황을 반전시키거나 기습적인 위협에 대해 시스템의 대응능력을 증대시키는 것을 목적으로 한다. 모호형 위험은 '담론형' 해결전략이 필요하다. 원인과 결과에 대한 명료한 분석이 불가능한 위험에 대해서는 상호 갈등하는 견해와 가치에 대한 상호이해와 수용성을 높이는 전략이 필요한 것이다.

2) 위험과 사회의 질

우리는 서구의 정상사고의 성격과 함께 사회조직과 부문들 간의 조정과 소통의 실패 때문에 발생하는 '피할 수 있는 사고'를 동시에 경험해왔다. 유사한 유형의 재난이 빈발한다는 것은 우리가 과거의 고통에서 제대로 학습을 하지 못했음을 보여준다. 위험에서 벗어나는 것은 새로운 기구를 만들거나 캠페인을 벌이는 일회적인 처방으로는 불가능하다. 우리의 생활세계 내에 구조화된 복합적인 위험은 미시적 수준의 관행이나 관습 등에 내장되어 있으면서 거시적 수준에서 집약적으로 표출되는 것이다. 사회의 기술체계와 구조물의 성장과 달리 우리는 그에 걸맞은 사회적 통합과 도덕적 자원을 제대로 갖추지 못해서 발생하는 문제이기도 하다. 따라서 위험을 관리하고 통제하는 한 사회의 종합적인 능력은 곧 그 사회의 질을 가장 잘 반영하는 것이라고 할 수 있다. 위험에 대한 관리는 앞서 제안한 위험의 다차원성과 결부하여 다양한 수준에서 논의될 수 있을 것이다.

일상적 위험을 구성하는 다양한 사고나 재난에 대한 대비방식으로는 기술적 패러다임과 문화적 패러다임이 있다. 기술적 패러다임에서는 과학기술의 발전에 힘입어 위험요소를 사전에 파악하고 이에 대비하는 안전장치를 디자인할 수 있다는 낙관적 견해를 가지고 있다. 또한 재난방지를 위해 작업의 공정과 내용을 자세히 분류하고 통제하며, 작업자들을 훈련시켜 소기의 목적을 달성할 수 있다고 믿는다. 그러나 이러한 기술주의적 패러다임에서는 위험을 '객관적'이고 '중립적'인 것으로 믿기 때문에 위험의 요소들이 기본적으로 측정가능하고, 계산가능하며, 확률적으로 예측가능하다고 생각한다. 그러나 문화론 패러다임에 입각한 연구자들은 안전문제를 기술적인 문제로만 다룰 경우에 생기는 위험에 대해 지적하고 있다. 인류학자들은 위험에 대한 인식과 사회적 태도가 문화와 밀접한 연관을 맺고 있다는 점을 강조하고 있다.

사회구성론자들은 '안전문화'의 중요성을 강조하는데, 그 이유는 기술적 요인을 포함하여 조직이나 시스템 전반의 운영이 신념, 규범, 태도 등 개인의 문화적 실천에 의해 심각하게 영향을 받기 때문이다. 이때 안전 문화란 물화된 개념으로 이해하면 곤란하다. 어떤 조직에 안전문화가 있느냐의 여부를 따지는 것은 이미 그것의 소유 여부를 따지는 것으로서 안전문화를 잘못 이해하고 있다. 안전문화란 과정이며, 조직적 실천에 의해 유지되는 것이다. 따라서 '안전문화'를 단순히 인지적인 과정이나 지식으로 이해해도 곤란하다. 오히려 조직의 유능한 성원으로서의 학습능력을 갖추어가는 과정으로 이해해야 할 것이다.

체계론적 관점에서 보면 안전이란 사회시스템의 출현적 속성이라고 정의할 수 있다. 즉, 경제시스템과 고용체계, 의료관리시스템 등이 함께 어우러져서 만들어지는 종합적 결과물이라고 할 수 있다. 따라서 체계적 위험에서 안전을 확보하는 길은 근본적인 사고의 전환을 이루는 것이다. 그것은 물질적인 성장에 더해서 사회의 질을 높이는 발전을 추구해야 한다는 가치지향의 전환에서 출발한다. 지금까지 우리가 만들어낸 근대성의 여러 가지 어두운 부분들에 대한 성찰로부터 안전하고 안심할 수 있는 사회를 만들어가는 단초를 찾을 수 있고, 그 지름길은 돌아가는 여유로움, 그리고 신뢰할 수 있는 조직과 관행을 만들어가는 문화적 혁신뿐이다.

참고문헌

제1장

서울대 사회발전연구소, 한국안전학회, 「사회안전지수 개발을 위한 국민안전의식 조사」, 2005.

Adams, John(1995), *Risk*, UCL Press.

Beck, U.(1992), *Risk Society: Towards a New Modernity*, New Delhi, Sage (Translated from the German Riskogesellschaft, published in 1986).

Beck, U.(1997), *World Risk Society*, Cambridge, UK, Polity.

Borradori, G.(2003), 『테러시대의 철학. 하버마스, 데리다와의 담화』(손철성 · 김은주 · 김준성 옮김), 문학과지성사, 2004.

Cutter(1993), *Living with Risk: The Geography of Technological Hazards*, Edwards Arnold.

Douglas, M.(1966), 『순수와 위험』(유제분 · 이훈상 옮김), 현대미학사, 1997.

Douglas, Mary, & Aaron Wildavsky(1982), *Risk and Culture: An Essay on the Selection of Technoligical and Environment Dangers*, California: University of California Press.

Dwyer, A., C. Zoppou, O. Nielsen, S. Day, & S. Roberts(2004), *Quantifying Social Vulnerability: A methodology for identifying those at risk to natural hazards*, Australian Government.

Giddens, A.(1991), 『포스트모더니티』(이윤희 · 이현희 역), 민영사(*The Consequence of Modernity*, Stanford University Press, 1990).

Giddens, A., Ulrich Beck, and Scott Lash(1994), *Reflexive Modernization*, Stanford University Press(임현진 · 정일준 옮김, 『성찰적 근대화』, 한울, 1998).

Holzmann, Robert, Lynne Sherburne-Benz, and Emil Tesliuc(2006), "Social Risk Management: The World Bank Approach to Social Protection in a Globalizing World," World Bank, Retrieved on Nov 21, 2006.

Holzmann, Robert, & Steen Jorgensen(2000), "Social Risk Management: A new conceptual framework for Social Protection, and beyond," World Bank, Retrieved on Nov 21, 2006.

International Risk Governance Council(2008), *An Introduction to the IRGC Risk Governance Framework.*

Jones, D. K. C.(1993), "Environmental hazards in the 1960s," *Geography*, Vol. 78(339), pp.161-165.

Rayner, S.(1992), "Cultural theory and risk Analysis," *Social Theories of Risk*, Sheldon Krimsky & Dominic Golding(eds.), Westport, Connecticut, London: Praeger.

Reason, J.(1997), *Managing the Risks of Organizational Accidents*, Ashgate Publishing Limited.

Renn, O.(1992), "Risk cmmunication: toward a rational dialogue with the public," *Journal of Hazardous Materials* 29, p.74.

Scott, Alan(2000), "Risk society or angst society? Two views of risk, consciousness and community," in Barbara Adam, Ulrich Beck and Joost van Loon (eds.), *The Risk Society and Beyond: Critical Issues for Social Theory*, London: Sage Publication.

Thompson, M.(1982), "A three dimensional model," M. Douglas(ed.), *Essays in the Sociology of Perception*, London: Routledge and Kegan Paul.

제2장

김용학(2005), 『인터넷시대의 사회적 위험』, 정보통신정책연구원 연구보고.

이재열 외(2005), 『한국사회의 위험구조 변화』, 정보통신정책연구원.

임현진 외(2002), 『한국사회의 위험과 안전』, 서울대학교출판부.

임현진 · 이세용 · 장경섭 편(1998), 『한국사회의 삶의 질: 신체적 · 심리적 안전』, 서울대학교출판부.

Arendt, Hannah(1976), *The Origins of Totalitarianism*, Harbor Drive: A Harvest Book.

Beck, Urlich(2002), 『위험사회: 새로운 근대(성)을 향하여』(홍성태 옮김), 새물결.

Foley, K. Duncan(1998), "Introduction," in Peter S. Albin and Duncan K., *Foley Barriers and Bounds to Rationality: Essays on Economic Complexity and Dynamics in Interactive Systems*, Princeton: Princeton University Press, pp.3-72.

Giddens, Anthony(1991), 『포스트모더니티』(이윤희 · 이현희 옮김), 민영사.

Nancy, Jean-Luc(1991), *The Inoperative Community*, Minnesota: University of Minnesota Press.

van Gunsteren, Herman R.(1998), *A Theory of Citizenship: Organizing Plurality in Contemporary Democracies*, Oxford: Westview Press.

제3장

김미숙 · 원영희 · 이현송 · 장혜경(2005), 「한국의 이혼실태와 이혼가족 지원정책 연구」, 한국보건사회연구원 연구보고서.

변화순 · 김혜역 · 윤홍식 · 한지숙(2006), 「이혼 후 여성의 사회경제적 지위 변화」, 한국여성정책연구원 연구보고서.

Beck, U., L. Maesen, and A. Walker(2001), "Theorizing Social Quality: the Concept's Validity," in Beck et al. (eds.), *Social Quality: a vision for Europe*, Kluwer Law International: 305-351.

Bronfman, N. C., and L. A. Cifuentes(2003), "Risk perception in a developing country: the case of Chile," *Risk Analysis*, 23(6): 1271-1285.

Byrnes, J. P., D.C. Miller, and W.D. Schafer(1999), "Gender difference in risk taking: a meta-analysis," *Paychological Bulletin*, 125: 367-383.

Dake, K.(1991), "Orienting dispositions in the perception of risk: an analysis of contemporary worldviews and cultural biases," *Journal of Cross-Cultural Psychology*, 22: 61-82.

Davidson, D., and W. Frendenburg(1996), "Gender and environmental risk concerns: a review and analysis of available research," *Environment and Behaviour*, 28: 302-339.

Dosman, D., W. Adamowicz, and S. Hrudey(2001), "Socioeconomic determinants of safety-related risk perceptions," *Risk Analysis*, 21: 307-317.

Douglas, M., and A. Wildavsky(1982), *Risk and Culture*, Berkeley, CA: University of California Press.

Eiser, R. J. et al.(2002), "Trust, perceived risk and attitudes toward food technologies," *Journal of Applied Social Psychology*, 32(11): 2423-2433.

Englander, T., K. Farago, P. Slovic, and B. Fischhoff(1986), "A comparative analysis of risk perception in Hungary and the United States," *Social Behaviour*, 1: 55-66.

Flynn, J., W. Burns, C.K. Mertz, and P. Slovic(1992), "Trust as a determinant of opposition to a high-level radioactive waste repository: analysis of a structural model," *Risk Analysis*, 12(3): 417-429.

Flynn, J., P. Slovic, and C. Mertz(1994), "Gender, race, and perception of environmental health risks," *Risk Analysis*, 14: 1101-1107.

Fischhoff, A., P. Slovic, S. Lichtenstein, and B. Combs (1978), "How safe is safe enough? a psychometric study of attitudes towards technological risks and benefits," *Policy Sciences*, 9: 127-152.

Frewer, L. J., J. Scholderer, and L. Bredahl(2003), "Communicating about the risks and benefits of genetically modified foods: the mediating role of trust," *Risk Analysis*, 23(6): 1117-1133.

Kellstedt, R. M., S. Zahran, and A. Vedlits(2008), "Personal efficacy, the information environment, and attitudes toward global warming and climate change in the United States," *Risk Analysis*, 28(1): 113-126.

Krewski, D., R. Slovic, S. Bartlett, J. Flgnn, and C. Mertz(1995), "Health risk perceptions in Canada II: worldviews, attitudes, and opinions," *Human and Ecological Risk Assessment*, 1(3): 231-248.

Marris, C., I. Langford, and T. O'RiordanZ(1998), "A quantitative test of the cultural theory of risk perceptions: comparison with the psychometric paradigm," *Risk Analysis*, 18(5): 635-647.

Pennings, J. M. E., B. Wahsink, and M. Meuleuberg(2003), "Consumer reactions to a crisis: a note the case of the madcow disease," *Food & Brand Lab*, University of Illinois.

Poortinga, W., and N. F. Pidgeon(2005), "Trust in risk regulation: cause or consequence of the acceptability of GM food?," *Risk Analysis*, 25(1): 199-209.

Rohrman, B.(1994), "Risk perception of different societal groups: Australian findings and cross-national comparisons," *Australian Journal of Psychology*, 46: 150-163.

Satterfield, T., C. K. Mertz, and P. Slovic(2004), "Discrimination, vulnerability, and justice in the face of risk," *Risk Analysis*, 24(1): 115-129.

Savage, I.(1993), "Demographic influences on risk perception," *Risk Analysis*, 13(4): 413-420.

Siegrist, M.(2000), "The influence of trust and perceptions of risks and benefits on the acceptance of genetechinology," *Risk Analysis*, 20(2): 195-204.

Siegrist, M., and G. Cvetkovich(2000), "Perception of hazards: the role of social trust and knowledge," *Risk Analysis*, 20(5): 713-720.

Sjoberg, L.(1998), "World views, political attitudes and risk perception," *Risk: Health, Safety and Environment*, 9: 137-152.

Sjoberg, L.(2000), "Factors in risk perception," *Risk Analysis*, 20(1): 1-11.

Sjoberg, L.(2010), "Limits of knowledge and the limited importance of trust," *Risk Analysis*, 21(1): 189-198.

Sjoberg, L. et al.(2004), Explaining Risk Perception: an Evaluation of the Psychometric Paradigm in Risk Perception Research, Rotunde.

Slovic, P.(1987), "Perception of risk," *Science*, 236: 280-285.

Slovic, P.(1992), "Perception of Risk: Reflections on the Psuchometric Paradigm," in S. Krmsky and D. Golding(eds.), *Social Theories of Risk*, Westport, CT: Praeger: 117-152.

Slovic, P.(1993), "Perceived risk, trust and democracy," *Risk Analysis*, 13(6): 675-682.

Slovic, P.(1999), "Trust, emotion, sex, politics, and science: surveying the risk-assessment battlefield," *Risk Analysis*, 19(4): 698-701.

Slovic, P., B. Fischhoff, and S. Lichetenstein(1985), "Characterizing perceived risk," in C. H. C. Kates and J. X. Kasperson(eds.), *Perilous Progress: Managing the Hazards of Technology*, Boulder: Westview Press.

Taylor-Gooby, P., and J. Zinn(2005), "Current Directions in Risk Research: Reinvigorating the Social?," SCARR working paper.

Viklund, M. J.(2003), "Trust and risk perception in western Europe: a cross-national study," *Risk Analysis*, 23(4): 727-738.

Wisner, B., P. Blaikie, T. Cannon, and I. Davis(2004), *At Risk: Natural Hazards, People's Vulnerability and Disasters*, 2nd edition, London, Routledge.

제4장

서울대 사회발전연구소(2008), 「위험과 에너지 관련 국민인식 조사결과」, 연구보고서.

여수신문, 「여수권 전역, 에이즈 공포」, 2002.6.11.

장지연 (2007), 「우리나라 중노년 인구의 건강상태: 주관적 건강상태의 국가간 비교연구 시론」, 『한국인구학』, 30(2): 45-69.

정성식(2004), 「프레임 분석을 통해 본 언론의 의료보도 태도: 공중파 3사의 조류독감 보도를 중심으로」, 서강대학교 언론대학원 석사학위논문.

정의철 · 이창호(2008a), 「촛불문화제에 나타난 청소년의 사회참여 특성에 대한 연구」, 『언론과학연구』, 8(3): 457-491.

정의철 · 이창호(2008b), 「건강위기의 확산과 인터넷: 광우병과 청소년 참여 사례를 중심으로」, 『한국보건사회학회 20주년 창립기념 심포지움 발표논문집』, 55-83.

조병희(2008), 『섹슈얼리티와 위험연구』, 나남.

조병희(2004), 「SARS와 아시아의 타자화」, 『황해문화』, 43: 196-219.

조선일보, 「첫 내한한 위험사회의 저자 울리히 벡 교수 인터뷰-한국은 아주 특별하게 위험한 사회다」, 2008.4.1.

차용진(2006), 「위험 인식 연구: 심리측정패러다임의 신뢰성 및 타당성 검토」, 『한국정책과학학회보』, 10(4): 181-201.

허인서(2004), 「한국 신문의 위험관련 보도 경향에 관한 연구: 중앙일간지의 조류독감 보도를 중심으로」, 성균관대학교 대학원 석사학위논문.

SBS 방송, 「김상중의 그것이 알고 싶다-너는 내 운명, 에이즈 테러의 실체를 밝힌다」, 2009.4.11.

Beck, U.(1986), *Risikogellschaft: Auf dem Weg in eine andere Moderne*, Frankfurt: Suhrkamp Verlag(홍성태(역), 1997, 『위험사회-새로운 근대성을 향하여』, 새물결).

Brug, J. et al.(2004), "SARS risk perception, knowledge, precautions, and information sources, the Netherlands," *Emerging Infectious Diseases*, 10(8): 1486-1489.

Chan, K. Y, and D. D. Reidpath(2003), "Typhoid Mary and HIV Jane: Responsibility, agency, and disease prevention," *Reproductive Health Matters*, 11(22): 40-50.

Dora, C. ed.(2006), *Health, Hazards and Public Debate: Lessons for risk communication from the BSE/CJD saga*, Copenhagen: World Health Organization Europe.

Douglas, M.(1966), *Purity and Danger: An Analysis of Concept of Pollution and Taboo*, London: Routledge.

Dowler, K., T. Fleming, and S. L. Muzzatti(2006), "Constructing crime: media, crime, and popular culture," *Canadian Journal of Criminology and Criminal Justice*, 2006(October): 837-850.

Eichelberger, L.(2007), "SARS and New York's Chinatown: The politics of risk and blame during an epidemic of fear," *Social Science & Medicine*, 65: 1284-1295.

Freudenberg, W. R.(1993), "Risk and recreancy: Weber, the division of labour and the rationality of risk perception," *Social Forces*, 71: 909-932.

Giddens, A.(1990), *The Consequence of Modernity*, Palo Alto, CA: Stanford University Press.

Herzlich, C., and J. Pierret(1987), *Illness and Self in Society*, Baltimore: Johns Hopkins University Press.

Joffe, H.(1999), *Risk and the Other*, Cambridge, UK: University of Cambridge Press(박종연, 박해광(역), 2002, 『위험사회와 타자의 논리』, 한울).

Joffe, H, and G. Haarhoff(2002), "Representations of far-flung illnesses: the case of Ebola in Britain," *Social Science & Medicine*, 54: 955-969.

Khoon, C. C.(2006), "Risk perception and coping response in a SARS outbreak in Malaysia," *Population Dynamics and Infectious Disease in Asia*, 351-368.

Koh, D. et al.(2005), "SARS risk perception and preventive measures, Singapore and Japan," *Emerging Infectious Diseases*, 11(4): 641-642.

Lee, S., L. Y. Y. Chan, A. M. Y. Chau, K. P. S. Kwok, A. Kleinman(2005), "The experience of SARS-related stigma at Amoy Gardens," *Social Science & Medicine*, 61: 2038-2046.

Levelthal, H., Y. Benyamini, S. Brownlee, M. Diefenbach, E. A. Leventhal, L. Patrick-Miller, and C. Robbitaille(1997), "Illness representations: Theretical Foundations," Petrie, K. J., and J. A. Weinman(eds.), *Perceptions of Health and Illness*, 19-46. Harwood Academic Publisher: Amsterdam.

Mak, W. W. S., P. K. H. Mo, R. Y. M. Cheung, J. Woo, F. M. Cheung, and D. Lee(2006), "Comparative stigma of HIV/AIDS, SARS, and Tuberculosis in Hong Kong," *Social Science & Medicine*, 63: 1912-1922.

Miller, D.(1999), "Risk, science and policy: definitional struggles, information management, the media and BSE," *Social Science & Medicine*, 49: 1239-1255.

Muzzatti, S.(2005), "Bits of falling sky and global pandemics: moral panic and SARS," *Illness, Crisis & Loss*, 13(2): 117-128.

Rosenstock, R. et al.(2000), "The normalization of AIDS in Western European countries," *Social Science & Medicine*, 50: 1607-1629.

Rothe, and S. Muzzatti(2004), "Enemies everywhere: terrorism moral panic and US civil society," *Critical Criminology*, 12: 327-350.

Setbon, M. et al.(2005), "Risk perception of the mad cow disease in France: determinants and consequences," *Risk Analysis*, 25(4): 813-826.

Slovic, P.(2000), *The Perception of Risk*, London and Stering, VA: Earthscan.

Slovic, P.(1987), "Perception of risk," *Science*, 236: 280-285.

Smith, R. D.(2006), "Responding to global infectious disease outbreaks: Lessons from SARS on the role of risk perception, communication and management," *Social Science & Medicine*, 63: 3113-3123.

Wallis, P., and B. Nerlich(2005), "Disease metaphors in new epidemics: the UK media framing of the 2003 SARS epidemic," *Social Science & Medicine*, 60: 2629-2639.

Washer, P.(2004), "Representation of SARS in the British Newspapers," *Social Science & Medicine*, 59: 2561-2571.

Washer, P.(2006), "Representations of mad cow disease," *Social Science &*

Medicine, 62: 457-466.

Zwart, O. et al.(2007), "Avian Influenza risk perception, Europe and Asia," *Emerging Infectious Diseases*, 13(2): 290-293.

제5장

벨, 다니엘(1996), 「인권개념의 보편성과 아시아적 가치」, 『계간 사상』, 1996년 겨울호: 28-56.

서울대학교 사회발전연구소(2005), 『한국사회의 위험구조와 변화』(연구책임자: 이재열), 정보통신정책연구원.

서울대학교 사회발전연구소(2007), 〈외환위기 10년 국민의식조사〉.

서울대학교 사회발전연구소(2008), 〈위험과 안전에 대한 국민의식조사〉.

정진성(2009), 「다문화 사회로 가는 길」, 정진성 · 이재열 외, 『한국사회의 트렌드를 읽는다』, 서울대학교출판부, 133-166.

조시현(2006), 「테러와의 전쟁과 인권: 유엔 인권위원회」, 관타나모 보고서 "읽기," 한국인권재단, 『인권평론』 창간호: 237-262.

Beuk, U., Anthony Giddens, Scott Lash(1994), *Reflexive Modernization*, Stanford University Press.

Beck, U.(1986, 1992), *Risk Society: Towards a New Modernity*, trans. Mark Riter, London: Sage.

Beck, U.(1999), *World Risk Society*, Wiley-Blackwell.

Freeman, Michael(2004), *Human Rights: An Interdisciplinary Approach*(김철효 역, 『인권: 이론과 실천』, 아르케).

Koufa, Kalliopi(2001, 2002, 2003), "Terrorism and human rights" Reports submitted to the UN Sub-Commission on the Promotion and Protection of Human Rights(E/CN.4/Sub.2/2001/31), (E/CN.4/Sub.2/2002/35), (E/Cn.4/Sub.2/2003/WP.1).

Sen, Amartya(1999), "Human Rights and economic achievements," in J. R. Bauer and D. A. Bell(eds.), *The East Asian Challenge for Human Rights*, Cambridge: Cambridge University Press: 88-99.

Strause, J. C., and R. P. Claude(1976), "Empirical comparative rights research: some preliminary tests of development hypotheses" in R. P. Claudes (ed.), *Comparative Human Rights*, Baltimore: Johns Hopkins University Press: 51-67.

Luhmann N.(1993), *Risk, A Sociological Theory*, New York, NY: Aldine de Gruyter.

Renn, O.(1992), "Concepts of Risk: A Classification," in Krimsky, S. and D. Golding(ed.), *Social Theories of Risk*, Westport, CT Praeger.

제6장

당대비평기획위원회(2009), 『그대는 왜 촛불을 끄셨나요』, 산책자.

이재열 외(2005a), 「사회안전지표 개발을 위한 국민안전의식조사」, 소방방재청 제출 연구보고서.

이재열 외(2005b), 『한국사회의 위험구조변화』, 정보통신정책연구원.

장덕진(2009), 「한국의 진보와 보수, 그들은 누구인가」, 서울대학교 국제대학원 국가전략세미나 발표문. 2009년 6월 12일.

최장집(2005), 『민주화 이후의 민주주의: 한국민주주의의 보수적 기원과 위기』, 후마니타스.

홍성기·이재교·홍진표·최홍재(2009), 『거짓과 광기의 100일: 광우병 촛불시위 추적 보고서』, 대정신.

Li, Charlene, and Josh Bernoff(2008), *Groundswell: Winning in a World Transformed by Social Technologies*, Harvard Business School Press.

Marks, Nic, Andrew Simms, Sam Thompson, and Saamah Abdallah(2006), *The Happy Planet Index: An Index of Human Well-Being and Environmental Impact*, New Economics Foundation.

Schattschneider, E. E.(1975), *The Semisovereign People*(현재호·박수형 옮김, 2008, 『절반의 인민주권』, 후마니타스).

Shirky, Clay(2008), *Here Comes Everybody: The Power of Organizing without Organizations*, Penguin Press.

제7장

김주성(2008), 「심의민주주의인가 참여민주주의인가?」, 『한국정치학회보』, 42(4): 5-32.

김동수(1994), 「민주주의와 공동체주의: 자유주의 · 공동체주의 논쟁을 넘어서」, 『한국정치학회보』, 28(1): 275-296.

주종환(2006), 「공동체의 경제학(II): 공동체사회와 시장경제사회의 발생사적 · 이론적 고찰」, 『사회경제평론』, 27: 263-291.

이종구(2008), 「퇴행의 정치와 참가민주주의」, 『실천문학』, 92: 321-332.

임운택(2004), 「제3의 길과 공동체주의」, 『사회와 이론』, 5: 217-236.

장우영(2006), 「정치적 기회구조와 사회운동: '총선연대'와 '노사모'의 사이버액티비즘을 중심으로」 『정보화정책』, 13(3): 49-68.

Amable, B.(2000), "Institutional complementarity and diversity of social systems of innovation and production," *Review of International Political Economy*, 7(4): 645-687.

Amable, B.(2003), *The Diversity of Modern Capitalism*, New York, Oxford University Press Inc.

Beck, U.(1992), *Risk Society: Towards a New Modernity*(홍성태 역(1997), 『위험사회: 새로운 근대(성)을 향하여』, 새물결).

Beck, U. et al.(2001), *Social Quality: A Vision for Europe*, Kluwer Law International.

Berger, P.(1998), *The Limits of Social Cohesion: Conflict and Mediation in Pluralist Societies*, Bertelsmann Foundation Publishers.

Berting, J., & Villain-Gandossi, C.(2001), "Urban Transformations, The French Debate and Social Quality" in Beck, U. et al.(2001).

Council of Europe(2002), *New Social Demands: the Challenges of Governance*, Council of Europe Publishing.

Council of Europe(2005), *Concerted Development of Social Cohesion Indicators: Methodological Guide*, Belgium, Council of Europe Publishing.

Crotty, J., & Kang-Kook Lee(2005), "The Causes and Consequences of Neoliberal Restructuring in Post-crisis Korea" in Epstein, G. A.(eds.), *Financialization and the World Economy*, Edward Elgar Publishing Limited.

Engel, U., & Strasser, H.(1998), "Global risks and social inequality: critical remarks on the risk-society hypothesis," *The Canadian Journal of*

Sociology, 23(1): 91-103.

Etzioni, A.(1998), *The Essential Communitarian Reader*, Rowman & Littlefield Publishers, Inc.

Hall, P. A., & Soskice, D.(2001), *Varieties of Capitalism*, New York, Oxford University Press Inc.

Helly, D.(2003), "Social cohesion and cultural plurality," *Canadian Journal of Sociology*, 28(1): 19-42.

Inglehart, R.(1997), *Modernization and Postmodenization: Cultural, Economic and Political Change in 43 Societies*, Princeton, Princeton University Press.

Inglehart, R., & Welzel, C.(2005), *Modernization, Cultural Change, and Democracy: The Human Development Sequence*, Cambridge University Press.

Jeannotte, S.(2003), *Social Cohesion: Insights from Canadian Research, Presented at the Conference on Social Cohesion*, Hong Kong, November 29, 2003.

Jensen, J.(1998), *Mapping Social Cohesion: The State of Canadian Research*, CPRN Study.

Laclau, E., & Mouffe, C.(1985), *Hegemony and Socialist Strategy*, London, Verso.

Mizruchi, M. S.(1990), "Cohesion, structural equivalence, and similarity of behavior: an approach to the study of corporate political power," *Sociological Theory*, 8(1): 16-32.

Nisbet, R.(1969), *Quest for Community*, Oxford, Oxford University Press.

Stanley, D.(2003), "What do We Know about Social Cohesion: The Research Perspective of the Federal Government's Social Cohesion Research Network," *Canadian Journal of Sociology*, 28(1): 5-17.

Tam, H.(1998), *Communitarianism*, New York University Press.

Tyler, T. R. et al.(1997), *Social Justice in a Diverse Society*, Westview Press.

Torfing, J.(1999), *New Theories of Discourse: Laclau, Mouffe and Zizek*, Blackwell Publishers.

제8장

권지희 외(2008), 『촛불이 민주주의다』, 해피스토리.

김비환(2005), 「현대 자유주의의 스펙트럼과 한국사회의 보수와 진보」, 『철학연구』, 제71집.

김윤철(2006), 「시민운동 뉴라이트의 공격과 진보정당의 대응」, 『노동사회』, 12월호.

김현우(1993), 「1980년대 한국인의 투표행태: 정당충성도와 정치문화 개념을 중심으로」, 이남영 편, 『한국의 선거 I』, 나남.

노회찬(1999), 「진보정당 건설전략과 전망」, 『노동사회』, 10월호.

문지영(2004), 「한국에서의 자유주의와 자유주의 연구」, 『한국 정치학회보』, 38집 2호.

박찬욱(1993), 「제 14대 국회의원 총선거에서의 정당지지 분석」, 이남영 편, 『한국의 선거 I』, 나남.

손석춘(2006), 「진보세력, 민중 결집할 정책대안 세울 때다」, 『노동사회』, 3월호.

양희선(2006), 「뉴라이트, 합리적 우익인가 재집권을 위한 도구인가」, 『노동사회』, 12월호.

오동석(2000), 「민주주의와 진보정당」, 『민주법학』, 제17호.

윤민재(2004), 「한국 보수세력의 이념과 활동에 관한 정치사회학적 연구」, 『사회이론』, 가을/겨울호.

윤상진(2006), 『한국 유권자의 당파적 정향성 형성요인과 투표행태에 관한 연구』, 인하대학교 대학원 정치외교학과 박사학위논문.

이갑윤 · 이현우(2000), 「국회의원 선거에서 후보자 요인의 영향력: 14-16대 총선을 중심으로」, 『한국 정치학회보』, 34집 2호.

이병훈(2008), 「촛불민주주의와 양극화 그리고 진보운동의 과제」, 『노동사회』, 7/8월호.

이현출(2000), 「무당파층의 투표행태: 16대 총선을 중심으로」, 『한국 정치학회보』, 34집 4호.

이현출(2004), 「한국유권자의 정당지지 구조와 안정성」, 『대한정치학회보』, 12집.

정병은(2004), 『유권자의 사회자본과 지역주의 투표: 17대 총선의 두 지역구 사례비교』, 연세대학교 대학원 사회학과 박사학위논문.

정영태(2008), 「두 개의 진보정당과 18대 총선 그리고 전망」, 『노동사회』, 5월호.

정영태 · 윤상진(2005), 『민주노동당 지지층의 투표행태와 정치의식』, 진보정치연구소 연구보고서 2005-05.

조대엽(2008), 「제4의 결사체와 신갈등사회론의 전망」, 『노동사회』, 7/8월호.

조중빈(1993), 「유권자의 여야성향과 투표행태」, 이남영 편, 『한국의 선거 I』, 나남.

조현연(1997), 「진보진영의 정치세력화와 15대 대통령선거」, 『정치비평』 vol. 3.

채장수(2003), 「한국에서 좌파개념의 설정」, 『한국 정치학회보』, 37집 2호.

채장수(2004), 「한국 좌파집단의 인식과 지향」, 『한국 정치학회보』, 38집 3호.

하승창(2008), 「2008년 촛불집회와 사회운동」, 『노동사회』, 9월호.

황의서(1997), 「한국 진보정당의 필요성과 현실적 가능성 연구」, 『국민윤리연구』, 37호.

Beck, U. et al.(2001), *Social Quality: A Vision for Europe*, *Kluwer Law International*, The Hague, The Netherlands.

Campbell, A. et al.(1960), *The American Voter*, John Wiley & Sons. Inc.

Fiorina, M. P.(1981), *Retrospective Voting in American National Elections*, Yale University Press.

Herrmann, P. (2006), "Social quality: opening individual well-being for a social perspective," *The European Journal on Social Quality*, Vol. 6, Issue 1.

van der Massen, Laurent, J. G., and Alan C. Walker(2005), "Indicators of social quality: outcomes of the European scientific network," *The European Journal on Social Quality*, Vol. 5, Issue 1&2.

제9장

김용학(2005), 『인터넷시대의 사회적 위험』, 정보통신정책연구원 연구보고.

이재열 외(2006), 『한국사회의 위험구조의 변화』, 정보통신정책연구원.

정진성 · 이재열 · 박경숙 · 정재기 · 남은영 · 장진호(2009), 『한국사회의 트렌드를 읽는다: 국민의식조사를 통해서 본 외환위기 10년』, 서울대학교출판부.

Beck, Beck-Gernsheim E.(1990). 『사랑은 지독한 그러나 너무나 정상적인 혼란』(강수영 · 권기돈 · 배은경 옮김), 새물결, 1999.

Beck, W, L. J. G. Maesen v.d., F. Thomese, and A. Walker(eds.)(2001), *Social Quality: A Vision for Europe*, The Hague: Klewer Law International.

Giddens, Anthony(1992), 『현대 사회의 성, 사랑, 에로티시즘』(배은경 · 황정미 옮김), 1996, 새물결.
IRGC(2008), An introduction to the IRGC Risk Governance Framework.
Communicating Risk, GICS guidance: http://www.ukresilience.info/risk/
Managing Risks to the public: Appraisal Guidance(HM Treasury, UK June 2005): http://www.hm-treasury.gov.uk/media/8AB/54/Managing_risks_to_the_public.pdf

부록 설문지

208 SAJIK-DONG CHONGRO-KU SEOUL, KOREA, 110-054 TEL(02)3702-2100 / FAX(02)3702-2121/
E-mail info@gallup.co.kr / internetwww.gallup.co.kr
affiliated with *GALLUP INTERNATION*
한국갤럽 GALLUP KOREA

A1-5

GALLUP 200813095 한국 사회에 대한 인식 조사 □□□□□

부탁의 말씀

안녕하십니까?

저는 한국갤럽조사연구소에서 일하고 있는 면접원 ○○○입니다.

이번에 저희 연구소에서는 서울대 사회발전연구소 및 중앙대 차세대에너지안전연구단과 함께 '한국 사회에 대한 인식 조사'를 진행하고 있습니다. 제가 묻는 질문에는 맞고 틀리는 답이 없으며, ○○님의 응답은 "이런 의견을 갖고 있는 사람이 몇 %"라는 식으로 통계를 내는 데만 사용되며, 그 외의 목적으로는 절대 사용되는 일이 없으니 평소 느끼시는 대로 말씀해 주시면 됩니다.

잠시만 시간을 내어 응답해 주시면 대단히 감사하겠습니다.

2008년 8월
한국갤럽조사연구소
소장 박무익
연구원 박성민 / 권동국
실사연구원 이수정
주소 서울시 종로구 사직동 208
전화 (02) 3702-2674

▣ 지역 : 1. 서울 2. 부산 3. 대구 4. 인천 5. 광주 6. 대전 7. 울산 8. 경기 9. 강원 10. 충북 11. 충남 12. 전북 13. 전남 14. 경북 15. 경남

▣ 지역 크기 : 1. 대도시 2. 중/소도시 3. 읍/면

응답하실 때 다음 사항을 유의해 주십시오

1. 질문지는 처음부터 끝까지 **한 분**이 적어주셔야 합니다.
2. 질문지는 1~16쪽으로 구성되어 있습니다.
   첫 페이지부터 **질문 번호 순서대로 차례대로** 기록해 주십시오.
   보기가 있는 경우 해당 번호에 '○' 표시를 하거나 빈 칸에 해당 번호를 적어주시고,
   보기가 없는 경우 밑줄 친 공란에 응답 내용을 구체적으로 적어주시면 됩니다.
3. 맞고 틀리는 답이 있는 것이 아니오니 질문에 대한 귀하의 생각을 솔직하게
   적어주십시오.

연령) 실례지만, 귀하의 연세는 올해 만으로 어떻게 되십니까?

만 ____________세 ——→ 만 19세 미만 면접 중단

성별) 1. 남자 2. 여자

Ⅰ. 위험과 안전

문1) 귀하는 다음과 같은 의견에 얼마나 동의하십니까? 혹은 동의하지 않으십니까?

	매우 동의한다	동의하는 편이다	동의하지 않는 편이다	전혀 동의하지 않는다	모르겠다
① 운이 없는 사람이 사고를 당하기 마련이다	1	2	3	4	5
② 개인의 노력으로 사고의 위험을 줄일 수 있다	1	2	3	4	5

문2) 귀하가 사는 지역에 방사능 폐기물 처리장(방폐장)이 충분한 경제적 보상을 전제로 건립된다면, 귀하는 경제적 보상이 주어지므로 찬성하시겠습니까? 아니면 경제적 보상이 아무리 커도 반대하시겠습니까?

1. 충분한 경제적 보상이 주어지므로 찬성한다
2. 경제적 보상이 아무리 커도 반대한다

---

3. 모르겠다

문3) 귀하는 앞으로 10년간 한국사회에서 다음과 같은 위험들이 얼마나 증가 또는 감소할 것이라고 생각하십니까?
아니면 현재와 비슷할 것이라고 생각하십니까?

	매우 증가할 것	어느 정도 증가할 것	현재와 비슷	어느 정도 감소할 것	매우 감소할 것	모르겠다
① 수질 오염(상수원 오염과 공장폐수 등에 의한)	1	2	3	4	5	6
② 대기 오염(자동차 배기가스와 황사 등에 의한)	1	2	3	4	5	6
③ 해양 오염(폐유 방류와 적조 등에 의한)	1	2	3	4	5	6
④ 자연재해(홍수, 태풍 등)	1	2	3	4	5	6
⑤ 급격한 기후 변동(지구 온난화 등)	1	2	3	4	5	6
⑥ 에너지 자원 고갈과 고유가시대의 도래	1	2	3	4	5	6
⑦ 물 부족	1	2	3	4	5	6
⑧ 산업재해와 직업병	1	2	3	4	5	6
⑨ 교통사고	1	2	3	4	5	6
⑩ 화재(일반 가정 화재, 산불 등 포함)	1	2	3	4	5	6
⑪ 화생방사고(화학물질, 핵폐기물 등으로 인한)	1	2	3	4	5	6
⑫ 컴퓨터 바이러스, 사이버 범죄로 인한 혼란 (개인정보유출과 온라인 사기 등)	1	2	3	4	5	6
⑬ 사생활 침해(CCTV, 도청, 몰래카메라 등에 의한)	1	2	3	4	5	6
⑭ 인적재난(건축물 붕괴, 가스 폭발 등에 의한)	1	2	3	4	5	6
⑮ 전염병(결핵, 콜레라, 장티푸스 등)	1	2	3	4	5	6
⑯ 성인병(암, 고혈압, 당뇨 등)	1	2	3	4	5	6
⑰ 먹을거리 위험(유전자변형식품, 조류독감, 광우병 등)	1	2	3	4	5	6
⑱ 각종 폭력사건 (성폭력, 학교폭력, 강도, 유괴, 폭행 및 살해 등)	1	2	3	4	5	6

⑲ 마약 및 알콜중독	1	2	3	4	5	6
⑳ 실업 및 빈곤	1	2	3	4	5	6
㉑ 주택가격 불안정(폭등/폭락)	1	2	3	4	5	6
㉒ 노후 불안	1	2	3	4	5	6
㉓ 금융 불안(주가폭락, 환율폭등 등)	1	2	3	4	5	6

문4) 귀하는 현 정부가 우리 사회의 안전을 위한 일들을 얼마나 잘하고 있다고 생각하십니까? 아니면 잘 못하고 있다고 생각하십니까?

1. 매우 잘하고 있다
2. 잘하는 편이다
3. 보통이다
4. 못하는 편이다
5. 매우 못하고 있다

---

9. 모르겠다

문5) 귀하는 앞[문3)]에서 제시된 23가지 위험 중에서 정부가 가장 역점을 두고 대책을 마련해야 할 위험은 무엇이라고 생각하십니까?
중요한 순서대로 2개만 골라주십시오.

1순위 : ____________________ 2순위 : ____________________

문6) 귀하는 다음 각각의 잠재적인 위험이 귀하에게 일어날 가능성이 얼마나 높다고 생각하십니까? 아니면 낮다고 생각하십니까?

	매우 높다	높은 편이다	낮은 편이다	매우 낮다	모르겠다
① 범죄의 피해자가 될 가능성	1	2	3	4	5
② 심각한 병에 걸릴 가능성	1	2	3	4	5
③ 음식을 잘못 먹어 건강을 해칠 가능성	1	2	3	4	5
④ 자동차 사고로 다칠 가능성	1	2	3	4	5
⑤ 환경오염으로 인해·건강을 해칠 가능성	1	2	3	4	5

문7) 귀하가 음식물을 살 때 가장 중요하게 생각하는 선택기준은 무엇입니까? 다음 중에서 중요하게 생각하시는 순서대로 2개만 골라주십시오.

1순위 : ____________________ 2순위 : ____________________

1. 가격
2. 맛
3. 질
4. 습관
5. 가족의 취향
6. 본인과 가족의 건강
7. 생산방식(유기농, 무농약, 환경친화 등)
8. 색깔과 신선도
9. 브랜드
10. 편리성/가용성
11. 원산지
12. 알레르기를 일으키지 않는 것
13. 기타 (적을 것 :)

문8) 귀하는 다음 각 문제에 대해 얼마나 걱정하십니까? 혹은 걱정하지 않으십니까?

	매우 걱정	걱정하는 편	걱정하지 않는 편	전혀 걱정하지 않음	모르겠다
① 광우병	1	2	3	4	5
② 유전자 변형식품	1	2	3	4	5
③ 식품첨가제(색소, 방부제, 향료 등)	1	2	3	4	5
④ 고기류에 남아 있는 항생제나 호르몬	1	2	3	4	5
⑤ 과일이나 채소 등에 남아 있는 농약성분	1	2	3	4	5
⑥ 조류독감 같은 신종 바이러스	1	2	3	4	5
⑦ 식품공장이나 식당 음식물의 비위생적 관리	1	2	3	4	5

문9) 귀하는 다음 각 의견에 대해 얼마나 동의하십니까? 혹은 동의하지 않으십니까?

	매우 동의한다	동의하는 편이다	동의하지 않는 편이다	전혀 동의하지 않는다	모르겠다
① 식품안전에 관한 법은 적절하게 집행되고 있다	1	2	3	4	5
② 국산 식품들은 수입된 식품들보다 더 안전하다	1	2	3	4	5

문10) 귀하는 귀하의 안전의식 수준이 다른 사람과 비교하여 얼마나 높다고 생각하십니까? 혹은 낮다고 생각하십니까?

1. 매우 높다
2. 다소 높다
3. 비슷하다
4. 다소 낮다
5. 매우 낮다

문11) 귀하는 우리 국민들의 안전의식 수준이 얼마나 높다고 생각하십니까? 혹은 낮다고 생각하십니까?

1. 매우 높다
2. 다소 높다
3. 보통이다
4. 다소 낮다
5. 매우 낮다

문12) 귀하는 우리 사회가 다음 각 의견 중 어느 쪽에 가깝다고 생각하십니까? 가깝다고 생각되는 정도에 따라 표시해 주십시오.

위험한 사회										안전한 사회
-5	-4	-3	-2	-1	0	1	2	3	4	5

불신 사회										신뢰 사회
-5	-4	-3	-2	-1	0	1	2	3	4	5

차별과 소외가 심한 사회										배려와 포용의 사회
-5	-4	-3	-2	-1	0	1	2	3	4	5

활력 없고 침체된 사회										활력있고 희망찬 사회
-5	-4	-3	-2	-1	0	1	2	3	4	5

Ⅱ. 에너지

문13) 귀하는 다음 각 에너지가 얼마나 안전하다고 생각하십니까? 혹은 위험하다고 생각하십니까?

	매우 안전하다	대체로 안전하다	대체로 위험하다	매우 위험하다	모르겠다
① 가스	1	2	3	4	5
② 전기	1	2	3	4	5
③ 원자력	1	2	3	4	5
④ 석유	1	2	3	4	5

문14) 귀하는 개인의 노력으로 에너지 사용 시 발생할 수 있는 다음 각 안전사고를 피할 수 있는 가능성이 얼마나 크다고 생각하십니까?
혹은 작다고 생각하십니까?

	매우 크다	대체로 크다	대체로 작다	매우 작다	모르겠다
① 가스레인지 사용 시 가스 누출 사고	1	2	3	4	5
② 전기 감전 사고	1	2	3	4	5
③ 전기 누전에 의한 화재	1	2	3	4	5
④ 가스 보일러 사고	1	2	3	4	5

문15) 그럼, 과학기술의 발전을 통해 에너지 사용 시 발생할 수 있는 다음 각 안전사고를 피할 수 있는 가능성이 얼마나 크다고 생각하십니까?
혹은 작다고 생각하십니까?

	매우 크다	대체로 크다	대체로 작다	매우 작다	모르겠다
① 가스레인지 사용 시 가스 누출 사고	1	2	3	4	5
② 전기 감전 사고	1	2	3	4	5
③ 전기 누전에 의한 화재	1	2	3	4	5
④ 원자력발전소 방사능 누출	1	2	3	4	5
⑤ 가스 보일러 사고	1	2	3	4	5

문16) 귀하는 가스 및 전기 에너지 안전문제에 대한 다음 대처 중 무엇이 가장 필요하다고 생각하십니까?
가장 필요하다고 생각하시는 것을 한 가지만 골라주십시오.

1. 정부의 안전규제를 더 강화해야 한다
2. 안전관리 정부기관(안전공사, 안전공단 등)의 활동이 강화되어야 한다
3. 시민운동단체의 활동이 강화되어야 한다.
4. 안전기기 및 자동안전관리 시스템 등을 활용하여야 한다.
5. 지방자치단체 단위의 안전감시 시스템을 만든다
6. 기타 (적을 것 :)

문17) 귀하는 "정부는 선진국 수준으로 온실가스 감축책임을 부담해야 한다"는 의견에 대해 얼마나 동의하십니까? 혹은 동의하지 않으십니까?

1. 매우 동의한다
2. 동의하는 편이다
3. 대체로 동의하지 않는 편이다
4. 전혀 동의하지 않는다
5. 모르겠다

문18) 귀하는 지구온난화로 인해 발생할 가능성이 있는 다음과 같은 위험 각각에 대해 들어보신 적이 있습니까?

	예 (들어본 적 있다)	아니오 (들어본 적 없다)
① 폭설이나 폭염, 태풍, 해수면 상승	1	2
② 호흡기 질환, 피부 노화, 피부암, 백내장 유발	1	2
③ 말라리아의 확산	1	2
④ 농작물 수확의 감소	1	2
⑤ 폭염에 의한 핵발전소 및 전력시설의 안전성 문제, 철로 등의 시설 파손	1	2

문19) 어떤 사람은 "안전/보건/소방 등의 영역에 대한 규제를 완화해야 한다"고 주장하고, 또 어떤 사람은 "안전/보건/소방 등의 영역에 대한 규제를 완화해서는 안 된다"고 주장합니다. 귀하의 생각은 어디에 조금이라도 더 가깝습니까?

1. 안전/보건/소방 등의 영역에 대한 규제를 완화해야 한다
2. 안전/보건/소방 등의 영역에 대한 규제를 완화해서는 안 된다

---

3. 모르겠다

문20) 귀하는 작년 12월에 발생한 태안 기름유출사고에 대해 다음 기관이나 조직의 책임이 얼마나 있다고 생각하십니까? 혹은 없다고 생각하십니까?

	매우 책임이 있다	어느 정도 책임이 있다	별로 책임이 없다	전혀 책임이 없다	모르겠다
① 중앙정부	1	2	3	4	5
② 지방정부(충청남도)	1	2	3	4	5
③ 유조선에 충돌한 크레인 소유사인 삼성중공업	1	2	3	4	5
④ 유조선 소유회사인 허베이스피리트 선적	1	2	3	4	5

문21) 귀하는 에너지 생산과 관련하여 다음 각 항목에 대해 들어보신 적이 있습니까?

	예 (들어본 적 있다)	아니오 (들어본 적 없다)
① 수소 에너지/수소 자동차	1	2
② 지열 에너지	1	2
③ 차세대 원자로	1	2
④ 연료 전지	1	2
⑤ 해양 에너지(조류, 파도, 해류)	1	2
⑥ ITER(국제 핵융합 발전)	1	2

문22) 귀하는 다음 각 에너지원을 사용하는 것에 대해 얼마나 찬성하십니까? 혹은 반대하십니까?

'매우 찬성' 1점, '매우 반대' 7점 등, 1점에서 7점 사이에서 선택해 주십시오.

	매우 찬성			보통			매우 반대
① 태양열 에너지	1	2	3	4	5	6	7
② 풍력 에너지	1	2	3	4	5	6	7
③ 수소 에너지	1	2	3	4	5	6	7
④ 가스	1	2	3	4	5	6	7
⑤ 석유	1	2	3	4	5	6	7
⑥ 원자력 에너지	1	2	3	4	5	6	7

문23) 귀하는 에너지에 관한 다음 연구 분야 중 정부가 가장 우선적으로 지원해야 할 분야는 무엇이라고 생각하십니까?

1. 태양열 보급 등 현재까지 널리 보급되지 않은 에너지 기술 활용 확대
2. 핵융합 에너지 등 새로운 에너지원 기술 개발
3. 전기 절약, 자가용 대신 대중교통 이용 등 에너지 소비 감소
4. 고효율 전력 생산, 연비 향상 등 현재 많이 사용되고 있는 에너지 기술 개선

문24) 귀하는 다음 각 의견에 대해 얼마나 동의하십니까? 혹은 동의하지 않으십니까?

	매우 동의한다	동의하는 편이다	동의하지 않는 편이다	전혀 동의하지 않는다	모르겠다
① 앞으로 30년 뒤 우리나라는 에너지를 수입하지 않고 거의 전적으로 자급자족하게 될 것이다	1	2	3	4	5
② 앞으로 30년 뒤 과학기술의 발전으로 에너지 사용이 환경에 더 이상 위협이 되지 않을 것이다	1	2	3	4	5

문25) 귀하는 지난 1년 동안 다음과 같은 에너지 절약 행동을 한 일이 있습니까? 행동하신 것들을 **모두** 골라주십시오.

1. 냉/난방기 사용 줄이기
2. 한등 끄기, 가정용 전기조리기구 사용 줄이기
3. 주택단열제 사용(벽, 창문)
4. 직장에서 에너지 절약 실천
5. 승용차 이용 줄이기
6. 자동차 운전속도 줄이기
7. 연비가 높은 자동차로 교체하기
8. 대중교통수단 활용
9. 기타 (적을 것 :   )
10. 없다

Ⅲ. 광우병

문26) 귀하는 "미국산 쇠고기를 먹고 광우병에 걸릴 가능성은 벼락을 맞을 확률보다 낮다"고 생각하십니까?
혹은 그렇지 않다고 생각하십니까?

1. 그렇다
2. 그렇지 않다

---

3. 모르겠다

문27) 귀하는 광우병에 대한 지식이나 정보를 주로 어디에서 얻었습니까? 순서대로 2가지만 골라주십시오.

1순위 : ____________ 2순위 : ____________

1. TV
2. 라디오
3. 신문
4. 인터넷
5. 주변사람(친구, 친지, 이웃, 동료)
6. 정부나 관공서의 홍보물
7. 시민운동단체의 유인물
8. 교육기관 혹은 연구기관
9. 기타 (적을 것 :)

---

10. 없다

문28) 귀하는 다음 각 의견에 대해 얼마나 동의하십니까? 혹은 동의하지 않습니까?

	매우 동의한다	동의하는 편이다	동의하지 않는 편이다	전혀 동의하지 않는다	모르겠다
① 미국산 쇠고기는 안전하다	1	2	3	4	5
② 광우병에 대한 우려보다는 값싼 미국 쇠고기 수입으로 얻을 이득이 더 크다	1	2	3	4	5
③ 쇠고기 추가협상으로는 쇠고기의 안전성을 확보하기 어렵기 때문에 무역보복을 감수하더라도 재협상을 해야 한다	1	2	3	4	5
④ 촛불집회는 미국산 쇠고기의 안전성을 우려한 정당한 문제제기이다	1	2	3	4	5

문 29) 귀하는 미국산 쇠고기 수입과 관련한 정부의 다음 각 정책이 국민 건강을 위해 얼마나 충분하다고 생각하십니까?
혹은 충분하지 않다고 생각하십니까?

	매우 충분하다	충분한 편이다	충분하지 않은 편이다	매우 충분하지 않다	모르겠다
① 30개월 미만 쇠고기만 수입	1	2	3	4	5
② 눈, 뇌, 척수, 머리뼈 등 광우병 위험물질(SRM) 수입금지	1	2	3	4	5
③ 30개월 연령검증 품질평가 프로그램(QSA) 가동	1	2	3	4	5
④ 검역권강화(한국 점검단의 미국 작업장 관리)	1	2	3	4	5
⑤ 원산지 표시제	1	2	3	4	5

문 30) 귀하는 미국산 쇠고기가 본격적으로 수입될 경우 미국산 쇠고기를 구입하시겠습니까? 아니면 구입하지 않겠습니까?

1. 구입할 것이다
2. 구입하지 않을 것이다
3. 모르겠다

문 31) 귀하는 최근 정부의 미국산 쇠고기 수입 협상과 관련하여 다음과 같은 활동에 참여한 적이 있으십니까?

	참여한 적이 있다	참여한 적이 없다
① 서명운동(온라인 포함)	1	2
② 상품불매운동(쇠고기 등)	1	2
③ 인터넷 토론 참여, 댓글 달기	1	2
④ 촛불집회 참가	1	2
⑤ 후원금이나 물품 기부	1	2

문32) 사람들 또는 단체들은 그들이 반대하는 정부의 정책이나 조치에 대해 여러 가지 방식으로 항의할 수 있습니다.
귀하는 다음의 각 방식이 얼마나 허용되어야 한다고 생각하십니까? 혹은 허용되어서는 안 된다고 생각하십니까?

	전적으로 허용되어야 한다	가급적 허용되어야 한다	가급적 허용되지 말아야 한다	절대로 허용되면 안된다	모르겠다
① 비폭력 촛불문화제	1	2	3	4	5
② 도로를 점거한 가두시위	1	2	3	4	5
③ 폭력을 동반한 시위	1	2	3	4	5

문33) 귀하는 개인이 노력하면 다음의 질병에 걸리지 않을 가능성이 얼마나 높다고 생각하십니까?

	전혀 안 걸릴 것이다	안 걸릴 가능성이 높다	그래도 걸릴 가능성이 높다	걸릴 가능성이 매우 높다	모르겠다
① 결핵	1	2	3	4	5
② 인간광우병	1	2	3	4	5
③ 에이즈	1	2	3	4	5
④ 조류독감	1	2	3	4	5
⑤ 한센병(나병)	1	2	3	4	5

문34) 귀하는 다음 질병에 걸린 사람이 악수를 청하게 된다면 어떻게 하시겠습니까?
'흔쾌히 악수할 수 있다', '악수할 수 있을 것이다',
'악수할 수 없을 것이다', '전혀 악수할 수 없을 것이다' 중에서 선택해 주십시오.

	흔쾌히 악수할 수 있다	악수할 수 있을 것이다	악수할 수 없을 것이다	전혀 악수할 수 없을 것이다	모르겠다
① 결핵	1	2	3	4	5
② 인간광우병	1	2	3	4	5
③ 에이즈	1	2	3	4	5
④ 조류독감	1	2	3	4	5
⑤ 한센병(나병)	1	2	3	4	5

Ⅳ. SQ(신뢰)

문35) 귀하는 다음 각 기관 또는 단체를 얼마나 신뢰하십니까? 혹은 신뢰하지 않으십니까?

	매우 신뢰한다	신뢰하는 편이다	보통이다	신뢰하지 않는 편이다	전혀 신뢰하지 않는다
① 중앙정부	1	2	3	4	5
② 국회	1	2	3	4	5
③ 법원	1	2	3	4	5
④ 지방자치단체(시/군/구/도청)	1	2	3	4	5
⑤ 군대	1	2	3	4	5
⑥ 검찰	1	2	3	4	5
⑦ 경찰	1	2	3	4	5
⑧ 대기업	1	2	3	4	5
⑨ 신문	1	2	3	4	5
⑩ 방송(지상파TV)	1	2	3	4	5
⑪ 종교단체	1	2	3	4	5
⑫ 시민단체	1	2	3	4	5
⑬ 노동조합	1	2	3	4	5
⑭ 대학교	1	2	3	4	5
⑮ 과학기술 전문가 집단	1	2	3	4	5

문36) 귀하는 다음과 같은 상황이 발생했을 때 도움을 청할 사람이 있습니까?

	도움을 청할 사람이 있다	도움을 청할 사람이 없다
① 감기가 심하게 걸려 식사준비나 장보기와 같은 집안일을 부탁해야 할 경우	1	2
② 갑자기 돈을 빌릴 일이 생길 경우	1	2
③ 우울하거나 스트레스를 받아서 누군가와 이야기를 나누고 싶을 경우	1	2

문37) 귀하는 인터넷을 사용하십니까? (사용한다면) 평균적으로 하루에 얼마나 사용하십니까?

0. 사용하지 않는다

---

1. 하루에 30분 미만
2. 하루에 30분~1시간 미만
3. 하루에 1시간~2시간 미만
4. 하루에 2시간~4시간 미만
5. 하루에 4시간 이상

문38) 귀하는 바람직한 한미관계에 대해 어떻게 생각하십니까? '한미동행 강화'를 지지하시면 10점, '중도다'라고 생각하시면 5점,
'미국탈피 자주외교'를 지지하시면 0점을 주시기 바랍니다. 물론 0점과 10점 사이의 어떤 점수도 선택이 가능합니다.

미국 간섭없는 자주외교					중도					한미동맹의 강화
0	1	2	3	4	5	6	7	8	9	10

문39) 귀하는 지난 1년 동안 다음의 일을 경험한 적이 있으십니까? 있으면 '예', 없으면 '아니오'에 표시해 주십시오.

		예(있다)	아니오(없다)
가계	① 본인이나 가족 중 질병, 사고로 인해 빚을 지거나 사채를 빌렸다	1	2
	② 본인이나 가족 중 학비부담으로 인해 빚을 지거나 사채를 빌렸다	1	2
주거환경	③ 물(상수도)이나, 전기, 하수도나 화장실의 시설이 불량한 상태이거나 장기간 작동하지 않은 적이 있다	1	2
	④ 범죄의 피해를 입은 적이 있다(폭력상해, 사기, 강도 등)	1	2
	⑤ 거주 환경이 주변의 쓰레기나 공해 등으로 피해를 입은 적이 있다	1	2

건강	⑥ 노후나 질병, 사고를 대비한 민간보험에 가입하고 있다	1	2
	⑦ 본인이나 가족이 장기간 치료/간호의 대상이 된 적이 있다	1	2
	⑧ 본인이나 가족 중 가족의 양육이나 간호가 필요해 본인이나 가족들이 다니고 있던 직장을 그만 둔 적이 있다	1	2
노동	⑨ 본인이나 가족이 직장에서 해고된 경험이 있다	1	2
	⑩ 본인이나 가족 중 일을 하다가 사고를 당해 크게 부상을 입은 적이 있다	1	2
	⑪ 본인이나 가족 중 취업을 시도했지만 장기간(1년 이상) 일을 찾지 못해 곤란을 겪은 적이 있다	1	2
	⑫ 본인이나 가족이 졸업장이나 자격증이 없어 취업에 곤란을 겪은 적이 있다	1	2

V. 정치성향 / 가치관

문40) 귀하의 이념적 성향은 어디에 해당된다고 생각하십니까?
'매우 보수적', '다소 보수적', '보수도 진보도 아니다', '다소 진보적', '매우 진보적' 중에서 말씀해 주십시오.

1. 매우 보수적이다
2. 다소 보수적이다
3. 보수도 진보도 아니다
4. 다소 진보적이다
5. 매우 진보적이다

문41) 귀하는 지난 2007년 대통령 선거 때 투표하셨습니까?
(하셨다면) 누구에게 투표하셨습니까?

1. 정동영 (대통합민주신당)
2. 이명박 (한나라당)
3. 권영길 (민주노동당)
4. 이회창 (무소속)
5. 문국현 (창조한국당)
6. 기타 후보 (적을 것 :)
7. 말할 수 없다

---

8. 투표하지 않았다(기권)
9. 투표권이 없었다(나이/해외 거주)

문42) 현재 우리나라에는 한나라당, 민주당, 자유선진당, 민주노동당, 친박연대, 창조한국당, 진보신당 등의 정당이 있습니다.
귀하는 이 중 어느 정당을 지지하십니까?

1. 한나라당　　2. 민주당　　3. 자유선진당
4. 민주노동당　　5. 친박연대　　6. 창조한국당
7. 진보신당　　8. 기타 정당

---

9. 없다/비슷하다/모르겠다

문42-1) 굳이 말씀하신다면, 어느 정당에 조금이라도 더 호감이 가십니까?

1. 한나라당　　2. 민주당　　3. 자유선진당
4. 민주노동당　　5. 친박연대　　6. 창조한국당
7. 진보신당　　8. 기타 정당

---

9. 없다/비슷하다/모르겠다

문43) 귀하는 우리나라의 장기적 국가 목표로 다음 4가지 중 무엇이 가장 중요하다고 생각하십니까?
중요한 순서대로 2가지만 선택해주십시오.

첫 번째 : ____________　　두 번째 : ____________

1. 높은 경제성장 유지　　2. 직장과 사회에서 발언권 증대
3. 방위력 증강　　4. 환경 개선

그럼, 다음 4가지 중에서는 무엇이 가장 중요하다고 생각하십니까?
중요한 순서대로 2가지만 선택해주십시오.

첫 번째 : ____________　　두 번째 : ____________

1. 언론자유 보장　　2. 물가, 인플레 억제
3. 정부 정책결정에 발언권 승대　　4. 사회의 실서 유시

Ⅵ. 소통 / 중산층과 민중

문44) 의사소통을 통한 상호이해는 일상생활에 못지않게 정치에서도 중요합니다. 우리나라에서 다음 집단들 사이에 의사소통이 얼마나 잘 이루어지고 있다고 생각하십니까? 혹은 잘 이루어지지 않는다고 생각하십니까?

	매우 잘 이루어지고 있다	대체로 잘 이루어지고 있다	보통이다	별로 잘 이루어지지 않고 있다	전혀 잘 이루어지지 않고 있다
① 여당과 야당 사이	1	2	3	4	5
② 여당과 언론 사이	1	2	3	4	5
③ 정부와 시민단체 사이	1	2	3	4	5
④ 국회와 정부 사이	1	2	3	4	5
⑤ 정부와 언론 사이	1	2	3	4	5
⑥ 정부와 국민 사이	1	2	3	4	5

문45) 한국사회를 10개의 층으로 나눈다면, 현재 귀하의 가정은 어느 계층에 속한다고 생각하십니까?
'낮다'면 1점, '높다'면 10점 등 1~10점 사이에서 선택해 주십시오.

낮다(아래)				중간이다					(위)높다
1	2	3	4	5	6	7	8	9	10

문46) 우리말에 '중산층(中産層)'이라는 용어가 있습니다.
귀하는 그 '중산층'에 속한다고 생각하십니까? 아니면 중산층 이하이거나 중산층 이상이라고 생각하십니까?

1. 중산층보다 못하다
2. 중산층이다
3. 중산층 이상이다

문47) 우리말에 '민중(民衆)'이라는 용어가 있습니다. 귀하는 그 '민중'에 속한다고 생각하십니까?

1. 속한다
2. 속하지 않는다

문48) 우리말에 '서민(庶民)'이라는 용어가 있습니다. 귀하는 그 '서민'에 속한다고 생각하십니까?

1. 속한다
2. 속하지 않는다

Ⅶ. 인권

문49) 귀하는 현재 우리 사회의 인권상황에 대해 얼마나 잘 알고 있다고 생각하십니까?

1. 매우 잘 알고 있다
2. 어느 정도 알고 있다
3. 잘 모르고 있다
4. 전혀 모르고 있다

문50) 그럼, 다른 나라 혹은 국제 인권상황에 대해서는 얼마나 알고 계십니까?

1. 매우 잘 알고 있다
2. 어느 정도 알고 있다
3. 잘 모르고 있다
4. 전혀 모르고 있다

문51) 귀하는 우리 사회의 인권문제가 얼마나 심각하다고 생각하십니까? 혹은 심각하지 않다고 생각하십니까?

1. 매우 심각하다
2. 어느 정도 심각하다
3. 별로 심각하지 않다
4. 전혀 심각하지 않다
5. 모르겠다

문52) 귀하는 3년 전과 비교할 때 우리 사회의 인권 상황이 얼마나 더 나아졌다고 보십니까? 아니면 더 나빠졌다고 보십니까?

1. 많이 나아졌다
2. 조금 나아졌다
3. 3년 전과 유사하다
4. 조금 나빠졌다
5. 매우 나빠졌다
6. 모르겠다

문53) 귀하는 우리나라에서 가장 우선적으로 인권보호가 이루어져야 할 사람들은 누구라고 보십니까?
우선 순위대로 두 집단만 응답해 주십시오.

1순위 : ____________________ 2순위 : ____________________

1. 교도소 등 구금시설 수용자
2. 각종 복지시설 수용자
3. 장애우
4. 비정규직 노동자
5. 성매매 여성
6. 국제결혼 이주 여성
7. 외국인 노동자
8. 노인
9. 아동
10. 새터민(탈북자)
11. 동성애자
12. HIV 감염자(AIDS환자)
13. 전과자
14. 군복무자
15. 생활보호대상자
16. 노숙자
17. 기타(적을 것 : __________)

문54) 지난 수년간 귀하나 귀하의 가족이 다음의 인권 침해를 경험해 본 적이 있습니까? 경험이 있으면 '1. 있다'를, 경험이 없으면 '2. 없다'를 선택해 주십시오.

	있다	없다
① 검찰/경찰에게 불법적으로 심문, 연행되었다	1	2
② 인터넷에 개인의 신상정보가 유포되었다	1	2
③ 종교나 신념에 따라 행동할 자유가 제한되었다	1	2
④ 집회나 시위의 자유가 제한되었다	1	2
⑤ 성추행	1	2
⑥ 의료기관에서의 진료거부	1	2
⑦ 집단 따돌림(왕따)	1	2
⑧ 성별로 인한 불이익과 차별	1	2
⑨ 장애로 인한 불이익과 차별	1	2
⑩ 나이로 인한 불이익과 차별	1	2
⑪ 학력이나 학벌로 인한 불이익과 차별	1	2
⑫ 직장 내에서 직위(비정규직 등)로 인한 불이익과 차별	1	2
⑬ 출신지역이나 거주지로 인한 불이익과 차별	1	2
⑭ 외모로 인한 불이익과 차별	1	2
⑮ 결혼 상황(미혼, 이혼 등)으로 인한 불이익과 차별	1	2
⑯ 질병으로 인한 불이익과 차별	1	2

문55) 인권의 보호와 신장을 위해서는 다음 중 어떤 매체 혹은 방법을 통해 대국민 홍보 활동을 하는 것이 효과적이라고 생각하십니까?
효과적이라고 생각하시는 순위대로 두 가지만 선택해 주십시오.

1순위 : ________________ 2순위 : ________________

1. TV, 라디오
2. 신문, 잡지, 서적
3. 영화, 비디오/DVD
4. 인터넷, 이메일
5. 팸플릿, 포스터
6. 전시회, 공연
7. 강연, 연수
8. 기타(적을 것 :)

문56) 그럼, 인권의 보호와 신장을 위해 특히 정부가 주안점을 두어야 할 활동분야는 다음 중 어디라고 생각하십니까?
중요한 순서대로 두 가지만 선택해 주십시오.

1순위 : ________________ 2순위 : ________________

1. 매체를 통한 홍보활동
2. 인권교육 (인권교과서의 편찬 등)
3. 민간단체와의 협력
4. 인권관련기관 (국가인권위원회 등) 지원
5. 인권 침해자 구제와 지원
6. 범죄 단속
7. 복지정책 강화
8. 국제인권조약 비준

문57) 귀하는 인권에 대한 다음 각 의견에 대해 얼마나 찬성 혹은 반대하십니까?

	전적으로 찬성한다	어느 정도 찬성한다	대체로 반대한다	절대 반대한다	모르겠다
① 경제발전을 위해 인권은 제한될 수 있다	1	2	3	4	5
② 국가안보를 위해 인권은 제한될 수 있다	1	2	3	4	5
③ 외국기업은 인권을 침해할 소지가 있다	1	2	3	4	5
④ 정부는 국제기구의 방침을 따라야 한다	1	2	3	4	5

이제 마지막으로 자료의 분류를 위해 몇 말씀 여쭙겠습니다.
지금 말씀해 주시는 내용은 컴퓨터로 통계 처리되며, 그 이외에 다른 어떤 목적으로도 사용되지 않습니다.

D1) 귀하는 학교를 어디까지 마치셨습니까? (재학 및 중퇴는 포함합니다)

1. 학교를 다닌 적 없다(무학)
2. 초등학교 졸업 이하
3. 중학교
4. 고등학교
5. 전문대학(2년제)
6. 대학교(4년제)
7. 대학원 이상

D2) (결혼 여부) 귀하의 현재 결혼상태는 어떻습니까?

1. 미혼
2. 기혼
3. 이혼
4. 사별
5. 별거
6. 동거

D3) 귀하께서 중학생(만15세)까지 가장 오래 산 지역은 다음 중 어디인가요?

가) 행정구역

1. 서울
2. 부산
3. 대구
4. 인천
5. 광주
6. 대전
7. 울산
8. 경기도
9. 강원도
10. 충청북도
11. 충청남도
12. 전라북도
13. 전라남도
14. 경상북도
15. 경상남도
16. 제주도
17. 북한
18. 외국

나) 지역 규모

1. 대도시 (서울, 부산, 대구, 인천, 광주, 대전, 울산)
2. 중소도시 (시 지역)
3. 읍, 면 이하

D4) 귀하의 종교는 무엇입니까?

1. 불교
2. 개신교(교회)
3. 가톨릭(성당)
4. 원불교
5. 기타 종교
6. 종교 없음(무교)

D5-1) 귀하의 월 평균 소득은 얼마입니까? 세금 전 소득을 기준으로 말씀하여 주십시오.

0. 전혀 없음
1. 30만원 이하
2. 31～60만원 이하
3. 61～90만원 이하
4. 91～120만원 이하
5. 121～160만원 이하
6. 161～200만원 이하
7. 201～240만원 이하
8. 241～290만원 이하
9. 291～360만원 이하
10. 361～440만원 이하
11. 441～540만원 이하
12. 541～660만원 이하
13. 661～800만원 이하
14. 801～1000만원 이하
15. 1001만원 이상

D5-2) 그럼 귀하를 제외한 다른 가족들의 월 평균소득은 모두 합하여 얼마입니까? 세금 전 소득을 기준으로 말씀하여 주십시오.

0. 전혀 없음
1. 30만원 이하
2. 31～60만원 이하
3. 61～90만원 이하
4. 91～120만원 이하
5. 121～160만원 이하
6. 161～200만원 이하
7. 201～240만원 이하
8. 241～290만원 이하
9. 291～360만원 이하
10. 361～440만원 이하
11. 441～540만원 이하
12. 541～660만원 이하
13. 661～800만원 이하
14. 801～1000만원 이하
15. 1001만원 이상

D6) 귀하 가정의 주 소득자는 다음 중 누구입니까?

1. 본인
2. 배우자
3. 부모
4. 자녀
5. 형제 · 자매
6. 기타 (적을 것 : ______________________)

D7) 귀댁의 총 가구원은 몇 명입니까?

(본인 포함) ______ 명

D8) 현재 귀하의 가장 주된 직업은 무엇입니까? 다음 페이지의 ≪직업분류표≫를 참고하여 대답해 주십시오.
해당되는 직업이 없으면 네모칸 옆에 적어주십시오.

나의 직업 : ☐☐

____

98. 직업 없음 ——→ D14)로 갈 것

D9) 귀하의 종사상의 직위(직책)는 어떻게 되십니까?

1. 임금근로자/봉급생활자
2. 피용자 없는 자영업자
3. 피용자를 둔 사업주
4. 무급가족종사자

D10) 귀하가 일하시는 곳의 사업체 규모는 어떠합니까? (비정규직을 포함해 적어주십시오.)

임직원 ________명

D11) 귀하의 고용형태는 어떠합니까?

1. 정규직
2. 비정규직

D12) 귀하의 취업 형태는 어떠합니까?

1. 상용직 ——→ D14)로 갈 것
2. 임시직
3. 일용직

↓

D13) 귀하의 직업 근무 형태는 어떠합니까?

1. 전일제
2. 시간제

D14) 귀하 배우자의 가장 주된 직업은 무엇입니까? 다음 페이지의 ≪직업분류표≫를 참고하여 대답해 주십시오.

배우자의 직업 : ☐☐

98. 배우자 없음

면 접 후 기 록

응답자 성명			
응답자전화번호 (연락 가능 번호)	지역번호 국번 전화번호 ( ) - ( ) - ( )		
조 사 일 시	____ 월 ____ 일 ____ 시 ____ 분부터 ____ 분까지 ( )분간		
협 조 정 도	1. 상 2. 중 3. 하		
응답 신뢰도	1. 상 2. 중 3. 하		
면 접 장 소	1. 방 2. 응접실 3. 마루 4. 기타		
표 본 추 출	1. 무작위 2. 대체면접		
면접원 성명		ID	

에 디 터	검 증 원

직업분류표

전문직	⑪ 의사 ⑫ 약사 ⑬ 변호사 · 판사 · 검사 · 회계사 ⑭ 대학교수	⑮ 작가 · 예술가 ⑯ 언론인 · 방송인 ⑰ 종교인 ⑱ 기타 전문직
관리직	㉑ 중소기업체 사장(5인 이상 고용) ㉒ 대기업 · 은행 간부(부장 이상) ㉓ 고급공무원(4급 서기관 이상)	㉔ 사회단체 간부(부장 이상) ㉕ 군인(영관급 이상) · 경찰(경정 이상) ㉖ 기타 관리직(적을 것 : ________)
반(半) 전문 · 기술직	㉛ 교사 · 학원강사 ㉜ 간호사 ㉝ 건축사	㉞ 연구원 ㉟ 엔지니어 ㊱ 기타 기술직
사무직	㊶ 중간관리직 회사원(차장 · 과장) ㊷ 일반사무직 회사원(계장 · 대리 이하) ㊸ 중간관리직 은행원(차장 · 과장) ㊹ 일반사무직 은행원(대리 · 행원) ㊺ 사회단체 직원(과장급 이하)	㊻ 일반공무원(5급 사무관 이하) ㊼ 전화교환수 · 집배원 ㊽ 군경(위관 이하, 경감 이하) ㊾ 기타 사무직
판매직	51 도 · 소매 상점주인(5인 미만 고용) 52 백화점 · 대규모 유통업체 판매직원 53 소규모 상점 점원 54 외판원	55 부동산 중개인 56 행상 · 노점상 57 기타 판매직
서비스직	61 음식점 · 여관 등의 주인(5인 미만 고용) 62 음식점 · 여관 등의 종업원 63 이 · 미용실, 세탁소 주인(5인 미만 고용)	64 이 · 미용실, 세탁소 종업원 65 청소부 · 파출부 66 수위 · 경비원 67 기타 서비스직
생산직	71 생산감독(주임 · 반장) 72 공장근로자(숙련공 · 기능공) 73 공장근로자(반숙련공) 74 공장근로자(견습공 · 비숙련공) 75 막노동자 · 단순노무자	76 고용운전사(자동차 · 중장비) 77 개인 택시 · 화물차 운전사 78 광원 79 기타 생산직
농어민	81 부농(2정보＝6,000평 이상) 82 중농(1～2정보＝3,000～5,999평) 83 소농(0.5～1정보＝1,500～2,999평) 84 빈농 · 소작농(0.5정보＝1,500평 미만)	85 농업노동자 · 품일꾼 86 축산 · 낙농업자 87 선주 88 어부, 수산 · 양식업자 89 기타 농어민
미취업	91 학생 92 주부 93 의무복무 군인(사병 · 전경)	94 무직(실업자) 95 정년퇴직 · 연금생활자 96 기타

찾아보기

ㄷ

ㄹ

ㅁ

ㅂ

ㅅ

last forty-five years in diagnosing the most serious social issues and providing scientific solutions based on empirical research. Since 2007 ISDPR has been conducting a project on 'Social Development for Better Social Quality,' with financial support from the National Research Foundation of Korea. As a part of this ambitious nine-year project, we have conducted a nation-wide survey on the public perception of risks and its implication on social quality. The rationale for this survey was the idea that the widespread distrust and anxiety has contributed to the politicization and amplification of risks. Major questions driving this survey are as follows:

- Why some risks are socially amplified while others are ignored even when the objective risk is estimated as being the same
- What the major difference across countries is in terms of important risks
- How risk perception has changed over the previous decades
- Whether the public concern for BSE is similar in other countries
- What factors have contributed to the social amplification of anxiety about BSE in Korea
- Who have participated in diverse protest activities against the US beef imports and why
- What the relationship between political cleavages and risk politics is
- Whether there is relationship between risk perception and sensitivity of human rights
- In terms of the types and degree of risk, what the peculiarity of Korea compared to other countries is

The book is composed of nine chapters, and each of them contains answers to some of the aforementioned questions. The first chapter, written by Jaeyeol Yee,provides a theoretical overview of the theories of risk. He emphasizes the socially constructed aspect of risks, and argues that social resilience against diverse risks reflects the quality of the social dimensions.

The chapters in Part One deal with socially constructed aspects of risks.

Jung-Ok Ahn's paper deals with the gap between high objective probability and the low level of risk perception. He argues that after surviving the intensivelycompressed modernization, risk-taking has been internalized as a lifestyle and a growing number of people have accepted a fatalistic attitude toward risks. He shows that members of the lower class and disadvantaged occupational groups experience higher levels of social risks and isolation, thus revealing more anxiety.

Hearan Koo contrasts the high- and low-risk perceiving groups, and finds that they show different levels of sensitivity to different types of risks. For example, members of the highly educated middle class are more sensitive to global risks such as ecological risks and energy drain, while members of the lower class are more akin to traditional risks, such as fire and traffic accidents.

Byong-Hee Cho provides a comprehensive analysis on the social construction of risks against BSE. By comparing the public perception of the risk of BSE from eating beef imported from the US with that from different diseases such as AIDS, the avian flu and Hansen's disease, he found that the public anxiety against BSE was most prominent in social and political amplification. Deep rooted distrust on public institutions was the main amplifier, and the issue was rapidly politicized as it was closely intertwined with potential cleavages in the society, such as ideological confrontation, the generation gap, and value orientation.

Chin-Sung Chung proposes a hypothesis about the close coupling between risk perception and the awareness of human rights. Especially, a structural level of perception on social risks is closely related with sensitivity regarding discrimination and exclusion. That is why she proposes the hypothesis that higher social quality is guaranteed by enlightenment regarding human rights. In other words, public sensitivity of human rights is a good measure for social progress and post-materialist development.

Chapters included in Part Two deal with the issue of the 2008 candlelightvigils and the dynamics of risk politics. In Chapter 6, Dukjin Chang argues that the different distribution of risk potential accounts for the varying degree of resistance to the neoliberal stance of the newly elected President Lee Myung Bak. The import of beef was framed not as a single aberration but as a symbolic action derived from the neoliberal orientation systematically structured in the policies of the new regime. His analysis shows that a deep distrust of major institutions such as the parliament, government, and prosecutor's office has aggravated the public cynicism toward the government authority and police.

Hyung-Myun Koh's chapter conceptualizes the concept of social cohesion as a new form of energy stored as the spontaneous participatory zeal of the common people, as a form of reciprocity. It is based on heterogeneous yet harmonious coordination, he argues. He also interprets the candlelight vigils as an opening of a new horizon for social cohesion, one that is seriously challenging the established authority and power.

In Chapter 8, Sangchul Jang analyzes the value orientation of the supporters of the progressive party, which has been the party most active in the long lasting candlelight vigils. He predicts and finds empirical evidence to some degree that, while the former progressive party was based on materially motivated equality, the newly emerging progressive party is likely to be based on value-driven equality, such as post materialism and human rights.

Although the findings and discussions in each chapter show the somewhat different world views and research orientations of the authors, all chapters share certain common beliefs. For example, there is a certain tendency to believe that post-materialism, formed by the highly educated urban young generation, has contributed to the advent of risk politics. There is also a common understanding regarding the social aspect of risk amplification.

Objective risk alone cannot be accountable for the widespread candlelight vigils, which are believed to show the essence of the emerging risk politics in Korea. It is also worthwhile to note that the perception of risks has changed over time and across cultural contexts. Finally, the social formation of risk perception cannot be separated from the building of trust in major institutions such as mass media, the government, and the judicial system.

In conclusion, Jaeyeol Yee proposes that the social construction of risk is a direct measure of social quality, as risk is tightly coupled with the available resources to overcome vulnerability (security), the accessibility to resources (inclusion), solidarity based on trust and common beliefs (cohesion) and the resilience to deal with risks (empowerment). Building a safe society starts from serious reflection on the modernity we have constructed so far, and it should be a cultural innovation rooted in everyday practices.

저자약력

정진성

서울대학교 사회학과 학사 및 석사. 미국 시카고대학교 사회학 박사. 현 서울대학교 사회학과 교수. 서울대학교 사회발전연구소장 역임. 주요 저서 및 논문으로는 『한국 사회의 트렌드를 읽는다』(공저, 2009), 『북한여성과 정치 · 사회 · 복지의 변화』(2008, 공저), 『한국현대여성사』(편저, 2004), 『일본군성노예제』(2004), 「한국사회 부성의 구조」(2009), 「미하원 일본군위안부 관련 결의안 논의과정에서 제기된 협의의 강제성과 그 역사적 진실」(2007), 「북한 여성인권에 관한 국제사회의 논의와 북한의 대응」(2006) 등 다수.

이재열

서울대학교 사회학과 학사 및 석사. 미국 하버드대학교 사회학 박사. 현 서울대학교 사회학과 교수. 서울대학교 사회발전연구소장 역임. 주요 저서 및 논문으로는 『한국 사회의 트렌드를 읽는다』(공저, 2009), 『네트워크 사회의 구조와 쟁점』(공편, 2007), 『기로에 선 중산층』(공저, 2007), 『한국사회의 변동과 연결망』(공편, 2006), 「한국인의 사회적 자본」(공저, 2008), 「이중적 위험사회형 재난의 구조」(공저, 2004) 등 다수.

조병희

서울대학교 사회학과 학사. 미국 스탠퍼드대학교 석사. 미국 위스콘신대학교 사회학 박사. 현 서울대학교 보건대학원 교수. 주요 저서 및 논문으로는 『섹슈얼리티와 위험 연구』(2008), 『질병과 의료의 사회학』(2006), 『의료개혁과 의료권력』(2003), 「광우병 사례를 통해 본 한국인의 질병 인식」(2009), 「한국사회 공익제보자의 스트레스와 건강문제」(2008), 「건강증진 개념과 이론」(2008) 등 다수.

구혜란

이화여자대학교 사회학과 학사. 미국 시카고대학교 사회학 박사. 현 사회과학자료원 원장. 주요 논문으로는 "Sex and Job values in comparative perspective", 「비정규직의 고용안정성과 조직몰입에 대한 국제비교연구」(2005), 「전문직 자율성의 사회경제적 토대」(2003) 등 다수.

안정옥

서울대학교 사회학과 학사, 석사 및 박사. 현 서울대학교 사회발전연구소 전임연구원. 주요 저서 및 논문으로는『네트워크 사회의 구조와 쟁점』(공편, 2007),「사회적 역능성 지표와 사회의 질: 복지체제의 탈상품화 모델에 대한 함의」(2009),「속도 경제의 부상과 근대적 주체성」(2008),「시간준거, 문화생태와 가족체제: 삶의 양식, 제도형태와 주체화의 관계에 대한 연구」(2006) 등 다수.

장덕진

연세대학교 사회학과 학사 및 석사. 미국 시카고대학교 사회학 박사. 현 서울대학교 사회학과 교수. 주요 저서 및 논문으로는『대한민국 파워 엘리트』(2006, 공저),『경제위기의 사회학: 개발국가의 전환과 기업집단 연결망』(2005, 공저),「사이버 공간의 공동체와 연결망」(공저, 2006),「1990년대 후반의 세계체제와 경제성장」(2005),「웹사이트 이용자의 클릭패턴 결정요인에 대한 연구」(2005) 등 다수.

고형면

고려대학교 사회학과 학사, 석사 및 박사. 현 서울디지털대학교 사회복지학부 교수. 서울대학교 사회발전연구소 전임연구원 역임. 주요 논문으로는「사회적 응집을 통해서 본 한국사회의 질」(2009),「기업에 대한 진화적 접근 방법의 의의와 전망」(2008),「신용카드에 의한 현대적 소비의 사회적 기반」(2008),「한국의 신용카드산업과 금융 정보통신기술」(2006) 등 다수.

장상철

연세대학교 사회학과 학사, 석사 및 박사. 현 서울대학교 사회발전연구소 전임연구원. 한양대 사회학과 강사. 주요 논문으로는「1970년대 "민중" 개념의 재등장」(2007),「사회 변동과 사회운동의 변화: 노동운동의 쇠퇴와 시민운동의 성장」(2004),「민주화와 이익집단: 국가, 비영리조직, 사회적 자본」(2002)「사회운동과 민주주의의 성장: NGO의 위상」(2002) 등이 있으며, 역서로『사회학이론』(공역, 2006)이 있다.

서울대학교 사회발전연구총서

한국인의 생명표
권태환 · 김태헌

도시빈민의 삶과 공간
조은 · 조옥라

원자력과 지역이해
김경동 · 홍두승

집합주거와 사회환경
홍두승 · 이동원 편

한국농민의 불안과 희망
김일철 · 김태헌 · 김홍주

1980년대 한국의 민주화이행과정
윤상철

한국인의 삶과 질
임현진 · 이세용 · 장경섭

지구시대 세계의 변화와 한국의 발전
임현진

지역사회와 인간생활
김일철

외국인노동자와 한국사회
설동훈

한국의 사회구조와 지역사회
김일철 편

월남민의 생활 경험과 정체성
김귀옥

한국의 직업구조
홍두승 외

노동력의 국제이동
설동훈

지식정보사회의 이론과 실제(증보판)
서이종

한국의 사회이동
장상수

신사회운동의 사회학
권태환 · 임현진 · 송호근 공편

아시아 · 태평양지역의 환경문제, 환경운동 및 환경정책
양종회 · 임현진 · 정수복 · 박길성 · 구도완 · 홍성태

한국사회의 위험과 안전
임현진 외

한국사회의 연결망 연구
송호근 · 김우식 · 이재열 편저

사회과학의 고급계량분석
이재열 외

21세기 통일한국을 향한 모색
임현진 · 정영철

중국 조선족사회의 변화
권태환 편

중도파의 민족주의 운동과 분단국가
윤민재

한국사회의 변동과 연결망
송호근 · 김우식 · 이재열 편저

네트워크 사회의 구조와 쟁점
이재열 · 안정옥 · 송호근 편저

한국사회의 트렌드를 읽는다
정진성 · 이재열 · 박경숙 · 정재기
남은영 · 장진호